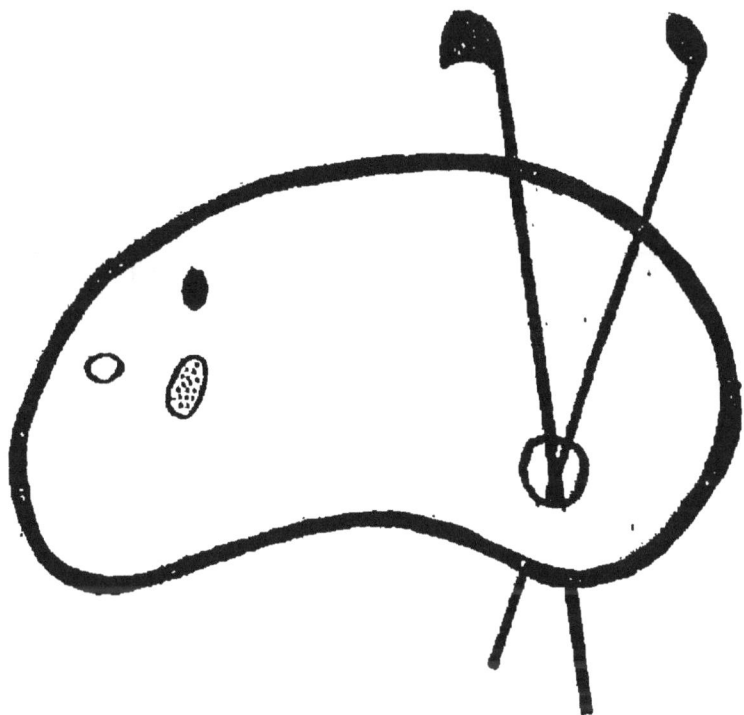

DEBUT D'UNE SERIE DE DOCUMENTS
EN COULEUR

PETITE BIBLIOTHÈQUE PRATIQUE
XLVII *bis*

ALFRED NEYMARCK

QUE DOIT-ON FAIRE

DE SON ARGENT ?

Notions et Conseils pratiques
sur les valeurs mobilières
PLACEMENTS ET OPÉRATIONS

PARIS

MARCHAL ET GODDE, ÉDITEURS

27, PLACE DAUPHINE, 27 (1ᵉʳ)

1913

LE RENTIER

Journal Financier Politique

FONDÉ EN 1869

Directeur-Propriétaire : M. Alfred NEYMARCK

Ancien Président de la Société de Statistique de Paris,
Vice-Président de la Société d'Économie Politique,
Membre du Comité des Travaux historiques et scientifiques.
Membre du Conseil supérieur de Statistique.

LE RENTIER, journal financier politique, a été fondé en 1869, et est dirigé depuis cette époque par M. ALFRED NEYMARCK. Il paraît tous les dix jours, les 7, 17 et 27 de chaque mois sur 12, 16 ou 20 pages grand format, selon l'abondance des matières. Dans chacun des numéros se trouvent des articles et études sur la question d'actualité, économique, financière ou industrielle et les affaires d'intérêt général.

Le journal contient, indépendamment des **Chroniques Politique et Financière**, un article spécial intitulé : **Que Faire de son Argent?** — Valeurs à acheter. — Valeurs à vendre. — Arbitrages. — Renseignements. — Des **Informations Financières**. — Une revue détaillée des valeurs cotées et non cotées. — Des **Études** sur les Sociétés, Compagnies diverses, Valeurs industrielles, Houillères, Mines diverses, etc. — Des **Comptes rendus** des discussions et travaux de la **Société d'Économie Politique**, **Société de Statistique**, **Sociétés savantes** et **Congrès**. — Les **communications, avis, émissions d'emprunts**, les rapports des principales compagnies *in extenso*, les **comptes rendus** des assemblées d'actionnaires. — La nomenclature des **Coupons** à payer mensuellement avec l'échéance, le taux brut et le taux net à payer. — Les **Tirages** des valeurs françaises et étrangères. Ville de Paris, Crédit Foncier, Chemins de fer, grandes Compagnies industrielles, obligations françaises.

LE RENTIER a été désigné par la **Commission Impériale d'amortissement de l'Empire de Russie** pour insérer les tirages des divers emprunts russes avec l'indication des numéros des titres sortis à des tirages antérieurs et non encore présentés au remboursement.

Il publie les tirages des emprunts étrangers cotés à la Bourse de Paris, *à l'exception des valeurs à lots étrangères* dont la publication est interdite par la loi de mai 1836.

Il contient les cours des valeurs cotées à Paris au parquet et en banque; les cours des principales valeurs cotées aux bourses de Lille, Lyon, Marseille ; ceux de la Bourse de Commerce de Paris ; les cours des principales valeurs négociées sur les marchés étrangers de **Londres, Berlin, Bruxelles, Saint-Pétersbourg, Genève, Bâle**, etc.

LE RENTIER ne reçoit ni fonds, ni valeurs, en dépôts, reports ou participation, n'exécute aucune opération de bourse et ne fait aucune émission.

		Un An	Six Mois
Prix de l'abonnement	Pour la France, les Colonies, l'Alsace-Lorraine :	10 fr.	6 fr.
	pour les Pays étrangers :	14 fr.	9 fr.

On s'abonne dans tous les bureaux de poste, chez les principaux libraires de France et de l'Étranger, et à l'Administration du journal.

33, Rue Saint-Augustin, PARIS (2e arrt) — Téléphone : 246-93

MACON, PROTAT FRÈRES, IMPRIMEURS.

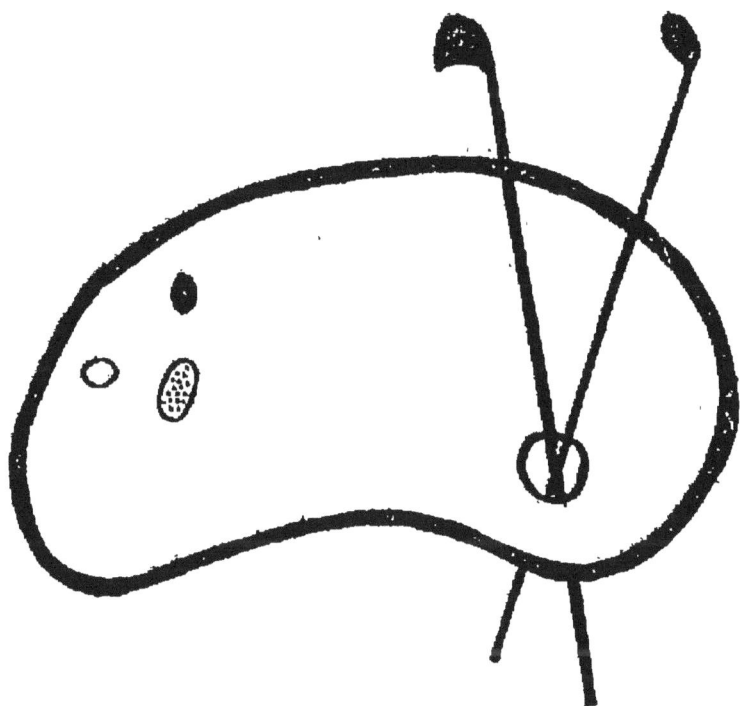

FIN D'UNE SERIE DE DOCUMENTS
EN COULEUR

QUE DOIT-ON FAIRE

DE SON ARGENT ?

792

DU MÊME AUTEUR

Aperçus financiers. 2 vol. gr. in-8°, 1868-1873.

Colbert et son temps. 2 vol. gr. in-8°, 1877.

Turgot et ses doctrines. 2 vol. gr. in-8°, 1885.

Vocabulaire-Manuel d'Économie politique. In-8°, 1898.

Finances Contemporaines. Gr. in-8° :
> Tome I : *Trente années financières*, 1872-1901.
>
> Tome II : *Les Budgets*, 1872-1903.
>
> Tome III : *Questions économiques et financières*, 1872-1904.
>
> Tomes IV et V : *L'Obsession fiscale*, 1872-1907.
>
> Tomes VI et VII : *L'Épargne française et les valeurs mobilières*, 1872-1910.
>
> Le tome VIII est en préparation.

Rapport général *au Congrès international des Valeurs Mobilières de 1900.*

Rapports *à l'Institut international de Statistique* **sur la statistique internationale des Valeurs Mobilières :** 1er rapport. Session de Berne, 1895. — 2e rapport. Session de Saint-Pétersbourg, 1897. — 3e rapport. Session de Christiania, 1899. — 4e rapport. Session de Budapest, 1901. — 5e rapport. Session de Berlin, 1903. — 6e rapport. Session de Londres, 1905. — 7e rapport. Session de Copenhague, 1907. — 8e rapport. Session de Paris, 1909. — 9e rapport. Session de La Haye, 1911.

Rapports généraux *aux Commissions extra-parlementaires du Cadastre, de l'Impôt sur les Revenus, de l'Alcool, des Sociétés par actions, de la Dépopulation, pour la réforme du Régime fiscal des Valeurs étrangères.*

Publications diverses sur les *Finances publiques*, les *Impôts*, la *Législation fiscale*, les *Valeurs Mobilières*, les *Chemins de fer*.

MACON, PROTAT FRÈRES, IMPRIMEURS.

PETITE BIBLIOTHÈQUE PRATIQUE
XLVII

Alfred NEYMARCK

QUE DOIT-ON FAIRE DE SON ARGENT ?

Notions et Conseils pratiques
sur les valeurs mobilières
PLACEMENTS ET OPÉRATIONS

PARIS
MARCHAL ET GODDE, ÉDITEURS
27, PLACE DAUPHINE, 27 (Ier)
—
1913

la
fa
s
p
ra

li

re
p
v

à
œ
n
la

e
é
p
ti
a
t

PRÉFACE

Ce livre ne s'adresse pas aux professionnels de la Bourse : les questions dont nous traitons leur sont familières. Il n'est pas non plus destiné aux personnes qui veulent spéculer : elles n'y trouveront pas le procédé qu'elles cherchent pour s'enrichir rapidement et sans risque.

Nous aurions pu y faire figurer une dédicace ainsi libellée : « *A ceux qui ne spéculent pas.* »

L'éducation financière du public est, malheureusement, encore à faire et l'ignorance la plus complète en matière de placements et opérations sur les valeurs mobilières, règne dans la masse.

C'est à ce grave inconvénient que nous cherchons à remédier dans la mesure du possible, en donnant au public quelques notions exactes, précises, sur la nature des opérations qu'il est appelé à traiter pour la gestion de sa fortune mobilière.

C'est dans cette intention que nous avons réuni et groupé en chapitres spéciaux plusieurs des études que, depuis de longues années, nous publions régulièrement dans notre journal *le Rentier* sous diverses rubriques : *Que faire de son argent ? Quelques notions pratiques, Conseils pratiques.*

Le meilleur moyen, en effet, de permettre au public d'apprécier les mesures qu'il lui convient de prendre pour la sauvegarde de ses intérêts, le procédé le plus sûr pour le mettre à l'abri du danger que présentent certaines opérations, ce n'est pas de les lui cacher entièrement, de l'en écarter comme d'un mystère interdit aux regards du profane ; c'est, au contraire, de lui en faire connaître le mécanisme et de lui montrer les inconvénients et les dangers qu'offrent pour lui ces transactions, en lui en donnant une notion sommaire mais précise.

Si on veut bien nous permettre cette comparaison, nous dirons que, de deux personnes qui manient deux armes à feu également dangereuses, la plus exposée est évidemment celle qui en ignore le fonctionnement. Il en est de même, dans une certaine mesure, en ce qui concerne les valeurs mobilières, les placements et opérations. Le public sera beaucoup mieux à l'abri de leurs périls, s'il sait exactement de quelle nature est le danger qu'il peut courir, en s'y adonnant, et dans quelle mesure, étant ainsi averti, et avec quelles précautions il peut y prendre part, s'il le désire.

Les notions et conseils ne donneront à personne le moyen de « faire fortune à la Bourse » ni d'obtenir de ses fonds « de gros revenus sans risque ». Non, ce sont des conseils terre à terre, destinés simplement à ceux qui cherchent à conserver aussi intacts que possible, à gérer sagement, en père de famille, le produit de leur épargne, les ressources nécessaires pour assurer leur existence ou celles de leurs enfants. Nous nous efforçons de détruire quelques-unes des fausses idées encore si répandues dans le public, en matière de finance et de bourse, de le mettre en garde contre les pièges qui lui sont à chaque instant tendus, et de lui donner assez de sang-froid pour échapper à des excès de confiance, à des coups de tête irréfléchis, aux paniques irraisonnées.

Alfred NEYMARCK.

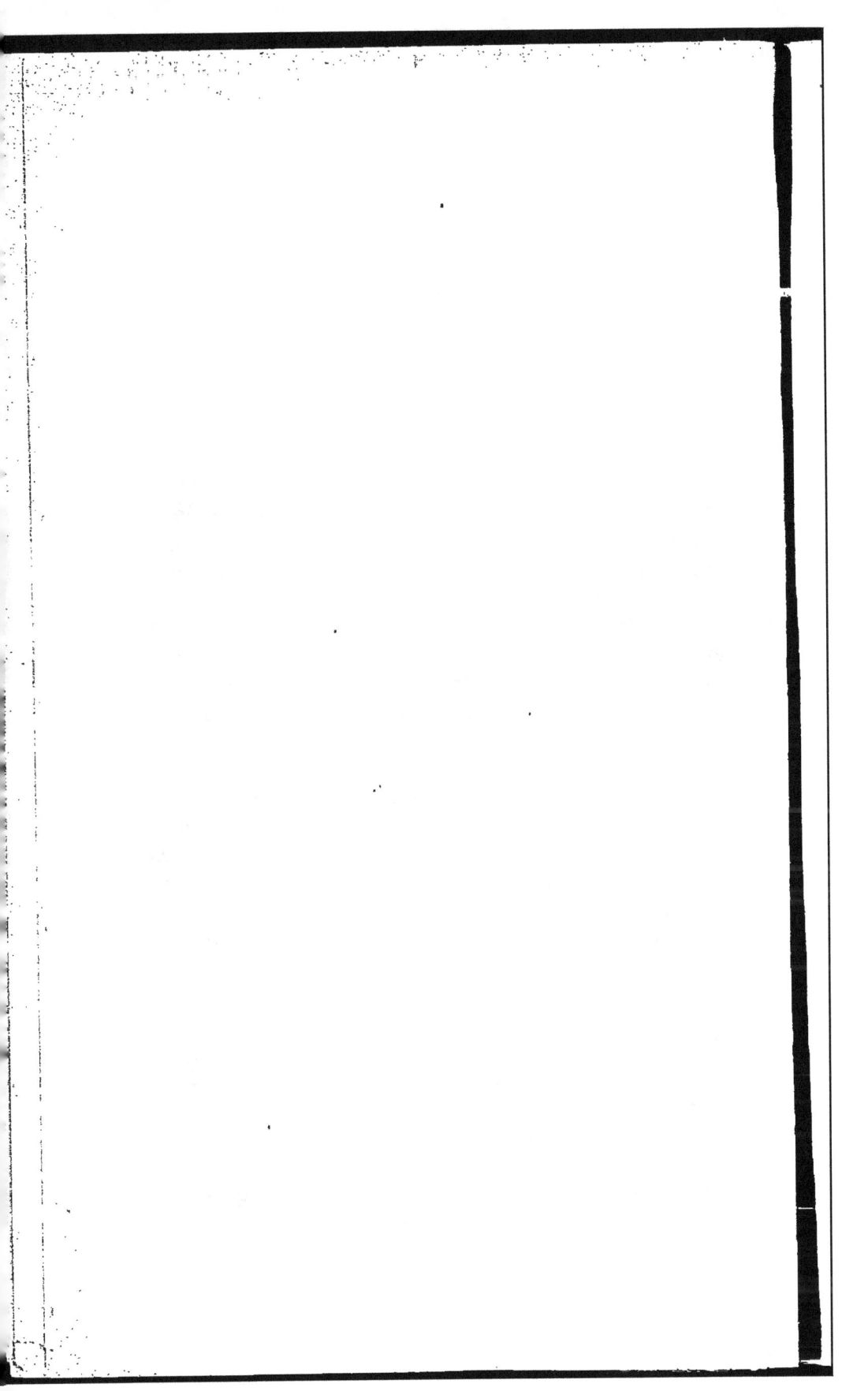

INTRODUCTION

L'ÉDUCATION FINANCIÈRE

Les études que nous publions depuis de longues années dans *Le Rentier* sous le titre de : *Quelques notions pratiques* et qui forment la matière de ce volume portent sur des questions familières aux personnes du métier, à celles qui, par profession, ont l'habitude des opérations de bourse, à celles qui manipulent journellement des titres, en vendent ou en achètent, en émettent ou en placent à leurs guichets, pratiquent des arbitrages, usent couramment de ce jargon spécial où il n'est question que de terme, de primes, d'échelles, de reports, etc.

Si elles présentent de l'intérêt non seulement pour les professionnels, mais pour tous les capitalistes, c'est que les professionnels eux-mêmes reconnaissent l'utilité et la nécessité de ces études, de leur diffusion dans la masse. Ils se trouvent chaque jour en contact direct avec le public des porteurs de titres et ils ont l'occasion de répondre aux questions singulières, naïves, enfantines mêmes, qui leur sont posées constamment par des détenteurs de titres de tous ordres, par des rentiers, par des capitalistes qui, par définition, devraient cependant être mieux renseignés sur les choses de la Bourse.

Les personnes que les devoirs de leur profession mettent en rapport courant avec la masse des porteurs de titres peuvent constater l'ignorance

A. NEYMARCK. — *Que faire de son argent ?* 1

presque complète qui règne dans les diverses classes de la société, de tout ce qui touche à la bourse, aux valeurs mobilières, aux emplois de fonds, à la gestion d'une fortune petite, moyenne ou grosse.

Les personnes les plus instruites, appartenant aux plus hautes classes de la société, sont aussi ignorantes de ce qu'il convient de savoir non seulement pour administrer une fortune mais pour se rendre compte de la valeur d'un titre que le plus modeste des travailleurs, des salariés.

Des savants, des professeurs émérites, des ingénieurs d'élite, des magistrats, des officiers, des administrateurs même de Sociétés commerciales, industrielles, des commerçants de vieille roche, sont absolument incapables de lire une cote de Bourse, de la comprendre ; ils ignorent la différence établie par les usages entre des opérations au comptant et à terme ; pour eux la cote des changes ressemble à de véritables hiéroglyphes ; ils se demandent, quand on parle de la cote des changes, ce que veulent dire le « certain et l'incertain » et si ces termes n'indiquent pas plutôt l'état de la température qu'un mode de calculs ; les mots report, déport, primes, les raisons bizarres ou justifiées qui occasionnent des différences de cours entre fonds d'État ou valeurs similaires, se négociant sur un ou plusieurs marchés, sont pour eux des énigmes.

Ces personnes, qui font partie des classes instruites de la société, ont une situation de fortune aisée, se trouvent embarrassées dès qu'elles ont à effectuer un placement mobilier, quand il leur faut choisir un titre, en calculer le rendement net, comparer les cours de deux titres suivant que l'un rapporte plus que l'autre, est remboursable dans une période de temps plus ou moins éloignée; elles ne savent souvent pas distinguer une obligation d'une action, s'il convient d'opter entre la forme nominative ou la forme au porteur d'un titre; grand est leur embarras quand il s'agit de conserver leurs valeurs chez elles ou de les déposer dans un établissement de crédit et dans quel établissement; elles ignorent les précautions élémentaires à prendre contre les vols et pertes de titres ou bien ce qu'elles doivent faire quand elles s'aperçoivent de la perte ou du vol des valeurs qu'elles possèdent.

Si leur ignorance et leur embarras sont grands quand il s'agit d'opérations les plus simples, à plus forte raison cet embarras devient inextricable quand il s'agit du choix raisonné d'un titre de placement. Quand dans la liste de créanciers dans une faillite retentissante ou dans une liquidation judiciaire, on voit les noms de personnes sérieuses, instruites, on se demande comment elles ont pu commettre des erreurs aussi naïves en achetant des titres de pacotille, du véritable papier peint, et en faisant des « opérations » qui n'étaient que des « trompe-l'œil » et des attrape-nigaud.

Les personnes sérieuses, instruites, intelligentes sont la proie des faiseurs. Elles se laissent dévaliser par le premier aigrefin venu; elles croient à tous les boniments, aux prospectus, aux réclames, « au surnaturel », comme le disait Léon Say. Elles donnent comme excuse à leur naïveté. — si c'est là une excuse — qu'elles n'entendent rien aux « affaires de Bourse ». Il semble, à les entendre, que « les affaires de Bourse » sont des secrets que connaissent seuls quelques initiés; secrets renfermés dans une arche sacro-sainte qu'il est défendu d'entrouvrir. Qu'elles s'étonnent ensuite si un jour tout ou partie de leur fortune, de celle de leur

femme, de leurs enfants, de leur famille, est compromis ou perdu ; elles ne se disent pas que qui
conque fait un placement en valeurs mobilières
effectue une « affaire de Bourse » et, que, dès lors,
déclarer qu'on ne connaît rien aux « affaires de
Bourse » c'est avouer purement et simplement
qu'on est incapable de gérer la partie de sa fortune
constituée en titres mobiliers.

Que diraient-elles d'un propriétaire, exploitant
lui-même les biens immobiliers qu'il aurait reçus
en héritage ou en dot, et qui ne saurait pas distinguer le blé du seigle, le colza de l'avoine, et aban-
donnerait la gestion de sa fortune au premier venu !
Ce serait plus qu'un imprudent. Que penser dès
lors de celui qui ne sait pas, par lui-même, faire
le choix d'une valeur, ne se renseigne sur rien,
ne connaît pas le siège social de la Compagnie
dont il est actionnaire ou obligataire, n'en a jamais
lu les statuts, n'a jamais lu le compte rendu d'une
assemblée, ne connaît pas le nom des administrateurs, le but et la durée de la Société, son objet,
etc. Si cet imprudent perd son argent, il faut bien
convenir qu'il n'a rien fait pour l'éviter. Un vieux
poète latin, Publius Syrus, écrivait jadis ces jolis
vers :

> Pecunia est ancilla, si scis uti ;
> Si nescis, domina est.

Rien de plus juste que cette pensée qui veut dire,
en bon francais :

> L'argent est ton esclave, si tu sais l'employer :
> Ton maître, si tu ne le sais pas.

Nous venons de parler des personnes appartenant à la classe aisée, instruite, de celles qui, après
de longues années sur les bancs des écoles, ont
obtenu des diplômes et des grades universitaires,
occupent de hautes situations, et qui, par leur

situation de famille, se trouvent appelées d'une manière à peu près certaine à recevoir des titres, à faire des placements, gérer des capitaux : on pourrait croire que leur esprit cultivé par l'étude, se trouve mieux ouvert aux conceptions de toute nature. Il n'en est malheureusement rien, à part de rares exceptions. Cette ignorance sera naturellement bien plus grande et tout aussi regrettable dans la classe des petits bourgeois, boutiquiers, commerçants, artisans, serviteurs, petits employés, petits fonctionnaires, femmes veuves. Ces petits capitalistes font quelques économies : ils veulent les « placer ». La Bourse, les valeurs de Bourse, les opérations qui s'y effectuent, tout ce qu'ils entendent dire sur les bénéfices qui s'y réalisent, les fortunes qui s'y élèvent, les fascinent. Ils écoutent, eux aussi, le premier venu. Le résultat est désastreux. On dira que ces petits capitalistes ont moins besoin que les précédents d'être au courant des « affaires de Bourse », et que ce serait une dérision de leur parler de titres qu'ils n'auront jamais l'occasion d'acheter et de voir. Au contraire, *plus une fortune est petite, plus grande doit être la surveillance qu'elle exige, moins elle doit risquer d'être compromise.* Aujourd'hui, on ne saurait trop le répéter, tout le monde est plus ou moins rentier, porteur de titres. Par l'attrait des remboursements avec des lots, par la création de titres de faibles montants, de petites coupures, par la division de certaines obligations de la Ville de Paris et du Crédit Foncier en quarts ou en cinquièmes, par l'émission de valeurs non libérées, à versements échelonnés, les valeurs mobilières ont été mises à la portée de tous; il n'est pour ainsi dire personne qui n'ait l'occasion d'acquérir quelque valeur pour placer son épargne, de recevoir un coupon, de vérifier un tirage.

L'ignorance totale des choses de la bourse est encore beaucoup plus dangereuse chez les humbles, chez les esprits naïfs qui, plus que les autres, se trouvent embarrassés pour placer leur épargne, qui ne savent à quelle porte frapper pour obtenir un renseignement sérieux, sûr, et qui, par conséquent, plus que les autres, se trouvent exposés à être les victimes de manœuvres déloyales, à tomber dans les pièges qui leur sont tendus.

On s'en rend compte chaque fois qu'une catastrophe financière se produit. Quels sont les clients des banques qui promettent à leurs déposants de gros intérêts, des bénéfices « certains » à provenir de spéculations au comptant, de participations financières, d'arbitrages ? Ce sont précisément ceux dont l'épargne devrait être le plus à l'abri de toute atteinte, les petits rentiers qui comptent sur leurs faibles revenus pour subsister, les travailleurs, les gens à gage qui ont péniblement amassé quelques centaines, quelques milliers de francs sur leurs salaires et aussi des fonctionnaires, des officiers, des ecclésiastiques, des femmes veuves.

Comment remédier à ce danger ? Comment protéger ces imprudents, ces naïfs, — bien que la plupart du temps beaucoup d'entre eux qui font les naïfs, connaissent parfaitement les risques qu'ils courent, et ne sont pas aussi « gogos » qu'ils voudraient le laisser croire, — qui se laissent prendre si facilement à l'appât qui leur est offert d'un gros revenu et par suite d'une amélioration de leur modeste situation ? Faire des lois sévères pour protéger l'épargne, pour empêcher les émissions de valeurs éruptives, pour augmenter la responsabilité des émetteurs, des fondateurs de Sociétés, des lanceurs d'affaires, les signataires de prospectus, des administrateurs ? Il n'y a pas de réglementation, si méticuleuse soit-elle, qui ne puisse être tournée par des fripons, tandis que la sévérité de la législation en matière de Sociétés a pour effet immédiat d'écarter des affaires quantité de gens honnêtes qui auraient la crainte d'être les victime de circonstances malheureuses, d'être englobés, à un moment donné, dans des poursuites.

*
**

Ce qu'il faut surtout, pour éviter les catastrophes financières, pour empêcher le public d'être victime d'aigrefins, de tomber dans les pièges les plus grossiers, c'est l'instruire, c'est le mettre en garde contre le danger en le lui faisant voir ; c'est en un mot, faire son éducation financière. Il faut lui apprendre ce qu'on appelle un « inventaire », un « bilan », un compte de « profits et pertes » ; pourquoi il faut connaître les « statuts » de la Compagnie dans laquelle il est intéressé ; quels sont les droits et aussi les devoirs qu'il a à remplir quand il est actionnaire ou obligataire ; il faut qu'il apprenne à lire un « budget », un « rapport » et qu'il sache au moins ce que c'est qu'une action, une obligation, un titre au porteur, un titre nominatif ; lui expliquer certaines expressions d'usage courant à la Bourse et qu'on fait miroiter à ces yeux pour attirer son épargne dans des entreprises douteuses ; lui répéter et lui montrer qu'il n'y a pas d'affaires sans risques, de valeurs sûres qui rapportent de gros intérêts, de spéculation sans danger. Il faut lui apprendre que toutes les valeurs ne conviennent pas à tous et que, s'il n'y en a pas complètement de tout repos, il y a du moins cer-

taines catégories de valeurs qui offrent sinon le
maximum de sécurité, plutôt le minimum de
risques, et qui, par suite, doivent exclusivement
figurer dans les petits portefeuilles, composer le
patrimoine des petits rentiers, de ceux qui n'ont
pas les moyens de rien perdre. Tel a été et tel est
le but de ces notions, essentiellement pratiques
et qui s'adressent à tout le monde, surtout à ceux
que leur situation, leurs occupations habituelles
ont laissé complètement étrangers aux affaires,
en général, et notamment aux affaires de Bourse,
aux placements mobiliers.

*
* *

Il faut, répétons-le, « instruire » le public et
malheureusement, cette instruction, cette éducation financière qui devrait être faite dès le collège
et le lycée, nous n'hésitons pas à le dire, est absolument nulle.

Il a fallu de longues années pour obtenir que des
notions élémentaires d'économie politique, par
exemple, fussent données à nos jeunes gens, qu'on
leur inculquât les premières notions du crédit, des
finances publiques. Mais combien ces premières
notions sont encore défectueuses, incomplètes et
manquent d'esprit pratique ! On posera à un candidat bachelier, à un candidat à la licence ou au
doctorat, une quantité de questions sur des sujets
qui lui seront rarement utiles dans la vie. Il faut,
sans doute, élever les esprits et leur donner une
large culture littéraire et scientifique : mais quand
on jette un coup d'œil sur les programmes d'exa-
mens à subir pour entrer dans une administration
publique, pour obtenir le plus petit emploi, on
reste parfois stupéfait en voyant la quantité de

connaissances générales qui sont exigées et l'absence de connaissances pratiques. A une époque comme la nôtre, où la fortune mobilière dans tous les pays est la caractéristique des Sociétés modernes et est un gage de leur sécurité, de leur influence dans le monde et de leur avenir, il faudrait que des cours financiers, élémentaires d'abord, plus élevés ensuite, fussent donnés à notre jeunesse. Il ne faut pas que ces jeunes gens arrivés à l'âge mûr, ayant à gérer une fortune petite ou grosse, ne connaissent pas le premier mot de ce que c'est qu'un titre de rente, une action ou une obligation, ignorent le mécanisme et l'organisation des bourses de valeurs mobilières, ne savent même pas ce que c'est qu'un « coupon d'intérêt » et un « coupon de dividende », comment on peut l'encaisser, quelles sont les formalités à remplir quand un titre est perdu, volé ou détruit, etc. : cela leur sera au moins aussi utile que d'apprendre combien il y a de fleuves ou de rivières, la longueur des cours d'eau, la hauteur des montagnes, la largeur des vallées dans tel pays perdu au centre de l'Afrique, du Thibet ou de l'Australasie, pays que quelques rares explorateurs connaissent pour en avoir traversé une petite partie, et Dieu sait dans quelles conditions ! pays sur lesquels on questionne les malheureux candidats et sur lesquels des documents et renseignements certains font défaut, même aux examinateurs !

Il a fallu de longues années pour démontrer et faire reconnaître la nécessité de développer l'enseignement commercial et économique ; il est non moins nécessaire d'organiser plus complètement et de développer l'enseignement financier qui doit être à la fois théorique et surtout pratique.

On dira qu'il y a déjà bien assez de programmes !

C'est aussi notre avis, mais il ne s'agit pas de charger encore le cerveau de la jeunesse de nouveaux programmes ; il faut, au contraire, élaguer, reviser plusieurs parties de programmes anciens, démodés, inutiles, et les remplacer par des connaissances pratiques.

A ce sujet, un lecteur du *Rentier*, ancien professeur de mathématiques dans une de nos grandes Universités, nous a adressé une lettre intéressante dont nous extrayons les passages suivants :

« Depuis longtemps, écrit-il, j'ai essayé de mettre en pratique les conseils que vous donnez si justement sur l'enseignement trop négligé des notions financières, et je crois utile de vous faire connaître les résultats de cette expérience.

« Certes je n'ai pas le droit de médire de l'étude des théories abstraites des mathématiques qui ont leur utilité incontestée, mais il faut bien avouer que beaucoup d'élèves peu doués ou peu laborieux négligent cette partie de l'enseignement. Au contraire, quand je rencontrais dans le programme d'arithmétique les expressions : Rentes, actions, obligations, notions sur les opérations de bourse, tous les élèves devenaient attentifs et prenaient une part active à cet enseignement ; à cause de cela je m'attardais bien volontiers à donner des conseils à ces jeunes gens et je dois dire que sur ce sujet j'étais toujours compris. Mon auditoire se rendait compte du côté pratique de ces questions et s'y intéressait.

« Si je vous donne ces renseignements vécus, c'est pour montrer qu'aux élèves rebelles aux études trop théoriques de certaines parties des mathématiques, il serait possible de donner avec fruit l'enseignement financier tel que vous le demandez.

« J'ajoute que j'ai vu avec regret, dans les nou-

veaux programmes de l'enseignement secondaire,
la suppression de l'enseignement de la comptabilité
de la classe de 3e B. La plupart de ces élèves
n'étant pas destinés aux écoles de Commerce se
trouvent fort embarrassés plus tard pour comprendre les livres de comptes d'une maison de commerce; cinq ou six leçons auraient suffi pour leur
donner les notions que tout le monde devrait con-
naitre, même sans être commerçant. »

⁂

Comment, au surplus, pourrait exister cette
« éducation financière » qui, de haut en bas de
l'échelle sociale, devrait être instituée quand on lit
les programmes d'examen qu'on inflige aux candidats à des fonctions administratives, presque secondaires, programmes touffus dans lesquels le rédac-
teur a omis, sans s'en douter, des notions véritablement essentielles !

Donnons quelques exemples ; on nous permettra
de ne pas citer le ou les ministères et administrations qui infligent ces programmes aux candidats,
car nous ne voulons faire de la peine à personne.

Nous avons sous les yeux un programme entre
autres, qui, au milieu de nombreux et volumineux
chapitres, est intitulé : « Économie Politique et
Sociale ».

Dans une des multiples subdivisions de ce chapitre se trouvent après des etc.... les points suivants
sur lesquels les candidats pourront être interrogés :
« la Monnaie, le Crédit, la Banque, le Change, la
Spéculation, Bourses, Marchés à terme ». Le rédac-
teur du programme ne s'est pas fatigué le cerveau.
Ce sont là, en effet, des intitulés de chapitres tout
à fait classiques qu'on trouve dans tout traité

d'Économie politique qui respecte les vieilles traditions. Mais nous avons cherché, en vain, un mot, une indication aussi courte que possible, sur les valeurs mobilières nationales ou internationales et les multiples opérations auxquelles elles donnent lieu.

On répondra qu'il peut en être question dans les chapitres consacrés à la « spéculation » aux « Bourses » mais ce serait vraiment une réponse par trop commode et facile.

Dans un autre chapitre réservé à la législation financière, on ne trouvera pas un mot sur la législation fiscale, pas une ligne sur les multiples impôts qui frappent les valeurs mobilières, etc.

Dans un autre chapitre, réservé à la « Législation commerciale », pas un mot sur les bilans, etc. Il y a bien « généralités sur les actions et les obligations, les titres nominatifs ou au porteur », mais il n'y a pas un mot sur les parts de fondateur, les parts bénéficiaires, les droits des obligataires, la différence de législation en ce qui concerne les sociétés en général, les actions et les obligations en particulier dans les divers pays, etc.

Les programmes d'examen devraient être revus et revisés depuis la première jusqu'à la dernière ligne. Ils ne répondent plus aux besoins, aux nécessités économiques, commerciales, industrielles et financières de notre époque. Ils ont été conçus à un moment où la valeur mobilière, la fortune mobilière étaient presque inconnues ; où la fortune publique et privée, le commerce et l'industrie, les relations économiques internationales n'avaient pas pris le développement acquis de nos jours. Tout s'est transformé, s'est modifié, a évolué. Les vieux programmes sont restés immuables, enfouis dans des dossiers et des cartons, classés et catalogués.

On ne les en sort que lorsqu'il y a un concours à
ouvrir, un examen à faire passer et on pourrait
vraiment dire : « Malheureux examinateurs ! malheureux candidats ! » Il y a là une réforme essentielle et urgente à faire.

Que l'on s'étonne dès lors, que des candidats
admis au concours, devenus plus tard des fonctionnaires distingués, ne se rendent pas compte de la
différence qui existe, par exemple, entre un inventaire, une balance de comptes et un bilan ? Et
qu'on s'étonne — comme nous le découvrions,
sans trop nous en étonner, tout récemment — que
dans un document officiel, émanant d'une grande
administration ministérielle, il ait été fait une confusion complète, absolue, très nette, entre une
balance d'écritures et un bilan, et que cette confusion s'étale tout au long en tête de l'*Officiel*,
dans un document administratif et ministériel ?

.*.

Nous avons montré combien l'éducation financière est nécessaire au public de l'épargne ; elle est
nécessaire au fonctionnaire ; mais celle d'une autre
catégorie de citoyens et des plus importantes, n'est-
elle pas aussi à faire ? Nous voulons parler des
hommes politiques, des parlementaires. Ne peut-on
pas dire même que c'est pour les parlementaires surtout que la nécessité de l'éducation financière se fait
impérieusement sentir, puisque d'un coup de bulletin, ils peuvent bouleverser l'ordre de choses
établi, écorner les fortunes, adopter des mesures
dont les conséquences peuvent être des plus graves
pour le marché financier, pour les porteurs de
titres, pour tous ceux qui possèdent ; puisque c'est
sur eux finalement que reposent la gestion de la

fortune publique, la charge du bien-être de tous, de la prospérité économique de la nation ?

Et parmi les sénateurs et les députés, combien en est-il qui soient réellement au courant des questions relatives aux valeurs mobilières ? Combien en est-il qui sachent exactement de quelle quotité d'impôt elles sont frappées, les différences qui existent à cet égard entre les valeurs françaises et les valeurs étrangères, entre les fonds d'État et les actions ou obligations des Sociétés. Combien peu savent lire et comprendre le budget, comment il s'établit, comment se fait telle ou telle perception, sur quelle base elle s'appuie.

Si la majorité des parlementaires avait, comme cela est à souhaiter, quelques notions précises de ces choses, on n'entendrait plus émettre à la tribune des affirmations aussi singulières, des aphorismes aussi inattendus que ceux qu'on entend trop souvent énoncer en matière de bourse et de finances.

S'ils avaient quelque idée de la répartition des titres dans le public, de leur morcellement, de leur émiettement, ils ne considéreraient plus tout porteur de valeurs mobilières comme un Crésus taillable à merci, comme un accapareur de la richesse nationale, comme un ennemi du travailleur. Ils se rendraient compte que, dans notre beau pays de France, presque tout travailleur est en même temps un épargnant, un capitaliste, lui aussi, dans une certaine mesure, et ils ne chercheraient plus à mettre à contribution les valeurs mobilières, chaque fois qu'il se présente dans le budget un trou à boucher.

S'ils avaient de saines notions d'économie politique et de finance publique, ces parlementaires se rendraient compte que le meilleur moyen de faire affluer l'argent dans les caisses publiques, ce n'est pas d'effrayer ceux qui possèdent, ce n'est pas de les traquer, de les inciter, par des mesures vexatoires, à cacher leurs biens, à frauder le fisc, à faire passer leur fortune à l'étranger, au grand bénéfice des banques des pays voisins qui se réjouissent de cet afflux inespéré de disponibilités, et qui savent en tirer profit pour favoriser le développement de leur industrie nationale.

Si les parlementaires étaient mieux avertis, si des idées différentes leur avaient été inculquées dès leur jeunesse, ils seraient convaincus qu'il faut laisser les affaires se dérouler librement, les rentrées fiscales s'accroître par le jeu naturel des échanges qui, en augmentant de volume, fournissent automatiquement, un nouvel appoint de matière imposable ; ils comprendraient mieux que l'excès de fiscalité devient une prime à la fraude. En tout cas, lorsque les nécessités budgétaires rendraient indispensables des modifications à notre système d'impôts, l'introduction de taxes nouvelles, ils ne prendraient des mesures à cet égard qu'avec prudence et après avoir envisagé toutes les conséquences possibles de la réforme.

Nous ne demandons d'ailleurs pas aux parlementaires, aux législateurs, la passivité, l'inaction absolue en matière de finances ; nous ne voulons, pas, à tout prix, le maintien du *statu quo*. Nombreuses seraient, au contraire, les réformes à faire, les lois à amender, les lacunes à combler dans notre législation, au point de vue des valeurs mobilières, des garanties à donner au public des porteurs de titres, des mesures de publicité à suivre par les Sociétés anonymes, au profit de leurs actionnaires.

Nos lois sont presque muettes en matière de

valeurs mobilières ; une loi sur les biens appartenant à des mineurs, une autre sur les titres perdus
ou volés et c'est, en dehors des lois fiscales, à peu
près tout notre bagage législatif sur ces questions
aujourd'hui si importantes et d'intérêt si général.
Nous en sommes restés sur ce point à plus de cent
ans en arrière, à la création de notre code, alors que
la fortune mobilière était, pour ainsi dire inexistante
et que, lorsqu'on parlait de biens meubles, on pen-
sait surtout aux meubles meublants. La situation
a cependant bien changé; la valeur mobilière a
pris dans la fortune publique le premier pas. Sur
tous ces graves sujets, qui pourrait soutenir qu'il
n'y a rien à faire ? L'éducation financière du public,
celle de la petite épargne est, en quelque sorte,
dans l'enfance : quant à celle des législateurs, à
part quelques rares exceptions, elle est encore plus
enfantine ; elle est à faire, pour les uns et pour les
autres, en entier.

. .

Si l'on veut se rendre compte du manque d'éducation financière du public, il faut lire les questions
parfois naïves, qui sont adressées, chaque jour, aux
établissements de crédit, aux banques, à tous ceux
qui sont en relations avec lui.

En voici quelque exemples que nous choisis-
sons encore parmi les questions qui ont des apparences sérieuses :

Pourquoi telle valeur est-elle cotée au comptant
meilleur marché, plus cher ou au même prix qu'à
terme ?

Qu'est-ce qu'une liquidation de quinzaine, mensuelle ? un report, un déport ?

Pensez-vous que telle ou telle valeur haussera
ou baissera d'ici telle époque et cotera tel prix ?

Je voudrais avoir une valeur sûre, de tout repos, rapportant au moins 5 %, ne faisant courir aucun risque, etc.

Que feriez-vous à ma place ?

En achetant une valeur avant l'échéance de son coupon pour le revendre après avoir encaissé ce coupon, ne peut-on pas réaliser un bénéfice ?

Pourquoi tel fonds d'Etat se négocie-t-il meilleur marché ou plus cher sur une place que sur le marché de Paris ?

Ne pourrait-on pas acheter sur le marché où les titres cotent le prix le plus bas et revendre sur celui où ils se négocient le plus cher ?

Telle ou telle mine, tel ou tel charbonnage produiront-ils telle ou telle quantité de minerai ? Les prix du minerai hausseront-ils ou baisseront-ils ?

Pourquoi, puisque la production de telle ou telle houillère a augmenté, les titres ont-ils baissé ?

Pourquoi, si les recettes d'une Compagnie augmentent, les titres ne haussent-ils pas, et pourquoi les titres haussent-ils quand les recettes diminuent ?

Comment puis-je m'y reconnaître pour vérifier les comptes que m'adresse telle ou telle banque et vérifier les intérêts et commissions qui s'y trouvent inscrits ?

Que veut dire le mot *époque* qui se trouve inscrit dans une colonne du compte courant qui m'est adressé ?

Nous pourrions faire une énumération indéfinie de ces questions souvent enfantines du public. Qu'on s'étonne, dès lors, que si les plus instruits se laissent prendre à tous les boniments et à tous les prospectus, les moins instruits et ceux qui ont reçu une instruction à peine rudimentaire, soient

victimes de tous les boniments, de toutes les
réclames, de toutes les « affaires » ou soi-disant
telles que leur recommandent des prospectus ou
des gens qu'ils n'ont jamais vus et qu'ils ne rever-
ront plus après qu'ils auront échangé leur bel et bon
argent contre du papier peint.

.•.

Ce que le public qui s'occupe d'acheter et de
vendre des valeurs, de placer son argent, voudrait
surtout trouver c'est un banquier, intermédiaire,
quel qu'il soit, qui soit le directeur de sa bourse,
de son portefeuille, lui indique les « bonnes valeurs
à acheter », les « mauvaises valeurs » à vendre, un
« bon coup de bourse » à faire, tout en jurant ses
grands Dieux qu'il ne joue jamais à la bourse,
qu'il ne veut que des placements sûrs, de tout
repos, etc. Il voudrait « quelqu'un » qui lui fasse
ses affaires... pourvu qu'elles soient bonnes et ne
lui donnent jamais de pertes. Il voudrait se décharger de toutes responsabilités et soucis pour la gestion de ses intérêts. Cela est absolument impossible. Personne n'est infaillible dans la gestion de
son propre portefeuille ; personne ne peut affirmer
qu'il n'a jamais acheté que des valeurs qui ne lui
ont causé aucune déception. Il n'y a pas de valeurs
sans risques ; il n'existe pas de placement de tout
repos, et, conséquemment, toute personne qui se
figure qu'elle peut trouver un gérant infaillible de
sa fortune mobilière, comme on peut en trouver
pour sa fortune immobilière, est dans la plus complète erreur. Cet état d'esprit du public de la grosse
et de la petite épargne, s'explique par le manque
absolu d'éducation financière. Une des particulari-
tés de cet état d'esprit, c'est qu'un rentier, déten-

teur de titres, n'aime pas à être troublé dans sa
quiétude béate. Apprend-il une nouvelle qui peut
avoir une influence sur la valeur qu'il possède, il
n'y croit pas le plus souvent, tandis qu'il ouvre
les oreilles toutes grandes quand il entend parler
d'un titre, quel qu'il soit, qui « va monter ». Il
pense toujours que les personnes qui le détournent
de faire telle ou telle opération à laquelle il songe,
à acheter tel ou tel papier peint « ont intérêt » à lui
donner cet avis. Le public aime à être flatté dans
ses goûts, ses manies, ses idées de spéculation et de
jeu qui sont presque innées chez lui. Rien de plus
naïf que ces questions qui reviennent souvent dans
son esprit quand il veut faire un placement : *Que
feriez-vous à ma place ?* Comme s'il était facile de
se mettre « à la place » de quelqu'un ! Il est vrai
que, plus tard, quand les désastres arrivent, ce
« bon public » qui, au fond, n'est pas aussi naïf
qu'on le croit car il pense toujours trouver plus
naïf que lui, regrette d'avoir acheté ou de ne pas
avoir vendu, ou il pleure en voyant son bel et bon
argent converti en papiers peints qui ne valent
même pas la valeur du papier.

Ce n'est pas son imprudence, alors, son amour
du gain rapide et de la spéculation, qu'il accusera :
non, c'est tout le monde, Pierre, Paul, Jean ou
Jacques ; c'est « son » voisin qui lui a dit qu'il ferait
une bonne affaire ; c'est « son » journal, qui l'a
conseillé ou ne l'a pas déconseillé ; c'est « son »
banquier qui « aurait dû savoir » qu'il allait perdre
de l'argent et aurait dû le détourner de faire cette
affaire, etc. Les plaintes de ce malheureux —
et on comprend sa désolation quand on voit ce
qu'il perd — sont navrantes ; mais la plupart du
temps, c'est bien de sa faute, s'il s'est laissé entraîner, s'il n'a pas vendu à temps, ou s'il a acheté

de soi-disant valeurs qui ne sont que des papiers de pacotille.

**

Une autre particularité qui montre la « mentalité » du public. Sur les avis d'un banquier, société de crédit, intermédiaire, ou après avoir lu l'opinion exprimée par le journal ou les journaux qu'il reçoit, un capitaliste achète ou vend telles ou telles valeurs, effectue telles ou telles opérations. Ces valeurs haussent ou baissent; ces opérations réussissent ou échouent, suivant les conseils donnés ou les avis exprimés. Jamais, à de très rares exceptions près, il ne remerciera des bons conseils qui lui ont été donnés, des bénéfices qu'il a réalisés. Bien au contraire, les mouvements prévus ne se réalisent-ils pas, la baisse a-t-elle lieu quand la hausse était prévue; immédiatement, intermédiaires, agents de change, banquiers, sociétés, reçoivent des lettres de reproches au sujet des conseils et avis donnés.

Plus tard, cependant, les événements confirment ces conseils. Ceux qui en ont profité se garderont bien d'en remercier ceux qui les leur auront donnés ou de s'excuser des reproches qu'ils ont antérieurement faits.

**

Nous avons montré la nécessité de l'éducation financière et donné des exemples de la naïveté des questions qui sont journellement posées aux établissements de crédit, aux banques, à tous ceux qui, par profession, s'occupent d'affaires de bourse, par des porteurs de titres, des rentiers à qui manque précisément cette éducation.

Entrons maintenant dans quelques détails sur le point de savoir en quoi doit consister l'éducation financière, sur quelles questions principales elle doit porter.

Ici comme en toute matière analogue, il faut distinguer, croyons-nous, deux ordres d'idées ; l'*éducation* proprement dite et l'*instruction*.

L'éducation financière comportera donc deux grandes divisions : d'une part, l'*instruction financière*, consistant dans l'étude de questions techniques se rattachant à la finance, à la bourse ; d'autre part, l'*éducation financière*, ayant pour objet de développer certaines qualités nécessaires au rentier, au capitaliste, de signaler certains défauts dont ils doivent chercher à s'affranchir.

.·.

L'*instruction financière* comprendra notamment des explications sur la nature des diverses sociétés, la différence qui les distingue, leur constitution, leur gestion, la responsabilité de leurs administrateurs vis-à-vis des actionnaires et du public ; sur les diverses catégories de titres, actions, obligations, parts de fondateurs, actions de jouissance et de capital, actions ordinaires et privilégiées ; sur les droits des porteurs de titres à l'égard de leurs mandataires, sur les groupements qui leur sont permis, les assemblées d'actionnaires, les ligues de défense, les syndicats d'obligataires ; sur la forme sous laquelle peuvent circuler les valeurs mobilières, titres au porteur, nominatifs, mixtes ; sur les impôts auxquels les titres sont assujettis, la différence, à cet égard, entre les titres au porteur et nominatifs, entre les titres français et étrangers, entre les valeurs circulant en France et celles qui n'ont encore circulé qu'à l'étranger ; sur les cotes des principaux pays ; sur les précautions à prendre pour la garde des titres, sur le point de savoir s'il convient de les déposer dans des banques contre récépissés ou dans des compartiments de coffres-forts loués à cet effet, sur les placements étrangers et les risques spéciaux qu'ils comportent, sur les comptes-joints et les dangers auxquels s'exposent ceux qui se les font ouvrir, ainsi que sur le péril qu'il y a à vouloir tromper le fisc, à chercher à être plus malin que lui. Il faudra aussi passer en revue les diverses catégories d'opérations de bourse, au comptant, à terme, à prime, indiquer comment on passe un ordre de bourse, montrer ce que c'est qu'un report, un arbitrage, etc.

Programme énorme, dira-t-on. Il ne faudrait pas cependant conclure de son étendue à l'impossibilité de répandre dans le public l'étude d'une partie, tout au moins, de ces matières qui toutes présentent une utilité pratique.

*
* *

L'éducation financière qui devra compléter l'instruction financière fera ressortir, et tendra à développer les qualités indispensables au capitaliste, au rentier : la persévérance, la patience, le sang-froid.

L'éducation financière apprendra notamment qu'on ne fait pas fortune en spéculant à la Bourse, que le rentier doit moins chercher à accroître rapidement son capital et son revenu qu'à les conserver intacts, à l'abri des dépréciations, des moins-values; elle montrera qu'il y a des valeurs qui ne conviennent pas à tous et qu'il n'y a pas d'opérations sans risque. On enseignera qu'il faut subir les crises, les orages, sans prendre peur, que le succès n'est pas aux aventureux, aux trop hardis, mais aux gens prudents et raisonnables qui laissent passer la tourmente sans se bouleverser, sans s'effrayer et ne jettent pas le manche après la cognée, à ceux qui savent attendre les jours meilleurs avec fermeté et résignation, sans se laisser influencer par l'ambiance, par la mode, par les on-dit, par les nouvelles tendancieuses.

Cependant, cette résignation devant le cas de force majeure, devant l'inévitable, ne doit pas aller jusqu'à l'indifférence, jusqu'à l'apathie. Le véritable courage ne consiste pas à supporter stoïquement les coups de l'ennemi, mais à se défendre avec énergie et sang-froid jusqu'à la dernière minute. Il faudra donc apprendre au rentier, à l'actionnaire, au contribuable, quels sont leurs droits, comment ils pourront, le cas échéant, les faire valoir, soit en s'unissant, soit en agissant individuellement auprès des autorités, de l'administration ou auprès de leurs représentants au Parlement.

L'éducation financière complètera ainsi l'instruction financière en montrant que celle-ci ne suffit pas pour faire fortune. L'instruction financière est nécessaire, indispensable même, pour assurer la sauvegarde de l'épargne, la conservation des fortunes, mais elle ne donnera pas le moyen de s'enrichir. Il ne faut pas, en effet, tombant d'un excès dans l'autre, s'imaginer qu'on trouvera dans des livres des formules permettant de devenir riches, de traiter des opérations sûres. Il ne faut pas que ceux qui ne savent pas ou qui savent mal, se laissent éblouir par des mots pompeux, par des

expressions ronflantes, par des termes bien son-
nants qui ne disent rien à leur intelligence. L'éducation financière mettra ainsi en garde contre un
excès de crédulité.

Dans un ordre d'idées un peu différent, elle montrera la nécessité de l'épargne et l'utilité du capital au point de vue de la masse, de l'intérêt général d'une nation. Elle s'attachera à atténuer, à
faire disparaître, si possible, le malentendu existant entre le capital et le travail. Il faut enseigner
aux enfants des ouvriers que c'est le capital qui fait
vivre le travailleur et qu'en ruinant les entreprises
capitalistes, en entravant la bonne marche des
affaires, en faisant des niches au patron, à l'em-
ployeur, le gréviste, le saboteur, contribuent à
diminuer leur propre bien-être, sinon à se précipiter vers la plus noire misère. L'éducation financière
fera ressortir qu'entre le prolétaire et le capitaliste
il n'y a pas antagonisme d'intérêts, mais que
l'existence sociale les rend en quelque sorte solidaires l'un de l'autre. Elle montrera encore que la
prospérité des finances du pays dépend de l'état
satisfaisant de son industrie et de son commerce et
que des finances saines sont indispensables pour
assurer sa défense.

.·.

L'éducation financière est d'autant plus nécessaire qu'un esprit nouveau se manifeste aujour-
d'hui dans le monde des rentiers ; une évolution
évidente s'est produite depuis un certain nombre
d'années dans les tendances du public qui s'occupe
d'affaires de Bourse, dans sa manière de voir, dans
sa manière d'opérer.

Autrefois, on se contentait de quelques valeurs

de placement, dans lesquelles on employait son avoir; on les mettait en portefeuille et on les y laissait tranquillement « dormir », en encaissant ses coupons aux échéances. Certes, alors comme aujourd'hui, il survenait des à-coups, des baisses plus ou moins considérables, mais le rentier, sachant qu'il n'avait pas à réaliser ses titres, ne se préoccupait pas outre mesure du vent contraire qui soufflait; il laissait sagement passer l'orage et attendait avec patience que les valeurs revinssent à leurs cours précédents.

Aujourd'hui, quel contraste ! Les rentiers ne se contentent plus des valeurs paisibles de placement : ils ne cherchent plus seulement à faire rapporter à leur avoir 3 1/2, 4 ou 4 1/2 %. Ce qu'il faut, par ce temps de fièvre, de vie surmenée et difficile, c'est gagner rapidement de l'argent, réaliser des bénéfices immédiats, obtenir une plus-value de son capital, ou si on n'a pas de capital, encaisser une différence de cours. Ce ne sont plus des opérations de Bourse que l'on traite ; on spécule, on joue, on achète et vend à découvert au delà de ses moyens.

L'état fiévreux de nos capitalistes et rentiers d'aujourd'hui est tel que, lorsque dans le journal qu'ils reçoivent, ils ne voient pas une mention quelconque, un simple mot, un cours, sur la valeur qu'ils possèdent, ils se demandent s'il n'est pas survenu quelque chose de grave. Pour répondre aux goûts du public, il faut aujourd'hui que dans la chronique financière ou la revue des valeurs d'un journal on mentionne, même par un mot, le plus grand nombre de valeurs. Cela, en vérité, ne signifie pas grand chose, mais le détenteur de valeurs mobilières ressemble parfois à un malade qui se sent soulagé et guéri quand il aperçoit son médecin. Autre exemple encore : un journal indique

que telle ou telle valeur est susceptible de hausser ou de baisser. Cette hausse ou cette baisse tarde à se produire. L'acheteur ou le vendeur est inquiet parce que le mouvement prévu ne se réalise pas *hic et nunc*. Autre exemple encore. Bien des rentiers et capitalistes se figurent qu'il y a toujours quelque chose à dire sur une valeur, soit qu'elle reste stationnaire, soit qu'elle hausse ou baisse de quelques francs.

Qu'une valeur qui avait précédemment haussé vienne à baisser par suite de réalisations de bénéfices, immédiatement arrive une avalanche de lettres et de questions chez les agents de change, banquiers, établissements de crédit, intermédiaires, journaux : pourquoi cette valeur a-t-elle baissé ? pensez-vous qu'elle regagnera de plus hauts cours ? croyez-vous qu'elle se négociera à tel ou tel prix à telle époque ? faut-il acheter, faut-il vendre, écrivent les uns et les autres, et alors aussi réapparaît l'inévitable et naïve question : « Que feriez-vous à ma place ? » Comme si on pouvait « se mettre à la place » de quelqu'un sans connaître ses ressources totales, ses charges, ses besoins, ses désirs.

Que prouvent encore ces faits — et combien d'autres encore pourrions-nous ajouter à ceux que nous venons de citer — c'est que l'éducation financière du public, aussi bien celle des capitalistes faisant partie de ce qu'on appelle la « classe aisée » que de ceux qui font partie de la toute petite épargne, est complètement à faire.

* *

Autrefois encore, le rentier attendait patiemment que parussent les journaux du soir, pour jeter sur la cote un coup d'œil parfois distrait. Que

lui importait une baisse de quelques centimes sur
la rente, sur les obligations de chemins de fer, sur
les titres de la Ville de Paris, du Crédit Foncier
qui formaient le fond de son portefeuille, puisqu'il
n'attendait pas la réalisation d'un bénéfice sur des
différences de cours et qu'il était certain d'encaisser
ses arrérages à l'époque voulue. Maintenant, il en
est bien autrement ; on trouve trop long, pour connaître les cours, d'attendre la publication de la cote
officielle ou des journaux quotidiens qui donnent
le compte rendu de la bourse. Dans toutes les
banques, dans les agences d'établissements de
crédit, chez les changeurs, d'ingénieux appareils
enregistrent, au fur et à mesure qu'ils sont affichés
en Bourse, les cours des valeurs du parquet et de
la coulisse. Les cours, aussitôt traités, sont ainsi
transmis dans tous les quartiers : tout autour des
appareils qui les impriment se forment des groupes
impatients d'en prendre connaissance, supputant
le bénéfice ou la perte qui aurait pu être réalisé dans
l'espace de quelques heures. On ne saurait mieux
comparer cette attitude qu'à celle des parieurs aux
courses se pressant autour des tableaux où s'affichent
les résultats.

En province, il y a vingt à vingt-cinq ans, la
seule nouvelle de bourse qui était connue dans la
journée était la dépêche télégraphique que publiaient
la préfecture et la sous-préfecture, vers les quatre
heures de l'après-midi, et qui contenait les cours
de clôture du 3 % et, depuis 1878, ceux du 3 %
amortissable. Par une vieille tradition, ce sont
encore aujourd'hui les cours de ces deux fonds d'État
qui, seuls, sont affichés dans toutes les mairies des
villes et communes. Et par une vieille tradition
encore, aussi vieille que la bourse elle-même, ce
sont les seuls cours que le commissaire spéciale-

ment attaché à la Bourse de Paris, transmet officiellement et régulièrement au Ministre des finances
par l'entremise du directeur du mouvement général
des fonds. C'est absolument archaïque, car si le
Ministre des finances et le directeur du mouvement
général des fonds n'avaient, pendant la bourse, que
ce seul renseignement pour apprécier l'état du
marché, ils seraient bien à plaindre !

L'initiative privée a comblé ces lacunes. Dès
l'ouverture de la Bourse, pendant la Bourse et à la
clôture, des dépêches sont transmises à toutes les
agences des Banques et Sociétés de crédit ; elles
sont affichées immédiatement et, de même qu'à
Paris, on voit le public se presser autour de ces
tableaux de cours, les lire avidement, les com-
menter.

Que si quelque observateur se glisse au milieu
de ce public et écoute les réflexions qui s'échangent,
les conseils qui se donnent, il entendra raconter
que tel ou tel de ces spectateurs a gagné plusieurs
centaines ou plusieurs milliers de francs en achetant un papier à la mode ; que Monsieur Untel a
réalisé un gros bénéfice en achetant ou en vendant
des « primes » sur une valeur quelconque ; il
entendra dire encore qu'il faut acheter ou vendre,
se mettre à la hausse ou à la baisse sur telle ou telle
valeur de « perlimpinpin », sur tel papier éruptif ou
autre, qu'il y a une opération absolument sûre à
faire, etc.

Qu'il se rende dans ces groupes de soi-disant
« oisifs » qui viennent, comme s'ils n'avaient rien
de mieux à faire, « regarder les cours de bourse »,
il verra avec quelle facilité le public croit aux premiers venus, à tous les boniments venant de n'importe qui et de n'importe quel endroit, et, à plus
forte raison, quelle séduction, quel entraînement

exercent sur eux les cours de bourse, la hausse et
la baisse d'une valeur !

Qu'il renouvelle plusieurs fois cette expérience
que nous avons faite nous-mêmes : il verra un
jour ou l'autre tel ou tel de leurs voisins, regarder
anxieusement parce que, à son tour, il s'est laissé
entraîner à acheter tel ou tel papier. Il ne connait
pas un mot aux affaires de bourse ; il ne saurait pas
distinguer une action d'une obligation ; mais il a
cru qu'il suffisait d'acheter ou de vendre n'importe
quoi pour « gagner de l'argent ». S'il perd son
argent, il criera « au voleur ! », il accusera tout le
monde, excepté son imprudence. Le public est
joueur.

C'est toujours l'histoire que M. Léon Say, en
profond psychologue, racontait souvent avec son
esprit si fin, si pénétrant. « J'ai connu dans mon
enfance, disait-il, une vieille dame dont toute la
fortune était placée en rentes sur l'État et qui faisait tous les soirs le compte de ce qu'elle possédait
en calculant ses rentes au cours du jour. Elle était
fort contente quand sa rente pouvait être évaluée
en capital à un chiffre plus élevé, et très affligée,
au contraire, quand c'était à un chiffre plus bas. Et
cependant, elle est morte sans avoir jamais vendu
ses rentes et elle a conservé jusqu'à la fin son même
revenu. Jamais les oscillations de cours qui l'agi-
taient tant n'avaient eu aucune influence sur sa vie
et n'avaient abaissé ni accru le montant de ses ressources. »

Combien de fois le public, en voyant les cours
de Bourse, ne s'est-il pas dit : « Si j'avais acheté
ou si j'avais vendu, voilà ce que j'aurais gagné ! »
à force de se faire cette réflexion, il se laisse un
jour entraîner à effectuer une opération. S'il réalise
un bénéfice, il est perdu, car il recommence et

perd ; finalement, il perd non seulement ce qu'il avait cru avoir gagné, mais les sommes qu'il a engagées à nouveau pour récupérer le bénéfice entrevu et les premières pertes réalisées.

Et tous ces gens qui attendent fiévreusement la publication des cours de Bourse, qui les commentent, qui parlent de terme et de comptant, de primes et de reports, quelles connaissances effectives ont-ils des affaires financières? Elles sont nulles, ou du moins, elles valent à peu près autant que celles du parieur aux courses dont nous parlions précédemment pour apprécier la valeur d'un cheval et juger de ses chances. Aussi spécule-t-on à la Bourse au petit bonheur, au hasard, comme on ponterait sur une carte ou sur un numéro à la roulette. On achète une valeur, non pas parce qu'on la sait sérieuse, susceptible de donner un rendement régulier et satisfaisant, mais parce qu'on a appris qu'elle allait être l'objet d'un « mouvement », parce que le bruit a couru et a été rapporté que tel groupe allait s'y intéresser, parce qu'on croit qu' « on va la *faire monter* ». Ce que cet être anonyme appelé « on », a d'influence sur tout ce groupe de gens, est véritablement incroyable ! Quant aux renseignements concernant la valeur intrinsèque du titre, le dividende qu'il paie ou qu'il est susceptible de payer, les chances de succès de l'entreprise, les noms des administrateurs, les risques de concurrence, cet *on* n'a pas le temps de s'en inquiéter. Nombreuses sont même les personnes que l'on embarrasserait fort si on leur demandait :

Quel est l'objet de la Société dont elles ont acheté des titres ?

Quelle est la valeur des produits qu'elle travaille ?

Dans quel pays est située l'exploitation ?

Si c'est une Société de mines ou de culture ? une entreprise concessionnaire ou un trust ?

Quels sont les administrateurs ? Où est le siège social ? Avez-vous lu les statuts ? Avez-vous lu un compte rendu du rapport lu à la dernière assemblée ? Avez-vous reçu, lu ou compris le bilan ?

Ce sont cependant là des détails sérieux à connaître, puisqu'il ne s'agit pas de conserver un titre en portefeuille, mais de réaliser sur un achat à découvert un bénéfice de quelques francs pour revendre au plus vite et recommencer ensuite sur une autre valeur.

*
* *

Et ces mêmes personnes qui se défendent de « jouer à la Bourse », d'être des spéculateurs et qui cependant ne sont que des joueurs, et des joueurs qui savent très bien ce qu'ils font, espérant qu'ils trouveront d'autres joueurs à qui ils revendront les papiers achetés ou souscrits, et arguent de leur naïveté quand ils perdent leur argent, s'étonnent que des journaux sérieux ne parlent pas de telle ou telle valeur de 3ᵉ catégorie sur laquelle elles ont, elles, les yeux hypnotisés, parce qu'elles ont acheté quelques titres à peu près comme elles achèteraient un billet de loterie ou un *ticket* au pari mutuel, aux courses. Elles sont surprises d'entendre des avis de prudence qu'elles qualifient volontiers d'exagérés, s'étonnent même que cette prudence conseille de s'en tenir aux valeurs « passées de mode ». Parler au public et lui recommander les vieilles valeurs connues, ayant un long passé, c'est « vieux jeu ». A entendre ces capitalistes et rentiers qui se défendent de jouer, de spéculer, mais qui désirent surtout faire un bon « coup de bourse », sur n'importe quelle valeur, sérieuse ou non, pourvu qu'elle donne des bénéfices aux acheteurs, il faudrait qu'un journal donnât toutes espèces d'indications.

Mais quels renseignements donner sur des valeurs d'importation récente, à peine connues la veille, qui n'ont pas fait leurs preuves, qui n'ont jamais donné de résultats et n'en donneront peut-être jamais ? Pour supputer les chances de hausse ou de baisse de papiers de cette nature ce n'est pas financier qu'il faudrait être, mais devin.

Il n'y a qu'une chose qu'on puisse prédire sans grand risque de se tromper, c'est que ces valeurs de spéculation pure s'effondreront tôt ou tard. Heureux seront ceux qui auront pu à temps liquider leur situation.

*
* *

Il y a des titres auxquels il est aussi dangereux de toucher que de jouer avec le feu. Celui qui se laisse entraîner par l'appât du gain, par la contagion de l'exemple, prend une petite position et réalise un certain bénéfice ; alléché, il recommence, espérant encore se retirer au bon moment ; mais un événement imprévu survient, la débâcle se précipite et il se trouve en face d'une grosse différence à payer. Si des professionnels de la Bourse, des hommes rompus aux affaires financières, se laissent prendre à ce jeu dangereux, à quels périls ne s'exposent pas les novices, les profanes qui eux aussi, avec une témérité qu'ils voudraient laisser prendre pour de la naïveté, quand ils perdent leur argent, se laissent tenter par la spéculation ou le désir des gains rapides ! C'est précisément ce que ces notions pratiques qui sont autant de chapitres à

retenir pour l'éducation financière, ont pour but de
leur montrer.

Le désir de gagner de l'argent, et surtout de
réaliser des « gains rapides » sont une des causes
les plus agissantes sur le public de l'épargne de
toute catégorie dans toutes les classes sociales. On
voudrait pouvoir gagner quelques centaines ou
quelques milliers de francs pour se donner l'agrément d'un voyage à la mer ou à la montagne, ou
le luxe d'une toilette ou d'un costume à la mode ;
des professeurs qui ont travaillé toute l'année voudraient pouvoir, sans échancrer leur maigre traitement « gagner » une somme pour voyager, tout
comme leurs élèves dont les parents sont fortunés ;
des prêtres appartenant à toutes les confessions,
se disent *in petto* et reconnaissent qu'en faisant
telle ou telle soi-disant affaire, c'est bien risqué et
dangereux, mais ils se donnent à eux-mêmes et
une excuse et une absolution commodes, bénévoles,
bien faciles, celles d'avoir besoin de plus gros revenus pour leurs bonnes œuvres ! Quand ces capitalistes, rentiers, petits bourgeois, fonctionnaires,
retraités, ecclésiastiques, demandent avis à des personnes compétentes et sérieuses, méritant toute
confiance, la plupart du temps leur opinion est
faite : ils savent ce qu'ils veulent faire, mais ils
voudraient rencontrer surtout des conseilleurs aussi
imprudents qu'eux qui les engageraient dans la voie
qu'ils veulent suivre. En réalité ce n'est pas un
conseil de prudence, d'abstention, qu'ils tiennent
à recevoir, tout en paraissant le demander, mais
plutôt un conseil d'imprudence, pour le reprocher,
le cas échéant, à celui qui l'a donné.

L'éducation financière du public, répétons-le sans

nous lasser, est donc à faire en entier. Elle est d'autant plus nécessaire que la fortune mobilière est répartie, morcelée à l'infini ; qu'il existe en France plus de 110 milliards de titres mobiliers français et étrangers, appartenant à nos capitalistes et que, dans le monde entier, il y a plus de 800 milliards de morceaux de papier appelés titres de rentes, actions et obligations négociables. Il n'est pas permis aujourd'hui à un homme intelligent, instruit, occupant un certain rang dans la Société, ayant une fortune petite, moyenne ou grosse, appelé à gérer son patrimoine, celui de sa femme et de ses enfants, d'ignorer les notions les plus élémentaires de la Bourse, du marché financier, des valeurs mobilières ; ne pas savoir distinguer une action d'une obligation, ne pas se rendre compte de la signification, de la contexture d'un bilan, ignorer ce qu'il faut faire immédiatement quand on s'aperçoit qu'un titre qu'on possède est perdu ou volé ; ou bien encore, quand on achète telle ou telle valeur négociable en France ou à l'étranger, ne pas connaître la valeur même des monnaies et des billets de banque en usage dans ces pays étrangers, comment ces valeurs s'y cotent et s'y négocient, etc., etc.

Et, à plus forte raison, si les personnes aisées, ayant une certaine culture, sont aussi ignorantes — et se font souvent même un titre de gloire de cette ignorance quand elles disent qu'elles n'entendent rien aux affaires de bourse, — combien cette ignorance est encore plus profonde, combien l'éducation financière est nécessaire, parmi ces petits commerçants, industriels, boutiquiers, salariés qui se figurent, pour leurs maigres économies, faire un placement sérieux et mettre de l'argent de côté, pour « avoir des rentes » et qui ont tout simplement acquis des papiers peints, valeurs éruptives, des papiers de « perlimpinpin ».

PREMIÈRE PARTIE

DE L'ÉPARGNE
ET DES
PLACEMENTS MOBILIERS

CHAPITRE Ier

IMPORTANCE DES VALEURS MOBILIÈRES

Nécessité de l'épargne. — Son rôle social. — Caisse d'épargne. — Caisse nationale des retraites pour la vieillesse.

Tout le monde sait l'importance qu'ont prise aujourd'hui les valeurs mobilières, la rapidité remarquable avec laquelle elles se sont développées, leur place considérable dans la fortune publique, dont, il y a quelques dizaines d'années seulement, elles ne formaient qu'une part minime.

C'est au début du xviiie siècle que l'action au porteur a été introduite en France par le célèbre Law. Une centaine d'années plus tard, en 1800, les titres négociables à la Bourse se composaient uniquement des inscriptions de rente des tiers consolidés, des titres de la Caisse des rentiers, des actions de la Banque de France et des 3 °/₀ consolidés anglais, soit sept ou huit valeurs représentant environ 40 millions de rentes et moins de 200 millions de capital. Depuis cette date, le développement des valeurs mobilières a été vertigineux.

D'après le rapport que nous présentons tous les deux ans à l'Institut international de statistique [1], les capitalistes des divers pays du monde possé-

---

1. IXᵉ Rapport sur la statistique internationale des valeurs mobilières, session de La Haye 1911.

daient en propre, à la fin de 1910, 575 à 600 milliards de valeurs mobilières qui pouvaient se répartir comme suit :

	Milliards
Grande-Bretagne	140 à 142
États-Unis	130 à 132
France	106 à 110
Allemagne	90 à 95
Russie	29 à 31
Autriche-Hongrie	23 à 24
Italie	13 à 14
Japon	9 à 12
Autres pays	35 à 40
Totaux	575 à 600

Dans ces chiffres prodigieux, la part de la France est, on le voit, des plus belles. Elle possèderait en propre, au 31 décembre 1910, de 106 à 110 milliards, dont 65 à 70 milliards de titres et fonds français et 40 milliards de fonds et titres étrangers.

* * *

En même temps qu'elles prenaient ce développement considérable, les valeurs mobilières, loin de se concentrer en un petit nombre de mains ou dans une catégorie privilégiée de porteurs, se répandaient dans toutes les classes de la population, se démocratisaient, devenaient un article de consommation générale courante. Il est, de nos jours, bien peu de personnes, quelque modestes que soient leurs ressources, qui ne possèdent peu ou beaucoup de valeurs mobilières, rentes, actions, obligations, parts de fondateurs, etc. Le mot *rentier* n'est plus synonyme de *riche*, et il y a un prolétariat de porteurs de titres, tout comme il y a un prolétariat de travailleurs.

Ces milliards, imposants par leur total, sont plus imposants encore quand on les rapproche du nombre de personnes à qui ils appartiennent; ce sont de petites gens qui les détiennent; ce sont de petits rentiers qui, en majorité, sont détenteurs d'un capital de 10.000 à 20.000 francs au maximum qu'ils ont placé sur des titres divers. Dans notre pays, sur 10 millions d'électeurs, il y a de 7 à 8 millions de petits capitalistes rentiers, propriétaires fonciers, détenant un lopin de terre comme d'autres détiennent un titre du Crédit foncier.

On voit qu'à côté de quelques grosses fortunes mobilières et d'un plus grand nombre d'importance plus modeste, il existe une légion de petits porteurs de titres.

Cette affirmation qu'il y a un prolétariat de porteurs de titres semble, au premier abord, paradoxale; on se convaincra, à la réflexion, qu'elle est strictement exacte : les petits porteurs de titres ne sont, en effet, le plus souvent, que d'anciens travailleurs, d'anciens petits commerçants qui ont placé en valeurs mobilières leurs économies, au lieu de les porter à la Caisse des retraites sur la vieillesse ou à des sociétés de crédit viager, ou même au lieu de les dissiper, ce qui n'arrive que trop fréquemment dans certaines classes de la société.

Les petits porteurs de titres sont donc, la plupart du temps, les plus prévoyants, les plus sérieux, les plus économes des travailleurs, employés, commerçants, etc. Ce sont, parmi ces derniers, ceux qui ont envisagé à temps dans l'existence la nécessité de s'assurer des ressources pour l'époque où ils ne seraient plus à même de gagner leur vie, plutôt

que de tomber à la charge de leurs semblables ou
de la communauté et d'aller peupler les asiles
pour la vieillesse et les hospices.

On se rend compte, si on envisage la question à
ce point de vue, combien sont méritants les petits
porteurs de titres qui, par l'épargne personnelle
et volontaire, ont résolu, du moins en ce qui les
concerne, le grave problème de la retraite pour la
vieillesse, en dehors de toute ingérence de l'État,
en sauvegardant leur indépendance et leur dignité
morale.

Nous n'ignorons pas que nombre de travailleurs
gagnent à peine de quoi vivre, de quoi entretenir
une famille quelquefois nombreuse. Il en est ainsi
trop souvent. Mais à côté de ces déshérités du sort,
combien sont mieux partagés ceux qui pourraient par
l'effort et la persévérance, réserver à l'épargne une
part, si modique soit-elle, de leur salaire, de manière à assurer, tout au moins en partie, le sort de
leur vieillesse.

La conséquence qui s'impose de ces considérations, c'est que l'on doit agir avec égard vis-à-
vis des prévoyants qui savent amasser un petit
capital; il faut respecter cette épargne, souvent
péniblement acquise; il faut se garder de la décourager par des charges nouvelles, par d'incessantes
menaces d'impôt.

Que l'on cesse donc de toujours considérer le porteur de titres comme un riche capitaliste, bon à
pressurer sans merci et sans remords. Le rentier
d'aujourd'hui c'est le travailleur d'hier. C'est même
encore le travailleur d'aujourd'hui, comme l'ont
maintes et maintes fois démontré les Bastiat, Léon
Say, Frédéric Passy, Levasseur, Cheysson, etc. [1].

1. Voir notamment : E. Cheysson : Conférence aux ouvriers
de l'usine Piat, 26 juillet 1885 ; E. Levasseur: Précis d'écono-

Un capitaliste, c'est un travailleur. C'est un produit du travail et de l'épargne ; il se reproduit lui-même en travaillant et en épargnant. C'est un producteur, bien qu'il ne paraisse rien produire. Supposez un instant que le capital et le capitaliste n'existent pas ou soient supprimés : immédiatement tout travail s'arrête.

Il ne saurait plus être question de nos jours, d'empiler des écus dans un tiroir ou de les enfouir dans une cachette plus ou moins sûre. Le bas de laine traditionnel a fait son temps. On connaît trop, à l'époque où nous vivons, la valeur de l'argent, et les facilités de l'employer sont devenues trop grandes pour qu'on le laisse improductif au fond d'une armoire.

Pour celui à qui il appartient, le placement de l'argent offre un double avantage : d'une part, l'argent placé est beaucoup mieux en sûreté que l'argent gardé à domicile, à la condition, il est à peine besoin de le dire, de le placer avec circonspection et entre des mains solvables ; qu'un vol soit commis au détriment d'une personne qui détient des espèces ou des billets de banque, qu'un incendie détruise son trésor, il ne lui reste à peu près aucune chance de le recouvrer. Au contraire, le porteur d'un livret de caisse d'épargne, de reçus de dépôt dans une banque, de valeurs mobilières nominatives ou même au porteur, a, s'il en est dépossédé, le moyen de rentrer en possession de tout ou partie de son bien. D'autre part, la personne qui ne thésaurise pas mais qui place son épargne, a l'avantage de lui faire produire intérêt et de jouir de ses revenus ou de les laisser grossir le capital.

Si on envisage la question à un point de vue

mie politique, 1886, p. 67 ; Frédéric Passy : *Journal des Économistes*, juillet 1883, p. 18 ; Bastiat : Harmonies économiques.

plus général et plus élevé, on peut dire que le placement de l'argent ne constitue pas un profit uniquement pour le possesseur des fonds, mais aussi pour la communauté : l'argent qui n'est pas employé est perdu pour la circulation ; il dort, non seulement pour le propriétaire, mais encore pour la masse. Au contraire, l'argent placé fructifie au profit du possesseur et au profit de tous ; il rentre dans la circulation, il est utile à d'autres ; employé en fonds d'État, il sert à l'entretien des services publics ; en actions et obligations de sociétés, il donne à l'industrie des ressources indispensables à son développement ; déposé dans les banques, qui se gardent bien, à leur tour, de le laisser improductif, il facilite au commerce le crédit dont il a besoin. Le développement des placements mobiliers constitue donc un véritable progrès social et économique.

DE LA CAISSE D'ÉPARGNE

Pour l'épargnant dont le capital se limite à quelques centaines de francs, ou pour le petit rentier dont les revenus modiques ne suffisent qu'à assurer bien strictement l'existence, la qualité caractéristique du placement à choisir, c'est l'absolue sécurité ; c'est, bien entendu dans la mesure du possible, l'absence de tout risque de perte ou même de dépréciation. Cette condition primordiale ne doit être sacrifiée à aucun autre avantage apparent, par exemple, à l'importance plus ou moins grande du revenu à obtenir.

Dans le but de faire produire à ses fonds 1/2 ou 1 °/₀ de plus, on a vu fréquemment, et on verra malheureusement bien souvent encore, le petit rentier risquer son modeste capital dans des affaires

douteuses, le placer en valeurs aléatoires, où ses
fonds pourront disparaître en totalité ou tout au
moins être fortement compromis. On ne saurait
trop mettre en garde le public contre cette imprudence. Que les personnes aisées, à qui leurs revenus procurent non seulement le nécessaire mais
encore le superflu, exposent une certaine portion
de leur avoir dans des valeurs de second ou de
troisième ordre, elles le peuvent, à leurs risques et
périls. La perte qu'elles éprouveront, le cas échéant,
n'aura pas de conséquences bien graves. Mais celui
qui ne possède presque rien ne doit pas s'exposer à
perdre tout ou partie de ses faibles ressources. Il faut
qu'il se limite aux placements de tout repos, qui ne
rapportent que des intérêts très modérés, mais
qui assurent la conservation intégrale du capital.

Parmi les modes de placement qui remplissent
cette condition, il convient de citer, en première
ligne, la caisse d'épargne. C'est cette institution
qui s'offre tout naturellement pour recueillir l'é-
pargne naissante ; c'est vers elle que sera dirigé le
premier sou économisé par le travailleur sur son
salaire. Nous disons intentionnellement le *premier
sou*, bien que le minimum de dépôt exigé pour la
délivrance d'un livret d'épargne soit de 1 franc,
parce qu'il n'est pas besoin d'attendre, pour réaliser
la première épargne, que l'on ait mis de côté le
franc minimum requis. On a imaginé, en effet, des
combinaisons spéciales pour favoriser le développement de l'épargne, pour la faciliter aux plus
humbles, combinaisons qui permettent d'économiser la somme la plus infime.

Le *bulletin d'épargne*, par exemple, constitue
une de ces combinaisons; il a été introduit en
France par décret du 30 novembre 1882, sur le
modèle des cartes d'épargne qui avaient été

mises à l'essai en Angleterre et en Hollande quelques années auparavant. On sait que les bulletins d'épargne consistent en feuilles délivrées au public par les bureaux de poste et sur lesquelles l'épargnant colle des timbres-poste jusqu'à ce que le minimum de 1 franc soit atteint. Une fois le bulletin rempli, le montant en est porté sur le livret de caisse d'épargne postale. En 1884, le nombre des bulletins d'épargne déposés dépassait 112.000, c'est-à-dire que ces centimes accumulés sur les bulletins atteignaient une somme supérieure à 112.000 fr.

En Angleterre, les *penny banks* remplissent un office analogue. « Avant 1880, dit M. Cauwès[1], on signalait en Angleterre et en Ecosse l'existence de 210 *penny banks* établies et dirigées par des hommes de dévouement faisant gratuitement le service de l'épargne au *premier degré*. Ces *penny banks*, dans la seule ville de Glascow, recueillaient environ 1 million par an ! »

Signalons encore les *caisses d'épargne scolaires*, qui ont pour but d'éveiller le goût de l'épargne chez l'enfant et de propager l'épargne par l'exemple dans les familles ouvrières. Leur institution remonte à 1873. On a remarqué que, sous l'influence des caisses scolaires, le stock des dépôts, à la caisse d'épargne, avait augmenté dans certaines villes, à Bordeaux et à Nantes, de plusieurs millions. « La propagande si pénétrante de l'enfant au foyer paternel est aussi constatée dans des rapports officiels aux Parlements d'Angleterre, de Belgique et d'Italie. En ce dernier pays, la loi de 1875 n'a pas dédaigné de s'occuper des caisses scolaires afin d'en faciliter le fonctionnement et d'encoura-

1. *Cours d'Économie politique*, III, p. 555.

ger, par des primes, les instituteurs qui auraient obtenu les meilleurs résultats » [1]. On comptait, en France, en 1888, soit quinze ans environ après leur apparition, 22.600 caisses scolaires et 483.000 livrets, formant une valeur totale de 12.770.000 francs, soit une moyenne d'environ 26 fr. 50 par livret.

Les fonds déposés à la caisse d'épargne rapportent un intérêt qui varie nécessairement avec le taux du loyer de l'argent, mais qui n'est cependant modifié qu'à des intervalles très éloignés. Depuis plusieurs années, le taux d'intérêt servi aux déposants est de 2 3/4 % pour les caisses d'épargne privées et de 2 1/2 % pour la caisse d'épargne postale. Les fonds peuvent être retirés dans un délai très court ; une *clause de garantie* a bien été stipulée dans les règlements, c'est-à-dire qu'en cas de nécessité absolue, par suite d'événements graves, les remboursements pourraient être différés, mais dans la pratique courante et en temps normal, les retraits s'opèrent dans le plus bref délai. A Paris, des services de remboursements à vue sont organisés par la caisse d'épargne postale, au bureau de poste situé rue Saint-Romain, et par la caisse d'épargne privée, à la caisse centrale de cette institution.

Si les caisses d'épargne privées rapportent un intérêt plus élevé de 1/4 % que celui qui est servi aux déposants par la caisse d'épargne postale, celle-ci offre au public les plus grandes facilités en lui permettant d'effectuer des dépôts et d'opérer des retraits dans tout bureau de poste en France,

1. L'instruction relative à la Caisse d'épargne postale renferme la clause suivante : « En cas de force majeure, un décret rendu, le Conseil d'État entendu, peut limiter les remboursements à la somme de 50 fr. au minimum et par quinzaine. »

de telle sorte que, jusqu'à un certain point, le livret de caisse d'épargne joue le rôle d'une lettre de crédit circulaire ; en effet l'argent déposé dans une ville peut être retiré dans toute autre.

*
* *

Nous avons dit que les intérêts servis par les caisses d'épargne, aussi bien par la caisse postale que par les caisses privées, étaient des plus modérés. Nous allons voir quels résultats est susceptible de donner l'accumulation des arrérages par le jeu des intérêts composés.

Si modéré que soit le taux d'intérêt qui est servi par les caisses d'épargne à leurs déposants, par suite de la capitalisation annuelle des arrérages, ces intérêts finissent par former un total relativement important, lorsque les titulaires des comptes les laissent s'accumuler sans en opérer le retrait.

Voici, à titre d'exemple, le tableau de ce que rapporte une somme de 100 francs déposée à la caisse d'épargne et dont on laisserait les intérêts faire boule de neige pendant 5, 10, 15... 30 ans, sans effectuer aucun prélèvement, ni de capital, ni d'intérêt.

Produit d'un dépôt de 100 francs, en capital et intérêts accumulés :

		Au taux de 2 1/2 °/₀	Au taux de 2 3/4 °/₀
A la fin de 5 années... Fr.		113 14	114 52
— 10 —		128 »	131 16
— 15 —		144 82	150 21
— 20 —		163 86	172 04
— 25 —		185 39	197 03
— 30 —		209 75	225 66

Au taux de 2 1/2 %, le capital déposé est doublé en 28 ans environ, et au taux de 2 3/4 %, à peu près en 25 ans.

Nous arrêtons le tableau ci-dessus à la 30ᵉ année, parce que, d'après les dispositions légales qui régissent les caisses d'épargne lorsqu'il s'est écoulé un délai de 30 ans à partir, tant du dernier versement ou remboursement, que de tout achat de rente ou de toute autre opération effectuée à la demande des déposants, les soldes des livrets sont, en exécution de l'article 20 de la loi du 20 juillet 1895, prescrits à l'égard des déposants. Aux termes de l'article 4 de la loi du 7 mai 1853, les noms des déposants sont publiés au *Journal officiel* et dans la feuille d'annonces judiciaires de l'arrondissement où est située la caisse d'épargne dépositaire, six mois avant l'expiration du délai de 30 ans.

Nous donnons encore le tableau des sommes qui seraient produites par des versements annuels de 10 francs si on laissait accumuler ces versements ainsi que les intérêts en provenant, pendant 5, 10..... 25 années :

Produit en capital et intérêts d'un dépôt annuel de 10 francs.

		Au taux de 2 1/2 %	Au taux de 2 3/4 %
A la fin de 5 années... Fr.		53 87	54 27
—	10 —	114 83	116 44
—	15 —	183 80	187 63
—	20 —	261 83	269 17
—	25 —	350 11	362 56

On peut constater, par ces exemples, que le produit des intérêts servis par les caisses d'épargne est loin d'être négligeable et qu'en s'accumulant automatiquement, ces intérêts donnent, au contraire, au bout de quelques années, des résultats très appréciables.

*
* *

La caisse d'épargne ne se contente pas de conserver les fonds qui lui sont remis en dépôt et de servir un intérêt au déposant, elle joue encore, vis-à-vis de sa clientèle, le rôle d'agent de change pour l'achat de rentes françaises.

En effet, lorsque, par suite du règlement annuel des intérêts, un compte excède le maximum de 1.500 francs, assigné aux dépôts, si le déposant ne réduit pas son crédit au-dessous de cette limite, l'administration de la caisse d'épargne achète d'office à son nom 20 francs de rente française 3 %. De plus, tout déposant dont le crédit est de somme suffisante pour acheter 10 francs de rente au moins, peut obtenir, sur sa demande, par l'intermédiaire de la caisse d'épargne et sans frais, une inscription de rente sur le Grand-Livre de la dette publique. La caisse d'épargne peut vendre, aux frais des déposants, les inscriptions qu'elle a achetées à leur nom et dont elle est restée dépositaire.

La caisse d'épargne sert aussi d'intermédiaire entre tout déposant et la caisse des retraites pour la vieillesse, s'il désire disposer d'une partie de son avoir pour en faire passer le montant à cette dernière institution.

Cet aperçu suffit à donner une idée suffisante des services que rend au public la caisse d'épargne. Quant à la sécurité qu'elle présente, on peut la considérer comme absolue, en dépit de la campagne acharnée qui a été menée contre elle dans le but d'effrayer le public et de l'inviter à retirer ses dépôts. Il est à peine besoin de dire que l'objectif de tous les adversaires de la caisse d'épargne, c'est de tenter de mettre le gouvernement dans l'embarras en l'obligeant à des réalisations de rentes pour faire face aux demandes de retrait. Peu leur importe si leurs manœuvres politiques font tort au crédit de la France, et tort, en même temps, aux déposants eux-mêmes; ceux-ci, souvent inexpérimentés, plaçant les fonds retirés de la caisse d'épargne dans des entreprises douteuses et risquant de voir disparaître complètement, de la sorte, leur modeste pécule.

C'est ce qu'avait si bien exposé M. Rouvier à la Chambre des députés :

« ...C'est avec le sentiment profond de la responsabilité que m'imposait ma charge que j'ai traversé d'abord la crise des caisses d'épargne, crise qui n'est pas achevée, mais qui ne doit causer aucune inquiétude à la Chambre. J'ai apporté ici la décomposition du portefeuille des caisses d'épargne. J'ai montré l'énorme écart, — des centaines de millions, — qui séparait les ressources de ces caisses des sommes qui leur étaient confiées... Une campagne lamentable, menée à travers le pays, a réussi à persuader à de pauvres gens que la situation financière de la France était telle, que les fonds qu'ils avaient confiés aux caisses d'épargne étaient exposés à des risques et qu'on ne les leur rendrait peut-être plus. Un certain nombre de braves gens ont écouté ces insinuations et ont repris leur argent.

« *Je souhaite vivement qu'ils le conservent assez longtemps, pour que, le jour où ils seront revenus de leur erreur, ils puissent de nouveau le déposer dans les caisses d'épargne et pour qu'ils n'aient pas été victimes de capitalistes plus ou moins scrupuleux.*

A. NEYMARCK. — *Que faire de son argent ?* 4

« ...Nous avons, l'année dernière, remboursé
160 millions ; nous en avons remboursé 80 depuis
le commencement de l'année ; cela fait 240 millions qui sont sortis de nos caisses sans que nous
ayons eu à nous préoccuper de rechercher des combinaisons financières plus ou moins subtiles. Nous
sommes prêts à rembourser toutes les sommes déposées dans les caisses d'épargne qui peuvent être
réclamées, sans avoir à faire d'emprunt d'aucune
sorte. Laissez-moi ajouter que, si ce mouvement
continue encore quelques mois, non seulement nous
sommes en mesure de rembourser toutes les
sommes qui peuvent nous être réclamées par les
déposants, mais nous n'attendrons pas qu'on nous
les réclame, nous irons au-devant, nous les rem-
bourserons spontanément. »

Par les chiffres qui suivent, on verra que malgré
la regrettable campagne menée contre les caisses
d'épargne, le nombre des dépôts et leur importance n'en a pas moins suivi une marche ascen-
dante :

De 2.365.567 en 1875, le nombre des livrets
a passé à 14.088.698 en 1910 et l'importance des
dépôts, de 660 millions à 5.648 millions. Sur ces
14 millions de livrets, plus de 7 millions avaient
à leur crédit de 1 à 100 francs au maximum ;
1.109.272 livrets possédaient en moyenne 150
francs.

On voit également par ces chiffres combien nombreuse et intéressante est la clientèle des caisses
d'épargne et combien est blâmable une campagne
qui a pour effet de jeter le trouble parmi cette
armée de déposants, au risque de leur faire perdre
les fonds dont ils auront effectué le retrait.

DE LA CAISSE NATIONALE DES RETRAITES
POUR LA VIEILLESSE

Dans un ordre d'idées un peu différent, mais non moins intéressant pour le public, il existe une autre institution généralement moins connue et à laquelle il convient de consacrer quelques lignes, nous voulons parler de la caisse nationale des retraites pour la vieillesse. Celle-ci n'a pas pour but, comme la caisse d'épargne, de donner aux économies de l'ouvrier, du petit employé, un asile temporaire, de courte durée ; elle vise plus loin et plus haut ; elle veut permettre au travailleur de s'assurer une retraite, une rente viagère, pour le jour où, en raison de son âge avancé, il sera hors d'état de subvenir à ses besoins.

Si la caisse d'épargne joue, pour le déposant, un rôle analogue à celui d'une caisse de secours, ou d'assurance contre le chômage, l'utilité de la caisse nationale des retraites correspond, à peu près, à celle d'une société de rentes viagères.

La caisse nationale des retraites répond à une nécessité absolue pour le travailleur prévoyant, en lui facilitant le moyen de s'assurer le pain de ses vieux jours, sans être à la charge de la communauté. Il est malheureusement certain que celui qui vit d'un salaire ou de modestes appointements, sans autres ressources, aura bien peu de chances d'amasser un capital suffisant pour subsister plus tard à l'aide des revenus de ce capital, mais il doit s'efforcer de s'assurer tout au moins les ressources viagères nécessaires à son existence. L'ouvrier, le petit employé, qui n'appartiennent pas à des administrations de l'État ou à de grands établissements où sont organisées des caisses de retraite ou de prévoyance, ont pour strict devoir de s'assurer individuellement une rente qui les affranchisse, pour l'avenir, du recours à l'assistance publique. On a fait, et à juste titre, une obligation pour l'État de subvenir aux besoins du travailleur vieilli à la tâche, mais n'est-ce pas une obligation plus impérieuse encore pour le travailleur lui-même de réserver sur son salaire une part, si minime soit-elle, pour faire face à ses besoins futurs, sans tomber à la charge d'autrui ?

Au point de vue qui nous occupe et dans les classes où l'héritage constitue une exception, la vie de l'homme, une fois affranchi de la tutelle de la famille, se divise en deux périodes : celle où il travaille et consomme, et celle où il ne peut plus travailler, et, néanmoins, consomme encore. Les salaires gagnés pendant la période de travail devraient, dans une organisation économique parfaite, être calculés de telle sorte qu'ils permissent toujours au travailleur d'assurer son existence pendant la période de repos. Il y a certes, beaucoup de cas aujourd'hui, où ce but est impossible à atteindre, mais il en est d'autres où les salaires sont assez élevés pour être divisés en deux parts, destinées l'une à la consommation immédiate, l'autre aux besoins futurs. La caisse nationale des retraites pour la vieillesse s'offre alors tout naturellement pour recueillir la portion des salaires réservée pour l'avenir.

*
* *

Cet établissement a été institué par la loi du 18 juin 1850; il est placé sous la garantie de l'État et régi par la caisse des dépôts et consignations, sous le contrôle d'une commission supérieure, formée auprès du ministère du commerce.

La caisse nationale des retraites a pour objet de recueillir et de faire fructifier, par l'accumulation des intérêts, l'épargne réalisée par le déposant en vue de s'assurer une pension de retraite pour ses vieux jours. Son but étant de favoriser l'épargne populaire, elle reçoit, dans toute la France et en Algérie, les plus modestes économies.

Circonstance curieuse, la caisse des retraites, qui avait été créée pour ceux que la modicité de leurs versements éloignait des Compagnies d'asrance privée, dériva presque aussitôt de ce but bien déterminé et draina les capitaux de spéculation. D'après la loi de 1850, la caisse tenait compte de l'intérêt composé des versements, au taux de 5 %. Lorsque ce taux devint supérieur à celui que rapportaient les fonds d'Etat, lors de la conversion de 1852, il se produisit vers la caisse des retraites un tel afflux de capitaux qu'il fallut réduire à 4 1/2 le taux de capitalisation. Le même inconvénient se produisit de nouveau après la loi de finances de 1872, qui relevait à 5 % l'intérêt servant de base aux tarifs. A la perte résultant de cette cause, s'ajoutait celle provenant de l'emploi d'une table de mortalité inexacte, abandonnée depuis par la caisse. Les sacrifices considérables de l'Etat ne profitaient pas seulement aux petits rentiers, mais à des administrations, voire à des compagnies d'assurances qui faisaient servir par l'État des pensions à leur propre personnel !

Le déficit augmentant, l'organisation de la caisse des retraites pour la vieillesse dut être modifiée, et la loi du 30 janvier 1884 chargea cette institution de pourvoir, au moyen de ses propres ressources, au service des retraites. La loi du 20 juillet 1886 réglementa à nouveau la caisse ; elle a abaissé le maximum des rentes viagères à 1.200 francs et celui des versements annuels à 500 francs. Le taux de l'intérêt composé servant de base aux tarifs est fixé chaque année par décret.

La caisse est obligée de faire emploi de tous ses fonds en rentes ou valeurs de l'État français, en obligations de chemins de fer ou en obligations départementales et communales ; son portefeuille représente un capital équivalent au montant de ses engagements.

Les rentes viagères servies par la caisse jouissent donc de la même sécurité que les rentes sur l'État et n'est-ce pas encore la meilleure garantie que celle qui s'attache à nos fonds nationaux, dette commune de tous les Français? Les campagnes les plus acharnées, les attaques les plus ardentes, réussiront peut-être à faire baisser la rente de quelques points ; elles n'empêcheront pas que les trimestres ne soient régulièrement payés à leurs échéances.

Les rentes servies par la caisse nationale des retraites sont incessibles et insaisissables jusqu'à concurrence de 360 francs. En cas de donation, elles peuvent être déclarées incessibles et insaisissables en totalité. Tout déposant, réduit à l'incapacité absolue de travailler, est mis en possession, avant l'âge d'entrer en jouissance, d'une rente proportionnelle à son âge et à ses versements ; cette pension peut être bonifiée par une subvention de l'État.

**

Qu'y a-t-il à faire pour opérer un premier versement ? Rien de plus simple. L'intéressé se fait délivrer gratuitement par le maire de la commune où il est né un extrait de son acte de naissance, sur papier libre (toutes les pièces exclusivement relatives à la caisse nationale sont, en effet, obtenues sans aucun frais de timbre ni d'expédition). Il se présente chez l'un quelconque des préposés à la caisse pour souscrire la déclaration destinée à former contrat de rente viagère et énumérant les diverses conditions de ce contrat.

La somme versée ne doit pas dépasser 500 francs par tête et par an, parce qu'on veut réserver les avantages de l'institution aux petits versements ; elle ne peut être inférieure à un franc, mais chacun commencera, s'il le désire, l'épargne pour la vieillesse avec cinq, dix ou quinze centimes en apposant un timbre-poste sur un imprimé de *bulletin-retraite* obtenu gratuitement et que les préposés reçoivent ensuite comme espèces lorsqu'il a été revêtu de timbres-poste représentant une valeur totale de un franc.

Le titulaire doit avoir trois ans au moins ; il peut être représenté par une personne quelconque qui n'a pas à justifier de son mandat.

Le déposant a la faculté d'aliéner le capital versé — c'est le placement à fonds perdu bien connu de tout le monde — ou de demander qu'il soit *réservé*, c'est-à-dire remboursé après décès aux héritiers ou ayants droit ; la rente promise, on le conçoit, est dans ce dernier cas, moins élevée que dans le premier. D'ailleurs, le titulaire qui a versé d'abord sous condition de réserve peut, à tout moment, abandonner la somme versée en échange d'une augmentation de rente

L'entrée en jouissance de la pension doit être fixée à une année d'âge accomplie de 50 à 65 ans ; c'est, en effet, dans ces limites que la très grande majorité des travailleurs voit arriver l'incapacité de travail causée par la vieillesse. Bien entendu, lorsque la jouissance a été d'abord demandée pour un âge inférieur à 65 ans, le titulaire peut ajourner jusqu'à ce dernier âge le point de départ de sa pension.

Chaque déclaration souscrite régit le versement correspondant et les suivants, tant que le titulaire ne désire pas apporter de modification ; s'il veut changer les conditions du contrat, il ne peut le faire que pour des versements ultérieurs et souscrit dans ce but une nouvelle déclaration.

Le montant des versements et les conditions déclarées par l'intéressé sont consignées sur un livret individuel délivré gratuitement.

Il faut attirer l'attention sur cette particularité que les versements à la caisse nationale des retraites sont toujours facultatifs, aucun engagement de payement ne lie, pour l'avenir, l'assuré, qui peut arrêter ses opérations ou les reprendre, soit chez le même préposé, soit chez tout autre ; l'interruption des versements n'entraîne aucune déchéance relativement aux résultats obtenus par les sommes antérieurement versées, car celles-ci donnent lieu à l'inscription au livret même d'une rente viagère dont le montant garanti sera payé lorsque le titulaire atteindra l'âge de jouissance.

Une disposition tutélaire spéciale à l'institution dont nous parlons exige, si le déposant est marié, que les sommes versées soient appliquées par moitié au compte du mari et à celui de la femme (sauf le cas de séparation de biens) ; les deux époux restent libres, d'ailleurs, de choisir dans la déclaration, des conditions différentes en ce qui concerne la nature du capital (aliéné ou réservé) ou l'âge d'entrée en jouissance ; un donateur peut toutefois effectuer des versements au profit exclusif du mari ou, avec le consentement de celui-ci, au pro-

fit exclusif de la femme. Les versements des deux
conjoints sont inscrits sur le même livret.

Les rentes émises par la caisse nationale des
retraites ne peuvent, sur une même tête, dépasser
1.200 francs; elles jouissent jusqu'à 360 francs du
privilège de l'incessibilité et de l'insaisissabilité. En
cas de donation, elles peuvent être déclarées totale-
ment incessibles et insaisissables. Les arrérages en
sont payables trimestriellement les 1er mars,
1er juin, 1er septembre et 1er décembre de chaque
année, à la caisse des dépôts et consignations,
chez les receveurs des finances et percepteurs, en
France; chez le trésorier général et les payeurs
principaux en Algérie. Les arrérages courus depuis
la dernière échéance acquittée, jusqu'au jour de la
mort du titulaire, sont payés aux héritiers ou ayants
droit de ce dernier. De même les sommes versées
sous condition de réserve et non abandonnées sont
remboursées sans délai aux héritiers ou ayants
droit, que le décès se produise avant ou après
l'entrée en jouissance de la pension.

Ainsi qu'on l'a vu plus haut la jouissance d'une
rente peut être ajournée si l'âge choisi comme point
de départ est inférieur à 65 ans ; en principe, la
jouissance n'est jamais avancée; il y a toutefois
des circonstances prévues par la loi où la délivrance de la pension est faite avant l'époque primi-
tivement fixée et même avant 50 ans: c'est dans le
cas où le déposant, par suite de blessures graves
ou d'infirmités prématurées, est réduit à l'incapacité absolue de travail ; la rente alors est émise
sans délai, mais, on le conçoit, pour tenir compte
de l'anticipation de jouissance, le montant de la
pension est diminué. Il faut se hâter d'ajouter qu'il
est accordé par contre des avantages fort appréciables à ces déposants : la Commission supérieure

en effet, alloue sous forme de rentes complémentaires, aux titulaires qui ont obtenu la liquidation
anticipée de leur rente, et en faisant état de la
situation de fortune et des charges de famille de
chacun d'eux, une bonification qui peut tripler la
rente anticipée, sans dépasser, toutefois, le chiffre
de 360 francs, bonification comprise. Les sommes
destinées à constituer ces rentes complémentaires,
sont prélevées sur les ressources provenant d'une
dotation spéciale formée du revenu de la moitié du
produit de la vente des diamants de la couronne et
sur le montant d'un crédit inscrit annuellement au
budget du Ministère du Commerce.

En dehors de ces avantages les rentiers de la
caisse nationale des retraites profitent de la loi du
31 décembre 1895 qui accorde sur un crédit annuellement voté par les Chambres, des majorations de
rentes aux pensionnaires de la caisse, âgés de
65 ans et plus, ayant opéré des versements pendant
25 ans au moins ; les mêmes pensionnaires qui
obtiennent des majorations peuvent recevoir, en
outre, une bonification spéciale s'ils ont élevé plus
de trois enfants.

Quand on parcourt le rapport adressé par la
Commission supérieure de la caisse nationale des
retraites au Président de la République, on est
frappé du nombre des versements dits « par intermédiaires », c'est-à-dire faits par des collectivités
au nom de plusieurs déposants. Il s'agit là d'opérations effectuées par l'État (agents non soumis à
la loi du 9 juin 1853 relative aux pensions civiles),
par les Compagnies de chemins de fer, par des
entreprises industrielles ou commerciales de toute

importance, etc... qui ont trouvé avantageux et commode d'emprunter l'organisation éprouvée de la caisse nationale pour assurer la vieillesse de leurs employés et ouvriers en versant à cette institution les sommes allouées à titre de don patronal ainsi que les retenues sur salaires consenties en vue de la retraite. Il est certain que la caisse rend, en la circonstance, un service considérable au monde du travail.

.·.

Elle prête également son concours aux communes, aux caisses scolaires, aux particuliers bienfaisants qui, par la distribution de livrets à titre de récompense, s'efforcent de répandre les habitudes d'ordre et d'économie et les idées de prévoyance.

A plusieurs reprises, le législateur lui-même a désigné la caisse nationale des retraites comme l'organisme le mieux approprié pour la constitution et le payement des rentes viagères prévues dans certaines lois sociales ; il suffit de rappeler ici la loi du 29 juin 1894 sur les caisses de secours et de retraites des ouvriers mineurs, celle du 1er avril 1898 relative aux Sociétés de secours mutuels et celles du 9 avril 1898 concernant les responsabilités des accidents du travail.

Supposons maintenant un ouvrier qui, dès sa jeunesse, à partir de quinze ans, par exemple, économiserait chaque jour 10 centimes sur son salaire et, en vue de la retraite, verserait le produit de cette économie, soit 36 francs par an, à la caisse nationale ; le tarif actuel assurerait à cet ouvrier, à 50 ans, une rente de 219 francs, à fonds perdu (capital aliéné), ou de 148 francs en réservant le capital au profit des héritiers.

Mais ce n'est pas à 50 ans, heureusement, que les forces de la plupart des travailleurs sont usées, l'activité humaine s'étend bien au delà de cet âge. Admettons que, dans notre cas, les versements soient continués jusqu'à 55 ans, la rente, alors, sera de 336 francs à capital aliéné ou de 223 francs à capital réservé. Prolongeons l'effort jusqu'à 60 ans encore et nous obtiendrons une *rente de 535 francs à capital aliéné* ou de 350 francs — presque un franc par jour — à capital réservé.

Plaçons-nous dans une hypothèse légèrement différente, mais qui peut se réaliser souvent dans la pratique : il s'agit, par exemple, d'un travailleur âgé de 20 ans qui, sur chaque paye, hebdomadaire, épargnerait un franc pour le verser à la caisse nationale, et cela jusqu'à l'époque d'entrer en jouissance de sa retraite : il aurait à capital aliéné, à 50 ans une rente de 233 francs, à 55 ans une rente de 363 francs, à 60 ans une rente de 586 francs. Si les versements étaient faits à capital réservé, les pensions correspondantes seraient de 152 fr., 232 fr. ou 369 francs.

On ne saurait soutenir que les modestes prélèvements dont il vient d'être question excèdent la capacité d'épargne de la majorité des travailleurs, il serait plus facile de démontrer que ceux-là sont en trop grand nombre qui consacrent, sans souci de l'avenir, des sommes plus considérables à des dépenses inutiles et souvent nuisibles.

On a vu plus haut que l'importance de la rente acquise par un versement donné dépend du taux de l'intérêt du tarif et des chances de mortalité ; on conçoit donc que plus est longue la période qui sépare la date du versement de celle fixée pour l'entrée en jouissance, plus considérable est la rente garantie par la caisse. Ainsi, l'on voit tout de suite l'avantage qu'il y a à commencer au plus tôt les versements, dans l'enfance, s'il est possible.

Cette remarque permet d'apprécier; on peut le dire en passant, l'un des côtés les plus intéressants du fonctionnement des Sociétés scolaires de secours mutuels — souvent appelées « Les petites Cavé », du nom de leur initiateur. — Ces mutualités, en effet, prennent l'écolier dans ses premières années et réussissent, au moyen de cotisations absolument infimes, versées en son nom pendant la durée de la scolarité sur un livret individuel de la Caisse nationale des retraites, à garantir à chaque sociétaire, un chiffre de rente nullement négligeable lorsque la vieillesse sera venue.

Un père de famille pourrait sans sacrifice excessif tirer parti de cette même observation au profit de ses enfants. Un seul versement de 100 francs effectué sur la tête d'un enfant âgé de trois ans produirait à capital aliéné une rente viagère de 51 francs à 50 ans ou de 115 francs à 60 ans, ou de 190 francs à 65 ans. Si le capital était réservé, les résultats seraient respectivement 41 fr., 92 fr. et 153 francs.

CHAPITRE II

LES SOCIÉTÉS PAR ACTIONS

*Les diverses catégories de Sociétés. — Fondateurs
et statuts. — Souscription et versement du capital. — Réglementation des Sociétés par actions.*

On peut grouper et classer les nombreux titres
qui se négocient dans les diverses bourses, au parquet ou en coulisse, de bien des manières différentes : soit au point de vue de leur *nature* : actions,
obligations, rentes, parts de fondateur, etc. ; soit
au point de vue de leur *importance numérique
nominale* : titres de 100 francs, de 500 francs ; soit au
point de vue de leur *valeur sur le marché* par rapport au pair : titres au-dessus ou au-dessous du
pair ; soit au point de vue de leur *nationalité* ; soit
au point de vue de la *monnaie* dans laquelle ils
sont créés, etc.

Mais il est un classement qui englobe tous ces
titres en les répartissant en deux grands groupes ;
c'est celui qui se base sur la *qualité du débiteur*
ou de la personne morale de qui émanent les titres ;
en effet, tous les titres qui se cotent sur les marchés financiers proviennent, soit, d'une part,
d'*États*, de *villes*, de *départements*, de *provinces*,
de *chambres de commerce* ou, pour employer un
mot emprunté à la langue anglaise, de « corporations » analogues, soit, d'autre part, de Sociétés.

Les débiteurs de la première catégorie se définissent d'eux-mêmes et il n'y a guère d'explications complémentaires à donner à leur sujet : tout le monde sait ce que c'est qu'un État, une province, une municipalité. Tout au plus pourrait-on appeler l'attention sur le mot État qui peut avoir deux sens un peu différents et désigner, soit un pays tout entier, soit seulement une subdivision d'une grande confédération, comme aux États-Unis, par exemple, l'État de New-York ou de l'Illinois ; comme au Brésil, l'État de Saô-Paulo ou de Minas-Géraès. On devra faire attention, par conséquent, sur les prospectus, notices d'émission ou circulaires qui portent la mention : « titres émis avec garantie de l'État », si cette garantie est celle du pays lui-même, ou seulement celle d'un des États faisant partie de la confédération, ce qui, dans certains cas, a une grande importance au point de vue de la sécurité présentée par le titre. On dit bien que, quand un État confédéré, une province, une ville sont engagés, la responsabilité *morale* du pays tout entier l'est également, mais de responsabilité *morale* à responsabilité *effective*, il y a un grand pas et on a vu des pays parfaitement solvables laisser des provinces ou des communes de leur territoire se débattre avec leurs créanciers, sans intervenir pour désintéresser ces derniers. Il y a donc État et État, et les porteurs de titres ne devront pas négliger de s'assurer du débiteur qu'ils ont réellement en face d'eux.

Les autres titres, qu'il s'agisse d'actions ou d'obligations ou de parts de fondateurs émanent de Sociétés. Mais qu'est-ce exactement qu'une Société? Toutes les Sociétés indifféremment peuvent-elles lancer sur le marché des actions, des obligations ? Tous les titres qui sont mis dans la circulation émanent-ils de Sociétés organisées de façon identique, présentant pour le public exactement les mêmes garanties ? Ce sont là des questions qui peuvent laisser un doute dans l'esprit de bien des personnes et qu'il convient, par suite, d'éclaircir, pour répondre à notre programme d'éducation financière.

On distingue, dans les ouvrages juridiques, deux grandes catégories principales de Sociétés : les Sociétés par *intérêt* et les Sociétés *par actions*.

Les Sociétés *par intérêt* sont celles dont les membres possèdent dans l'association, non pas des actions, mais des parts d'intérêt qui ne sont pas négociables ni cessibles, à moins d'accord entre tous les associés. La personnalité des associés joue dans ces Sociétés un rôle essentiel et à la mort de l'un d'eux, la Société est dissoute. Les Sociétés par intérêt comprennent les Sociétés *en nom collectif* et les Sociétés *en commandite simple*.

La Société *en nom collectif* est celle qui est formée entre deux ou plusieurs personnes, toutes solidairement tenues sur tous leurs biens du passif de la Société, sans limitation de chiffre; le capital de ces Sociétés, en fait ordinairement restreint, ne comporte pas de division en titres facilement cessibles ; elles n'émettent pas non plus d'obligations négociables sur le marché, leur importance ne répondant pas à des emprunts de cette nature. Les associés en nom collectif font le commerce à peu près comme pourrait le faire une personne unique, mais ils se partagent les profits et tous les risques de l'entreprise.

Dans la *commandite simple* intervient, à côté de l'associé commandité, responsable sur tous ses biens, comme dans la Société en nom collectif, le commanditaire qui apporte à la Société, sous forme de commandite, son argent, ses capitaux, mais non son travail. Le commanditaire a droit à une certaine part dans les bénéfices, mais il n'est responsable des dettes de la Société que jusqu'à concurrence de son apport. Dans la Société en commandite simple, la commandite est fournie par une ou quelques personnes seulement, elle n'est pas divisée en parts négociables : à ce point de vue la Société en commandite simple a donc beaucoup de rapport avec la Société en nom collectif ; la mort du commanditaire produit le même résultat que celle du commandité ou de l'associé en nom collectif, c'est-à-dire que, sauf stipulation contraire, elle dissout la Société.

Les Sociétés par intérêt ne pouvant émettre de titres négociables, les détails de leur organisation, de leur fonctionnement n'intéressent pas spécialement le porteur de valeurs mobilières ; nous nous bornerons en conséquence, pour cette catégorie de Sociétés, aux indications sommaires qui précèdent et qui ont pour objet d'en établir la différence avec les Sociétés par actions, sur lesquelles nous donnerons des explications plus circonstanciées.

Les Sociétés par actions comprennent elles-mêmes deux catégories de Sociétés : les Sociétés en commandite par actions et les Sociétés anonymes ; nous nous occuperons de chacune d'elles dans la suite de ce chapitre, mais auparavant, nous dirons un mot d'un point qui, malgré sa simplicité, à différentes reprises, a provoqué les questions de porteurs de titres : il y a, nous a-t-on dit parfois, des titres de *Compagnies* et des titres de *Sociétés*. Y a-t-il une différence entre une Compagnie et une Société ? Pourquoi certaines entreprises portent-elles l'une des deux appellations plutôt que l'autre ?

Il n'y a aucune différence quelconque entre une
Compagnie et une Société. Les fondateurs d'une
affaire commerciale, industrielle ou financière, choi-
sissent à leur guise l'une ou l'autre de ces dénominations. Le mot de *Compagnie* est plus généralement réservé aux entreprises de grande envergure,
intéressant un grand service public, comme les
grandes Compagnies de chemins de fer, de navigation, de transports urbains, etc., mais il n'y a là
aucune règle fixe et rien n'empêcherait une petite
affaire commerciale, créée sous la forme par actions,
de s'affubler du titre pompeux de Compagnie. C'est
au public à ne pas se laisser séduire par les apparences ; pour les Sociétés comme pour les gens,
l'habit ou le titre ne fait pas le moine.

*
* *

Nous avons dit précédemment qu'abstraction
faite des fonds d'État et des obligations de villes,
de départements, de provinces, les nombreux titres
qui se négocient dans les diverses Bourses émanent
de Sociétés par actions. On se rend compte, dès
lors, à simple réflexion, de l'importance énorme
pour le public des porteurs de titres, de l'organisation des Sociétés, des règles relatives à leur constitution, à leur gestion, à leur dissolution, à leur
liquidation. Des précautions, certes, ont été prises
par le législateur à cet égard, des formalités, des
prohibitions ont été édictées dans l'intérêt, et des
porteurs de titres et des créanciers des Sociétés ;
des sanctions sont ordonnées vis-à-vis des personnalités qui président à la marche de ces entreprises. On trouvera notamment ces diverses règles
dans la loi du 24 juillet 1867, modifiée par celle
du 1er août 1893. Mais ces précautions sont-elles

suffisantes ? Le public est-il assez protégé contre
les tentatives frauduleuses ? L'épargne est-elle à
l'abri des embûches qui lui sont journellement ten-
dues ? Y aurait-il des modifications à apporter à
certains points de la législation, des améliorations
indispensables et urgentes? C'est ce que nous
allons examiner en passant en revue les divers
actes de la vie d'une Société par actions.

* *

Nous ne nous faisons du reste, aucune illusion
sur l'efficacité de l'intervention du législateur. Les
précautions les plus sages qu'il pourrait édicter,
les lois les plus sévères qu'il pourrait faire, ne
seront jamais aussi efficaces que la surveillance que
le capitaliste *lui-même* apportera dans le placement de ses capitaux. Le jour où ce capitaliste se
dira que « tout ce qui reluit n'est pas or », suivant le vieux dicton ; le jour où il se rendra compte
que les affaires financières valent surtout ce que
valent les hommes qui les proposent et les con-
duisent ; le jour où avant de faire un placement
quel qu'il soit, il se posera cette simple question :
« Si je perdais tout ou partie du capital que je
place, pourrais-je supporter cette perte ? » Le jour
où il ne croira plus aux gains faciles, aux papiers peints et valeurs éruptives qui « peuvent
monter », à ceux qui peuvent lui donner des revenus extravagants ; quand il se dira que les affaires
de spéculation ne lui conviennent pas ; que toutes
les valeurs ne peuvent convenir aux mêmes personnes ; quand, enfin, il réfléchira un peu au lieu
d'agir « comme les papillons qui se brûlent à toutes
les chandelles », comme le disait si spirituelle-
ment le grand maître qui s'appelait Léon Say, ce

jour-là, il aura fait de grands progrès dans son éducation financière et il aura évité et évitera de lourdes pertes.

Nous savons bien que de tels avertissements ne plaisent pas à tout le monde et que grand nombre de capitalistes, de porteurs de titres, de rentiers, quelle que soit leur fortune, mais surtout ceux qui n'ont qu'une modeste aisance, préféreraient entendre des conseils moins prudents, répondant à leurs propres désirs, sauf plus tard, à reprocher ces mêmes conseils à ceux qui les leur auraient donnés : mais il convient de continuer sans relâche à mettre le public en garde contre ses propres entraînements et nous répéterons, sans cesse, à ces imprudents, qu'un capitaliste, un rentier n'aura jamais à regretter d'avoir été trop prudent. Il vaut mieux « avoir manqué de gagner » que perdre des économies laborieusement acquises et amassées, car il est plus difficile de conserver que d'acquérir. Que les imprudents se rappellent toujours ces vieilles paroles ! Ils ne feront pas fortune, mais ils ne se ruineront pas et, par le temps qui court, conserver le peu qu'on possède est déjà une grosse fortune.

.·.

Dans une Société anonyme par actions, à la différence de ce qui se passe dans les Sociétés dites par intérêt, il n'y a pas d'associé indéfiniment responsable. La propriété de tout le capital social appartient aux actionnaires qui sont les maîtres de la Société et l'administrent par l'intermédiaire de mandataires par eux choisis. Le capital est divisé en actions, c'est-à-dire en parts égales facilement négociables qui peuvent se transmetttre de l'un à l'autre, changer de possesseurs, moyennant un minimum de formalités, sans que pour cela l'existence de la Société soit interrompue. Aussi, dit-on que ce ne sont pas des Sociétés de personnes, mais des Sociétés de capitaux. Les actionnaires ne sont tenus des dettes de la Société que jusqu'à concurrence de leur apport ; si les actions sont entièrement libérées, la Société peut être mise en liquidation, en faillite, personne n'a plus rien à leur réclamer ; si les actions ne sont libérées que partiellement, on peut réclamer aux actionnaires le versement de la partie encore non appelée. Il y a donc, au point de vue des responsabilités et des risques, une distinction importante à faire entre l'action entièrement libérée et celle qui ne l'est pas encore.

Fondateurs et statuts.

Quels sont, en résumé, les principaux caractères de la Société anonyme ? Comment une telle Société va-t-elle se former ? Quelles sont les règles qui président à sa naissance ?

Les personnes qui prennent l'initiative de former une Société anonyme sont désignées sous le nom de fondateurs. Le fondateur peut être le propriétaire personnel d'une entreprise existante, qu'il désire mettre sous la forme de Société par actions, afin de se procurer, en faisant appel au public, les capitaux nécessaires à la marche de l'affaire. Le fondateur peut aussi avoir en vue la création d'une Société par actions pour mettre sur pied une affaire entièrement nouvelle. Théoriquement, les deux cas sont identiques, mais, en fait, il y a, pour le public que l'on engage à souscrire, une grande différence entre la Société qui prend la suite d'une entreprise déjà existante, ayant fait ses preuves, et celle qui va se former de toutes pièces pour créer et exploiter une nouvelle affaire.

Le premier soin du fondateur (ou des fondateurs, s'ils sont plusieurs) va être de rédiger un projet de statuts, afin de le soumettre aux personnes dont les adhésions seront sollicitées. Ce sont les statuts qui, une fois définitivement adoptés, feront la loi désormais applicable à la Société, opposables aux actionnaires, par le fait même qu'ils auront souscrit ou acquis des actions, opposables aux créanciers, par cela seul qu'ils auront contracté avec la Société. La rédaction des statuts est donc un acte très important, d'autant qu'il sera très difficile, dans la suite, d'y apporter des modifications essentielles. Il faut donc que les statuts soient rédigés ou examinés par des personnes très compétentes, très attentives, qui s'efforcent de prévoir les difficultés qui pourront se produire dans l'avenir.

Il faut aussi que les souscripteurs auxquels un fondateur vient proposer des actions d'une Société nouvelle lisent le projet des statuts, l'étudient, formulent leurs objections, exigent les modifications qui leur paraîtront nécessaires, la suppression des clauses dangereuses. Souscrire aux actions d'une Société sans se livrer à cette étude préliminaire, ce serait faire à peu près comme le locataire qui prendrait possession d'un appartement sans avoir lu son bail. De même, on ne devrait pas acquérir d'actions d'une Société existante sans se procurer les statuts et sans les lire au préalable. La loi a prévu l'importance de cette lecture, car elle oblige les Sociétés à tenir à la disposition du public des exemplaires de leurs statuts, moyennant une rétribution de 1 franc (loi du 24 juillet 1867, art. 63). Et, cependant, combien d'imprudents qui, le jour où ils perdent leur argent, crient au voleur, n'ont jamais lu les statuts des Sociétés dont ils sont détenteurs de titres et ne connaissent pas même le siège social, et encore moins les directeurs ou administrateurs !

En fait, la rédaction des statuts sera souvent confiée à un notaire, mais il n'y a pas d'obligation à cet égard, les statuts peuvent être établis par acte sous signature privée.

Plusieurs auteurs et maîtres en ces questions si controversées et difficiles, Lyon-Caen, Vavasseur (*Revue des Sociétés*), Rodolphe Rousseau (*Traité des Sociétés*), Thaller (*Droit commercial*), ont fait remarquer que si, en pratique, les statuts sont rédigés avant la souscription aux actions, en droit, cette nécessité n'existe pas, de sorte que les fondateurs pourraient recueillir les souscriptions sur un avant-projet non signé, et même sur un simple exposé verbal des conditions que les statuts renfermeront. Ils peuvent alors retoucher leur projet de statuts après les souscriptions faites, aussi longtemps que l'acte n'a pas été définitivement dressé et déposé dans une étude de notaire.

« Un pareil régime, dit fort justement M. Thaller, est fertile en surprises ; des fondateurs malhonnêtes vont hypocritement dresser, après les souscriptions reçues, des statuts différents de ceux qu'ils avaient d'abord présentés. Ils engageront les souscripteurs dans une Société autre que la Société où ceux-ci voulaient entrer. On verra notamment les fondateurs abaisser le capital d'abord annoncé, à un chiffre réduit et se contenter de celui que la somme partiellement obtenue des souscripteurs leur aura permis d'atteindre. »

La fraude éclatera, il est vrai, lors des assemblées constitutives ; mais, à ce moment, sera-t-il temps, en fait, pour les souscripteurs de réclamer contre le dol dont ils auront été victimes, de protester utilement contre des manœuvres malhonnêtes ? Des fondateurs de cette espèce s'arrangeront toujours pour composer l'assemblée constitutive de manière à étouffer les protestations des personnes sincères. Ce qu'il faut, c'est exiger des fondateurs que les statuts soient signés, *ne varietur*, avant de souscrire.

Voilà pourquoi l'insertion obligatoire au *Bulletin Annexe au Journal Officiel* des statuts d'une Société, *préalablement* à toute souscription, émission, introduction, exposition ou mise en vente de titres quelconques, est une excellente mesure que la *Commission extraparlementaire* de 1902 sur les Sociétés, constituée par M. Vallé, garde des Sceaux, et tenue sous sa présidence et celle de M. Lyon-Caen, a eu raison d'adopter, à l'unanimité, sur la proposition de M. Rodolphe Rousseau, de même qu'elle adoptait également à l'unanimité, sur notre proposition, la création de ce même *Bulletin Annexe au Journal Officiel* [1] dont les imperfections, facilement réparables, ne peuvent faire oublier l'utilité incontestable.

Ce qu'il faut aussi surtout répéter, et répéter sans cesse, c'est que tout capitaliste, tout rentier, toute personne ayant des capitaux à placer ou des titres à vendre, ne doit traiter, entrer en pourparlers qu'avec des personnalités honorables, notoirement connues comme sincères, de bonne foi ; car les aigrefins, les chevaliers d'industrie trouveront

---

[1]. Le *Bulletin annexe au Journal officiel* a été créé en 1907. Le premier numéro paru porte la date du 4 mars 1907 ; depuis le 12 février 1912, il a pris la dénomination suivante : *Bulletin des annonces légales obligatoires à la charge des Sociétés financières*. (L'État n'est en aucune façon garant des insertions.)

toujours un moyen quelconque pour tourner la loi
et pour faire des dupes. Ces conseils sont tellement
simples qu'ils peuvent paraître inutiles. Et cependant l'expérience prouve que la grande majorité
des rentiers semblent n'en tenir aucun compte.

Souscription et versement du capital.

Une fois les statuts rédigés, sans cependant,
comme nous l'avons vu plus haut, que cette rédaction soit obligatoirement définitive, les fondateurs
d'une Société s'adressent au public pour qu'il sous-
crive. L'importance des souscriptions recueillies
peut être supérieure au chiffre du capital qui a été
fixé par la Société et, en ce cas, il y a lieu à réduction des demandes, soit qu'on refuse les dernières
souscriptions reçues, en se basant sur l'ordre chro-
nologique d'inscription, soit qu'on effectue entre
tous les souscripteurs une répartition proportionnelle au nombre des actions qu'ils ont accepté de
prendre.

Le souscripteur n'est donc pas absolument certain d'obtenir la totalité ni même une partie des
titres qu'il a demandés ; mais il ne doit pas perdre
de vue que sa signature sur le bulletin de souscription l'engage irrévocablement et qu'il ne peut plus,
une fois qu'il l'a donnée, annuler sa souscription,
même si on ne lui a pas encore notifié le chiffre
d'actions pour lequel il est compris dans la répartition : le souscripteur est donc lié avec les fondateurs et il ne faut pas qu'il s'engage à la légère,
avec l'arrière-pensée de se dédire, de reprendre sa
signature, de refuser le versement des fonds quand
on les lui réclamera. A ce moment il sera trop
tard. Bien mieux, il est admis que toute clause
par laquelle le souscripteur déclarerait se réserver

la faculté de résiliation dans telles ou telles conditions, dans telle ou telle éventualité, serait nulle à l'égard de la Société ou de ses créanciers, de sorte que, malgré l'insertion de cette clause de résiliation conditionnelle, la souscription serait considérée comme pure et simple.

Il va de soi que, si les fondateurs n'arrivaient pas à faire souscrire la totalité du capital annoncé, ils devraient renoncer à la formation de la Société et restituer aux souscripteurs les sommes par eux déjà versées. Ils ne pourraient pas créer une Société dont le capital correspondrait seulement au chiffre des souscriptions recueillies ; or, pour le faire, il faudrait reprendre l'affaire dès le début, annoncer un nouveau chiffre de capital et faire signer de nouvelles souscriptions. En effet, une personne qui aurait accepté de faire partie d'une Société ayant un capital déterminé ne peut être obligée de faire partie de la même Société si le capital est inférieur au chiffre qu'on lui a fait prévoir.

La souscription ne peut se faire par fractions successives ; on ne peut diviser le capital en plusieurs tranches et émettre ces tranches successivement. Le capital énoncé doit être souscrit intégralement. Toutefois, une Société n'est pas obligée d'émettre dès l'origine tout le capital dont elle pourra avoir besoin dans la suite ; elle peut procéder plus tard à des augmentations de capital qui devront être autorisées par l'assemblée générale des actionnaires, dans les conditions spécifiées par les statuts.

Il faut que les souscriptions soient sérieuses ; la jurisprudence n'admet pas de souscriptions émanant d'hommes de paille des fondateurs ; elle considère ces souscriptions comme fictives et peut se baser sur des manœuvres de cette nature pour prononcer l'annulation de la Société.

La loi a fixé le nombre minimum des souscripteurs d'une Société anonyme ; il ne peut être inférieur à sept. Pourquoi ce nombre de sept ? On l'explique en disant que le législateur français a voulu prendre pour modèle la loi anglaise, mais il a dénaturé ses dispositions. Les Anglais demandent que le nombre des fondateurs (et non des actionnaires) soit de sept, ce qui présente une certaine utilité dans le cas où la Société serait annulée pour fraude commise par les fondateurs. S'ils sont un certain nombre, il y a plus de chance pour que l'action en responsabilité qui serait intentée contre eux soit efficace. La loi française a adopté ce nombre de sept, mais l'application qu'elle en fait est sans intérêt, bien qu'obligatoire à peine de nullité.

Si le capital doit être intégralement *souscrit* lors de la fondation de la Société, il n'est pas nécessaire qu'il soit intégralement *versé* à moins qu'il ne s'agisse d'actions de 25 francs, quotité permise pour les petites Sociétés dont le capital est de 200.000 francs ou d'une somme inférieure. La loi française n'a pas voulu laisser mettre dans la circulation des actions d'une valeur infime, comme en Angleterre où on voit des actions de 1 ou quelques schillings. Sauf pour les Sociétés dont le capital ne dépasse pas 200.000 francs, le minimum de chaque action est de 100 francs et le quart au moins doit être versé. Il ne suffit d'ailleurs pas que le quart du *capital global* soit versé, ce qui pourrait arriver si certains actionnaires libéraient intégralement leurs titres, tandis que les autres ne verseraient rien. Il faut que le quart de *chaque action* soit versé. La loi veut ainsi éviter que certaines personnes ne souscrivent à des actions nouvelles sans avoir aucun débours à opérer, dans l'intention de profiter d'un mouvement

de hausse factice pour se défaire de leurs titres et
encaisser une différence sans avoir effectué aucune
mise de fonds. Le versement doit avoir lieu en
espèces ou en billets de banque; il ne peut être
opéré, en effets de commerce, ou autres valeurs
analogues non plus qu'en fourniture de marchandises.

Les versements sont faits aux fondateurs qui,
en attendant la formation de la Société, restent
responsables de ces sommes, lesquelles figurent
dans leur actif personnel. Il peut donc arriver
qu'avant même la fin de l'accomplissement des
formalités constitutives, les fondateurs fassent
faillite et que les souscripteurs dépourvus de tout
privilège ne puissent reprendre leurs fonds; ils
viendraient seulement à la faillite au marc le
franc, comme les autres créanciers.

Une fois le capital souscrit et le premier quart
versé, les fondateurs doivent se rendre chez un
notaire pour y faire une déclaration de l'état des
souscripteurs et des versements. Cet acte notarié
doit être enregistré dans les six jours et donne lieu
à la perception de droits. Il y est annexé la liste
nominative des souscripteurs contenant leurs noms,
prénoms, qualités, demeures avec la quotité de
leurs versements. En outre, il y a lieu d'annexer
à cette déclaration le double ou une expédition de
l'acte de société, suivant qu'il a été dressé dans la
forme sous seing privé ou dans la forme authentique. Les statuts qui, nous l'avons vu précédemment, auraient pu ne pas être rédigés avant la
souscription, doivent l'être, par conséquent, au
plus tard lors de la déclaration des souscriptions
par devant notaire.

Toutes ces formalités de détail sont très importantes, car la loi quand elle les prescrit, le fait

généralement à peine de nullité de la Société ;
c'est ainsi qu'on a demandé la nullité de sociétés
parce que la liste nominative annexée à la déclaration omettait de mentionner la résidence d'un des
souscripteurs. D'autres fois, l'annulation a été prononcée parce que le notaire étant personnellement
souscripteur d'actions, n'aurait pas dû recevoir la
déclaration.

Ces précautions, cependant, sont, il faut bien le
dire, encore insuffisantes, et c'est ce que nous
indiquions lorsque nous écrivions [1] :

« Si une Société se fonde en déclarant que le
capital social a été versé effectivement en espèces,
en tout ou en partie, il faut prescrire aux notaires
qui se bornent aujourd'hui à constater que les versements ont été régulièrement faits par les souscripteurs, d'exiger le dépôt entre leurs mains du
montant des sommes versées pour être déposées
par leurs soins, soit à la Caisse des dépôts et consignations, soit à la Banque de France. De plus,
ces officiers publics ne remettraient le récépissé
de dépôts aux administrateurs et fondateurs de la
Société que trois mois après la constitution légale
de leur Société et la publication des statuts ».

Réglementation des Sociétés par actions.

Ces formalités sont encore complétées par une
publicité, réglementée de façon méticuleuse, trop
méticuleuse peut-être sur certains points, quand la
loi oblige, par exemple, un établissement ayant
plusieurs succursales en France, à procéder à la
publicité non seulement au lieu du siège social,
mais aussi dans toutes les localités où fonctionnent

1. *Finances contemporaines*, t. III, p. 179.

des agences. Cette publicité gagnerait, par suite,
à être simplifiée et, de plus, modifiée de manière à
permettre aux intéressés, qui sont aujourd'hui
légion, de se procurer facilement et à peu de frais
les renseignements dont ils peuvent avoir besoin
sur le capital d'une Société, l'importance des
apports, la quotité de la réserve obligatoire, les
tantièmes alloués aux administrateurs, les règles de
distribution des bénéfices, etc.

Il ne suffit pas, en effet, qu'une publicité soit
faite ; il faut aussi la rendre efficace et, pour cela,
il est indispensable que le public sache, sans
perdre un temps précieux à des recherches, à des
démarches préliminaires, où se procurer les renseignements qu'il désire obtenir.

À la Commission extraparlementaire de 1902,
le regretté M. Émile Mercet avait proposé et fait
voter un texte modificatif à l'article 39 de la loi de
1867, article dont l'examen avait été réservé et qui
est ainsi conçu :

« Si la Société a plusieurs maisons de commerce
situées dans divers arrondissements, le dépôt prescrit par l'article 55 et la publication prescrite par
l'article 56 ont lieu dans chacun des arrondissements où existent des maisons de commerce. Dans
les villes divisées en plusieurs arrondissements, le
dépôt sera fait seulement au greffe de la justice de
paix du principal établissement ».

M. Émile Mercet avait fait observer combien
ces formalités étaient longues et coûteuses pour les
Sociétés qui possèdent des succursales en province
et il avait expliqué que ces formalités pouvaient
être simplifiées, tout en donnant les mêmes garanties aux tiers. Il suffisait de continuer à déposer
l'acte constitutif dans la ville du siège social, de
publier cet acte dans le *Bulletin officiel*, annexe du

Journal officiel, dont la commission avait voté la création, de faire effectuer le dépôt de ce numéro du *Journal officiel* dans tous les greffes des justices de paix des villes où les Sociétés ont des succursales, et de continuer à publier dans les journaux locaux un extrait de l'acte constitutif. Cette proposition de M. É. Mercet fut adoptée à l'unanimité.

Le législateur n'a pas seulement reconnu la nécessité de réglementer la création des Sociétés ; il a également édicté les mesures d'ordres divers, relatives à la gestion des Sociétés.

C'est ainsi que la loi donne des règles précises sur la manière dont doivent être composées les assemblées générales, sur la majorité nécessaire pour qu'une résolution soit valablement prise, soit dans une assemblée ordinaire, soit dans une assemblée extraordinaire, quand il s'agit de délibérer sur des modifications aux statuts, sur des propositions de continuation de la Société au delà du terme fixé pour sa durée ou de dissolution avant terme.

De même la loi fixe les devoirs et les droits des commissaires aux comptes, indique dans quel délai l'inventaire, le bilan et le compte de profits et pertes doivent être mis à la disposition des commissaires, dans quelles conditions les actionnaires peuvent prendre communication de l'inventaire et de la liste des actionnaires, se faire délivrer une copie du bilan et du rapport des commissaires.

De même encore, on trouve dans la loi des dispositions relatives à la quotité de la réserve légale, à la dissolution éventuelle de la Société en cas de perte d'une fraction importante du capital, etc. Enfin, la loi sur les Sociétés contient des sanctions graves contre les personnes qui auraient contrevenu à ses dispositions. Si la loi a été violée sciemment, les délinquants peuvent être punis des

peines de l'escroquerie ; tel serait le cas de fondateurs qui auraient créé une Société fictive, dans le
seul but de s'attribuer des avantages en retour
d'apports imaginaires. Sont punis des mêmes peines
les gérants qui, en l'absence d'inventaires ou au
moyen d'inventaires frauduleux, ont opéré entre
les actionnaires la répartition de dividendes fictifs.
La négociation d'actions dont la forme serait contraire aux dispositions de la loi est punie d'une
amende de 500 à 10.000 francs. La même sanction
est applicable à ceux qui, en se présentant comme
propriétaires d'actions qui ne leur appartiennent
pas ont créé frauduleusement une majorité factice
dans une assemblée générale et ceux qui ont remis
les actions pour en faire usage frauduleux ; dans
ces deux derniers cas, la peine de l'emprisonnement de quinze jours à six mois peut même être
prononcée. Ceci d'ailleurs sans préjudice de la responsabilité civile et des dommages-intérêts qui
peuvent être prononcés contre les fondateurs, administrateurs, gérants de Sociétés qui, par leur
faute, leur négligence coupable, ont causé un
dommage aux actionnaires ou même aux créanciers
de la Société.

Nous ne pouvons entrer dans le détail de toutes
ces dispositions sans courir le risque de transformer les indications pratiques que nous donnons en
un véritable cours de législation, que les personnes
curieuses de ces questions trouveront dans les traités spéciaux.

Ce que nous avons surtout voulu montrer, c'est
l'utilité de l'éducation financière pour le public et
pour tous ceux qui, par leurs fonctions, par les
postes qu'ils occupent, collaborent à la confection
des lois, fonctionnaires des divers ministères,
députés, sénateurs.

Faire des lois, édicter des règlements est toujours facile, mais il faut que les règlements, pour tout ce qui touche aux affaires commerciales et financières, soient simples et pratiques et produisent le maximum d'effets utiles avec le minimum de formalités ; mais quelles que soient les lois et les formalités, elles seront inefficaces tant que le public n'apprendra pas par lui-même à se défendre, restera dans une ignorance complète des affaires et négligera son « éducation financière ».

CHAPITRE III

DIFFÉRENTES CATÉGORIES
DE VALEURS MOBILIÈRES

*Obligation, rente, action. — Actions d'apport. —
Actions de capital et actions de jouissance. —
Actions de priorité et actions ordinaires. — Parts
ou actions bénéficiaires ou parts de fondateur.*

Obligation, rente, action, voilà des mots que les
capitalistes, petits ou grands, prononcent bien souvent. Le public des rentiers, des porteurs de titres
de toutes classes, en connaît-il bien exactement le
sens ? On pourrait se le figurer. Pourtant, il n'en
est rien et ces expressions ne suggèrent pas toujours, dans l'esprit de ceux qui les emploient, des
idées aussi nettes qu'il serait désirable.

Il nous paraît utile de préciser la signification
de ces mots, afin de permettre aux intéressés de
faire choix, le cas échéant, en pleine connaissance
de cause, entre des valeurs de l'une ou de l'autre
de ces catégories.

En effet, le public doit apprendre à apprécier par
lui-même les titres qu'il désire acquérir et dont on
lui propose l'achat ; les rentiers ne doivent pas s'en
rapporter aveuglément aux conseils qu'on leur
donne, mais se former, sur les valeurs qu'ils vont
faire entrer dans leur portefeuille, une opinion
personnelle. Mais comment le public des porteurs

1. Voir dans le Dictionnaire du Commerce, de l'Industrie et de
la Banque, l'article *Valeurs mobilières*, par M. Alfred Neymarck.

de titres — ils sont aujourd'hui légion — pourrait-il se livrer à cette appréciation, s'il ne connaît d'une façon absolument exacte le sens des mots actions, rentes, obligations, et les distinctions fondamentales qui existent entre ces diverses dénominations? Avant d'examiner si les rentes de tel ou tel État, les actions, les obligations de telle ou telle société conviennent à son portefeuille, présentent des garanties suffisantes pour qu'il en fasse acquisition, il est indispensable, cela est de toute évidence, que le rentier sache ce que c'est qu'une action, une obligation, une rente en général. Avant d'être à même d'examiner si telle ou telle rente, telle ou telle obligation, telle ou telle action sont ou non avantageuses à conserver ou à acquérir, il est nécessaire que le public connaisse les avantages ou les inconvénients respectifs de la rente, de l'action, de l'obligation.

*
* *

Quel est le trait caractéristique qui distingue l'action, d'une part, de la rente et de l'obligation, d'autre part. Nous formulons cette différence en ces termes :

L'action est une part d'association, tandis que la rente ou l'obligation sont des titres représentatifs d'une créance. Toutes les différences qui existent entre ces catégories de titres découlent de ces prémices.

L'actionnaire est un associé, c'est-à-dire qu'il participe aux bonnes ou aux mauvaises fortunes de la société dont il possède des actions. Est-elle prospère, fait-elle de bonnes affaires? Les bénéfices disponibles en fin d'exercice augmenteront et avec eux, le dividende à répartir. L'actionnaire verra ses revenus s'accroître et, par voie de conséquence immédiate, son capital acquerra une plus-value en rapport.

Au contraire, l'obligataire, dans un cas semblable, n'encaissera que le revenu convenu. La société aura beau faire des opérations brillantes, le dividende attribué aux actionnaires aura beau doubler, tripler même, l'obligataire n'aura droit qu'à son intérêt de 3, 4, 5 0/0, etc., suivant les conditions d'émission du titre. Est-ce à dire qu'il ne profitera pas, au moins dans une certaine mesure, de la prospérité de la société? Si, parce que l'obligation d'une société incontestablement solvable vaudra plus que l'obligation d'une entreprise dont la situation serait douteuse ou sujette à discussion. Il vaut mieux avoir un débiteur riche et bien posé qu'une personne sous le coup de la déconfiture, mais il n'en est pas moins vrai que la majoration de valeur qui résulte de l'augmentation des profits réalisés par une société est insignifiante pour l'obligataire, si on la compare à la plus-value qui peut en résulter pour l'action.

Bien mieux ! Si la société est très prospère, que son crédit augmente, elle trouvera à emprunter à des conditions plus douces, elle pourra, si elle s'est réservé ce droit, offrir à l'obligataire le remboursement de son titre, elle procédera à ce que l'on appelle une conversion de ses obligations, elle en réduira le coupon, de sorte qu'au lieu de bénéficier de la bonne situation de son débiteur, le créancier-obligataire en pâtira par la diminution de son revenu. Ceci s'applique aussi à la rente, dette d'un Ltat.

Hâtons-nous d'ajouter que toute médaille a son revers et que ce proverbe ne s'applique que trop fréquemment, hélas ! à l'actionnaire. Une société n'est malheureusement pas toujours prospère. On a vu les entreprises les mieux posées, les plus sérieusement et les plus honorablement dirigées, celles dont la situation était ou paraissait le mieux assise, dont les actions étaient considérées comme des placements de « père de famille », péricliter dans un délai plus ou moins rapide, par suite de circonstances imprévues, impossibles même à prévoir, en raison d'une découverte inattendue, de l'application d'un procédé mécanique, d'une modification de la mode, d'un déplacement de la population, d'un cas de force majeure, inondation, cyclone, etc.

On verra alors les dividendes baisser, disparaître même, et la valeur de l'action décroître ou tomber à néant, tandis que l'obligation pourra fort bien se maintenir à un niveau satisfaisant : en effet, les bénéfices appartiennent avant tout aux créanciers, c'est-à-dire, dans le cas dont nous nous occupons, aux obligataires. L'actionnaire, associé avec les risques comme avec les avantages qu'offre cette qualité, ne passera qu'après l'obligataire, et il peut arriver que les bénéfices permettent d'assurer le service des obligations, sans qu'aucune répartition de dividende puisse avoir lieu.

Ainsi, nous voyons en présence, d'un côté l'actionnaire qui touche un revenu variable, susceptible d'augmentation, mais aussi de réduction ; de l'autre, l'obligataire ou le porteur de rente assuré sauf circonstances graves et plutôt exceptionnelles de recevoir un revenu fixe.

On peut donc poser dès à présent en principe que l'action d'une part, l'obligation ou la rente, de l'autre, ne conviennent pas aux mêmes personnes.

L'action, même la meilleure, présente toujours un certain aléa que tout le monde ne peut pas courir; elle ne conviendra qu'aux personnes qui possèdent des revenus assez importants pour qu'une réduction passagère ou prolongée, ou même une suspension complète de dividende sur certains titres de leur portefeuille ne leur causent qu'un préjudice peu considérable.

Au contraire, le petit rentier, l'épargnant qui n'ont pour subsister que le strict nécessaire, doivent se limiter exclusivement aux obligations et aux rentes, ou encore aux actions à revenu minimum garanti, en un mot aux titres à revenu fixe. Ce sont d'ailleurs des valeurs de cette catégorie qui formeront le fonds de résistance de tout portefeuille sagement composé, quelle qu'en soit l'importance.

* *
* *

Au point de vue du remboursement du *capital*, les différences entre l'action, l'obligation et la rente ne sont pas moins importantes.

Le porteur d'une obligation ou d'un titre de rente est, nous l'avons dit, un prêteur, un créancier; il est donc assuré de rentrer tôt ou tard (suivant les distinctions que nous examinerons plus loin), dans les fonds qu'il a déboursés, à moins, bien entendu, que son débiteur ne tombe au-dessous de ses affaires. L'actionnaire, au contraire, est un associé ; son capital est engagé dans une entreprise commerciale, industrielle ou autre ; son sort, au point de vue du remboursement de son titre, est subordonné à l'état de la société, le jour de la liquidation.

Que va-t-il advenir, en effet, lorsque cette liquidation s'effectuera, que la société soit arrivée à son terme, ou pour tout autre motif? Les obligataires vont être désintéressés au même titre et sur le même rang que les autres créanciers (nous ne nous occupons pas des créanciers hypothécaires ni de ceux qui ont reçu des sûretés spéciales). Si l'actif est suffisant pour acquitter toutes les dettes, les obligataires, comme les autres créanciers, seront remboursés du montant intégral de l'obligation. Si l'actif est insuffisant pour faire face à la totalité des dettes, il y aura lieu à une répartition au marc le franc des sommes disponibles qui seront absorbées par les créanciers et les obligataires.

Les actionnaires ne viendront qu'ensuite, après les obligataires et les créanciers de tous rangs, hypothécaires, gagistes ou chirographaires ; l'actif ne leur appartient qu'autant qu'il présente un excédent sur le passif. S'il n'y a pas d'excédent, une fois les dettes acquittées, les actionnaires ne peuvent prétendre à rien. Ils se partageront l'actif, s'il en reste un, au prorata de leurs actions, après que les créances auront été réglées et les obligations remboursées.

Ici encore, l'obligataire-créancier est privilégié, par rapport à l'actionnaire-associé, sur tout l'actif de la société et, pour cette raison encore, nous devons conclure que l'obligation offre au porteur des sécurités beaucoup plus grandes que l'action et que celle-ci ne convient pas à tous les portefeuilles.

Jusqu'à présent, nous avons toujours opposé l'action, d'une part, à l'obligation et à la rente, de l'autre ; en effet, au point de vue de la fixité du revenu et de la sécurité de la créance, la rente et l'obligation offrent des avantages analogues. Faut-il cependant les assimiler de manière complète ? Ces deux mots sont-ils synonymes ? Non, on réservera, d'habitude, le mot *obligation* pour désigner la dette d'une société, et celui de *rente* pour celle d'un État. Toutefois, la différence entre les deux catégories de titres n'existe pas que dans les mots ; elle est moins superficielle et réside aussi dans la nature du titre, dans les engagements pris par le débiteur.

L'*obligation* est essentiellement remboursable à époque fixe, comme le sont, dans la plupart des cas, les dettes ordinaires ; l'établissement, la ville ou l'État qui émettent des obligations s'engagent à en restituer le montant aux porteurs, dans un laps de temps donné, à des époques déterminées d'habitude par un tableau d'amortissement. L'obligataire est donc certain que, dans une période plus ou moins longue, lui ou ses héritiers toucheront le capital de l'obligation.

Il en est autrement, lorsqu'il s'agit d'une *rente* qui consiste en une prestation périodique d'arrérages dont le capital n'est pas exigible. L'Etat, débiteur d'une rente perpétuelle, ne s'oblige pas à rembourser dans un délai déterminé le capital de sa dette ; il s'engage seulement à servir, sans limitation de durée, une rente au porteur du titre ; celui-ci n'a donc pas le droit d'exiger le remboursement du capital.

Par contre, l'État aura toujours la *faculté* d'offrir au rentier le remboursement de sa dette, parce qu'il est de principe qu'on ne peut être tenu de servir une rente indéfiniment. La rente constituée en perpétuel est, dit l'article 1901 du Code civil, essentiellement rachetable ; les parties peuvent seulement convenir que le rachat ne sera pas fait avant un délai qui ne peut excéder dix ans. C'est sur ce principe fondamental que repose le jeu des conversions : l'État débiteur offre au porteur de la rente, ainsi qu'il en a le droit, le remboursement du capital ou, à défaut d'acceptation de sa part, une diminution de revenu. La difficulté de l'opération consiste précisément à éviter que le rentier ait avantage à demander le remboursement, ce qui pourrait avoir, pour les finances de l'État débiteur, des conséquences fâcheuses. Mais ce n'est pas le moment de nous étendre sur cette délicate question des conversions. Revenons à nos porteurs de titres.

La différence entre l'obligataire et le crédi-rentier est maintenant facile à formuler : le premier est possesseur d'un titre dont le montant nominal lui sera remboursé dans un temps plus ou moins éloigné, tandis que le rentier ne pourra rentrer dans ses fonds qu'au moyen d'une réalisation en bourse. Cette distinction n'offre pas un intérêt pratique très considérable quand il s'agit de fonds d'une puissance dont le crédit est aussi solidement établi que celui de la France, dont les rentes se cotent très près du pair, sinon au pair ou au-dessus. Il n'en est pas de même pour les rentes d'états à crédit de second ordre; on aura, dans ce cas, généralement avantage à acquérir des obligations cotées au-dessous du pair et remboursables au pair dans un certain délai, plutôt qu'une rente dont la vente en bourse ne produira qu'une somme inférieure.

Ici encore, et c'est le point où nous voulions en venir, nous nous trouvons en présence de deux catégories différentes de titres, qui offrent respectivement des avantages ou des inconvénients divers, et que le capitaliste, le rentier, soucieux de leurs intérêts (nous allions dire dignes de ce nom), ne devront pas acquérir à l'aventure.

Actions d'apport.

Le capital d'une société doit être intégralement souscrit et il doit être effectué un versement d'au moins un quart sur chaque action. Il y a cependant des actions dont le montant n'est pas versé en espèces et qui sont néanmoins considérées comme intégralement libérées et participent aux mêmes répartitions que les autres, ce sont les *actions d'apport*.

Les actions d'apport sont celles qui sont émises et délivrées à un associé lorsqu'il fait à la société *un apport qui ne consiste pas en numéraire* ou stipule à son profit des *avantages particuliers* ; tels sont les termes dont se sert la loi pour définir les actions d'apport. Par exemple, le fondateur d'une société apporte à la société naissante des immeubles, un brevet, un fonds de commerce, des marchés conclus et qu'il s'agit d'exécuter, des concessions obtenues et qu'il s'agit d'exploiter ; ou bien, il a rendu, en constituant la société, des services spéciaux, il a fait des démarches onéreuses, procédé à des études préliminaires, fait des voyages de prospection, etc. En contre-valeur de ces apports ou en rémunération de ces services, le fondateur se fait remettre un certain nombre d'actions entièrement libérées qui sont des actions d'apport, et qu'il ne faut pas confondre avec les parts de fondateur.

Les avantages particuliers peuvent aussi consister en une allocation proportionnelle dans les bénéfices futurs, ou en allocations fixes, commission sur le montant du capital, jetons de présence alloués au conseil d'administration. La loi ne spécifie pas que les avantages stipulés sous cette forme soient assimilés à ceux qui sont rétribués en actions d'apport, mais la jurisprudence, élargissant les termes de la loi, les soumet aux mêmes règles[1].

On aperçoit de suite les abus auxquels peut donner lieu la création des actions d'apport. Le capital apporté en nature trouve le moyen de s'enfler d'une manière dangereuse ; quelquefois, même, ce capital peut être presque complètement fictif.

Cette question des apports, de leur sincérité et de leur vérification a été l'objet de discussions étendues dans les diverses commissions ou assemblées qui s'en sont occupées. En 1885, une commission de la Cour de cassation avait été chargée d'examiner un projet de loi sur les sociétés. Le rapporteur, M. le conseiller Monod, fit remarquer que l'expertise obligatoire serait bien plus nuisible qu'utile aux actionnaires parce qu'elle dégagerait la responsabilité des fondateurs qui se trouveraient couverts par le rapport des experts. La commission extraparlementaire de 1902, sur la proposition de M. Rodolphe Rousseau et de nous-même, vota le maintien des dispositions de la loi de 1867 sur ce sujet avec l'adjonction d'un article obligeant celui qui fait un apport à publier une notice détaillée engageant sa responsabilité et celle des fondateurs. On fit remarquer que l'assemblée constitutive était toujours maîtresse de vérifier la sincérité des apports, sauf à soumettre cette vérification à des experts nommés par le Tribunal de commerce si la demande en est faite par le quart des actionnaires présents.

Dans nos *Finances contemporaines*[2] nous avons supposé l'exemple suivant: « Une société se fonde « au capital de 10 millions ; les fondateurs se « rendent chez un notaire et déclarent que ces

1. Thaller, *Droit commercial*, p. 263.
2. Tome III, p. 176.

« 10 millions sont divisés en 20.000 actions ; les
« fondateurs se sont attribué 19.800 actions en
« représentation de leurs apports ; il reste à sous-
« crire 200 actions, sur lesquelles la loi exige que
« le quart soit versé, soit à raison de 125 fr. par
« titre et pour les 200 actions, 25.000 francs. A
« l'appui de leur déclaration, les fondateurs ajoutent
« que sept personnes composent la société et que
« parmi elles, cinq ont accepté de faire partie du
« conseil d'administration. » La société pourrait
donc être ainsi constituée d'une façon régulière en
la forme et cependant que représentent, sur ces 10
millions, 25,000 fr. d'espèces !

Avant la loi de 1893 qui a apporté au régime
des sociétés certaines réformes indispensables, la
fraude était encore facilitée, encouragée, pourrait-
on dire, par ce fait que les fondateurs avaient la
faculté de mettre immédiatement sur le marché
leurs actions d'apport. De la sorte, ils se procu-
raient des fonds qui pouvaient leur permettre de
distribuer pendant plusieurs années des dividendes
fictifs et d'échapper, par la prescription légale, à
la répression des délits qu'ils avaient commis lors
de la constitution frauduleuse de la société. Actuellement, du moins ne peuvent-ils plus réaliser leurs
actions d'apport avant deux ans écoulés depuis la
constitution définitive de la société.

La loi autorise-t-elle de semblables fraudes ?
N'a-t-elle pas pris des précautions pour protéger le
public, pour empêcher que des fondateurs de mauvaise foi puissent s'attribuer des avantages exagérés ? Voici ce qu'elle stipule dans ce but :

Une première assemblée générale doit être tenue,
dont l'ordre du jour porte délibération sur la valeur
des apports en nature et des avantages particuliers.
A cette assemblée sont désignés des commissaires

qui font un rapport sur la question. Ce rapport est imprimé et tenu à la disposition des actionnaires cinq jours au moins avant la tenue d'une seconde assemblée qui statue sur l'approbation des apports.

Un souscripteur quelconque, même d'une seule action, a le droit de venir aux assemblées qui ont pour objet la vérification et l'approbation des apports. Il y a droit, nonobstant toute clause des statuts qui subordonnerait l'entrée aux assemblées d'actionnaires à la possession d'un certain nombre d'actions ; cette clause n'est valable que pour les assemblées tenues après constitution de la société.

Les apporteurs ou associés avantagés peuvent assister aux assemblées et y discuter la valeur de leurs apports, mais ils n'ont pas le droit de participer au vote. La seule participation des apporteurs au vote a emporté nullité de la délibération et, par suite, de la société elle-même, et cela bien qu'en faisant abstraction de leurs voix, la majorité requise se trouve obtenue, ce qui est d'ailleurs peut-être un peu rigoureux.

La loi réglemente également de façon minutieuse le *quorum* nécessaire pour que les délibérations des assemblées de vérification d'apports soient valables. Ces assemblées ne peuvent délibérer que si un nombre d'actionnaires représentant une quotité déterminée du capital social concourent à la réunion ; cette quotité est de la moitié du capital social et cette moitié se compose seulement des apports non sujets à vérification, c'est-à-dire des apports en espèces. Les délibérations sont prises à la majorité des voix, abstraction faite de celles des apporteurs ; la majorité doit comprendre le quart des actionnaires et représenter le quart du capital social en numéraire.

Ces précautions en apparence méticuleuses sont-elles suffisantes ? Empêcheront-elles la fraude de se produire? On est obligé de répondre négativement à ces questions. Les prescriptions de la législation actuellement en vigueur sont insuffisantes pour la protection du public, si enclin à tomber dans les pièges qu'on lui tend. Il n'est, en effet, que trop facile aux fondateurs de faire accepter par la première assemblée d'actionnaires, en qualité de commissaire à l'approbation des apports, une personne à leur dévotion, un homme de paille qui fera un rapport favorable et entraînera ainsi la ratification des apports par la seconde assemblée générale.

Il y aurait ici deux ordres de précautions à prendre et de réformes à introduire dans la loi pour accroître la protection du public.

D'une part, il faudrait que le commissaire chargé d'évaluer la valeur des apports fût nommé en dehors des fondateurs et des administrateurs et même en dehors des actionnaires, trop portés à accueillir avec une confiance aveugle la personne qui leur sera proposée. Ces commissaires pourraient être choisis sur des listes dressées d'avance soit par les chambres de commerce, soit par les tribunaux civils ou de commerce, comme le sont les experts ou arbitres désignés par les tribunaux pour étudier certaines affaires litigieuses. On aurait ainsi plus de chance d'avoir un apport impartial. Mais, comme nous l'avons dit aussi à la commission extra-parlementaire de 1902, on risque de donner aux sous-scripteurs et acheteurs, une sécurité trompeuse, car les experts, vérificateurs officiels peuvent se tromper comme tout le monde et avec la meilleure bonne foi.

D'autre part, dans le cas où le capital nominal d'une

société se compose d'un *capital-apports* et d'un *capital-espèces*, tous les titres, tous les documents émanant de la société devraient indiquer nettement cette situation. Sur tous les documents où la loi oblige la Société à mentionner le chiffre de son capital, il faudrait faire la distinction entre le capital-apports et le capital-espèces. De la sorte, l'attention du public serait attirée sur cette circonstance qu'une partie seulement du capital de la société a été souscrite en espèces ; s'il y avait disproportion trop grande entre la somme effectivement versée et celle qui représente des apports en nature, la méfiance du public serait éveillée, il se demanderait les raisons de cet état de choses anormal ; il se dirait que, sans capital effectif, sans fonds de roulement suffisant, la société ne peut fonctionner de manière satisfaisante. Et, dans ces conditions, il se renseignerait, il remonterait à la source, il exigerait, au besoin, qu'on lui présente le rapport du commissaire à la vérification des apports. Le piège lui serait signalé : s'il n'y fait pas attention, qu'il ne s'en prenne ensuite qu'à lui-même !

Grâce à ces précautions complémentaires, bien des mécomptes, bien des désastres pourraient être évités.

Actions de capital et actions de jouissance.

Il arrive que l'actif ou la majeure partie de l'actif d'une société consiste en valeurs qui ne sont pas réalisables au moment de sa dissolution, par exemple en concessions, en matériel, constructions, usines qui, d'après les statuts ou les cahiers des charges, ne feront plus, à l'expiration de la société, partie de l'actif social, mais devront faire retour soit à l'État, soit à un département, à une commune.

Dans ce cas, il est indispensable d'amortir les actions par tirage au sort, absolument comme s'il s'agissait d'obligations, afin d'éviter que, le jour venu de la liquidation de l'actif social, les porteurs d'actions ne perdent la totalité ou la majeure partie de la valeur de leurs titres.

Chaque année, un certain nombre d'actions d'origine (dites *de capital*) sont tirées au sort et remboursées aux porteurs pour leur montant nominal. De plus, on délivre aux actionnaires, en échange de chaque action de capital amortie, un nouveau titre appelé action *de jouissance*.

L'actionnaire remboursé de l'action de capital et porteur de l'action de jouissance, n'a plus droit aux intérêts statutaires sur le montant de l'action de capital ; par contre, son action de jouissance lui donne droit, d'une part, au partage de l'excédent des bénéfices, après que l'intérêt a été servi aux actions de capital et, d'autre part, à une portion de l'actif social, si, le jour venu de la liquidation il subsiste un reliquat disponible après remboursement intégral de toutes les actions de capital.

Si, au moment de la dissolution, toutes les actions de capital ont été amorties, l'actif à distribuer est réparti entre les actions de jouissance. S'il reste encore des actions de capital en circulation, elles sont remboursées par préférence et l'excédent seulement revient aux actions de jouissance.

Lorsqu'on acquiert une action de capital, remboursable éventuellement par tirage au sort et échangeable contre une action de jouissance, il convient de comparer la valeur des deux titres en Bourse et de se rendre compte si la moins-value, subie en cas d'amortissement, est compensée ou non par le remboursement de la valeur nominale de l'action de capital.

Au point de vue des avantages et de la sécurité du porteur, nous classerons, bien entendu, l'action de capital avant l'action de jouissance, puisque cette dernière catégorie de titres n'a droit à un intérêt et à une part de capital qu'après que les actions d'origine auront été servies et désintéressées. Il sera donc possible que l'action de capital de telle ou telle société ait sa place indiquée dans le portefeuille de certaine classe de capitalistes, tandis que l'action de jouissance de la même société en devrait être exclue et il conviendra de ne pas acquérir indifféremment et sans examen attentif l'une ou l'autre de ces deux sortes de valeurs.

Actions de priorité et actions ordinaires.

Les actions de priorité ou de préférence existent de longue date dans plusieurs pays étrangers, en Angleterre notamment. En France, les jurisconsultes discutaient le point de savoir si, en l'absence de dispositions spéciales de nos lois, la création de ces titres privilégiés était chose possible. La question était résolue négativement par la jurisprudence et ce n'est que depuis la promulgation de la loi du 9 juillet 1902 que les actions de priorité ont eu droit de cité chez nous.

Cette loi, qui a modifié l'article 34 du Code de commerce, stipule que « sauf dispositions contraires des statuts, une société peut créer des actions de priorité investies du droit de participer, avant les autres actions, à la répartition des bénéfices et au partage de l'actif social ».

L'action de priorité bénéficie, avant toute répartition effectuée aux actions ordinaires, d'un intérêt fixé par les statuts. En cas de liquidation, elle est

privilégiée sur l'actif, par rapport aux autres
actions. On voit de suite que l'action de priorité
tient dans les diverses catégories de titres, le milieu
entre l'obligation et l'action. Sur les résultats de
l'exercice, les obligataires créanciers passent en
première ligne, puis viennent les porteurs d'actions
de préférence et l'excédent seulement est réparti,
soit entre les actions ordinaires, soit, si le reliquat
est suffisant, entre les actions de tous rangs.

Le porteur d'une action de préférence a donc
beaucoup plus de chance que l'actionnaire ordinaire
de toucher un intérêt sur sa mise de fonds et il a,
sur l'obligataire, l'avantage de recevoir, le cas
échéant, outre l'intérêt statutaire minimum, un
dividende prélevé sur les excédents de bénéfices.

Au point de vue de la sécurité du titre, on clas-
sera donc en première ligne les obligations d'une
société, puis les actions de priorité et, en troisième
rang, les actions ordinaires.

Parts ou actions bénéficiaires ou parts de fondateur.

La part de fondateur ou bénéficiaire, appelée
aussi quelquefois, mais à tort, action bénéficiaire,
est, comme le nom l'indique, celle qui est attri-
buée fréquemment aux personnes qui se sont occupées de la création d'une société, en récompense
de leurs peines et soins et sans qu'elles aient à
effectuer, en retour, un débours effectif de numéraire.

Une part de fondateur ou bénéficiaire n'est donc
nullement une action ; elle n'a qu'un droit, celui
de recevoir des bénéfices, s'il y en a, mais elle ne
confère aucun droit d'immixtion dans la gestion
des affaires sociales ni dans l'actif de la société.

D'après le projet de loi adopté par la commission extra-parlementaire de la réforme des sociétés par actions, les porteurs de parts de fondateur pourront se réunir en assemblée générale et prendre, à la majorité, des résolutions qui s'imposeront à tous les porteurs.

De plus, les statuts pourront autoriser les porteurs de parts à assister aux assemblées générales d'actionnaires, mais sans voix délibérative, à peine de nullité des délibérations.

Néanmoins, même lorsqu'elle sera munie de ces droits, dont elle est actuellement privée, la part de fondateur ne pourra entrer qu'à titre d'appoint dans les portefeuilles, puisqu'elle ne participe aux bénéfices que sur l'excédent laissé par les actions, après avoir reçu l'intérêt statutaire, et qu'elle n'a pas de droits dans la répartition du capital.

CHAPITRE IV

VALEURS A LOTS

On sait que les valeurs à lots sont des titres qui peuvent être remboursés par des primes d'importance différente, selon les conditions édictées lors de leur émission.

Cependant, les sociétés, pas plus que les villes ni les départements, ne sont libres d'émettre des obligations à lots. Une loi du 21 mai 1836 qui prohibe rigoureusememt les loteries est étendue par la jurisprudence à tous les titres à lots, en se basant sur l'article 2 de la loi qui répute loteries et interdit comme telles « toutes opérations offertes au public pour faire naître l'espérance d'un gain qui serait acquis par la voie du sort ».

Les valeurs à lots françaises qui sont admises à la cote ont été émises en vertu de lois spéciales et les valeurs étrangères de cette catégorie n'ont pu être introduites sur notre marché officiel qu'en vertu d'ententes intervenues avec les gouvernements étrangers. Il n'y a d'ailleurs que deux valeurs à lots étrangères admises à la cote officielle de la Bourse de Paris : les lots d'Autriche 5 °/₀ 1860 et les bons du Congo 1888. L'émission et la négociation de toutes valeurs à lots non autorisées sont passibles de peines prescrites par la loi de 1836 dont les dispositions sont particulièrement sévères. Elle prévoit, en effet, comme sanction, un emprisonnement de 2 mois au moins et de 6 mois au plus et une amende de 100 fr. à 6,000 fr. En cas de seconde ou ultérieure condamnation, l'emprisonnement et l'amende peuvent être élevés au double du maximum.

Non seulement l'émission ou la négociation de valeurs à lots autres que celles spécialement autorisées sont interdites, mais il est également défendu de faire mention de ces valeurs dans les journaux, d'en publier les tirages, sans s'exposer aux peines qui frappent ceux qui auraient colporté ou distribué des billets de loterie ou qui, par des avis, annonces, affiches ou par tout autre moyen de publication, auraient fait connaître l'existence de ces loteries ou facilité l'émission des billets. Ces peines sont les suivantes : 15 jours au moins, 3 mois au plus d'emprisonnement, amende de 100 fr. à 2,000 fr.

La publication des annonces, des tirages et des cours des valeurs à lots étrangères non cotées officiellement, fait donc courir de gros dangers à la presse française. En 1875, en effet, 175 journaux financiers et politiques furent poursuivis et condamnés par un jugement du tribunal de la Seine que confirma un arrêt de la Cour de Paris (19 mars 1876). La condamnation, en raison des circonstances atténuantes accordées aux inculpés, n'était que de 16 fr. d'amende ; mais au point de vue moral, elle est très grave, puisqu'elle entraînait pour les gérants l'ouverture d'un casier judiciaire et la perte de leurs droits civiques. Ils n'étaient plus ni électeurs ni éligibles. Il fallut l'amnistie de 1881 pour effacer cette peine disproportionnée avec l'importance du délit.

Une pétition adressée par nous en 1872 à l'Assemblée Nationale avait demandé les modifications

nécessaires ; le rapporteur nommé par l'Assemblée
Nationale approuvait nos conclusions, mais le rapport ne put être discuté par l'Assemblée avant sa
séparation. La loi de 1836 est donc toujours en
vigueur et elle peut être appliquée le jour où la
presse s'y attendra le moins. Il convient de remarquer que les journaux étrangers qui publient les
listes de tirages des loteries non autorisées et qui
se vendent en France, échappent à la répression
qui frappe les journaux français.

Cette sévérité de la loi française pour les valeurs
à lots est inexplicable, attendu qu'il y a entre le
billet de loterie et l'obligation à lots une différence
considérable. Dans une loterie, sur un nombre parfois énorme de billets créés, il n'y en a le plus souvent qu'une très petite quantité qui soit remboursable. Le surplus, après les tirages fixés, sera sans
valeur aucune ; le capital des billets sera entièrement perdu. Pour des gains considérables, il est
vrai, mais fort peu nombreux, la loterie inflige à la
masse presque tout entière des souscripteurs une
perte absolue, intégrale, définitive, de la somme
engagée. Qu'on ait pris dix, vingt, cent, mille ou
deux mille billets, si l'on n'est point favorisé par un
des rares numéros sortants, on perd d'une façon
irrémédiable, qu'on soit riche ou pauvre, 10, 20,
100, 1,000 ou 2,000 fois le prix du billet.

Les valeurs à lots ont un caractère tout différent ; ce sont des titres qui sont tous remboursables
à un moment donné et qui ordinairement rapportent un intérêt tout comme des obligations sans
lots. Le porteur, même s'il n'est pas favorisé par
les tirages, est assuré de ne pas perdre son capital ;
il ne perd pas non plus tout l'intérêt de son argent.
Le lot est un supplément de rétribution qui constitue pour le porteur un attrait considérable mais

qui vient s'ajouter au revenu normal d'une obligation.

Que, tentés par l'appât de lots, n'ayant en vue que les chances de tirages, des travailleurs, des capitalistes, des chefs de famille achètent dix, vingt, cent, mille obligations à lots, leur fortune, leur épargne, leurs ressources, ne sont nullement compromises. Si le sort ne les favorise pas, ils n'ont point gagné sans doute, mais ils n'ont rien perdu. Le seul sacrifice qu'ils aient consenti, en échange des espérances de gain qui leur étaient offertes, c'est l'abandon d'une minime partie de revenu annuel... Dans la combinaison d'où sont sorties les valeurs à lots, une part a été faite à l'espoir hasardeux, à l'illusion aventureuse, au désir téméraire, mais en assurant au joueur imprudent, comme au souscripteur sage et avisé, le retour de la somme engagée dans son intégralité et presque toujours avec un intérêt annuel assuré. C'est cette distinction profonde entre le caractère essentiel de la loterie et celui des valeurs à lots qu'il convient toujours d'établir.

L'acheteur d'un billet de loterie est un pur spéculateur, un joueur qui a en vue uniquement une chance très aléatoire de remboursement. Le porteur d'une obligation à lots reste dans le rôle du capitaliste, du rentier, qui fait un placement de fonds dans des conditions normales, tout en s'assurant une chance accessoire ; il fait un acte d'épargne et de prévoyance.

Il est donc singulier que la loi et la jurisprudence assimilent deux choses, en réalité, si différentes : le billet de loterie et le titre à lots.

* *

L'obligation à lots est un titre qui, tout en permettant au porteur de participer à un nombre plus ou moins grand de tirages périodiques, est muni de coupons payables à échéances régulières, tout comme une obligation quelconque. Il va sans dire que l'obligation à lots, au cas où elle ne sort pas avec un lot, est tout au moins remboursable au pair, dans un temps plus ou moins éloigné, de sorte que le titulaire est certain de rentrer, à un moment donné, dans son capital ; il a d'ailleurs toujours la faculté, entre temps, de vendre son titre en bourse ; il en touche régulièrement les intérêts, tout en laissant une porte ouverte à la fortune, sous forme de remboursement possible avec un lot.

Si on ajoute que les titres à lots ne peuvent, en France, être émis qu'avec l'autorisation des pouvoirs publics et que cette autorisation, bien qu'elle ne constitue, en aucune façon, une garantie effective de l'État, n'est cependant donnée qu'à bon escient, à des municipalités ou à des entreprises qui présentent toutes garanties d'honorabilité et de sécurité pour le public, on voit que, l'obligation française à lots est, en quelque sorte, le *titre-type* de l'épargne et que s'il n'existait pas, il faudrait le créer tel qu'il est.

C'est même le titre-type, non seulement de l'épargne, mais de la *petite épargne*, attendu que le Crédit Foncier et la Ville de Paris, en procédant à l'émission d'emprunts à lots, réservent toujours une certaine quantité d'obligations qui sont divisées en petites coupures, en cinquièmes, en quarts, en moitiés d'obligations, d'un montant nominal de 100 fr. ou de 125 fr., ce qui en permet l'acquisition aux bourses les plus modestes. Le Crédit Foncier a même adopté pour des émissions récentes, le type d'obligation entière de 250 fr. qui donne droit, par conséquent, à la totalité du lot gagné.

Bien mieux, les titres dont il s'agit ne sont pas, le plus souvent, libérés immédiatement mais par versements successifs échelonnés sur une période plus ou moins longue.

Le public de la petite épargne peut donc, par des prélèvements de quelques francs par mois, trop minimes pour charger le budget même le plus réduit, participer aux chances de nombreux tirages. Les petites sommes payées périodiquement sont si peu importantes que beaucoup de personnes dont la situation est des plus modestes, les débourseraient volontiers pour acheter un billet de loterie. On ne peut donc considérer ces versements comme des dépenses qui grèvent un budget et pourtant, une fois qu'ils sont achevés, sans que l'on s'en soit pour ainsi dire aperçu, au lieu de les avoir déboursés en pure perte on se trouve en possession d'un titre entièrement libéré, rapportant un intérêt normal, qui pourra figurer dans tout portefeuille et qui servira peut-être de base à l'édification d'une fortune.

L'obligation à lots, grâce aux combinaisons qu'appliquent à leurs émissions la Ville de Paris et le Crédit Foncier, permet donc de consacrer à l'épargne les sommes les plus minimes, à peu près comme on les placerait à la caisse d'épargne ou comme on les mettrait dans une tire-lire, avec cette différence encore qu'en acquérant une obligation à lots, on effectue un placement définitif, tandis qu'un dépôt à la caisse d'épargne n'est qu'un placement d'attente qui sera plus tard transformé en un placement en valeurs mobilières.

La souscription à une obligation à lots non libérée ou l'acquisition d'un titre de cette nature entraîne même une économie forcée, car une fois en possession d'une valeur à lots, on la garde

généralement par une sorte de superstition, car
on s'imagine que si on s'en dessaisissait, elle sorti-
rait aussitôt remboursable avec un lot.

En résumé, l'obligation française à lots présente les avantages suivants : encouragement à
l'épargne, conservation du capital déboursé, revenu
raisonnable, sécurité parfaite, chance de gagner
un lot important. Ce n'est donc pas trop dire que
de dénommer ce titre intéressant la valeur-type
de la petite épargne.

*
* *

L'avantage, très intéressant et très réel, quoi
qu'en disent certains sceptiques, qui consiste dans
la participation à plusieurs tirages annuels et dans
la chance de gagner un lot, a nécessairement sa
contre-partie dans l'infériorité légère du taux d'intérêt que rapportent les obligations à lots. On peut
se rendre compte de façon très précise de cette
infériorité et, par suite, de ce que coûtent les
chances à lots, en comparant les cours de deux
obligations exactement de même type, présentant
les mêmes garanties, l'une, sans lots, et l'autre,
à lots. Prenons, par exemple, les obligations foncières de 1883 qui ne comportent pas de tirages à
lots, et les obligations foncières de 1879 qui ont
six tirages annuels.

Au 1er mars 1912, les obligations foncières de
1883 étaient cotées 410 fr. 25 et les obligations
foncières de 1879, 502 fr. 50 ; mais comme les
coupons de ces deux titres ne sont pas payables
aux mêmes dates, ou, autrement dit, que le point
de départ de la jouissance, n'est pas le même, il y
a lieu, pour les comparer exactement, de défalquer de leurs prix respectifs le montant du cou-

pon couru depuis la dernière date de détachement ;
soit, pour les foncières de 1883, dont le coupon a
été détaché en janvier, deux mois d'intérêt ou
2 fr. 50 et, pour les foncières 1879, dont le coupon a été encaissé en novembre, 4 mois d'intérêt,
ou 5 fr. On obtient ainsi les prix comparables de
407 fr. 75 pour l'obligation ordinaire et de
497 fr. 50 pour l'obligation à lots, ce qui, en
tenant compte des impôts, donne un revenu net
de 3,28 % pour les unes et de 2,65 % pour les
autres. Le porteur d'une obligation à lots du Crédit Foncier du type 3 % paye donc 0,63 % par
an, le droit de participer à des tirages, ou, pour
un capital de 500 fr., environ 3 fr. ; chacun des
six tirages annuels lui coûterait donc environ
0 fr. 50, ce qui est peu de chose, surtout si on considère que ces 0 fr. 50 sont prélevés sur le revenu
d'un capital d'épargne, dont le remboursement
est assuré par les garanties les plus solides.

Cette différence dans le revenu est de peu d'importance, même pour le petit épargnant, que ce
soit un travailleur salarié ou un petit commerçant,
dont le budget ne dépend pas du revenu plus ou
moins élevé de quelques titres, mais du gain que
leur rapporte leur profession. Peu leur importe
que leurs titres, qui représentent un capital de
quelques centaines de francs, leur donnent un
rendement net de 2 3/4 seulement, au lieu de 3
ou 3 1/4 %. Au bout de l'année, ils auront
encaissé quelques francs de moins sur leurs coupons, mais ils posséderont ce qu'ils cherchent :
un placement de tout repos, avec chance de gagner
un lot. Ils font ce qu'on pourrait appeler, si les
deux mots ne juraient pas d'être accouplés, une
spéculation raisonnable, une spéculation sûre ; ils
égaient leur existence parfois pénible d'un peu

d'espoir, le seul qu'ils puissent avoir, d'arriver rapidement et honnêtement à la fortune. C'est un peu de poésie ainsi jeté sur le terre-à-terre d'une vie de dur travail ; cela vaut bien une diminution de revenu de quelques centimes par mois.

Le cas sera un peu différent pour les petits rentiers qui comptent sur le revenu de leur portefeuille pour équilibrer leur budget ; nous voulons dire que, pour eux, une différence de 1/2 °/₀ ou de 3/4 °/₀ sur *l'ensemble d'un portefeuille* serait importante et qu'ils ne peuvent, pour cette raison, placer tout leur avoir en valeurs à lots, en valeurs à petit rendement. Mais rien ne les empêche, tout comme la catégorie de porteurs dont nous nous sommes occupés précédemment, de posséder quelques valeurs à lots et de placer en titres de cette nature une certaine quotité de leur capital, variable suivant leurs ressources, suivant leurs besoins, et suivant le rendement des autres titres qui composent leur portefeuille.

Quant aux capitalistes les plus importants, ils ne se contentent généralement pas, pour la totalité de leur fortune, d'un revenu aussi réduit que celui des valeurs à lots ; ils peuvent courir, dans une certaine mesure et jusqu'à concurrence d'un certain chiffre, les risques que comportent les titres à gros rendement, les valeurs à revenu variable ; mais ils feront bien de consolider une partie de leur avoir en obligations françaises à lots, en raison des garanties de sécurité qu'elles présentent.

Ainsi, pour ne posséder exclusivement que des obligations à lots, il faut être ou bien dans une situation extrêmement modeste ou, au contraire, très riche ; mais tout le monde, quels que soient ses moyens, peut mettre en portefeuille un certain nombre de ces titres qui figurent parmi les meilleurs du marché français. Tout le monde peut et doit posséder quelques obligations à lots. C'est une exception à la règle qui dit que toutes les valeurs ne sont pas bonnes pour tous.

Il est d'ailleurs naturel que la ville ou l'établissement qui réalisent un emprunt sous la forme d'obligations à lots servent aux porteurs un intérêt moindre, puisqu'à l'annuité courante, nécessaire au service de l'intérêt et de l'amortissement de l'emprunt, vient s'ajouter la somme destinée au payement des lots.

Nous avons calculé tout à l'heure la moins-value du rendement des obligations à lots par rapport aux obligations sans lots de type semblable. On peut également déterminer la plus-value qui résulte pour les obligations de l'existence de tirages à lots. Divers procédés ont été proposés et sont employés pour cette recherche ; dans l'un de ces procédés, on regarde comme formant une suite d'annuités constantes les sommes payées à titre de lots ; cette suite d'annuités constantes est estimée au taux d'évaluation choisi, par l'application d'une formule mathématique connue et la valeur obtenue est divisée par le nombre d'obligations encore existantes à l'époque de l'évaluation. Il existe d'autres formules, pour effectuer ce calcul, mais nous n'avons pas à insister sur ce point qui intéresse peu le porteur de titres.

En appliquant à un récent emprunt à lots une de ces méthodes de calcul, on a trouvé que la plus-value résultant des tirages ressortait à environ 0,34 %. Il ne s'agit là que d'une moyenne qu'il est très utile pour l'emprunteur de déterminer exacte-

ment, puisqu'il est certain, lui, d'avoir à faire face
à la charge supplémentaire de l'emprunt, consistant dans le payement annuel des lots; tandis que
le porteur n'a pas à s'en préoccuper, puisque, s'il
ne gagne aucun lot, la plus-value est nulle pour lui
et s'il a la chance de voir son titre sortir au tirage,
cette plus-value devient, au contraire, énorme.

*
* *

Le *bon à lots*, qui ne doit pas être confondu avec
l'obligation à lots, doit être également distingué du
billet de loterie. A la différence de l'obligation, le
bon ne rapporte pas d'intérêts payables à échéances
déterminées ; il n'est pas muni de coupons ; mais,
contrairement au billet de loterie, il est remboursable à un moment donné; le porteur du bon à
lots est certain de ne pas perdre son capital ; le
bon lui sera payé dans un temps plus ou moins
éloigné, avec ou sans lot. Tout au plus le porteur
du bon perd-il l'intérêt de la somme qu'il a débour-
sée pour l'acquérir ; et comme le bon est ordinairement remboursable avec une prime sur le prix
d'émission ou sur le prix en bourse, cette prime
compensera, au moins partiellement, la perte d'intérêt subie.

Ainsi, l'acheteur d'un bon de Panama à lots sait
que tôt ou tard son bon sera remboursé, sinon avec
un lot, du moins au pair de 400 francs. C'est à
partir de 1913 qu'il a été promis de faire les tirages
de remboursement à ce taux, pour se poursuivre
jusqu'en 1988, date à laquelle l'amortissement sera
terminé. Si le porteur perd les intérêts sur le prix
du bon qui actuellement est d'environ 130 francs,
il est certain d'être tôt ou tard, soit lui-même, soit
dans la personne de ses héritiers ou de ses ayants

droit, remboursé à 400 francs, c'est-à-dire avec une prime de 270 francs environ. Si ce remboursement n'a pas lieu à une date trop tardive, la prime compensera, peut-être largement, la perte d'intérêts.

Le porteur des bons du Congo ne touche pas non plus d'intérêts périodiques, mais les intérêts s'ajoutent automatiquement à la valeur du bon, à raison de 5 francs par an. Le taux de remboursement des bons du Congo est progressif; parti de 105 francs, il atteindra jusqu'à 595 francs en 1987, en progressant chaque année de 5 francs. Actuellement, les bons sortis au pair sont remboursés à raison de 225 francs; pendant l'année 1913, ils le seront à 230 francs, et ainsi de suite. Le porteur ne subit donc aucune perte d'intérêt; seulement, le payement de cet intérêt est différé jusqu'au jour où le bon sera favorisé par le sort.

De même, les bons de la presse auxquels le sort n'attribue pas de lots sont remboursés avec accroissement de 1 franc par an, jusqu'à ce que le remboursement se fasse à 50 francs; le taux de remboursement pour 1912 est de 46 francs.

Le bon à lots ne peut être considéré comme un placement à intérêts proprement dits, puisque le porteur ne touche pas d'arrérages réguliers, à époque fixe; mais c'est un placement d'attente, qui peut être très avantageux, si le remboursement a lieu à une époque rapprochée et qui convient, dans une mesure modérée, aux personnes aisées, ayant des revenus assez larges pour laisser une partie de leurs fonds momentanément improductifs. Au surplus, les portefeuilles même modestes pourront comprendre quelques bons à lots, comme des billets de loterie dont le capital serait remboursable dans un temps plus ou moins long.

Les impôts qui frappent les valeurs mobilières.

Les valeurs mobilières en France ne payent pas moins de quatre sortes d'impôts différents : un droit de timbre, un droit de transmission, la taxe sur le revenu et enfin l'impôt sur les opérations de bourse. La rente française n'est assujettie qu'à ce dernier impôt.

Timbre. — L'impôt du timbre ne frappe le porteur de valeurs mobilières que par répercussion.

Chaque titre ou certificat d'action est soumis au timbre proportionnel de 0 fr. 60 par 100 francs, décimes compris, pour les sociétés dont la durée n'excède pas dix ans et 1 fr. 20 % pour celles dont la durée excède dix ans.

Les titres d'obligations des sociétés, départements, communes, etc., sont soumis au timbre proportionnel de 1 fr. 20, décimes compris, du montant des titres.

C'est ce que l'on appelle le droit du timbre « au comptant » pour le distinguer de celui par lequel la loi permet, nous allons le voir, de le remplacer et qui consiste dans un abonnement annuel.

La perception du droit de timbre au comptant est établie sur le montant nominal des titres, de 20 francs en 20 francs et sans fractions.

Les sociétés peuvent s'affranchir du payement des droits au comptant en contractant un abonnement annuel de 6 centimes par 100 francs, décimes compris. Le payement du droit d'abonnement se fait par trimestre au bureau désigné par l'administration.

Les sociétés qui, pendant les deux dernières années n'ont payé ni dividendes ni intérêts à leurs actionnaires sont dispensées du droit sur les actions seulement tant qu'elles n'effectuent pas de répartition.

Droit de transmission. — Le droit de transmission est dû seulement sur les achats et les ventes ou, pour employer l'expression administrative, sur les opérations qui comportent mutation de propriété; les transferts de garantie et les transferts d'ordre en sont exempts.

Le *transfert de garantie* est celui par lequel on constitue un droit de gage sur un titre nominatif; le *transfert d'ordre* ou transfert de forme a lieu quand, à la suite d'un décès, on remplace sur le titre le nom du titulaire par celui de son héritier; en ce cas, c'est le droit de succession qui est dû et non le droit de transmission des valeurs mobilières.

On a depuis quelque temps, dans les sphères gouvernementales, une tendance marquée à favoriser le titre nominatif par rapport au titre au porteur, c'est-à-dire à inciter, par certains avantages fiscaux, les détenteurs de titres au porteur à faire mettre leurs valeurs sous la forme nominative, tout en cherchant au contraire à décourager les possesseurs de titres nominatifs qui voudraient s'en défaire pour les échanger contre d'autres valeurs au porteur ou simplement les faire convertir du nominatif au porteur.

Ainsi, d'après la loi de finances du 26 décembre 1908, les titres au porteur peuvent être, sans frais, transformés en titres nominatifs; au contraire, les titres nominatifs, une fois sous cette forme, ne peuvent plus être convertis au porteur qu'en payant un droit de transfert assez lourd de 0 fr. 75 % sur le prix de la négociation ou sur la valeur du titre en bourse au moment de l'opération.

La cession du titre nominatif est soumise au même droit de 3/4 %, à la charge de l'acheteur.

Pour les titres au porteur, le droit de mutation est perçu, par voie de remplacement, sur les arrérages, à raison de 0 fr. 25 % de la valeur moyenne du titre. Le coupon d'un titre au porteur est assujetti, d'une part, à l'impôt de 4 % sur le revenu et, d'autre part, à la taxe de remplacement de 0 fr. 25 %; tandis que le titre nominatif n'acquitte, sur son revenu, que l'impôt de 4 %.

Cela ne coûtera donc rien au détenteur d'un titre au porteur pour le faire mettre sous la forme nominative et le revenu de ce titre sera notablement plus élevé.

Par conséquent, on a intérêt à faire mettre un titre sous la forme nominative quand on doit le conserver en portefeuille pendant plusieurs années. S'il s'agit d'un placement temporaire, il est préférable de laisser le titre au porteur, afin de ne pas avoir à supporter le droit de conversion lors de la revente.

Le montant des versements restant à faire sur un titre est déduit de sa valeur nominale pour obtenir la somme nette sur laquelle se calcule le droit.

Taxe sur le revenu. — D'après la loi du 29 juin 1872, il est établi une taxe annuelle et obligatoire : 1° sur les intérêts, dividendes, revenus et tous autres produits des actions de toute nature, des sociétés, compagnies et entreprises quelconques, financières, industrielles, commerciales ou civiles ; 2° sur les arrérages et intérêts annuels des emprunts et obligations des départements, communes et établissements publics, ainsi que des sociétés, compagnies et entreprises ci-dessus désignées.

Fixé à 3 % par la loi de 1872, le taux de cet

impôt a été porté à 4 % par celle du 16 décembre 1890.

Le même impôt de 4°/₀ frappe les primes de remboursement payées aux porteurs d'obligations, c'est-à-dire qu'il est perçu sur la différence entre le prix d'émission d'une obligation et la valeur de remboursement. Sur les lots, le droit est porté à 8 %.

Pas plus que la rente française, les rentes et effets publics des gouvernements étrangers ne sont assujettis à la taxe de 4°/₀ sur le revenu.

Impôt sur les opérations de bourse. — La loi du 28 avril 1893 a soumis les opérations de bourse ayant pour objet l'achat et la vente de valeurs de toute nature, au comptant et à terme à un impôt dont l'importance était fixée à 5 centimes par 1.000 francs ou fraction de 1.000 francs du montant de la négociation. Cet impôt a été porté par la loi du 31 décembre 1907, portant fixation du budget de l'exercice 1908, à 10 centimes par 1.000 francs ou fraction de 1.000 francs.

En ce qui concerne les opérations au comptant ou à terme relatives aux rentes sur l'Etat français, le droit que la loi du 28 avril 1893 avait fixé à 0 fr. 0125 par 1.000 francs n'a pas été modifié par la loi du 31 décembre 1907. Sur les opérations de report, le droit est resté de 0 fr. 00625 par 1.000 francs pour la rente française et 0 fr. 025 par 1.000 francs pour toutes les autres valeurs, françaises ou étrangères.

Valeurs étrangères. — Les fonds d'Etat étrangers sont soumis au droit de timbre ; ce droit est payable au comptant et ne peut être remplacé par l'abonnement ; l'importance en a été extrêmement variable.

La loi du 25 mai 1872 l'avait fixé à 0 fr. 75 par titre de 500 francs; celle du 1er janvier 1896 l'a porté à 0 fr. 50 pour 100 francs, soit 2 fr. 50 pour un titre de 500 francs. Le 1er janvier 1899, le droit de timbre sur les titres de fonds d'Etat étrangers a été élevé à 1 %, puis à 2 % à partir du 1er avril 1907.

Actuellement les fonds d'Etat étrangers sont assujettis au timbre de 2 %, soit 10 francs pour un titre de 500 francs : c'est une lourde charge qui met les établissements financiers français sur un pied d'infériorité vis-à-vis de leurs concurrents étrangers lorsqu'il s'agit d'émettre en France un emprunt international.

Le tarif de 2 % n'a pas d'action rétroactive, c'est-à-dire qu'il n'est pas applicable aux titres qui ont été timbrés en temps voulu à 0 fr. 50 avant le 1er janvier 1899 ou à 1 % avant le 1er avril 1907.

Les titres qui, sous les législations antérieures, ont supporté un droit inférieur à 0 fr. 50 % ne doivent que la différence entre le timbre dont ils sont revêtus et celui de 2 %.

Restent soumis au droit de 1 % les fonds étrangers cotés à la bourse officielle dont le cours, au moment où le droit devient exigible, est tombé au-dessous de la moitié du pair, par suite d'une diminution de l'intérêt imposé par l'Etat débiteur.

Sociétés étrangères. — Les sociétés étrangères dont les titres sont cotés, émis, négociés, mis en souscription, exposés en vente ou introduits en France, y font l'objet, soit d'annonces ou publications, soit d'un service financier, doivent prendre l'engagement d'acquitter le droit de timbre, le droit de transmission et la taxe sur le revenu.

Ces sociétés sont tenues de faire agréer par l'administration un représentant français, personnellement responsable du payement des droits. Ce représentant est ordinairement un établissement de crédit, un banquier notoirement solvable.

Les droits de timbre et de transmission et la taxe sur le revenu que doivent acquitter les titres des sociétés étrangères, sont les mêmes que ceux perçus sur les titres français. Seulement, au lieu d'être prélevées sur tous les titres de la société, les trois taxes ne sont exigées que sur la quotité fixée par le ministre.

De plus, le droit de timbre sur les titres de sociétés étrangères est toujours perçu *par abonnement.*

Le droit de transmission est payable annuellement, sans distinction entre les titres nominatifs et les titres au porteur.

Le droit de timbre *au comptant* n'est applicable qu'à ceux des titres d'actions et d'obligations étrangères qui ne doivent donner lieu, en France, qu'à des négociations ou expositions en vente accidentelles, portant sur des valeurs isolées ou en nombre trop restreint pour qu'on puisse leur attribuer le caractère d'émission ou introduction en France. C'est encore le même droit qui s'applique aux titres des sociétés étrangères non abonnées qui doivent être annoncés dans un acte ou écrit public ou sous seing privé.

Jusqu'en 1908, les titres énoncés dans un *inventaire* n'étaient pas assujettis au droit du timbre ; mais la loi de finances du 31 décembre 1907 a fait disparaître cette exception en disposant dans son article 7 que l'énonciation dans tout inventaire de l'un des titres visés en l'article 5 de la loi du 28 décembre 1895 donnerait ouverture au droit de timbre de ce titre s'il n'avait été déjà perçu. Ce droit, continue l'article 7, sera exigible par le seul fait de ladite énonciation et devra être acquitté, savoir : lorsqu'il s'agira d'un inventaire après décès, au moment de la déclaration de succession comprenant le titre et, au plus tard dans les six mois du décès ; lorsqu'il s'agira d'un inventaire après déclaration de faillite, dans les quarante jours de la clôture de l'inventaire et, au plus tard, dans les six mois à partir de ladite déclaration ; lorsqu'il s'agira d'inventaire après divorce ou séparation de corps, dans le délai accordé par l'article 1463 du Code civil à la femme divorcée ou séparée de corps, pour accepter la communauté ou y renoncer ; pour tous les autres inventaires, dans le délai de deux mois, du jour de la vacation au cours de laquelle l'énonciation a eu lieu.

Chaque contravention aux dispositions qui précèdent est punie d'une amende de 5 % en principal de la valeur nominale des titres pour lesquels le payement des droits ou compléments des droits exigibles n'aurait pas eu lieu dans les délais fixés. En aucun cas l'amende ne pourra pas être inférieure à 100 francs en principal et tous les ayants droit aux valeurs non timbrées seront solidaires pour le payement des droits et amendes.

Ne donne pas lieu à l'apposition du timbre, la mention du timbre dans des écritures domestiques et dans les actes constatant le dépôt ou le retrait des titres confiés aux établissements financiers uniquement en vue d'en assurer la conservation. Par contre, la mention du titre dans un acte de prêt sur nantissement rendrait le timbre exigible.

Le tarif du droit de timbre au comptant est, depuis le 1er janvier 1896, de 2 % de la valeur nominale des titres étrangers, avec un minimum de

2 francs par action ou obligation. Les titres déjà
timbrés à l'ancien droit de 1 fr. 20 % ne doivent
que la différence.

D'après les principes admis par l'administration
de l'enregistrement et du timbre, les *fonds d'État*
se distinguent des titres émis par les sociétés,
villes, provinces en ce qu'ils sont remboursables
par une collectivité exerçant une autorité souveraine
propre. Il ne faut donc pas s'en rapporter à la
dénomination du titre. Ainsi, les titres de la ville de
Hambourg, ceux des provinces de l'Argentine ou
du Brésil sont considérés comme des fonds d'Etat.

Quand on achète une valeur étrangère, il faut
s'assurer si elle est munie du timbre français, ou
si la compagnie qui l'a émise paye au Trésor un
droit d'abonnement; sinon, on est exposé à débourser soi-même ce timbre et, le cas échéant, à subir
une amende.

*\
*

On peut ainsi constater que les valeurs mobilières ont à supporter des taxes aussi lourdes que
variées. Si on fait abstraction de l'impôt du timbre
qui frappe les titres au moment de leur création et
qui pèse surtout sur les emprunteurs, sociétés,
états, villes, etc., il reste, en outre de l'impôt sur
les opérations de bourse, deux impôts qui atteignent
directement le rentier, le porteur de titres, ce sont
la taxe sur le revenu et le droit de transmission.

Prenons comme exemple une obligation au porteur de 500 francs du type 4 %, cotée au pair ou
aux environs du pair et rapportant brut 20 francs.
Le coupon sera diminué : d'une part, de la taxe de
4 % sur le revenu soit 0 fr. 80 ; d'autre part, du
droit de transmission de 0 fr. 25 % sur le cours

moyen que nous supposons très rapproché de 500 francs, soit 1 fr. 25. Au total, le rentier a à payer 2 fr. 05 de droits, ou 10,25 % du revenu.

Sur une obligation de 400 francs de la Ville de Paris 1871, valant environ 410 francs et rapportant brut 12 francs, le porteur payera 0 fr. 48 d'impôt sur le revenu et 1 fr. 025 de droit de transmission, soit ensemble 1 fr. 505 ou près de 12,54% de droits.

C'est donc de 10 à 13 % de son revenu que le fisc prélève sur le porteur français de valeurs mobilières autres que la rente et les fonds d'État étrangers. Aussi avons-nous pu dire[1] que « dans aucun pays du monde, les valeurs mobilières ne sont aussi taxées qu'en France ; aujourd'hui, adversaires et partisans de la réorganisation du marché financier en 1898 et de l'accroissement des taxes sur les valeurs mobilières, aussi bien sur les titres français que sur les titres étrangers, sont d'accord et s'aperçoivent que les résultats ne profitent à personne ni au public, ni au Trésor. Les grandes valeurs étrangères échappent au marché ; celles de seconde, troisième ou dernière catégorie lui restent. Une société étrangère de premier choix ne se soumettra jamais aux exigences du fisc français pour laisser ses titres se négocier en France : les autres, au contraire, qui ont besoin de crédit et de capitaux paieront même des taxes exagérées pour pouvoir écouler leur marchandise. »

Un excès de fiscalité, en mettant obstacle au développement des affaires, en empêchant de nouvelles entreprises de se créer nuit finalement aux intérêts du Trésor, par la réduction de la quotité imposable. Si on veut conserver au marché de Paris

1. *Finances contemporaines*, t. V, p. 421.

sa supériorité encore incontestable, il faut éviter de traquer, de pourchasser le porteur de valeurs mobilières, il ne faut pas à tout instant passer d'augmentations en augmentations ou en modifications de taxe qui effraient le public et l'incitent à expatrier ses capitaux, à son propre détriment peut-être, mais aussi au détriment des recettes budgétaires. Ce qu'il faut c'est moins de fiscalité et de protectionnisme et plus de liberté pour les affaires.

CHAPITRE V

OPÉRATIONS QUI SE TRAITENT SUR LES VALEURS MOBILIÈRES

Opérations au comptant et à terme. — Report. — Déport. — Opérations à terme ferme et à prime. — Arbitrages.

Pour attirer dans leurs caisses les capitaux du public, surtout ceux de la petite épargne, trop souvent mal renseignée et mal conseillée, certains intermédiaires, dépourvus de scrupules, abusent de mots qui servent à désigner des opérations peu connues des profanes en matière de finance. On fait miroiter, aux yeux de ces derniers, les termes d'*arbitrage, report, participation financière, syndicat*, etc., etc. On leur fait croire que leurs fonds seront employés à des opérations de cette nature, très lucratives, affirme-t-on. On leur promet des taux d'intérêts fantastiques, des bénéfices extraordinaires, et, finalement, on fait disparaître leurs capitaux dans des affaires de spéculation pure, dans des entreprises douteuses, où, la plupart du temps, ils restent à jamais engloutis.

Outre le dommage pécuniaire ainsi causé aux personnes trop confiantes, qui n'hésitent pas, sur la foi d'allégations mensongères, à remettre le produit de leur épargne à des inconnus, en vue d'opérations dont elles ignorent absolument le fonctionnement, ces manœuvres présentent un autre inconvénient, d'ordre plus général, mais non moins regrettable.

En promettant au public des bénéfices considérables, sous le prétexte d'employer ses capitaux à des opérations financières qu'il ne connaît pas, mais qu'il sait traitées couramment par les maisons de banque, les établissements de crédit et les gros capitalistes, on laisse s'accréditer à tort cette fausse idée que les opérations de banque et de bourse, telles que les arbitrages, les reports, etc., rapportent des profits faciles, disproportionnés avec les risques courus, bien supérieurs à ce que procurent les autres branches du commerce. Le public s'imagine alors que les banques et toutes les personnes qui manient des capitaux importants sont à même de faire des bénéfices exagérés, hors de proportion avec leurs peines et risques. L'argent va à l'argent, dit-on couramment, comme l'eau va à la rivière, et on en arrive à considérer comme entachées d'immoralité toutes ces opérations mal comprises et mal connues.

Ce sont là des croyances inexactes, et, en même temps, dangereuses au point de vue social, en raison des idées fâcheuses qu'elles contribuent à faire naître et à propager, dans la masse, sur le monde de la banque et de la finance.

Pourtant, ces opérations sont bien loin de rapporter les bénéfices considérables que s'imagine le public, et elles font courir à ceux qui les traitent des risques des plus sérieux, justifiant une rémunération proportionnée. Elles ne sont pas à la portée de tous, et ne peuvent convenir à la petite épargne.

Tous ces mots mal connus du public : opérations à terme, arbitrages, reports, participations, syndicats, représentent des opérations dangereuses ou même impraticables aux personnes qui n'ont que peu d'expérience des affaires de banque et de bourse. Ce sont des armes qui demandent à être maniées

avec précaution et par des mains habiles et exer-
cées. Nous voulons en démontrer le mécanisme
devant le public, non pas pour lui permettre de s'en
servir, ni, encore moins, pour l'engager à le faire,
mais pour le mettre en garde contre le péril qu'il
court en y touchant.

Il ne faut plus que ces mots restent, pour le
public, enveloppés d'une sorte de mystère, ni qu'ils
lui inspirent, selon les cas, la crainte ou l'attrait de
l'inconnu. Il faut, au contraire, que le public soit
renseigné, de façon précise, sur le fonctionnement,
l'objet, l'utilité de ces opérations, qu'il en comprenne la raison d'être pour les gens du métier et
le danger pour lui-même. Il se convaincra, de la
sorte, que le monde des petits capitalistes, des
petits rentiers, doit rester étranger à ces transactions, et, surtout, s'abstenir de les faire traiter pour
son compte par des personnes qui ne présentent
aucune garantie. Aux banquiers doivent être réservées les affaires de banque et de bourse, les arbitrages et les reports, avec leurs avantages peut-être,
mais aussi avec les risques qui en découlent ; au
petit rentier, les valeurs de tout repos, les placements de père de famille, qui ne lui procureront sans
doute pas de gros revenus, mais qui laisseront son
capital modeste à l'abri d'une perte partielle ou
totale.

⁂

Les opérations d'achat et de vente de valeurs
mobilières se traitent soit *au comptant*, soit *à
terme*.

Au comptant, les opérations se règlent immédiatement, ou tout au moins dans un délai d'une hui-
taine de jours nécessaire pour que les échanges de

titres et les versements de fonds puissent s'effectuer entre agents de change.

L'opération à terme est celle dont l'exécution est différée jusqu'à l'expiration d'un terme fixé par les usages ou par les règlements de place. L'époque ainsi déterminée pour l'exécution des engagements (livraison des titres par les vendeurs, payement par les acheteurs) s'appelle la liquidation.

A la Bourse de Paris, il y a deux liquidations mensuelles, mais toutes les valeurs ne se liquident pas deux fois par mois : les rentes françaises, les actions de la Banque de France et du Crédit Foncier, celles des compagnies françaises de chemins de fer ne sont sujettes qu'à une seule liquidation, le dernier jour de chaque mois. Au contraire, les actions des établissements de crédit privés, des sociétés industrielles, des fonds d'État et des chemins étrangers, se liquident le 15 et le dernier jour du mois. La double liquidation n'existe que pour les opérations traitées au parquet des agents de change ; en coulisse, il n'y a qu'un seul règlement, celui de la fin du mois.

Pour la facilité et la simplification des transactions, les affaires à terme ne peuvent se traiter que pour un certain chiffre minimum de rente ou de titres et pour les multiples de ce chiffre. A la Bourse de Paris, on ne peut acheter ou vendre, par exemple, que 1,500, 3,000, 4,500 fr., etc., de rente 3 % ; 2,000, 4,000, 6,000 fr., etc., de rente extérieure 4 % ; 25, 50, 75... actions de toute nature.

Si une personne a acheté, à la Bourse du 2 janvier, 1,500 fr. de rente 3 %, livrable en liquidation de fin janvier, au cours de 95 fr. 75, elle n'est tenue d'en prendre livraison et de régler le montant de son achat que le jour fixé pour le règlement de compte de la liquidation, c'est-à-dire le 4 février, soit environ un mois après la conclusion du marché. L'opération à terme peut donc être avantageusement utilisée, indépendamment de toute idée de spéculation, par un capitaliste qui doit disposer, pour l'époque de la liquidation, d'une somme importante à employer en valeurs mobilières et qui, sans attendre cette date, veut profiter d'une séance où les cours se présentent en baisse pour effectuer son achat ; il n'est pas obligé de différer l'opération jusqu'au moment où il sera rentré en possession effective des fonds dont il a à faire l'emploi.

Il peut encore être quelquefois avantageux de recourir aux marchés à terme, achats ou ventes, a deux points de vue différents :

1° Lorsqu'il s'agit de transactions portant sur la rente française, les frais d'achat ou de vente sont moins élevés à terme qu'au comptant ; en effet, le courtage des agents de change est fixé pour les opérations à terme, à 12 fr. 50 par 1,500 fr. de rente, tandis que, pour les opérations au comptant, il s'élève à 0 fr. 10 par 100 fr. de la valeur négociée, ce qui, pour un achat ou une vente de 1,500 francs de rente, représente environ 50 fr.

2° En raison de l'ampleur que possèdent d'ordinaire, sur un marché financier important, les affaires à terme, ce mode d'opérer permet d'acheter ou de vendre, de manière effective, des quantités considérables de rentes ou de titres, sans exercer d'influence notable sur les cours, ni dans le sens de la hausse, ni dans celui de la baisse ; au contraire, des offres d'achat ou de vente au comptant, de quantités semblables, ne manqueraient pas de se faire fortement sentir sur les cours et de provoquer de brusques fluctuations, soit dans un sens, soit dans l'autre. Dans certains cas même, des ordres au comptant, portant sur des chiffres un peu élevés, pourraient ne pas trouver du tout de contre-partie et resteraient inexécutés.

Il résulte de ce qui précède qu'en dehors de toute pensée de spéculation et dans le seul but d'acheter ou de vendre, dans les conditions les plus favorables, des titres qui seront effectivement livrés et payés, on peut avoir avantage à opérer à terme. Hâtons-nous, toutefois, d'ajouter que le mode d'opérer à terme ne se justifie et même n'est pratiquable que s'il s'agit de placements de fonds importants ou de ventes d'une quantité assez élevée de titres puisque, nous l'avons vu d'après les règlements en vigueur sur le marché de Paris, les opérations à terme ne se traitent que pour un minimum de vingt-cinq titres ou de 1,500 francs de rente 3 %, représentant un capital d'environ 50,000 fr.

De plus, un achat à terme, s'il ne nécessite pas de débours immédiat des fonds destinés à le régler (puisque le payement est différé jusqu'au jour de la liquidation), comporte un certain crédit de la part de l'acheteur, ou même le versement d'une provision assez importante.

Pour tous ces motifs, les opérations à terme ne conviennent pas aux petites bourses et tout achat, toute vente, d'importance modeste, doivent s'effectuer au comptant, c'est-à-dire contre débours immédiat des fonds à la livraison, également immédiate, des titres. Il n'existe pas d'autre moyen d'opérer sur de petites quantités. *Le public fera aussi sagement de considérer comme suspecte toute combinaison qui lui serait proposée sous forme de participation à des affaires à terme, de groupement de capitaux ou de titres, d'opérations au comptant « différé »*, genre d'affaires absolument inconnu à la Bourse, et qui n'existe que dans des réclames et prospectus répandus à profusion. Il y aurait beaucoup de raisons de craindre que les fonds dont il se dessaisirait dans ce but ne fussent employés à une autre destination et fortement compromis. Le petit rentier qui désire effectuer un achat ou une vente de titres doit opérer exclusivement au comptant; les affaires à terme ayant pour objet une livraison effective de titres ne conviennent qu'aux gros capitalistes, aux administrations financières, aux caisses publiques. Quant aux opérations ayant un caractère de spéculation, le public des petits porteurs de titres doit s'en abstenir complètement.

Report. — Nous avons, jusqu'ici surtout, envisagé les achats ou ventes à terme comme un moyen de réaliser, dans les meilleures conditions possibles, une opération effective d'achat ou de vente de titres; mais, on le sait, les affaires à terme ont, le plus souvent, un but de spéculation et l'acheteur n'a pas l'intention de prendre livraison le jour de la liquidation des titres qu'il a achetés pas plus que le vendeur n'est en mesure de livrer des valeurs qu'il ne possède pas. Quelle sera donc, le jour venu de l'exécution des engagements, la situation de cet acheteur ou de ce vendeur à découvert?

Le premier parti qui se présente pour eux, c'est de balancer l'opération traitée par une opération en sens inverse, l'achat par une vente et réciproquement; la compensation des engagements supprime toute livraison de titres et il y a lieu uniquement à un règlement de différences. Mais l'acheteur (ou le vendeur) à terme peut trouver convenance à ne pas arrêter ainsi brusquement son opération; il peut désirer la prolonger jusqu'à la liquidation suivante et c'est ici qu'intervient la combinaison du report.

Examinons le cas d'un achat à terme : l'acheteur de 1,500 fr. de rente 3 %, en liquidation de fin janvier, au cours de 95 fr. 75, qui ne possède pas de disponibilités suffisantes pour prendre livraison des titres, pour les *lever*, suivant l'expression technique, et qui ne veut pas terminer son opération au moyen d'une vente définitive, va *se faire reporter*. Cela veut dire qu'il vendra les 1,500 fr. de rente en liquidation de fin janvier à un cours spécialement coté le dernier jour du mois et appelé *cours de compensation* (en l'espèce 95 fr. 85) et les rachètera au même moment, en liquidation de fin février, au même cours de 95 fr. 85, augmenté du *report*, soit, le report moyen étant de 0 fr. 28 1/2, à 96 fr. 13 1/2.

L'acheteur évite ainsi de régler le montant de son achat en liquidation de fin janvier, puisqu'il effectue une vente d'importance égale sur la même liquidation. Il ne clôt pas non plus son opération, puisqu'il est de nouveau acheteur en liquidation de fin février ; il a donc atteint son but qui est de rester acheteur sans prendre livraison effective des titres. Lorsque l'époque de la liquidation de fin février sera arrivée, rien ne l'empêchera, s'il y trouve convenance, de se faire de nouveau reporter sur fin mars, et ainsi de suite. Chaque liquidation donne lieu à un règlement de différence entre le cours auquel on est acheteur sur cette liquidation et le cours de compensation auquel s'effectue la revente.

Inversement, le vendeur à terme sur la liquidation de fin janvier se rachèterait au cours de compensation et se porterait de nouveau vendeur en liquidation de fin février au cours de compensation augmenté du report.

Bien entendu, pour les valeurs à double liquidation mensuelle, le report doit s'effectuer de quinzaine en quinzaine.

Lorsque l'époque de lever les titres est arrivée, le report consiste, pour l'acheteur à terme, qui devient alors le *reporté*, à revendre, en liquidation courante, les titres qui vont lui être livrés et à les racheter sur la liquidation suivante. La contre-partie du reporté est faite par un capitaliste appelé *reporteur*. Celui-ci achète en liquidation courante, au cours de compensation, les titres qui font l'objet de l'opération et les revend, séance tenante, sur la liquidation suivante, au même cours de compensation majoré du report.

Au point de vue du maniement des fonds et des titres, le report peut se décomposer de la façon suivante : l'acheteur à terme (reporté) prend livraison des titres de son vendeur et lui en règle le prix au cours de l'achat initial, 95 fr. 75 par exemple. Les fonds nécessaires à cet effet lui sont versés par le reporteur, à raison de 95 fr. 85, cours de compensation, et les titres passent des mains du reporté en celles du reporteur qui les conserve jusqu'à la liquidation suivante. A cette époque, le reporteur restituera les titres au reporté, contre rembourse-ment de leur valeur au cours de compensation de 95 fr. 85 augmenté du report, soit dans notre exemple, à 96 fr. 13 1/2, — à moins qu'un nouveau contrat de report n'intervienne et que l'opération ne soit prorogée jusqu'à une liquidation suivante.

En pratique, le mouvement des titres et des fonds est simplifié par cette circonstance que l'acheteur à terme donne instructions de le faire reporter, à l'agent de change ou à l'intermé-diaire par l'entremise de qui il a traité son achat : les titres ne passent pas par ses mains, mais sont livrés directement par l'agent de change au reporteur ; de même, les fonds versés par ce dernier ne font que passer par le compte du reporté sans qu'il les encaisse de façon effective ; le compte du reporté est crédité du versement du reporteur au cours de 95 fr. 85 et débité du montant de son achat à 95 fr. 75. Les opérations que nous avons énumérées plus haut se résument en paiements de différences et la circulation des fonds et des titres est réduite dans la plus grande mesure possible.

La vente comptant effectuée par le reporté au reporteur, avec rachat simultané en liquidation suivante, peut être comparée à un prêt sur nantissement de valeurs. En réalité, le reporté est un emprunteur, et le reporteur est, par contre, un prêteur sur titres qui fournit au premier, dans l'intervalle d'une liquidation à l'autre, les fonds nécessaires à l'exécution de ses engagements.

La rémunération de ce prêt, l'intérêt de l'avance consentie par le reporteur au reporté, est représentée par le prix du report, c'est-à-dire par la différence entre le cours de compensation en liquidation immédiate et le cours en liquidation suivante.

Nous avons dit qu'en liquidation de fin janvier le report sur le 3 % français était coté, en moyenne, 0 fr. 28 1/2 par 3 fr. de rente. La rémunération du reporteur est donc, pour un mois, de 0 fr. 28 1/2, moins 0 fr. 02 1/2, montant du courtage sur les reports en rente française, soit net 0 fr. 26. Il n'est pas nécessaire de tenir compte, dans l'évaluation du taux des reports, de l'impôt sur les opérations de bourse, dont la quotité, relativement faible (0 fr. 006 1/2 par 1,000 francs, sur le report des rentes et 0 fr. 02 1/2 par 1,000 fr. sur le report des valeurs) ne modifie ce taux que d'une fraction minime. Le chiffre de 0 fr. 26 par mois sur un capital de 95 fr. 85, correspond, de façon très approchée, au chiffre annuel de 3 1/4 % l'an, taux bien modeste, et ce n'est pas là un cas exceptionnel ; les placements en report, en temps normal, lorsque les capitaux sont suffisamment abondants et qu'aucune complication ne se fait prévoir pour la liquidation, ne rapportent pas beaucoup plus de 3 %.

Nous sommes loin des taux élevés qu'on promet au public en lui demandant ses fonds sous prétexte de les placer en report. Trois pour cent, environ ! A peine le rendement des valeurs de tout repos, des titres de premier ordre, rentes françaises ou obligations de chemins de fer français. Encore le capitaliste qui emploie ses fonds en report n'est-il pas assuré, comme le possesseur de titres, d'un revenu fixe constant. Au contraire, l'intérêt produit par les placements en report est essentiellement variable, puisque le prix des reports est déterminé à nouveau, lors de chaque liquidation, selon la situation de la place, selon les lois de l'offre et de la demande. Le trois pour cent du mois dernier pourra être, le mois prochain, du trois et demi, mais il pourrait aussi n'être plus que du deux trois quarts ou du deux et demi. Aucune régularité, par suite, aucune certitude dans les placements en report, dont le taux varie chaque mois, chaque quinzaine.

Pour ce motif, entre autres, le placement en report ne convient pas au rentier d'importance modeste qui a besoin de compter sur un revenu aussi stable que possible. Cette nature de placement s'adresse aux gros capitalistes, aux banquiers, aux établissements de crédit, surtout, qui trouvent, dans cette combinaison, le moyen d'employer temporairement, dans l'intervalle d'une liquidation à l'autre, des disponibilités monétaires, souvent considérables, dont ils ne prévoient pas l'utilisation avant un certain délai. L'inconvénient provenant de l'instabilité du taux de l'intérêt s'efface, pour ces établissements, devant d'importants avantages que n'offrirait pas un placement en achat de valeurs. Le propriétaire de titres qui est dans la nécessité de les réaliser à un moment donné, sans être à même de choisir une époque favorable, est exposé à subir une perte sur son prix d'acquisition. C'est ce qui pourrait arriver aux sociétés de banque, si, au lieu de placer leurs disponibilités en report, elles se rendaient propriétaires de valeurs mobilières pour les réaliser quelques jours ou quelques semaines plus tard. Dans l'intervalle, une baisse aurait pu se produire, le prix de vente pourrait être inférieur au prix d'achat. Les valeurs les plus sûres ne sont pas exemptes de fluctuations et une différence en moins de quelques centimes sur les cours, portant sur des placements qui se chiffrent par centaines de mille francs ou même par millions, laisserait sur l'opération une perte sensible. Au contraire, dans leur position de reporteurs, ou, si l'on aime mieux, de prêteurs sur titres, les établissements auxquels nous faisions allusion sont, tout au moins en grande partie, à l'abri de toute perte résultant de la baisse éventuelle des cours, puisque, acheteurs au comptant, ils se portent immédiatement vendeurs à terme. Pour que le fléchissement des cours leur soit préjudiciable il faut envisager l'hypothèse où le reporté ne serait pas en mesure de tenir ses engagements, où les titres servant de gage à l'opération devraient être l'objet d'une vente forcée par suite d'une exécution en Bourse; mais ce sont là des cas exceptionnels et heureusement assez rares, lorsqu'on traite avec des personnes présentant les garanties voulues. Aussi, les placements en report sont-ils traités de façon courante par les détenteurs de grosses disponibilités, qui trouvent, grâce à cette combinaison, un emploi de leurs fonds suffisamment rémunérateur, tout en se mettant à l'abri dans la plus large mesure possible, des risques de perte en cas de baisse des cours.

L'écart entre le prix d'une valeur en liquidation courante, c'est-à-dire, en réalité, au comptant, et le prix de la même valeur en liquidation prochaine, n'est pas artificiel ; il n'existe pas en raison du fait seul qu'il y a des reporteurs et des reportés et que le reporteur a le droit de demander au reporté une certaine rémunération pour les services qu'il lui rend.

Il est normal que le prix d'une valeur au comptant soit inférieur au prix de cette valeur cotée en liquidation suivante, et cette différence devrait exister alors même qu'il n'y aurait ni reporteurs ni reportés. En effet, supposons que, le 2 janvier, la rente soit cotée 95 fr. 85, un mois plus tard, en admettant d'ailleurs qu'il ne se soit produit aucun événement susceptible de modifier les cours, elle devra valoir ce prix augmenté des intérêts d'un mois ou d'un tiers du coupon trimestriel puisque, le 1er février, l'époque à laquelle le porteur de titres aura à encaisser un coupon sera d'un mois plus proche.

Par un raisonnement différent on aboutirait à la même solution, en disant que l'acheteur à terme, qui ne règlera qu'un mois plus tard le montant de son achat et peut profiter des fonds dans l'intervalle, doit, en toute logique, payer un prix majoré d'un mois d'intérêt par rapport au cours du comptant.

Théoriquement, le report doit être égal aux intérêts de la valeur considérée, pendant la période qui s'écoule entre les deux liquidations. Il n'en est pas ainsi dans la pratique, précisément parce que le prix rationnel du report est modifié par des facteurs divers : situation de place, besoins plus ou moins grands des acheteurs à terme en quête de reporteurs, abondance plus ou moins considérable de capitaux cherchant un emploi, etc., etc.

Pour toutes ces causes, les taux de report qui, pour une même valeur devraient, théoriquement, rester invariables, sont au contraire sujets à d'incessantes modifications. La grande abondance de capitaux disponibles, l'absence de toute spéculation à la hausse font baisser le taux des reports, tandis que la position de place inverse contribue à en élever le prix.

Déport. — Le report descend parfois au pair et, dans certains cas même, le prix d'une valeur en liquidation suivante est *inférieur* (au lieu d'être supérieur) au cours du comptant ; on dit alors qu'il y a *déport*. Il résulte des explications que nous avons données plus haut que le déport constitue une situation anormale et, par suite, exceptionnelle. Il y a déport sur un titre, par exemple, quand il a été l'objet d'une importante spéculation à la baisse et qu'un grand nombre de vendeurs à découvert désirent proroger leurs engagements.

Quelle est en effet la situation de ces vendeurs à découvert lorsqu'arrive le moment de la liquidation et qu'ils ne sont pas en mesure de livrer les titres vendus, puisqu'ils ne les possèdent même pas ? Ils peuvent se racheter ; mais s'ils n'ont pas convenance à le faire, ils reporteront leur engagement, c'est-à-dire qu'ils achèteront des titres au comptant et les revendront, séance tenante, en liquidation prochaine. Ils sont, en un mot, dans la situation diamétralement opposée à celle de l'acheteur à terme qui veut se faire reporter : au lieu d'une vente au comptant avec rachat éloigné, nous sommes maintenant en présence d'un achat immédiat avec vente différée. Les vendeurs à découvert qui reportent leurs engagements formeront la contre-partie toute naturelle des acheteurs à terme qui font reporter les leurs ; mais s'il y a un beaucoup plus grand nombre de vendeurs que d'acheteurs, si la quantité de titres vendus à découvert dépasse de beaucoup celle des titres achetés par la spéculation à la hausse, la demande de titres de la part des vendeurs provoque la hausse des prix en liquidation courante ; et si ce prix s'élève au-dessus du cours coté pour la prochaine liquidation, il y a déport. La contre-partie des vendeurs à découvert est faite, en ce cas, par les détenteurs de titres qui les leur prêtent dans l'intervalle d'une liquidation à l'autre ou, plutôt, qui les leur vendent comptant et les leur rachètent immédiatement à terme. Le déport, c'est-à-dire l'excédent du prix du comptant sur le prix du terme, constitue la rémunération du porteur de titres, comme le report, c'est-à-dire l'excédent du prix terme sur celui du comptant, constitue la rémunération du détenteur de capitaux disponibles.

Il n'y a pas à se préoccuper, au point de vue de l'évaluation du coût du report, des coupons qui sont attachés aux titres au moment où l'opération de report intervient et qui peuvent être encaissés ou détachés en Bourse, dans l'intervalle entre la liquidation actuelle et la suivante. Le reporteur encaisse, à la vérité, le coupon qui se paye pendant la durée du report, sur les titres qu'il a achetés comptant et qui lui ont été livrés par le reporté, mais il est, d'autre part, redevable, vis-à-vis de lui, du même coupon sur la vente consentie en liquidation suivante, en vertu de la règle que les coupons détachés après le moment où une opération à terme est conclue appartiennent à l'acheteur. Le reporteur devra, en fin de compte, bonifier au reporté le montant des coupons dont il aura effectué l'encaissement en tant que porteur des titres, de sorte que sa rémunération n'en est pas accrue.

Le motif de cette règle apparaît clairement, si on compare le report à un prêt sur titres; il est évident, en effet, que les coupons de titres donnés en nantissement appartiennent à l'emprunteur qui reste propriétaire de ces titres et profite de tous leurs arrérages.

Disons, à cette occasion, qu'il ne faut pas étendre trop loin l'assimilation entre le report et le prêt sur nantissement de valeurs. Si on admettait cette théorie que le report n'est autre chose qu'un prêt sur titres, il y aurait lieu de décider que le prêteur est obligé de restituer les titres mêmes qui lui ont été livrés en gage. Or, il est admis, avec raison, par les tribunaux, que les titres vendus comptant au reporté lui appartiennent en toute propriété et qu'il peut en disposer comme bon lui semble, sauf à rendre, à la clôture de l'opération de report, des titres de même nature et en même quantité, mais sans être obligé de représenter des titres munis des mêmes numéros. Cette solution, d'un grand intérêt pratique, procure aux affaires des facilités qui sont loin d'être négligeables en permettant au reporteur d'utiliser lui-même, le cas échéant, les titres reportés, au lieu de les laisser immobilisés pendant toute la durée de report. De plus, s'il s'agit de titres amortissables par tirage au sort ou d'obligations à lots, et que l'on admette, avec la jurisprudence, que les valeurs en report sont devenues la propriété

du reporteur, celui-ci bénéficiera de la prime de
remboursement ou des lots attribués pendant la
durée du report, aux obligations qui lui ont été
livrées. Il pourra, s'il s'agit d'actions d'une société
dont l'assemblée se réunit au cours de la même
période, effectuer le dépôt des titres en vue d'assister à cette assemblée.

Ce sont là, au surplus, des bénéfices ou des avantages purement accidentels et qui ne sauraient être
pris en considération dans l'évaluation des taux
courants de report. Il faut ajouter pour le principe
que les titres donnés en report appartiennent en
toute propriété au reporteur, n'est pas absolu; les
intéressés peuvent y déroger en exprimant une
volonté contraire, mais cette volonté devra être
clairement énoncée, si le reporté entend, par exception à la règle ordinaire, conserver la propriété de
ses titres et profiter, même pendant la durée du
report, des chances de remboursement à prime ou
avec lots.

.·.

Nous croyons avoir suffisamment montré que les
reports, bien loin d'être des opérations artificielles,
imaginées par des spéculateurs en quête de bénéfices illicites, constituent, au contraire, des transactions absolument normales, résultant du jeu même
des affaires financières et qui rendent aux banquiers, aux établissements de crédit, de très appréciables services. On se sera rendu compte, d'autre
part, que les reports ne sont pas à la portée de
tous, qu'ils ne peuvent être utilisés que par les
détenteurs de disponibilités importantes et surtout
qu'ils doivent être traités exclusivement avec des
contre-parties de solvabilité et d'honorabilité par-

faites. Le petit rentier, le capitaliste qui ne dispose
que de ressources modestes, devra s'abstenir, de
façon absolue, des opérations qui lui seraient présentées, sous forme de participation de groupements de fonds destinés à être employés en reports,
etc., car il y a les plus grandes probabilités pour
que ces affaires ne reposent sur aucune base
sérieuse.

Opérations à terme ferme et à prime.

L'expression d'opérations à *prime* s'emploie par
opposition avec celle d'opérations à terme *fermes*
ou pures et simples. Nous avons vu précédemment ce que c'est qu'une opération à terme pure
et simple. On désigne ainsi les achats et les ventes
qui sont conclus de façon définitive, mais dont l'exécution est reportée à une date ultérieure. Le terme,
dit l'article 1185 du Code civil, diffère de la condition en ce qu'il ne suspend point l'engagement dont
il retarde l'exécution. L'engagement de bourse à
terme ferme, une fois conclu, est bien définitif;
seulement, la livraison des titres et leur payement
sont différés jusqu'à l'époque de la liquidation.

Au contraire, l'opération à prime est celle dans
laquelle l'un des deux contractants se réserve le
droit d'exécuter ou de ne pas exécuter le marché,
suivant que, à une date déterminée, les circonstances lui procureront avantage à adopter l'un ou
l'autre de ces partis. C'est un peu ce qui se passerait
dans une vente avec *arrhes*, où il serait stipulé que
l'acheteur aurait la faculté de résilier la vente en
supportant la perte des arrhes convenues. En matière de bourse, la somme que l'on s'engage à verser pour avoir le droit de ne pas exécuter le marché
se nomme la *prime*.

On peut supposer des opérations à prime de diverses sortes : par exemple, celles où l'acheteur se réserverait le droit de résilier le marché, moyennant le payement de la prime; celles où ce serait le vendeur qui aurait ce droit, celles où, moyennant le payement d'une certaine somme, on aurait la faculté de se déclarer acheteur ou vendeur d'une quantité déterminée de valeurs. Il y a, en effet, des marchés où peuvent se traiter indifféremment toutes ces catégories de transactions. A la Bourse de Londres, par exemple, on traite des primes pour se déclarer acheteur, désignées sous le nom de « call » des primes pour se déclarer vendeur, appelées « put », et des primes pour se déclarer acheteur ou vendeur (« put and call »). On dit aussi que les « put » et les « call » sont des options simples et les « put and call » sont des options doubles, ou stellages. A Paris, à la Bourse des marchandises, on pratique également des primes à la hausse ou pour *lever*, des primes à la baisse ou pour *livrer* et des primes doubles, pour lever ou pour livrer [1].

A la Bourse des valeurs de Paris il n'y a qu'une

1. Il ne faudrait pas croire que les marchés à prime fussent une invention de la spéculation moderne. On en signale déjà l'existence dans les bourses de marchandises des Pays-Bas, à la fin du xviiᵉ siècle. Voici, pour la curiosité de la chose, la formule d'un contrat à prime sur marchandises, usitée à Amsterdam au commencement du xviiⁱᵉ siècle : « Je, soussigné, confesse avoir reçu du porteur la somme de 150 florins, argent courant, pour laquelle prime je m'engage et m'oblige de recevoir dès à présent et à toute heure jusques au premier de janvier 1715, ce jour-là inclus, 10 000 livres d'amidon de Hollande, bon et livrable, au prix de 16 florins argent courant les 100 livres, à payer comptant et suivant l'usage ordinaire : mais si le porteur du présent ne m'annonce pas de recevoir les 10 000 livres d'amidon entre ce jour et le premier de janvier 1715 et ce jour-là inclus, je serai libre et déchargé du présent contrat et la prime me restera, sans que je puisse jamais être obligé de la restituer, ou que l'on puisse me la redemander. Ainsi fait à la bonne foi, à Amsterdam ce 6 janvier 1714. »

seule catégorie d'opérations à prime qui soit usitée, c'est celle où l'acheteur se réserve la faculté, lorsque le terme assigné à l'opération arrive, de se porter acheteur ferme et de payer la prime. Dans le premier cas, on dit que la prime est levée; le marché se transforme en un marché à terme ferme : dans le second cas, la prime est abandonnée, elle est acquise au vendeur, et l'achat est résilié.

L'importance de la prime varie suivant les valeurs et les usages de la place. Sur les rentes, on traite des primes de 0 fr. 05, 0 fr. 10, 0 fr. 25, 0 fr. 50, 1 franc, ou, pour employer l'expression habituelle, des primes *dont* 0 fr. 05, *dont* 0 fr. 10, *dont* 0 fr. 25, etc. Sur les valeurs, les primes les plus usuelles sont de 2 fr. 50, 5 francs, 10 francs, 20 francs, et même, pour certains titres de 40 francs, 50 francs, 100 francs.

D'après le règlement des agents de change, les négociations à prime peuvent se traiter pour la quinzaine ou la fin de chaque mois, sans pouvoir dépasser le terme de la troisième liquidation à partir du jour où le marché est conclu en ce qui concerne les valeurs soumises à la liquidation de quinzaine et de la deuxième liquidation à partir du jour où le marché est conclu en ce qui concerne les valeurs soumises à la liquidation mensuelle.

On se rend compte immédiatement des avantages que peut tirer un spéculateur d'un droit au premier abord exorbitant, celui de se porter ou non acheteur d'une certaine quantité de titres à une époque déterminée. On comprend également que ce procédé ait pu être présenté, aux yeux des personnes inexpérimentées, comme un moyen de spéculer à coup sûr, de réaliser des bénéfices considérables à peu de risques. Nous allons voir, en examinant le fonctionnement des primes, que des assertions de cette nature sont inexactes, que l'acheteur à prime paye largement les avantages que lui confère son droit d'option et qu'il court les risques les plus sérieux, tout comme le vendeur à prime.

.·.

Une valeur ne se négocie pas *ferme* et à *prime* au même cours. Si j'achète de la rente en liquidation fin prochain, sans avoir la faculté de résilier mon opération, ou si, au contraire, j'achète cette même rente, pour la même époque, mais avec le droit de ne pas en prendre livraison, je ne payerai pas le même prix dans les deux cas. En effet, l'option que je me réserve, dans la seconde hypothèse, de renoncer à l'opération, constitue pour moi un avantage que le vendeur ne me concède qu'en stipulant, par contre, à son profit, un prix plus élevé. La différence entre le prix d'achat ferme et le prix de l'opération à prime se nomme l'*écart*. L'écart est très variable ; son importance dépend, notamment, des éléments suivants :

En premier lieu, de l'intervalle qui sépare le jour de l'opération du jour où l'acheteur à prime devra faire connaître son option. En effet, l'avantage de l'acheteur à prime est plus grand si son option expire dans un temps relativement éloigné, dans un mois, par exemple, que si elle expire le lendemain ; dans le premier cas, des fluctuations de cours pourront se produire, des événements pourront survenir, qui permettront à l'acheteur à prime de tirer profit de son opération ; dans le second, cette chance est beaucoup plus restreinte, parce qu'il est exceptionnel que des modifications imprévues et importantes se produisent d'un jour à l'autre.

L'importance de l'écart dépend aussi du chiffre de la prime. Plus la prime est faible, plus l'opération est avantageuse pour l'acheteur, qui a intérêt à pouvoir résilier l'opération moyennant le payement d'une somme minime, plutôt que par le versement d'une somme plus élevée. Réciproquement, le vendeur à prime courra beaucoup plus de risques s'il ne doit, le cas échéant, encaisser qu'une prime de faible importance. Il est donc naturel que l'acheteur paye plus cher le droit de résilier le marché moyennant le payement d'une indemnité plus faible, puisques ses risques sont moindres dans ce cas.

Enfin, le cours sera plus élevé si la valeur traitée est sujette à de sensibles variations de prix ; il sera moins cher, si cette valeur ne subit que des fluctuations insignifiantes, l'intérêt d'opérer à prime étant précisément de s'assurer contre des mouvements considérables des cours.

* *

Le jour où l'acheteur à prime doit faire connaître son option se nomme celui de la *réponse* des primes ; à Paris, la réponse des primes a lieu, pour les valeurs à liquidation unique, l'avant-dernier jour du mois et, pour les valeurs à double-liquidation, l'avant-dernier jour et le 14 de chaque mois à une heure déterminée.

Le jour de la réponse des primes, l'acheteur à prime se trouve en présence de deux solutions à adopter : lever la prime et convertir son marché en opération ferme ; abandonner la prime et résilier le marché. La décision à prendre lui est dictée par le cours qui est coté au moment précis fixé pour la réponse des primes.

Supposons un achat effectué à 500 francs dont

10 francs. Au moment de la réponse des primes,
le cours de la valeur traitée est tombé, par exemple,
à 485 francs. L'acheteur, s'il levait le marché,
serait obligé de payer 500 francs son titre qu'il ne
pourrait plus réaliser en Bourse qu'à 485 francs ;
il perdrait donc 15 francs. Au contraire, s'il abandonne la prime, il verse 10 francs stipulés, par unité,
et limite sa perte à ce montant. Dans l'hypothèse
envisagée, il s'empressera d'abandonner la prime.

Au cours de 490 francs, l'acheteur à prime n'a
pas encore avantage à lever les titres, puisqu'il
devrait les payer 500 francs pour les revendre
490 francs, c'est-à-dire qu'il perdrait une somme
précisément égale au montant de la prime. Dans
l'un comme dans l'autre cas, qu'il lève le marché
ou qu'il abandonne la prime, sa perte sera de 10
francs.

Au contraire, si le cours, au moment de la réponse des primes, dépasse 490 francs, l'acheteur à
prime a intérêt à devenir acheteur ferme, parce
que, les titres qu'il devra payer 500 francs, prix
fixé pour l'opération, il pourra les revendre à un
prix supérieur à 490 francs, c'est-à-dire avec une
perte moindre de 10 francs. Si la cote est à 495
francs, sa perte, en levant le marché, sera seulement de 5 francs, plus les frais et courtage de la
vente, tandis que s'il abandonnait la prime il perdrait 10 francs.

La décision que prendra l'acheteur à prime repose
donc entièrement sur le cours coté à l'instant de
la réponse des primes. Une différence de quelques
centimes sur le cours de réponse pourra, dès lors,
avoir des conséquences importantes parce que,
suivant les cas, elle déterminera un grand nombre
d'acheteurs, ou bien à lever la prime, ou bien, au
contraire, à l'abandonner. Aussi, le cours de réponse

est-il toujours très disputé en Bourse et l'objet d'une lutte très vive entre haussiers et baissiers, entre acheteurs et vendeurs de primes. C'est à ce moment que la spéculation se donne libre cours, acheteurs et vendeurs cherchant, chacun dans un sens différent, à influencer la cote par des opérations à découvert, dans le seul but de modifier, à leur avantage, le cours de la réponse d'où dépend le succès ou l'échec des combinaisons qu'ils ont engagées.

Un des principaux dangers de l'opération à prime pour l'acheteur consiste dans l'écart qu'il doit payer au vendeur de prime, par rapport au prix du ferme. Par exemple, la rente étant cotée 95.17 1/2 ferme, elle vaudra, à prime, 95.27 1/2 dont 25 et 95.37 1/2 dont 10. Pour que l'acheteur réalise un bénéfice, il faudra qu'au moment de la réponse des primes, les cours se soient élevés au-dessus de 95.27 1/2 ou de 95.37 1/2, suivant le cas. C'est-à-dire que, pour qu'il tire profit de son opération, il sera nécessaire que la rente ai subi une hausse de 0 fr. 10 ou de 0 fr. 20. S'il s'était contenté d'acheter ferme, la moindre élévation de cours au-dessus de 95.17 1/2 lui aurait procuré un profit.

Pour le vendeur, le danger est d'autre nature, mais il n'en est pas moins grand. Si la valeur baisse et que le marché soit résilié, il encaisse, à la vérité, le montant de la prime, mais il conserve les titres qu'il a vendus et si la valeur continue à fléchir, il reste possesseur d'un titre déprécié qu'il lui eût été beaucoup plus avantageux de vendre ferme pour s'en défaire. Le vendeur à prime vend plus cher que s'il vendait ferme, mais il ne vend pas de façon définitive, puisque l'acheteur pourra lui laisser ses titres en lui payant la prime convenue. Quelqu'un qui a vendu à prime ne sait pas, jusqu'à

l'instant de la réponse des primes, s'il a réellement
vendu ou non.

.·.

On voit combien ces opérations conviennent peu
aux rentiers et aux petits capitalistes. Ce sont des
opérations de spéculation pure dont il leur faut
s'abstenir à tout prix : seuls les hommes de métier,
rompus à la pratique de la Bourse peuvent se permettre de traiter des opérations à prime ; ils savent
les combiner, soit avec d'autres opérations à prime;
pour former ce que l'on appelle des échelles de
primes, soit avec des opérations à terme ferme. Ils
le font d'ailleurs au prix des plus grands risques ;
c'est là un jeu dangereux dont les personnes inexpérimentées doivent se garder de façon absolue.

Ce que ces mêmes personnes ne doivent pas
moins éviter, c'est de confier des capitaux, des
fonds, si minimes qu'ils soient, à des intermédiaires qui s'offrent à les faire fructifier, à leur faire
rapporter de gros intérêts, en les employant à des
opérations à prime, à des échelles, à des combinaisons de toute nature, que les naïfs croient extrêmement rémunératrices, parce qu'ils en ignorent
complètement le fonctionnement. Toutes ces belles
promesses ne sont qu'un leurre ; tous ceux qui se
laissent séduire par elles l'apprennent rapidement
à leurs dépens. Il y a un certain nombre de mots
ronflants dont on se sert à plaisir pour attirer l'argent du public trop confiant dans des entreprises
douteuses ; ces mots, nos lecteurs en connaissent
maintenant le sens ; reports, arbitrages, participations financières, primes, etc., etc. Toutes ces étiquettes sont différentes, mais le but est toujours le
même et le résultat également.

Arbitrages.

Le mot *arbitrage* [1] est fréquemment usité dans le langage financier, mais le sens précis qu'il faut attribuer à ce terme est généralement ignoré des personnes qui ne sont initiées que de façon superficielle aux affaires de banque et de bourse. On croit savoir, et le fait est exact, que l'origine de grosses fortunes financières repose sur des opérations d'arbitrages habilement conduites ; on sait aussi que d'importantes maisons de banque, que certains services spécialement organisés de grands établissements de crédit, s'adonnent journellement à cette nature de transactions et en retirent d'appréciables profits.

Cependant, la notion de l'arbitrage reste vague et confuse dans beaucoup d'esprits ; aussi se sert-on volontiers de ce mot, dans certains milieux dépourvus de scrupules, pour inciter le public des petits capitalistes et rentiers à apporter ses fonds à des entreprises douteuses, dont les opérations n'ont rien de commun avec les affaires d'arbitrage.

Notre but n'est pas de faire ici la théorie de l'arbitrage, ni d'enseigner à nos lecteurs comment se livrer à des opérations courantes de cette nature, ni, encore moins, de les engager à les faire traiter pour leur compte par des tiers. Fidèles à notre rubrique, nous voulons seulement donner sur cette question importante et ordinairement peu connue, des notions pratiques et succinctes qui permettent au public de se former une idée exacte, précise, de

---

1. Voir notre *Vocabulaire-manuel d'Économie politique*, au mot « Arbitrage ».
Dictionnaire du Commerce (Yves Guyot et Raffalovich), aux mots « Arbitrage », « Cote des changes », etc.
Arbitrages et parités, par Ottomar Haupt.

l'arbitrage et des dangers qu'il présente pour les personnes qui ne sont pas absolument familiarisées avec les affaires financières. Nous nous proposons aussi d'indiquer dans quelle mesure et en s'entourant de quelles précautions, un petit capitaliste peut, le cas échéant, trouver occasion d'effectuer une opération d'arbitrage.

Après avoir défini l'arbitrage, nous passerons en revue les diverses catégories de valeurs qui peuvent en faire l'objet, en nous étendant un peu plus longuement sur les arbitrages de bourse qui sont plus susceptibles de présenter de l'intérêt pour le public des rentiers.

*
**

Arbitrer, c'est estimer, comparer et choisir. De même que, dans le langage juridique, arbitrer c'est examiner et comparer les droits ou les griefs réciproques des parties en présence, pour déclarer de quel côté est le bon droit ; de même, dans la langue des affaires, arbitrer c'est apprécier et comparer les avantages de deux ou de plusieurs opérations conduisant à un même but, pour choisir et réaliser ensuite celle qui doit rapporter le plus de profit.

L'arbitrage consiste dans la comparaison des prix d'une même valeur sur deux ou plusieurs places, ou bien de deux ou plusieurs valeurs sur une même place, puis dans la réalisation des opérations simultanées de vente et d'achat qui permettent de retirer un profit de la différence des cours ainsi rapprochés. L'arbitragiste est la personne qui se livre habituellement à des affaires d'arbitrage.

L'arbitrage peut s'exercer sur les valeurs les plus diverses, notamment sur les effets de commerce les fonds d'État et autres valeurs de bourse, les métaux précieux, les marchandises. Il consistera, par exemple, à acheter à Paris des lettres de change sur Londres et à les vendre simultanément sur la place de Berlin ; à acheter des rentes italiennes à Rome et à les revendre en même temps à Paris ; à acheter à New-York et vendre à Londres une même quantité d'or en lingots ; à acheter à Odessa un chargement de blé et à le vendre séance tenante à Marseille, etc., etc. La seule condition à remplir par la valeur qui fait l'objet de l'arbitrage, c'est de posséder, sur les diverses places entre lesquelles s'établit la comparaison, un marché assez vaste pour que les ordres que passe l'arbitragiste soient exécutés à coup sûr, pour que sa demande d'acheter et son offre de vente trouvent des contre-parties immédiates ; sinon, il se pourrait que la moitié seulement de l'opération fût exécutée et l'arbitragiste resterait acheteur sans avoir vendu, ou vendeur sans avoir acheté, ce qui lui ferait courir les risques de baisse ou de hausse de la valeur sur laquelle porte l'arbitrage. Nous ne nous trouverions plus alors en face d'un arbitragiste, mais d'un spéculateur ; et l'arbitrage doit être soigneusement distingué de la spéculation.

Le spéculateur est celui qui cherche à se rendre un compte aussi exact que possible des chances de hausse ou de baisse d'une valeur ou d'une marchandise, à prévoir les fluctuations probables des cours, et qui se base sur ces prévisions pour acheter ou pour vendre. Le spéculateur trouve son profit dans les variations de prix qui ont pu se produire, entre le jour où il a pris position, soit à la hausse, soit à la baisse, et celui où il clôt son opération, si ses prévisions se sont réalisées. L'arbitragiste, au contraire, met à profit les différences qui se présentent à un même moment entre les cours d'une même valeur sur plusieurs places ou entre les cours de deux ou plusieurs valeurs sur une même place. Pour l'arbitragiste, l'achat et la vente doivent être concomitants ; son opération, pour employer une expression technique bien caractéristique, doit se *boucler* sur-le-champ, de façon à le mettre à l'abri des fluctuations de cours qui pourraient se produire dans la suite. Ce résultat ne sera obtenu qu'en opérant sur des valeurs pourvues d'un marché large et faisant l'objet de transactions courantes.

Nous avons, jusqu'ici, considéré l'arbitrage comme une opération isolée, indépendante de toute autre ; tel est le cas, par exemple, de l'arbitragiste qui calcule le prix de revient, sur deux places différentes, d'une valeur de bourse internationale, achète une certaine quantité de cette valeur sur la place où elle est meilleur marché et la revend en même temps sur l'autre. Cette opération ne se relie à aucune autre ; elle se suffit à elle-même ; elle est née uniquement de l'écart fortuit des cours d'une même valeur sur deux places et de la combinaison que l'arbitragiste a su en tirer. On peut, au contraire, concevoir l'hypothèse où l'arbitrage est la conséquence d'une transaction antérieure et consiste dans le choix d'un procédé avantageux de règlement. Par exemple, à la suite d'opérations diverses, un banquier de Paris est devenu débiteur chez son correspondant de Londres d'une somme importante de sterling, et il désire niveler son compte. Le banquier débiteur pourra acheter à la Bourse de Paris du chèque ou du papier long sur Londres qu'il endossera à son créancier ; ou bien lui expédier des lingots précieux, des titres ou des coupons, dont la valeur sera encaissée à Londres pour son compte ; il pourra encore faire tirer de Londres un chèque sur sa caisse à Paris, etc., etc. La compa-

raison de ces divers moyens de remise constitue
bien un arbitrage, mais ici l'arbitrage se relie étroitement à un mouvement d'opérations antérieures.
Rentrera dans cette catégorie, l'arbitrage du capitaliste qui possède un titre dans son portefeuille
et, désireux de le réaliser, cherche sur quel marché
il sera en mesure de le faire avec le plus d'avantage.

Dans l'un et l'autre cas, envisagé isolément ou
comme conséquence de précédentes transactions,
l'arbitrage consiste dans la comparaison d'un certain
nombre de cours. Rien n'est plus simple, en apparence ; nous verrons, au contraire, dans la suite,
quelles complications et quelles difficultés présente
le genre d'opérations dont nous nous occupons.

Arbitrages de change. — Les questions de change
se relient étroitement aux opérations de bourse ;
en effet, une énorme quantité de valeurs étrangères sont cotées dans les divers pays et il n'est pas
aujourd'hui de portefeuille de quelque importance
qui ne renferme une certaine proportion de ces
titres. L'achat et la vente de valeurs sur les bourses
étrangères, la remise des sommes nécessaires à
assurer le service des coupons et l'amortissement
des emprunts internationaux, donnent lieu à d'incessantes opérations de change dont le chiffre considérable, s'ajoutant à celui qui résulte du trafic
commercial entre nations, vient modifier, de façon
sensible, les résultats de la balance du commerce
des divers États.

L'arbitrage de change aura pour but de réaliser
de la façon la plus avantageuse les mouvements de
traites et de remises nécessitées par ces opérations
de toute nature ; il aura pour résultat de provoquer
des demandes sur les places où les lettres de change

sont abondantes et dépréciées, des offres sur celles où ces devises[1] sont, au contraire, rares et d'un prix supérieur au taux normal ; il contribuera ainsi à la régularité, à la stabilité du cours des changes, si profitable aux affaires, absolument comme l'arbitrage sur les marchandises contribue à unifier les prix des denrées de consommation générale sur les divers marchés du monde.

A l'aide de quels procédés l'arbitragiste jouera-t-il ce rôle important ?

La comparaison des cours du change sur les diverses places est loin d'être facilitée par la variété des cotes. Tout d'abord, les cours peuvent être indiqués suivant deux méthodes différentes. Cherchons, par exemple, comment exprimer le cours de la livre sterling à Paris. On peut dire, suivant un premier procédé, que la livre sterling vaut 25 fr. 15, 25 fr. 20, 25 fr. 25 ; en énonçant la quantité variable, *incertaine*, de francs, monnaie nationale, qu'il faut débourser pour obtenir une livre sterling. On pourrait, au contraire, par un second procédé, exprimer la fraction de monnaie étrangère que l'on obtiendrait contre un franc, quantité fixe, *certaine*, de monnaie nationale. On dirait alors qu'en échange d'un franc, on obtiendrait 9,54 pence, 9,52 pence, 9,50 pence, etc. La première méthode s'appelle donner l'*incertain* ; la seconde, donner le *certain*.

Paris ne donne jamais le certain, mais toujours l'incertain, c'est-à-dire que la cote y exprime toujours la quantité variable, incertaine de francs que coûte une quantité fixe de monnaie étrangère, 1 livre sterling, ou 100 marks, ou 100 roubles, etc. Ce procédé est d'ailleurs de beaucoup le plus ration-

1. On désigne sous la dénomination générale de « *devises* » tous les effets traités, chèques, etc., utilisés comme moyen de remise ou de tirage.

nel, parce qu'il exprime la valeur de la monnaie
étrangère comme celle de toute autre marchandise:
on cote la somme en francs que valent un sac de
farine, 100 kilos de blé, 50 kilos de café et non la
quantité de farine, de blé, de café, que l'on peut
obtenir pour 100 francs.

De même que Paris, la plupart des places étrangères donnent exclusivement l'incertain (Berlin,
Francfort, Vienne, Rome, Amsterdam, etc.);
d'autres, plus rares, donnent le certain (Valpa-
raiso, Buenos-Ayres, Mexico, Hong-Kong, Shan-
ghaï, Yokohama, etc.); quelques-unes donnent tantôt le certain et tantôt l'incertain (Londres, New-
York, Constantinople, Rio-de-Janeiro, etc.).

A cette complication vient s'ajouter celle qui résulte des diversités d'échéances cotées. A *Paris*,
on cote 100 florins des Pays-Bas, 100 marks, 500
pesetas, 100 milreis, 100 couronnes, 100 roubles,
à 3 mois; 1 livre sterling, 100 dollars, à vue; le
change sur la Belgique, sur la Suisse, sur l'Italie
est exprimé en tant pour cent de prime ou de perte.
La cote comporte deux séries de cours, pour le papier à brève ou à longue échéance.

A *Amsterdam*, on cote: 100 francs à vue et à 2
mois; 500 pesetas, 100 milreis, 100 lire, 100 roubles, 200 couronnes à 3 mois; 1 livre sterling à vue
et à 2 mois; à *Berlin*: 100 francs, 100 florins Pays-
Bas à 8 jours et à 2 mois; 1 livre sterling à 8 jours
et à 3 mois : 1 milreis à 14 jours et à 3 mois; 100
pesetas à 14 jours et à 2 mois; 1 dollar à vue et à
2 mois. Ces diverses cotes énoncent l'incertain.

A *Londres*, on exprime l'équivalent de 1 livre
sterling en francs, marks, florins, couronnes (certain); et le prix en pence de 1 rouble, 1 milreis,
5 pesetas, 1 dollar (incertain): le tout à vue et à
3 mois.

Parmi les places qui cotent le certain seulement, les plus importantes sont celles de l'Amérique du Sud et de l'Extrême-Orient, où l'on exprime la valeur du peso, de la piastre, du taël, en francs, en sterling ou en marks.

Si une somme est due sur une place étrangère, la couverture peut en être opérée, tout d'abord, avec du papier ayant uniquement son origine et sa destination sur la place qu'il s'agit de couvrir. Par exemple, une maison de Paris doit 100 marks à Berlin ; elle enverra à son correspondant de Berlin une remise de 100 marks achetée à Paris ; ou bien, elle le priera d'émettre sur elle une traite en francs, que le créancier vendra sur le marché de Berlin ; le montant de cette traite sera calculé de manière à faire rentrer dans les caisses de la maison allemande une somme exacte de 100 marks. C'est là ce qu'on appelle le change *direct*, parce que les deux seules places qui interviennent dans l'opération sont Paris et Berlin.

On peut, au contraire, se servir, pour régler une dette sur une place étrangère donnée, d'une ou de plusieurs autres places intermédiaires. Reprenons l'exemple que nous venons de citer : la maison de Paris qui doit 100 marks à Berlin achètera, à Paris, une remise sur Amsterdam ou sur Londres, ou sur toute autre ville, et l'enverra à son créancier de Berlin ; celui-ci la réalisera sur sa place et encaissera des marks. Il intervient ici une place intermédiaire, Amsterdam, Londres, etc. (il pourrait même intervenir plusieurs places intermédiaires). On dit alors que le change est *indirect*, parce que, en dehors de la place débitrice et de la place créancière, il en intervient d'autres dans l'opération.

Le problème d'arbitrage de change direct est simple à résoudre. Une fois les cours nivelés, il consiste à savoir si, pour couvrir une place donnée, il y a lieu d'adresser une remise au créancier ou de lui faire faire traite sur soi. Le raisonnement fournit immédiatement la solution de cette question.

Supposons que, les cours ayant été préalablement nivelés,

Paris cote Berlin : 122 fr. 75 pour 100 marks et que Berlin cote Paris : 122 fr. 92   —   —

La personne qui doit payer 100 marks à Berlin et qui achète à Paris une traite de 100 marks aura à débourser 122 fr. 75.

Si elle donne à son correspondant de Berlin instructions de fournir sur elle une traite dont le produit à Berlin soit de 100 marks, cette traite devra être de 122 fr. 92.

Dans le premier cas, le débiteur aura à débourser 122 fr. 75 pour acheter une traite ; dans le second, il aura à débourser 122 fr. 92 pour faire honneur au tirage de son créancier. Il a donc profit à remettre à Berlin, plutôt qu'à faire tirer Berlin sur lui.

Réciproquement, les cours restant les mêmes, une maison de Berlin, qui se trouve être débitrice de Paris, aura avantage à acheter une remise à Berlin où, moyennant 100 marks, elle se procurera 122 fr. 92 ; tandis que, si elle faisait tirer sur Paris, elle ne diminuerait sa dette que de 122 fr. 75, tout en déboursant une même somme de 100 marks.

L'arbitrage indirect est plus compliqué que le précédent, parce qu'il est susceptible d'une infinité de combinaisons. Pour remettre à Berlin, on peut acheter, à Paris, du papier sur une place quelconque et l'envoyer à Berlin pour être réalisé. On peut prier son correspondant de Berlin de tirer sur une autre place, Londres, par exemple, et couvrir Londres avec du papier acheté à Paris. On peut faire remettre à Berlin du papier acheté à Londres, et demander à Londres de tirer sur Paris, pour se couvrir, etc., etc. L'esprit inventif de l'arbitragiste se donnera ici libre cours et la pratique lui suggérera les procédés les plus divers.

On classe d'ordinaire toutes ces combinaisons d'arbitrage indirect en trois groupes (rappelons qu'il s'agit de couvrir Berlin, de Paris, au moyen d'une place intermédiaire, Amsterdam, par exemple) :

1° *Méthode à la parité.* Cette méthode consiste à acheter à Paris des florins des Pays-Bas et à les envoyer à Berlin pour être vendus.

2° *Méthode du prix de revient.* Le débiteur parisien écrit à son correspondant d'Amsterdam d'acheter des marks à Amsterdam et de les envoyer à Berlin, ou bien il le prie de payer pour son compte une traite émise par Berlin. Paris couvre ensuite Amsterdam au moyen d'un envoi de remises.

3° *Méthode de l'ordre de banque.* Le débiteur de Paris fait couvrir Berlin par son correspondant d'Amsterdam comme dans le cas précédent, mais, au lieu d'envoyer ensuite des remises à Amsterdam, il prie Amsterdam de tirer sur Paris pour se couvrir.

Afin de pouvoir choisir entre ces divers moyens de procéder, il faut savoir exprimer la valeur du change sur une place donnée, en se servant d'une place intermédiaire. Cherchons, par exemple, à quel prix, en francs, reviendront 100 marks sur Berlin, si on les achète à Amsterdam, sachant que l'on cote à Amsterdam 60 florins 15 pour 100 marks et qu'il faudra, pour couvrir Amsterdam, acheter à Paris des florins, à raison de 204 francs pour 100 florins. Par l'application de la règle de trois on trouvera que ces 100 marks vaudront 122 fr. 70.

On arriverait au même résultat en se servant,

pour résoudre le problème, de la *règle conjointe ou règle de chaîne*, dont voici le principe :

La règle conjointe consiste dans une série d'équivalences disposées les unes au-dessous des autres de telle sorte que le second terme de chacune de ces équivalences soit de même espèce que le premier terme de la ligne suivante. Le tout dernier terme de la conjointe doit être de même espèce que le tout premier. On démontre que le produit de tous les premiers termes de la conjointe est égal au produit de tous les seconds, ce qui permet de déterminer l'un quelconque de ces termes, lorsqu'on connaît tous les autres.

Reprenons notre exemple de tout à l'heure : la conjointe se disposera de la façon suivante :

x francs = 100 marks (1re équivalence posant le problème).

si 100 marks = 60 fl. 15 (cote du mark à Amsterdam)

et si 100 florins = 204 francs (cote du florin à Paris).

$$ x = \frac{100 \times 60.15 \times 204}{100 \times 100} = \frac{60.15 \times 204}{100} $$

On arrive ainsi au même résultat que précédemment, par une méthode en quelque sorte mécanique, très rapide lorsqu'elle est maniée avec habitude, et prêtant beaucoup aux simplifications. La règle conjointe trouve son application incessante dans tous les problèmes d'arbitrage, notamment pour l'emploi des trois méthodes d'arbitrage indirect que nous avons indiquées plus haut et dont voici les résultats pour les cours ci-après :

Cours du florin à Paris, 204 francs pour 100 florins.

— — à Berlin, 166 marks 65 pour 100 florins.

Cours du mark à Amsterdam, 60 florins 15 pour 100 marks.

Cours du franc à Amsterdam, 49 florins 05 pour 100 francs.

1° Méthode à la parité. — Achat à Paris de florins envoyés à Berlin pour être vendus.

$$x = \frac{100 \times 100 \times 204}{166\ 65 \times 100} = 122 \text{ fr. } 41$$

2° Méthode du prix de revient. — Achat de marks à Amsterdam et envoi de remises de Paris à Amsterdam.

$$x = \frac{100 \times 60\ 15 \times 204}{100 \times 100} = 122 \text{ fr. } 70$$

3° Méthode de l'ordre de banque. — Achat de marks à Amsterdam et tirage d'Amsterdam sur Paris.

$$x = \frac{100 \times 60\ 15 \times 100}{100 \times 49\ 05} = 122 \text{ fr. } 63$$

Une fois les diverses conjointes établies et résolues, la comparaison des cours s'effectue comme dans l'hypothèse de l'arbitrage direct.

Dans l'exemple précédent, s'il s'agit de remettre de Paris à Berlin, on choisira la méthode à la parité, parce qu'une remise de 100 marks, opérée au moyen de ce procédé, ne coûtera que 122 fr. 41, tandis que par la méthode du prix de revient ou de l'ordre de banque, elle coûterait 122 fr. 63 ou 122 fr. 70 et que, par la voie du change direct, l'achat de 100 marks nécessiterait un débours de 122 fr. 75.

Arbitrages sur valeurs de bourse. — L'arbitrage qui consiste à acheter et à vendre simultanément des valeurs mobilières, dans le but de réaliser un profit, peut porter : ou bien sur des valeurs différentes, achetées et vendues sur une même place, ou bien sur une même valeur, achetée et vendue dans des bourses différentes. Occupons-nous d'abord du premier cas.

Arbitrage par voie d'échange. — L'opération par laquelle on réalise un titre que l'on possède en portefeuille pour en acquérir un autre, n'est peut-être pas un arbitrage dans le sens rigoureux du mot ; mais, dans la pratique, on désigne couramment ainsi cette nature de transaction.

Il s'agit là, d'ailleurs, d'une opération intéressante au premier chef pour le rentier qui dispose de capitaux modestes. Toutefois il faut se hâter d'ajouter que pour mériter, même à titre extensif, la dénomination d'arbitrage, il est nécessaire que les ventes et les achats traités portent sur des valeurs analogues, offrant des garanties semblables, procurant des revenus équivalents ; sinon, on se trouve en présence d'un simple échange n'ayant plus aucun rapport, même lointain, avec l'arbitrage.

Le but que l'on se propose souvent, dans l'arbitrage par échange de titres, c'est d'augmenter ses revenus ou, sans les diminuer, de se procurer la libre disposition d'un certain capital. Une personne, possédant un chiffre donné de rentes, peut, en raison de nouvelles charges qui lui sont imposées, se trouver dans la nécessité de retirer de ses fonds un revenu plus élevé ; ou bien, elle aura besoin de distraire de son avoir une certaine somme et, ne voulant pas diminuer son revenu déjà modeste, elle cherchera des valeurs rapportant un intérêt plus fort.

La plus grande prudence s'impose dans ces opérations, et il faut se garder de sacrifier la sécurité de son portefeuille à une augmentation de revenus ; le rentier devra se souvenir, au moment de procéder à l'échange de ses titres, *que l'arbitrage n'existe qu'autant qu'il y a échange de deux valeurs présentant des garanties analogues.* Ainsi, ce ne sera pas un arbitrage que de vendre des fonds d'Etat français pour acheter des fonds de puissances de deuxième ou troisième ordre ; ni de vendre des obligations du Crédit foncier ou de la Ville de Paris pour acquérir des valeurs industrielles ; ni de réaliser des titres à revenu fixe pour acheter, par contre, des valeurs à revenu variable plus ou moins aléatoires. Ces diverses catégories de valeurs peuvent, il est vrai, doivent même, entrer dans la composition d'un portefeuille d'une certaine importance, chacune dans une proportion raisonnable ; mais une fois la répartition adoptée avec les précautions voulues, il faut se garder de la tendance qui consiste à remplacer des valeurs d'une certaine classe par des valeurs d'une classe inférieure, au point de vue des garanties, mais rapportant plus d'intérêts.

Il est aisé, si l'on néglige les règles élémentaires de la prudence, de faire produire à son portefeuille de gros revenus ; mais toute augmentation d'arrérages s'opère ordinairement au détriment de la sécurité des titres, et il ne faut pas que, d'échelon en échelon, le rentier, sous couleur d'arbitrage, arrive à convertir de bonnes valeurs en titres sujets à caution.

L'opération d'arbitrage par échange, dans son apparente simplicité, est des plus dangereuses pour le rentier, si elle n'est traitée avec une grande circonspection car elle peut dissimuler, sous la forme d'un arbitrage, une véritable aliénation de capital. Elle exige, pour être effectuée à propos, de sérieuses connaissances des choses de la Bourse. Donner à ce sujet des règles fixes serait à peu près impossible ; chaque opération doit s'apprécier en elle-même, suivant les circonstances du moment, les valeurs qu'il s'agit de remplacer, l'importance du

portefeuille dont ces valeurs font partie, la part
pour laquelle elles y entrent, etc. Il y a néanmoins
un certain nombre de précautions essentielles qui
devront être observées et que nous allons résumer :

1° Le porteur de titres qui les réalise pour en
acquérir d'autres doit être, autant que possible, en
mesure de se rendre compte, *par lui-même*, de la
valeur et des avantages réciproques des titres qu'il
vend et de ceux qu'il achète ; il faut qu'il s'entoure
des renseignements nécessaires concernant la
sécurité qu'ils présentent, en contrôlant, au besoin,
l'une par l'autre, les indications puisées à plusieurs
sources et en se gardant d'obéir à un avis isolé,
souvent incompétent, quelquefois intéressé.

2° Avant de procéder à un arbitrage de titres, il
faut se renseigner sur les impôts qui grèvent les
coupons des valeurs que l'on veut acquérir et ne
pas baser son appréciation sur le revenu nominal
du titre, les impôts absorbant souvent une portion
notable du revenu.

En France, on sait que les coupons d'actions et
d'obligations au porteur de sociétés et de villes, en
général, de toutes valeurs autres que les fonds
d'Etat, sont sujets, d'une part, à l'impôt sur le
revenu de 4 °/₀ perçu sur le montant brut du coupon et, d'autre part, à la taxe de remplacement
des droits de mutation, de 0 fr. 25 °/₀ sur le cours
moyen du titre pendant l'année précédente. De la
sorte, le revenu d'un titre au porteur de 500 fr.,
du type 4 °/₀, muni d'un coupon brut annuel de
20 fr. et coté aux environs du pair sera réduit de
0 fr. 80 pour l'impôt sur le revenu et de 1 fr. 25 pour
la taxe de remplacement, soit, au total, 2 fr. 05.
Le porteur ne percevra que 17 fr. 95 et son titre ne
lui rapportera que 3.59 °/₀ au lieu de 4 °/₀. Au
nominatif, le même titre rapporterait 3.84 °/₀.

En Angleterre, les dividendes et coupons sont soumis à l'impôt de l'*income-tax*, qui représente 5 % du revenu. Le recouvrement de la retenue opérée pour l'income-tax peut être obtenu, en totalité ou en partie, lorsque le propriétaire des titres n'est pas sujet anglais, mais le remboursement de cet impôt nécessite des frais que le porteur de titres arbitrant des valeurs françaises contre des valeurs anglaises ne devra pas perdre de vue.

3° Si les titres qu'il s'agit d'acquérir sont des actions, il ne suffit pas de connaître le revenu du dernier exercice ; il faut encore s'enquérir des dividendes des années antérieures et des chances de maintien du dividende aux taux actuels.

4° Pour les titres étrangers, il faut savoir si les coupons sont payables en francs, ou au cours du change, la perte au change pouvant, le cas échéant, sensiblement diminuer le rendement du coupon. Il faut savoir encore si le service des titres s'opère ou non en France, parce que l'envoi des coupons à l'étranger pour toucher les intérêts, grèverait le revenu de frais de port et de commission, relativement élevés.

5° Il y aura lieu de tenir compte des frais de courtage, transferts, ports ou autres, que nécessite l'échange de titres, de la date de jouissance des titres achetés et vendus, etc.

Quant aux occasions d'arbitrage, elles naissent le plus souvent de circonstances de place qui dépriment momentanément telle ou telle valeur, dans une proportion plus forte que les autres valeurs du même groupe et rendent l'échange avantageux. Pour ne pas négliger le profit qu'il peut retirer de ces opérations, le capitaliste soucieux de ses intérêts devra suivre son portefeuille et se tenir régulièrement au courant des variations de la cote.

Les arbitrages sur valeurs de Bourse entre diverses places consistent à acheter une certaine quantité de titres dans une ville et à vendre, séance tenante, une même quantité des même titres sur un autre marché, pour bénéficier de la différence qui existe entre les deux cotes, ou bien à faire l'opération inverse : vendre et racheter.

Cette sorte d'arbitrage peut se pratiquer entre deux places d'un même pays et, dans ce cas, la comparaison des cours s'effectue sans aucune difficulté ; il y a lieu seulement de tenir compte, dans les prévisions, des frais de courtage d'achat et de vente, des frais de port, d'assurance de titres, etc., variables suivant les localités où l'on opère.

L'arbitrage avec des places étrangères se double d'une opération de change ; en effet, si on achète des titres à Paris pour les revendre à Londres, il faut tenir compte du change auquel on pourra faire revenir de Londres à Paris le produit de la vente ; c'est là un élément très important à envisager. Il arrivera même, parfois, que la vente de titres sur un marché étranger ait pour principal objet la réalisation d'une opération de change : à défaut de papier payable sur une place étrangère, un débiteur pourra se libérer, s'il y trouve convenance, en remettant à son correspondant étranger des titres, dont le produit servira à niveler son compte. Il y a donc, à ce point de vue, relation étroite entre les arbitrages de Bourse et les arbitrages de change.

Si l'arbitrage de valeurs entre plusieurs places est théoriquement d'une simplicité relative — puisqu'il consiste uniquement à vendre à un certain prix, sur une Bourse, ce qui a été acheté à un prix inférieur, sur une autre, — en pratique, l'opération se complique de nombreux détails qui en rendent l'exécution des moins aisées.

Tout d'abord, pour que l'arbitragiste ne coure les risques ni de la hausse ni de la baisse, l'achat et la vente doivent être simultanés. Un intervalle d'une heure, de minutes quelquefois, entre le moment où l'une des deux opérations est traitée et celui où l'opération correspondante *boucle* l'arbitrage, peut suffire pour qu'un revirement se produise dans les cours et vienne bouleverser les prévisions sur lesquelles la combinaison a été basée.

Aussi l'arbitragiste met-il à contribution les moyens de communication les plus rapides, doit-il être renseigné, instant par instant, sur les cours des diverses Bourses étrangères, en même temps que sur ceux de la place où il se trouve, afin de pouvoir profiter du moment opportun où il pourra opérer. Le télégraphe suffit à peine à la rapidité nécessaire pour la transmission des cotes et des ordres ; c'est au téléphone que l'arbitragiste a recours. Il lui faut recevoir l'indication des cotes étrangères, en calculer immédiatement la parité, passer un ordre, le tout en l'espace de quelques minutes. On se rend compte aisément des qualités diverses que doit posséder un arbitragiste : facilité de calcul, pratique des usages des Bourses française et étrangères, promptitude de vue, etc.

Est-ce à dire que, s'il possède ces qualités et opère avec toute la prudence et la célérité voulues, l'arbitragiste soit à l'abri de tout aléa ? Non, il doit encore compter avec une circonstance fortuite qui pourra empêcher l'exécution d'un ordre, avec les erreurs qui pourront se produire dans la réception des cours ou dans la transmission télégraphique des instructions d'acheter ou de vendre. C'est en théorie seulement qu'une opération peut être sans risque ; dans la réalité il faut toujours compter avec l'imprévu. Un de ces incidents se présente-t-il, voilà l'arbitragiste devenu, malgré lui, spéculateur, parce que sa position, au lieu d'être *bouclée*, reste à *découvert* et qu'il court maintenant les risques de la hausse ou de la baisse.

Et puis, il faut se dire que les moyens de transmission rapides que l'arbitragiste possède aujourd'hui à sa disposition, rendent, d'un autre côté, son rôle plus difficile, en permettant un nivellement presque instantané des cours sur les diverses places. Cette unification des prix rend plus rares, partant, plus malaisées à saisir, les occasions d'arbitrage.

La *lecture des cotes* ne doit être qu'un jeu pour l'arbitragiste et, cependant, que de diversités elles présentent : à *Paris*, par exemple, certaines valeurs se cotent en rente, à raison de tant pour cent du capital nominal, comme le 3 % français et la plupart des fonds d'Etat étrangers ; d'autres se cotent par unité de titre, comme les actions et obligations des sociétés. Les actions non libérées sont cotées, comme si elles l'étaient intégralement et, pour en connaître le prix, il faut déduire de la cote la portion restant à appeler. A *Berlin*, les cours des fonds d'Etat allemands et étrangers, des actions des chemins de fer, des banques, des valeurs industrielles, sont cotés en tant pour cent du capital nominal, excepté les actions de quelques valeurs industrielles et d'assurances, les Autrichiens, les Lombards, les Nord-Ouest de l'Autriche, et quelques autres valeurs, qui se traitent en marks par titre. A *Francfort*, les fonds publics, les obligations sont cotés en tant pour cent du capital nominal, les actions et les lots par unités. *Londres* cote les fonds d'Etat, les actions et obligations de chemins de fer anglais en tant pour cent du capital nominal, les valeurs étrangères, les actions de mines et de sociétés industrielles, en livres sterling, par unité, pour la portion versée seulement.

A Paris, l'intérêt est compté *dans* le cours coté, c'est-à-dire que l'acheteur n'a rien à payer, en plus de ce cours, pour l'intérêt couru depuis le détachement du dernier coupon ; la plus-value acquise par un titre, au fur et à mesure que l'on s'approche de l'échéance d'un nouveau coupon, est comprise dans le cours. Il en est différemment dans un certain nombre de Bourses étrangères, par exemple, à Berlin, à Francfort, à Amsterdam. Dans ces Bourses, l'intérêt est compté *en dehors* et doit être ajouté au prix indiqué par la cote, à un taux qui varie suivant les valeurs. A Berlin, pour les valeurs à revenu fixe, l'intérêt à ajouter au cours se calcule au taux de ce revenu. Par exemple, si un fonds d'État 3 %, dont le coupon se détache le 1ᵉʳ janvier, est coté 99 le 1ᵉʳ février, il y aura lieu d'ajouter à ce prix, un mois d'intérêt à 3 %, soit 0,25. Le prix effectif à débourser, pour la cote de 99, sera donc de 99,25. Pour les actions, dont le revenu est variable, l'intérêt se calcule ordinairement à 4 % l'an. A Francfort, l'intérêt est ajouté au cours, sur les actions à dividende, à raison de 5 % l'an. Remarquons, en passant, que dans les Bourses où l'intérêt est *en dehors* de la cote, le détachement d'un coupon ne produit aucune variation sur les cours.

Il faut que l'arbitragiste connaisse encore les quantités minima sur lesquelles on peut opérer sur les divers marchés, les taux des courtages, les droits de timbre et d'impôt sur les opérations de Bourse. Il est évident qu'une même personne ne pourrait arriver à posséder, de façon à les appliquer instantanément, des connaissances aussi diverses et aussi étendues pour toutes les valeurs qui se cotent dans les principales bourses étrangères ; aussi chaque arbitragiste doit-il, en pratique, se limiter à une certaine catégorie de valeurs et n'opérer que sur deux ou trois places dont les conditions lui sont particulièrement familières.

Un élément qui intervient fréquemment dans le calcul du prix d'une valeur cotée sur une Bourse étrangère, c'est le change fixe. A la Bourse de Paris, il faut tenir compte du change fixe pour connaître le prix d'un grand nombre de fonds d'Etat étrangers. Quand on dit, par exemple, que l'Autrichien or 4 °/₀ vaut 103.60, cela signifie que 4 florins de rente valent 103 florins 60, lesquels doivent être convertis en francs au change fixe de 2 fr. 50 par florin. Une coupure de 8 florins de rente, au cours de 103 60, vaudra en francs :

$$103\ 60 \times 2 \times 2\ 50 = 518\ \text{fr}.$$

De même, pour connaître le prix de valeurs françaises cotées sur les Bourses étrangères, il y a lieu de faire intervenir le change fixe déterminé par les usages de place. Ainsi, le 3 °/₀ français se cote à Londres au change fixe de 25 fr. par liv. st., c'est-à-dire que, pour obtenir le coût en sterling d'une coupure de 3 fr. de rente, cotée à Londres 95 fr., par exemple, il faut transformer ces 95 fr. en sterling, au change de 25 fr. par liv. st.

Ceci posé, comparons le cours de la rente française 3 °/₀, coté le 16 décembre à Paris, 94 50 et à Londres, 95. Le cours à Londres de 95 correspond à un prix en sterling de 95 : 25, soit, en francs, étant donné le cours de 25 15 pour le chèque :

$$\frac{95 \times 25\ 15}{25} = 95\ 57$$

moins le coupon de 0 fr. 75 détaché le 16 à Paris = 94 82. Le 3 °/₀ était donc coté, le 16 décembre, 0 fr. 32 de plus à Londres qu'à Paris. Cela veut-il dire qu'en achetant du 3 °/₀ à Paris à 94 50 et en le revendant à Londres à 95 on aurait fait un bénéfice de 0 fr. 32 par 3 fr. de rente ? Non, parce qu'il aurait encore fallu tenir compte des courtages d'achat et de vente, des frais de port et d'assurance des titres ; du timbre anglais dont doivent être revêtus les titres de rente française pour être négociables à Londres , tous éléments qui auraient absorbé et au delà la différence de prix.

On procédera de façon analogue pour calculer le prix de revient de valeurs internationales sur les grands marchés européens. Par exemple, l'Extérieure 4 °/₀ était cotée le 16 décembre, à Berlin, 87 37 ; à Francfort, 87 50 ; à Londres, 86 3/4. Comparons ces cours à celui de 87 50 coté à Paris à la même date.

A Berlin, au cours de 87 37, il y a lieu d'ajouter les intérêts depuis le 1ᵉʳ octobre, date du détachement du dernier coupon, jusqu'au 16 décembre, puisque, nous l'avons vu précédemment les intérêts sont en dehors du cours coté. Cette rectification nous donnera le cours de 88 19, soit au change fixe de 80 marks pour 100 fr., 70 marks 55, lesquels convertis en francs au change effectif de 123 fr. pour 100 marks, équivaudront à 86 fr. 77.

A Londres, le change fixe pour l'Extérieure étant de 25 20 et le cours du chèque de 25 15, la cote de 86 3/4 correspondra au prix de :

$$\frac{86\ 75 \times 25\ 15}{25\ 20} = 86\ 56$$

A Francfort, le cours de 87 50 correspondra au prix de 86 fr. 90 calculé avec les mêmes éléments qu'à Berlin.

L'Italien 5 °/₀ était coté à Berlin, le 16 décembre, 103 40, plus les intérêts depuis le 1ᵉʳ juillet ou 2 30, soit :

$$\frac{105\ 70 \times 80 \times 123}{100 \times 100} = 104\ \text{fr.}$$

contre un cours à Paris de 103 40.

Comme nous venons de l'indiquer pour la rente française, toutes les opérations d'arbitrage sur valeurs étrangères occasionneront des frais accessoires de courtage, de port, d'assurance, de timbre de titres, etc., variables suivant chaque place, suivant chaque nature de valeurs, et que l'expérience seule peut apprendre. Aussi, qu'il s'agisse d'un achat ou d'une vente, ou d'un échange de titres, une personne qui, pour la première fois, voudra traiter une opération sur une place étrangère, devra s'enquérir avec soin des conditions de cette place et, autant que possible, se faire adresser d'avance, par son correspondant, un compte simulé de cette opération, de manière à en connaître exactement le résultat. Elle ne devra pas manquer de s'informer, le point est essentiel, si les titres qu'elle achète sur cette place étrangère, seront ultérieurement négociables sur la place où elle se trouve, sans être revêtus d'un timbre de valeurs mobilières. De même, un détenteur de titres, avant de les envoyer sur une place étrangère pour les vendre, devra se demander s'ils ne seront pas l'objet, lors de cette réalisation, d'une perception fiscale. En observant ces précautions, le porteur de titres s'évitera bien des mécomptes.

Arbitrage de coupons. — L'arbitrage peut encore porter sur des objets très divers. Nous ne nous occuperons pas ici des arbitrages sur matières précieuses, lingots et monnaies, ni des arbitrages sur marchandises, qui sortent complètement de notre cadre. Par contre, il est une autre sorte d'arbitrage qui touche de très près à l'arbitrage sur valeurs de Bourse, c'est celui des coupons.

Les coupons d'un grand nombre de valeurs internationales sont payables, à la fois, sur plusieurs places, en francs, à Paris; en liv. st., à Londres; en marks, à Berlin ou à Francfort, etc., etc. Il peut arriver que l'on ait intérêt, au lieu de recevoir un coupon sur la place où l'on réside, à l'envoyer sur une autre place pour y être encaissé. Ainsi, le coupon de la rente autrichienne 4 % or, se paye en florins à Vienne, et en francs à Paris, au change fixe de 2 fr. 50 par florin; le coupon de l'Argentin *rescision* se paye en sterling à Londres et, à Paris, au change fixe de 25 fr. par liv. st. Le coupon de l'Égypte unifiée était, autrefois, payable à Paris au change fixe de 25 fr.; depuis 1887, il se règle à un change qui varie chaque semestre, mais qui peut cependant être inférieur au taux effectif de change coté sur place. Dans ces divers cas et dans beaucoup d'autres analogues, il arrive que l'écart entre le taux réel de change et le change fixe auquel se payent les arrérages d'une valeur, permette d'envoyer, avec profit, les coupons à l'encaissement sur une place étrangère. Il y a lieu de tenir compte des frais de port, d'assurance, d'impôts sur le revenu auxquels sont soumis les coupons présentés à l'encaissement sur cette place. Aussi, l'arbitrage ne peut-il ordinairement se pratiquer que pour une quantité importante de coupons; il est réservé, le plus souvent, aux banquiers et changeurs qui achètent sur place au public, à un taux supérieur au cours fixe, les coupons qu'ils ont l'intention d'envoyer à l'étranger comme moyen de remise.

*
* *

En exposant, dans ses lignes essentielles, le mécanisme de l'arbitrage, nous croyons avoir suffisamment montré que, non seulement il n'est pas à la portée de tous, mais encore qu'il constitue une opération difficile, exigeant, de la part de l'arbitragiste, une longue expérience, des connaissances étendues, des aptitudes spéciales, une organisation commerciale appropriée, des relations bien établies, et un grand crédit. Faire ressortir les conditions l'ordre multiple que nécessite, pour être réalisé, le véritable arbitrage, c'est mettre le public en garde contre les opérations dangereuses vers lesquelles on cherche, trop fréquemment, à l'attirer, en les parant faussement d'une dénomination, d'ordinaire, mal connue et mal comprise. Si nous avons réussi à démasquer ce piège, notre but est pleinement atteint, c'est là surtout ce que nous nous proposions.

CHAPITRE VI

CHOIX D'UN INTERMÉDIAIRE

Agents de change. — Coulissiers.

Pour traiter les opérations de bourse, aujourd'hui si fréquentes, le public doit s'adresser à des intermédiaires, à des professionnels, dont le rôle est précisément de faciliter au public l'acquisition ou la réalisation de valeurs de bourse, et de lui permettre d'effectuer, aussi commodément et sûrement que possible, toutes les transactions se rapportant à ces valeurs.

Il ne suffit pas, en effet, de réfléchir au placement que l'on veut faire, au titre que l'on désire acquérir ou vendre. Cette résolution prise, il faut se demander à qui on confiera l'exécution de l'opération. Faut-il choisir tel ou tel agent de change ?

Faut-il s'adresser un banquier, à un établissement de crédit, à un « coulissier », à un receveur de rentes, etc. ?

Le choix de ces intermédiaires demande beaucoup de circonspection et de prudence : d'abord parce qu'on se trouve amené à leur confier des fonds et des titres qui peuvent représenter des sommes importantes ; ensuite, parce qu'ils jouent presque toujours pour leur clientèle le rôle de conseillers financiers, parce qu'ils indiquent à la personne qui a de l'argent à employer, la valeur qu'elle pourrait acheter, parce qu'ils désignent dans le portefeuille du rentier le titre qu'il conviendrait de réaliser pour se procurer des fonds, parce qu'ils signalent à leurs clients habituels les valeurs nouvelles qui sont offertes en souscription publique ou introduites sur le marché. C'est là une fonction très délicate qui demande de la part de celui qui l'exerce une grande connaissance des affaires financières et, avant tout, une probité professionnelle à l'abri de tout soupçon.

Le nombre des intermédiaires est considérable et il en est d'ordres très divers. Il convient que le public ne s'adresse pas à eux à l'aventure ; il ne faut pas confier des fonds ou des valeurs à une maison dont la situation est compromise ou la solvabilité aléatoire ; il ne faut pas non plus demander des conseils à des personnes incompétentes ou, ce qui serait pis encore, peu scrupuleuses, susceptibles de guider le choix d'un acheteur de titres sur une valeur qu'elles auraient intérêt à placer et qu'elles sauraient douteuse.

Aussi, est-il nécessaire que le public aujourd'hui si nombreux et si intéressant des porteurs de titres de toutes classes, capitalistes, rentiers, grands ou petits, possède quelques notions exactes sur le rôle, les fonctions distinctes des diverses catégories d'intermédiaires auxquels il peut être amené à s'adresser et sur les garanties spéciales que tels ou tels de ces intermédiaires peuvent présenter.

En France, les opérations qui ont pour objet les valeurs de bourse sont traitées principalement par les agents de change, les coulissiers, les Sociétés de crédit et les banquiers, les changeurs et receveurs de rentes ; nous ne parlons pas des courtiers ou remisiers de toute nature qui gravitent autour de ces maisons, leur procurent des affaires et qui, bien souvent, sont aussi dangereux à écouter, pour les conseils qu'ils donnent, que les maisons qui exécutent les ordres d'achats ou de ventes qu'elles reçoivent.

Il y a aussi des journaux financiers qui s'occupent, pour le compte de leurs lecteurs, d'achat et de vente de valeurs mobilières et d'autres opérations de bourse.

Parmi ces intermédiaires, tous ne méritent pas le même degré de confiance, tous n'offrent pas les mêmes garanties de compétence et d'honorabilité. Il ne faut d'ailleurs pas croire que les divers titres que nous avons énumérés servent chacun à désigner une catégorie bien distincte de personnes remplissant les mêmes fonctions, exerçant une même profession, traitant les mêmes affaires. Il arrive que, sous une dénomination uniforme, on range des catégories de professions très distinctes. Le mot *banquier*, par exemple, est un de ces termes de signification très large, par conséquent un peu vague, que l'on applique à des personnes qui traitent des affaires très différentes; on désigne sous ce nom, d'une manière générale, tous les professionnels dont les opérations portent habituellement sur l'argent ou sur les valeurs mobilières; mais, nous le verrons dans la suite, il y a banquiers et banquiers; les lois fiscales elles-mêmes ont établi des distinctions utiles à connaître, et à ce point de vue, les *patentes* donnent une indication sérieuse; il ne faut pas confondre *banquier* et *banquier* comme on le fait souvent, en raison de la similitude de dénomination qui leur est appliquée.

Les termes d'*agents de change, coulissiers, banquiers, changeurs*, etc., ne constituent pas des étiquettes désignant des catégories absolument tranchées d'intermédiaires et pouvant servir à déterminer *a priori* le degré de garantie que ceux-ci présentent.

En outre, dans chaque classe d'intermédiaires, il existe une infinité de nuances et il serait impossible d'entrer dans l'examen détaillé de tous les cas particuliers ; tout au plus peut-on indiquer quelles sont les garanties qui s'atttachent le plus souvent à telle ou telle catégorie d'intermédiaires en raison de leur organisation spéciale ou des règles particulières à leur profession. Lorsqu'il s'agira de fixer son choix sur une individualité, ce sera au public de s'informer, de se renseigner exactement sur la solvabilité, l'honorabilité, la compétence de la maison à laquelle il s'adressera, sans se guider exclusivement d'après une dénomination qui peut être trompeuse, d'après un titre qui peut être usurpé. On ne doit jamais s'adresser au hasard, aux maisons ou soi-disant telles qui vous font des offres alléchantes, et encore moins recourir au premier venu sur la foi d'une enseigne ou d'un prospectus ; on ne confiera jamais ses intérêts qu'à des personnes notoirement connues comme respectables, à des maisons bien posées.

Il faut que celles-ci soient en mesure, le cas échéant, de fournir au moyen de leurs archives, des indications sur une opération effectuée par leur entremise, de donner le numéro d'un titre perdu, d'aider à établir sa propriété. C'est là un point très important, car malgré toutes les précautions prises, il peut arriver qu'on perde un titre, qu'on soit la victime d'un vol. A défaut d'autre pièce, il peut être nécessaire, pour établir ses droits, de produire une attestation émanant de la maison qui a vendu une valeur ; il est donc intéressant d'avoir affaire à des intermédiaires dont la bonne foi ne saurait être suspectée, dont les déclarations

puissent, le cas échéant, faire autorité. A ce point
de vue encore, il convient de ne déterminer son
choix qu'en s'entourant de renseignements et de
précautions.

Pour les raisons indiquées, il faut aussi s'adresser à des intermédiaires qui résident dans la localité même où on habite, ou non loin de là, afin de
pouvoir être informé sans délai des modifications
qui surviendraient dans leur solvabilité, dans leur
crédit. Il est déjà assez difficile d'être exactement
renseigné sur le compte d'une maison dont le siège
est tout proche, sans aller, comme on ne le fait que
trop aujourd'hui, confier ses fonds et ses titres à
des banques que l'on ne connaît pas, situées au
loin, qui peuvent péricliter, suspendre même leurs
payements, avant qu'on en soit averti, sans qu'on
ait eu le temps de retirer les fonds et valeurs qu'on
leur a confiés.

Il faut donc toujours avoir affaire à des intermédiaires sérieux, solvables, bien posés, résidant en
France, et autant que possible dans la localité où
l'on habite soi-même.

Nous savons bien que beaucoup de personnes
hésitent à s'adresser aux banques ou sociétés de
crédit installées dans la localité qu'elles habitent,
parce qu'elles ne veulent pas faire connaître leur
situation de fortune, leur portefeuille, ce qu'elles
reçoivent comme revenus semestriels ou annuels ;
elles redoutent les « indiscrétions ». Cela vaut
cependant encore mieux que d'avoir recours à des
inconnus.

Agents de change.

Les principaux intermédiaires pour l'achat et la
vente des valeurs mobilières sont les *agents de*

change. D'après la lettre de la loi, ce devraient même être les seuls. En effet, l'article 76 du Code de commerce dispose que « les agents de change, constitués de la manière prescrite par la loi, ont seuls le droit de faire les négociations des effets publics et autres, susceptibles d'être cotés ; de faire pour le compte d'autrui les négociations des lettres de change ou billets et de tous les papiers commerçables et d'en constater le cours ». « Les agents de change, continue le Code, pourront faire, concurremment avec les courtiers de marchandises, les négociations et le courtage des ventes ou achats de matières métalliques. Ils ont seuls le droit d'en constater le cours. »

Ces dispositions, on le sait, sont en partie tombées en désuétude. D'une part, de nombreuses et importantes opérations sur les valeurs mobilières se traitent par des intermédiaires autres que les agents de change. D'autre part, ceux-ci ont délaissé complètement et abandonné aux courtiers, banquiers ou changeurs toutes les transactions relatives aux lettres de change, effets de commerce et matières métalliques.

Bien que l'article 76 du Code de commerce ne soit pas applicable à la lettre, les agents de change n'en sont pas moins des officiers ministériels investis d'un monopole ; leur nombre est limité et leur organisation est réglementée par décret.

L'origine des agents de change est très ancienne ; on trouve leurs prédécesseurs mentionnés dans des dispositions royales qui remontent au XVe siècle. Un édit de 1572 a érigé leur profession en office et leur a conféré leur monopole. Un arrêt du Conseil d'État de 1639 leur a donné leur appellation actuelle.

Le nombre des agents de change, avons-nous

dit, est limité et leurs charges sont cessibles. Longtemps de 60 à Paris, leur nombre a été porté à 70 par le décret du 29 juin 1898. Il y en a 27 à Lyon, 18 à Bordeaux, 16 à Marseille, 10 à Nantes, 7 à Toulon, 6 à Lille ; il y en a aussi à Dunkerque, à Reims, à Cette, au Havre, à Agen, Orléans, Poitiers, Rouen, Troyes, Versailles, La Rochelle, Toulon, etc. Aux colonies, les agents de change sont en même temps courtiers-interprètes et conducteurs de navire.

Les Bourses qui comportent au moins six offices d'agents de change peuvent être munies d'un parquet, en vertu d'un décret rendu sur la proposition du Ministre des finances, après avis des agents de change réunis en assemblée générale, du Conseil municipal, du Tribunal de commerce, de la Chambre de commerce ou, à défaut, de la Chambre consultative des arts et manufactures, du sous-préfet et du préfet.

Les agents de change près des Bourses munies de parquets sont placés sous les attributions du Ministère des finances, tandis que les autres relèvent du Ministère du commerce ou, si les charges sont situées dans les possessions françaises, du Ministère des colonies. Nous verrons plus loin la différence entre les agents de change de l'une et de l'autre catégorie, au point de vue de leur responsabilité vis-à-vis du public.

Les Bourses de Paris, Bordeaux, Lyon, Lille, Marseille, Nantes et Toulouse sont munies de parquets ; celui de Nice a été supprimé en 1887.

L'organisation des agents de change de Paris est actuellement régie par le décret du 7 octobre 1890 et par le nouveau règlement de la Compagnie des agents de change pris en exécution de ce décret et approuvé le 3 décembre 1891 par le Ministre des

finances. Ce règlement a été remanié en quelques-
uns de ses articles par une délibération de l'assemblée générale des agents de change, homolo-
guée le 29 juin 1898 par le Ministre des finances.

La Compagnie des agents de change a une
caisse syndicale qui sert à parer aux responsabilités pouvant incomber à la chambre.

Les agents doivent consigner sur des livres spéciaux toutes les opérations faites par leur ministère
et inscrire chaque opération sur un carnet dont le
modèle est déterminé par la chambre syndicale.
Ils sont tenus de délivrer un reçu des fonds ou des
valeurs qui leur sont remis et, quand ils en sont
requis, d'inscrire sur des bordereaux les numéros
des valeurs négociées.

Les agents de change ne peuvent faire aucune
opération pour leur propre compte, mais, sauf convention contraire, l'agent qui effectue une négociation répond envers son commettant de l'exécution de cette transaction par celui de ses collègues
avec lequel elle a été effectuée.

La responsabilité de la chambre syndicale, dans
les Bourses munies de parquet, intervient dans les
conditions suivantes : d'après l'article 55 du décret
du 7 octobre 1890, modifié par celui du 29 juin
1898, lorsque l'agent de change n'a pas remis,
dans les délais réglementaires, à son donneur d'ordre
les titres ou les espèces qu'il lui doit, celui-ci n'a
qu'à mettre en demeure la chambre syndicale pour
qu'elle soit obligée d'assurer l'exécution du marché. Au reçu de la notification du donneur d'ordre,
la chambre syndicale prend à l'égard de l'agent
de change les mesures propres à assurer l'exécution du marché ; elle l'exécute elle-même, au besoin
au mieux des intérêts du donneur d'ordre et pour
le compte et aux risques de l'agent de change en
défaut.

Les agents de change doivent remplir des conditions d'aptitude déterminées par les règlements. Ils sont nommés par décret, après avoir été agréés par la chambre syndicale, ou, s'il n'y en a pas, après avis des agents de change de la localité et du Tribunal de commerce. Ils doivent verser un cautionnement et prêter serment. Le versement est de 250.000 francs à Paris, 40.000 francs à Lyon, 30.000 francs à Bordeaux et Marseille, 12.000 francs à Toulouse, 10.000 francs à Nantes, 15.000 francs à Rouen, 12.000 francs à Dunkerque, 10.000 francs au Havre, 8.000 francs à La Rochelle et à Troyes, etc.

Le cautionnement est spécialement affecté à la garantie des condamnations qui peuvent être prononcées contre les agents de change par suite de leurs fonctions et, en général, à la garantie des négociations dont ils sont chargés. Le cautionnement garantit, par second privilège, le remboursement des fonds prêtés pour le fournir. Lorsque le cautionnement est entamé, l'agent de change est suspendu de ses fonctions jusqu'à ce qu'il ait été entièrement complété de nouveau.

Bien qu'ils soient officiers ministériels, les agents de change sont soumis, pour leurs opérations, à la juridiction commerciale et, en cas de faillite, tout agent de change est poursuivi comme banqueroutier.

Les négociations sont effectuées par les agents de change moyennant un courtage dont le taux est déterminé pour chaque place par la chambre syndicale et, s'il n'y a pas de chambre syndicale, par le Tribunal de commerce, dans les limites d'un tarif maximum fixé par décret, dans la forme des règlements d'administration publique.

Le tarif des agents de change près la Bourse de Paris est le suivant :

Pour les négociations effectuées en vertu de pièces contentieuses, le courtage est de 0 fr. 25 %.

Toutes les autres négociations *au comptant* sont soumises au courtage de 0 fr. 10 par 100 francs du montant de la négociation, avec un minimum de 0 fr. 50.

Pour les opérations *à terme*, le courtage est de 12 fr. 50 par 1.500 francs de rente française 3 %. Sur les rentes étrangères se négociant en capital ou en rente, dont le cours est inférieur à 50 francs, le courtage est de 0 fr. 05 par 100 francs du capital nominal. Sur les actions et obligations dont le cours est inférieur à 250 francs, le courtage est de 0 fr. 25 par action ou obligation ; si le cours des actions ou obligations est compris entre 250 et 500 francs, le courtage est de 0 fr. 50 par action ou obligation. Pour toutes autres valeurs, le droit est de 0 fr. 10 par 100 francs du montant de la négociation.

Le *report* de toutes valeurs autres que la rente française donne lieu à la perception d'un courtage de 1 fr. 25 % l'an sur le cours de compensation. Pour le report de la rente, le courtage est de 12 fr. 50 par 1.500 francs de rente.

Les courtages se calculent sur la partie versée seulement des titres et non sur la valeur nominale.

Coulissiers.

Si le monopole des agents de change a ses excellentscôtés, pas plus qu'aucun autre privilège, il n'est exempt d'inconvénients ; souvent il a été attaqué, au nom du principe de la liberté des transactions, souvent il a été menacé dans son existence et ce n'est pas sans difficultés qu'il a résisté aux empiètements dont il était l'objet.

12*

En fait, à côté des agents de change, fonctionnent de nombreux intermédiaires qui s'occupent de l'achat et de la vente des valeurs de bourse. Au premier rang de ces intermédiaires libres figurent les *coulissiers*, dont les opérations se rapprochent le plus de celles que traitent les agents de change.

D'après M. Fremery [1], les noms de *coulisse*, *coulissiers* viennent de ce que dans les anciens locaux destinés à la Bourse de Paris, les personnes qui opéraient sans le ministère des agents de change, se réunissaient dans un couloir séparé par une cloison à hauteur d'appui du lieu où étaient assemblés les commerçants ; on appelait ce couloir la « coulisse ».

Les coulissiers ne sont pas reconnus d'une façon officielle et sont par suite indépendants des pouvoirs publics. Ils forment seulement des groupements de personnes, ou syndicats, dont les membres s'agréent réciproquement et qui se sont réglementés eux-mêmes. Il y a, à Paris, trois coulisses distinctes : le marché des *rentes à terme*, le marché des *valeurs à terme* et le marché des *valeurs au comptant*. Ces groupes, qui comprennent environ 250 maisons, se sont donné une organisation corporative, ont adopté des tarifs communs et des règles pour la liquidation de leurs opérations.

Le marché des rentes opère exclusivement sur la rente française 3 % à terme ; le marché des valeurs traite, à terme, les titres non susceptibles d'être cotés au parquet, tels que certains fonds d'Etat étrangers, des actions de banques étrangères, de mines d'or, etc., ainsi que les valeurs en cours d'émission et qui ne sont pas encore admises à la cote officielle. Le marché du comptant ne

1. *Des opérations de Bourse.*

traite que les affaires au comptant sur les titres qui
ne se négocient pas au parquet.

En outre, d'après les principes généraux du
droit, à l'encontre des agents de change, les coulissiers peuvent faire, sur toutes valeurs, des
affaires pour leur propre compte, directement et
sans intermédiaire. C'est ce qu'exprime le vieil
adage : « Ne prend courtier qui ne veut ». En pratique, cependant, la question de savoir si un coulissier peut se porter *contre-partie* de son client,
c'est-à-dire acheter à celui-ci les titres qu'il veut
vendre, ou inversement, a fait l'objet de nombreuses et vives controverses. La jurisprudence a
donné au spéculateur malheureux, poursuivi par
le coulissier en règlement de différences, l'exception
dite « de contre-partie » si le coulissier n'est pas
en mesure de prouver qu'il a porté l'affaire sur le
marché.

Cette théorie, pour les transactions à terme,
réduit en quelque sorte le coulissier au rôle de
courtier de l'agent de change. Elle est appliquée
par l'Administration de l'Enregistrement à l'occasion de la perception de l'impôt sur les opérations
de bourse. L'article 14 de la loi de finances du
13 avril 1898 relatif à cet impôt a été adopté sur
la proposition de MM. Lacombe et Fleury-Rava-
rin. Il est ainsi conçu : « Quiconque fait commerce
habituel de recueillir des offres et des demandes
de valeurs de bourse, doit, à toute réquisition des
agents de l'Enregistrement, s'il s'agit de valeurs
admises à la cote officielle, représenter les bordereaux d'agents de change et faire connaître les
numéros et les dates des bordereaux ainsi que les
noms des agents de change de qui ils émanent, et,
s'il s'agit de valeurs non admises à la cote officielle, acquitter purement le montant des droits. »

D'après l'Administration (circulaire du 30 juin 1898), l'obligation de la production du bordereau d'agent de change ne s'applique pas aux *opérations directes proprement dites*, c'est-à-dire à celles par lesquelles les banquiers, les changeurs et autres assujettis achètent réellement des titres et les revendent de même après les avoir possédés *pendant un temps plus ou moins long*. C'est là refuser le droit de contre-partie pour toutes opérations autres que les ventes des valeurs au comptant qui sont plutôt du ressort des changeurs que des coulissiers.

La coulisse tient à côté du parquet une place importante ; elle a rendu au marché et au public des services nombreux. Si les agents de change méritent la confiance du public et en sont dignes par leur grande honorabilité, il existe également sur le marché libre des maisons d'une honorabilité reconnue, faisant des opérations importantes et dignes, elles aussi, de la confiance du public.

Les opérations traitées par les coulissiers et les autres intermédiaires libres sont considérables, mais, malgré l'importance prise par la coulisse, elle n'est toujours pas arrivée à se faire reconnaître de façon officielle, et les agents de change ont toujours le droit d'invoquer contre elle, à tout moment, l'article 76 du Code de commerce : « Les agents de change ont seuls le droit de faire les négociations des effets publics et autres susceptibles d'être cotés... »

Dans l'organisation actuelle du marché de Paris, la coulisse est constituée, conformément à la loi du 21 mars 1884 sur les syndicats, par des groupements de banquiers opérant habituellement entre eux. Il y a deux de ces syndicats professionnels, l'un pour les banquiers opérant à terme, l'autre pour les banquiers traitant des affaires au comptant. Voici les principales conditions exigées des maisons qui veulent faire partie d'un des syndicats de coulisse :

1° Faire profession de traiter des opérations pour soi-même ou pour le compte d'autrui ; 2° être français (on n'a cependant pas exclu du marché les maisons étrangères qui fonctionnaient avant la nouvelle organisation, mais actuellement elles ne sont plus qu'en nombre infime); 3° justifier d'un capital social ou personnel de 300.000 francs ; 4° faire acte d'adhésion aux statuts du syndicat et à son règlement.

La demande d'admission doit être appuyée par deux membres du syndicat. Les sociétés anonymes ne peuvent être admises.

Le syndicat est administré par une chambre syndicale composée de cinq membres au moins et de neuf au plus, élus en assemblée générale pour un an. La chambre syndicale nomme son bureau, composé d'un président, d'un vice-président, d'un secrétaire et d'un trésorier.

Quant aux opérations, soit au comptant, soit à terme qui se font sur le « marché libre » soit par l'intermédiaire de maisons de coulisse s'occupant d'affaires à terme, soit par l'intermédiaire de celles qui s'occupent d'affaires au comptant, les taux de commission ne sont pas identiques au taux du « courtage officiel » du parquet. La commission de coulisse au comptant est de 1/8 % avec un minimum de 0 fr. 25 pour les petits titres d'une valeur inférieure à 100 francs. A terme, pour la quantité minima de négociation, le courtage est de 12 fr. 50 pour les fonds d'État de 50 francs et au-dessous, et de 1/10 % pour les fonds au-dessus de 50 francs. Sur les actions et obligations, le courtage est de 0 fr. 225

pour les titres jusqu'à 12 fr. 50 ; 0 fr. 25 pour les titres de 12 fr. 50 à 50 francs ; 0 fr. 50 pour les titres de 50 à 250 francs ; 0 fr. 75 pour les titres de 250 à 500 francs ; 1 franc pour les titres de 500 à 750 francs ; 1 fr. 50 pour les titres de 750 à 1.000 francs ; 2 % pour les titres d'une valeur supérieure à 1.000 francs. Ce tarif s'applique également aux reports.

A ces frais officiels viennent s'ajouter aussi, pour les opérations traitées par agents de change ou par coulissiers, quelques menus débours pour timbres de quittance, ports et assurances.

CHAPITRE VII

LA COTE OFFICIELLE ET LES COTES
EN BANQUE

Le possesseur d'un titre ne doit pas ignorer où ni comment il se cote. Figure-t-il à la cote officielle ou aux cotes en banque ? N'est-il au contraire admis ni à l'une ni aux autres ?

La cote mentionne, en effet, sur un titre, outre le prix auquel il se négocie, diverses indications fort utiles au porteur : importance du coupon, ou, s'il s'agit d'une action, du dernier dividende ; acomptes reçus ; date de jouissance (point de départ des intérêts acquis) ; numéro du coupon qui doit être attaché au titre pour le négocier ; montant nominal du titre ; versements restant à appeler sur les titres qui ne sont pas encore intégralement libérés ; nombre des titres émis, etc., etc. Cet ensemble de renseignements sert déjà à documenter jusqu'à un certain point le porteur et il est indispensable qu'il sache où se le procurer.

En outre, du fait même qu'un titre est admis à telle ou telle cote, on peut tirer certaines déductions : les justifications exigées ne sont pas les mêmes pour qu'un titre figure à la cote officielle du parquet ou à la cote en banque. Il ne faut cependant pas croire, hâtons-nous de le dire, que l'admission à la cote des agents de change constitue pour une valeur un brevet de garantie, ni que toutes les valeurs officiellement cotées soient bonnes ou que toutes celles qui ne le sont pas soient mauvaises, ni qu'une valeur est devenue meilleure parce qu'après avoir figuré à la cote en banque, elle passe à la cote du parquet.

Il ne résulte pour le syndicat des agents de change aucune garantie effective, du fait de l'admission d'un titre à la cote, pas plus que les syndicats de banquiers en valeurs ne sont responsables de la dépréciation des valeurs négociées en coulisse. Cette absence de garantie de la part des syndicats d'agents de change ou de banquiers se comprend fort bien : quand une valeur est admise à la cote, il s'agit souvent d'action d'une entreprise nouvelle, sur le sort de laquelle il est bien difficile, sinon impossible, d'émettre des prévisions avec quelque certitude. Puis, des valeurs peuvent être très sérieuses, très bonnes, à un moment donné et l'entreprise péricliter dans la suite ; pourtant, les titres continueront à figurer à la cote ; en effet, à quel moment les en rayer ? Le faire, ce serait déconsidérer et perdre à tout jamais une affaire qui peut simplement passer par une période de crise dont elle se relèvera un jour ; ce serait assumer une responsabilité morale beaucoup plus lourde que celle résultant de l'admission même. On voit donc continuer à figurer à la cote des valeurs dont l'admission serait peut-être aujourd'hui refusée ; c'est assez dire que si la présence d'un titre sur telle ou telle liste de valeurs constitue une indication utile, il ne s'agit que d'une indication toute relative et qui demande à être appuyée de renseignements puisés à d'autres sources.

*\
*

Avant d'être prononcée, l'admission d'une valeur

à la cote officielle fait l'objet des délibérations de
la chambre syndicale des agents de change, mais
cet examen porte sur des points de forme et non
sur les garanties présentées par le titre : s'il s'agit
d'un emprunt étranger, la chambre s'assurera qu'il
a bien été autorisé par les personnalités ou par les
assemblées compétentes, que le pays débiteur est
bien engagé. S'il s'agit d'une société, la chambre
vérifiera si les formalités de constitution ont bien
été remplies, si les prescriptions légales relatives
au montant nominal des actions sont bien respec-
tées. On sait que les actions de sociétés françaises
doivent être de 25 francs au moins si le capital de
la société ne dépasse pas 200.000 francs. Si le capital est supérieur à ce chiffre, les actions doivent
être au minimum de 100 francs ; elles doivent être
libérées de 25 francs au moins lorsqu'elles sont
inférieures à 100 francs et au moins du quart
quand elles sont d'un montant supérieur. La
chambre syndicale ne se préoccupe pas de la solvabilité de l'emprunteur qui pourrait être satisfaisante
aujourd'hui et ne plus l'être demain, ni des chances
de réussite plus ou moins problématique d'une
affaire qui se crée.

Par conséquent, ainsi que nous l'avons dit
maintes fois, dans la longue liste de valeurs qui
figurent à la cote officielle, il y en a de bonnes et
de mauvaises ; il y en a qui peuvent être mises
dans tous les portefeuilles, d'autres, au contraire,
qui conviennent à certains portefeuilles mais qui,
en raison des risques qu'elles comportent, ne peuvent
être acquises par les petits rentiers prudents et
soucieux de leurs intérêts. Certains titres cotés
seulement en coulisse peuvent valoir tout autant et
plus que des valeurs admises au Bulletin officiel. Il
y a même des titres qui ne se cotent nulle part,

des actions de petites sociétés privées qui peuvent
être d'excellentes valeurs. Il est impossible de formuler une règle à ce sujet ; c'est au public à se
renseigner, à s'enquérir des garanties que présentent les titres qu'il achète ; il aurait le plus
grand tort de s'imaginer qu'un syndicat d'agents
de change ou de banquiers patronne une valeur, la
recommande, parce qu'il l'admet à sa cote. Tout au
plus l'oubli d'une prescription légale, une faute
lourde entraîneraient-elles la responsabilité de la
chambre syndicale ; c'est-à-dire, par exemple,
qu'elle serait responsable de l'admission à la cote
de titres d'un emprunt qui n'aurait pas été approuvé
par les autorités compétentes, ou d'actions d'une
société irrégulièrement constituée ; mais sa garantie se borne exclusivement à ces points en quelque
sorte superficiels ; elle n'est pas afférente à la
valeur intrinsèque du titre.

Ajoutons que l'admission à la cote officielle n'est
pas prononcée de la même manière pour toutes les
valeurs : pour les fonds d'État français, elle l'est de
droit ; pour les autres titres, une procédure d'admission est nécessaire ; la chambre syndicale procède à une enquête sur les lois ou décrets qui ont
autorisé les emprunts, sur l'émission des actions,
le lieu de payement des arrérages ; elle ne laissera
figurer à la cote que des titres sur lesquels le public
pourra être renseigné d'une façon suffisante. Les
pièces à fournir pour les titres de sociétés françaises
sont notamment les suivantes : exemplaires des
statuts, pièces constitutives de publicité légale,
spécimens des titres, derniers bilans et comptes
rendus d'assemblées, engagement d'avoir à Paris
une caisse chargée du service des titres et coupons.

Pour les valeurs étrangères autres que les fonds
d'État, les pièces exigées sont à peu près les

mêmes ; de plus, elles doivent comprendre la certification par l'autorité consulaire que les actes
fournis sont conformes aux lois et usages du pays
d'origine ; s'il y a une Bourse dans le pays, la
valeur doit y être cotée ; il faut aussi justifier de
l'agrément par le Ministre des finances d'un représentant responsable du payement des droits au
Trésor. Les actions de sociétés étrangères ne
peuvent être admises à la cote officielle que si elles
remplissent, au point de vue de l'importance du
titre, les conditions requises par la législation
française.

Quant aux fonds d'Etats étrangers, longtemps
proscrits de la cote, une ordonnance du 12 novembre
1823 a permis de les y admettre. Dans le préam-
bule de cette ordonnance, on a pris soin de stipuler
que la permission de coter sur le cours authentique
de la Bourse de Paris les effets publics des gouvernements étrangers n'implique, de la part du
gouvernement français, ni approbation desdits
emprunts, ni obligation d'intervenir en faveur de
nos sujets qui, de leur plein gré, y placeraient leurs
capitaux. De plus, bien qu'il n'y ait pas de disposition légale à cet égard, en fait, avant d'admettre
à la cote un fonds d'Etat étranger, la chambre
syndicale s'assure du consentement du Ministre
des finances ; cette autorisation est donnée d'accord avec le Ministre des affaires étrangères. Il
serait, en effet, contraire à toute logique, d'admettre
à la cote officielle les titres d'un Etat avec lequel
nos relations diplomatiques seraient dépourvues
d'une suffisante cordialité ; puis, l'admission d'un
emprunt sur le marché français constitue, pour un
pays étranger, une véritable faveur, en échange de
laquelle le Gouvernement est en droit d'exiger
pour nos nationaux certains avantages économiques ou commerciaux.

Le Bulletin de la cote officielle est divisé en deux parties : dans la première, figurent les valeurs qui sont inscrites quotidiennement à la cote, qu'un cours ait été pratiqué ou non ; la seconde partie du Bulletin est consacrée aux valeurs sur lesquelles les transactions sont moins fréquentes et qui ne sont inscrites à la cote que si une opération a été réalisée.

Les valeurs qui figurent à la première partie du Bulletin de la cote sont elles-mêmes partagées en deux grands groupes : 1° les valeurs qui se négocient à terme et au comptant ; 2° les valeurs qui se traitent au comptant seulement.

Voici les diverses catégories de valeurs qui se négocient à terme et au comptant : fonds d'Etat français, fonds garantis par le gouvernement français, emprunts de colonies et de protectorats, emprunts de villes, valeurs françaises (actions et obligations de sociétés), fonds d'Etat étrangers, valeurs de sociétés étrangères.

Les valeurs qui se négocient au comptant seulement comprennent : les emprunts de colonies et de protectorats, les emprunts de départements et villes françaises, les valeurs françaises (actions, obligations), les fonds d'Etat étrangers, les valeurs étrangères (actions, obligations).

Une rubrique (*Cote à titre exceptionnel*) est réservée pour inscrire le cours des valeurs qui auraient été vendues à la suite d'une procédure judiciaire.

La première partie de la cote se termine par l'inscription du cours des changes étrangers, bien que les opérations ayant pour objet des transactions ne se traitent pas par l'intermédiaire des agents de change, mais par celui de courtiers libres.

La cote mentionne encore le taux auquel se négocient les bons du Trésor et le taux d'escompte de la Banque de France, ainsi que le taux auquel cet établissement consent des avances sur nantissement.

En dehors de l'indication des cours pratiqués, la cote officielle renferme divers renseignements intéressants pour les porteurs de titres ; elle mentionne, notamment, le taux auquel les valeurs ont été émises, la date de jouissance, c'est-à-dire la date à laquelle le dernier coupon a été détaché et depuis laquelle, par conséquent, le porteur jouit des intérêts, le chiffre du revenu du dernier exercice, le cours de clôture de la précédente séance, le cours auquel les opérations à terme se sont compensées à la dernière liquidation.

D'après les usages de la Bourse de Paris, les valeurs sont cotées, y compris les intérêts courus depuis la date de jouissance ; comme nous l'avons expliqué précédemment[1], il en est différemment dans certains pays étrangers, en Allemagne, notamment, où il faut ajouter au prix indiqué par la cote les intérêts sur le montant du titre, depuis la date de payement du dernier coupon jusqu'au jour du règlement. Les arbitragistes ne doivent pas perdre de vue cette particularité, lorsqu'ils comparent les cours d'une même valeur sur deux places où la cote est établie d'après les procédés différents.

Lorsqu'une valeur n'est pas intégralement libérée, le prix inscrit à la cote ne représente pas la somme qu'il y a lieu de débourser pour acquérir un titre ; il faut, pour connaître le prix d'achat ou de vente effectif, déduire du cours coté le montant

1. Voir *suprà*, p. 166.

A. NEYMARCK. — *Que faire de son argent ?*   13

des versements qui restent à appeler. Par exemple, les actions de la Société générale sont cotées 850 francs et ne sont libérées que de 250 francs sur 500 francs, montant nominal du titre. Le prix effectif à débourser par action sera de 850 francs moins 250 francs restant à verser, ou 600 francs. Les actions du Crédit Industriel et commercial sont cotées 725 francs et ne sont libérées que de 125 francs ; pour les acquérir il faudra débourser 725 francs moins 375 francs, ou 350 francs. Les obligations foncières 1903, libérées de 350 francs sur 500 francs sont cotées 496 francs ; le prix effectif est de 496 francs moins 150 francs restant à verser ou 346 francs.

Certaines valeurs sont cotées par unité de titre ; d'autres, ordinairement les fonds d'État, sont cotées en rente, c'est-à-dire que le Bulletin indique le prix de 3 francs de rente, de 4 francs de rente, de 5 francs de rente, suivant qu'il s'agit de titres 3, 4, 5 %.

En ce cas, pour connaître le prix de la plus petite coupure qui puisse être négociée, il faut chercher combien de fois cette coupure contient l'unité de rente et multiplier par le nombre ainsi trouvé le cours indiqué à la cote. Par exemple, le Russe consolidé 4 % est coté 83 francs ; pourtant, on ne pourra pas acquérir, moyennant 83 francs, un titre de 4 francs de rente ; il n'en existe pas. La plus petite coupure est de 20 francs de rente ou 5 fois 4 francs de rente ; son prix sera donc égal à 5 fois 83 francs ou 415 francs.

Lorsque pour une même valeur il existe des coupures d'importance différente, la cote indique le prix de chacune des catégories de coupures. Les petites coupures se cotent généralement un peu plus cher que les grosses, parce qu'elles sont plus recherchées du public, plus aisément classées dans les portefeuilles. Ainsi, la coupure de 20 francs de rente russe 4 % consolidé étant cotée 83 francs, celle de 100 francs valait le même jour 82 fr. 80 ; celle de 200 francs, 82 fr. 75 et celle de 500 francs de rente 82 fr. 70. Il ne faut donc pas manquer de spécifier, quand on passe un ordre d'achat ou de vente de valeurs cotées en rente, l'importance des coupures qu'on désire acquérir ou des coupures que l'on veut vendre.

Pour le calcul du prix de certaines valeurs étrangères, notamment des fonds d'État étrangers, il intervient dans l'opération un élément particulier ; le change entre le franc et la monnaie du pays à laquelle appartient la valeur considérée. Ce change est *fixe*, c'est-à-dire qu'il est toujours le même pour toutes les opérations traitées à la Bourse de Paris sur une certaine valeur ; il est indiqué par le Bulletin de la cote officielle.

Ainsi, nous voyons à la cote que les Consolidés anglais sont cotés 90.50, change fixe 25.20. Cela veut dire que le prix indiqué sur la cote correspond à des livres sterling (90 1/2 liv. st. pour 100 liv. st. de capital) et que, pour connaître la somme à débourser en francs, il faut convertir en francs, au cours de 25.20 le cours coté en sterling. Une coupure de 100 liv. st. de capital de Consolidés anglais vaudra par conséquent 90 liv. st. 1/2 à 25.20 ou 90.50 $\times$ 25.20, soit 2.280 fr. 60.

Une coupure de 200 liv. st. nominal au cours de 90.17 1/2, vaudra 97 1/2 $\times$ 2 $\times$ 25.20, ou 4.544 fr. 82.

Le prix indiqué sur la cote, pour la rente autrichienne 4 % florins or est celui de 4 fl. de rente ou 100 fl. capital nominal, au change fixe de 2 fr. 50 par florin. Une coupure de 8 fl. de rente, au cours de 98.50, coûtera : $98.50 \times 2 \times 2.50$ ou 492 fr. 50.

La rente 4 % couronnes se cote par 4 c. de rente, ou 100 c. de capital nominal, au change fixe de 1 fr. 05 ; par conséquent 8 c. de rente, au cours de 98.85 vaudront ; $98.85 \times 2 \times 1.05$, soit 209 fr. 68 1/2.

On voit que le prix marqué sur la cote en regard du nom d'une valeur ne correspond pas toujours à la somme qu'il faut débourser pour acquérir la plus petite coupure de cette valeur. Avant de passer un ordre, on fera donc bien de consulter les indications complémentaires de la cote, afin de se rendre compte de la quantité minima que l'on pourra acquérir et, s'il s'agit de certains titres étrangers, de la somme réelle en francs que l'on aura à débourser.

Les titres qui se négocient tout à la fois au comptant et à terme détachent leurs coupons après le règlement de la liquidation en cours, c'est-à-dire à la cinquième bourse du mois pour les coupons échéant le 1er et le 18 pour ceux échéant le 15, sauf un retard correspondant au nombre de jours fériés.

Les titres achetés du 1er au 5 et du 15 au 18 inclus de chaque mois ont donc droit au coupon échu le 1er et le 15. Sur les rentes françaises, il est fait exception à cette règle : les coupons sont détachés en Bourse, c'est-à-dire que les titres se négocient ex-coupons, 15 jours avant l'époque de l'échéance, bien que le payement ne soit effectué par le Trésor qu'à l'échéance indiquée sur les coupons.

En résumé, la lecture de la cote ne permet pas de se renseigner sur le degré de sécurité que pré-

sente un titre, mais elle fournit au rentier un grand
nombre d'indications très utiles, indispensables
même, si on veut passer un ordre de bourse d'une
manière intelligible pour l'agent de change ou le
banquier qui le reçoit et si on veut éviter de fausses
manœuvres.

*
* *

Le syndicat des agents de change, avons-nous
dit, n'est pas responsable des valeurs qu'il admet
à la cote officielle. Les formalités assez compliquées et assez sévères dont la chambre exige l'accomplissement pour l'admission d'un titre au Parquet, ne suffisent pas à écarter de ce marché toutes
les valeurs mauvaises et dangereuses. Les conditions qui sont requises permettent seulement de
présumer qu'une valeur admise à la cote est une
valeur régulière, émanant d'un emprunteur valablement engagé, d'une société constituée selon
les règles légales et dont les statuts sont conformes
aux dispositions de notre droit. La chambre syndicale des agents de change observe, pour l'admission d'un titre à la cote, une certaine procédure
rigoureusement déterminée et qui donne au porteur la certitude que des précautions ont été prises,
que le titre coté représente bien quelque chose de
réel.

Pour l'admission d'une valeur à la cote de la
coulisse, certaines justifications sont également
exigées.

Les conditions d'admission à la cote des banquiers en valeurs au comptant et à celle des banquiers en valeurs à terme sont déterminées par les
règlements de chacun des syndicats ; les deux règlements sont à peu près semblables.

Sont seules inscrites aux cotes en banque les

valeurs qui ne figurent pas à la cote officielle ; les valeurs nominatives de sociétés étrangères ne peuvent être cotées que s'il y a à Paris un buréau désigné pour les transferts.

Quelles sont les formalités exigées par la chambre syndicale de banquiers pour l'admission à la cote ? Une demande doit être adressée par écrit à la chambre syndicale. S'il s'agit de titres d'une société, la demande doit être accompagnée des statuts, des derniers bilans et d'un exposé général de la situation de l'affaire, signé par la maison demanderesse. La chambre peut exiger toutes autres justifications et garanties qu'elle juge utiles ; elle a tous pouvoirs pour accepter ou refuser la cotation d'une valeur qui lui est proposée ; elle n'a pas à motiver sa décision.

La chambre syndicale a l'obligation, au cas où l'admission est prononcée, d'aviser les membres du marché aussitôt que sa décision est prise et de les prévenir deux jours avant l'inscription de la valeur à la cote.

Il est créé, pour chaque titre admis à la cote, un dossier spécial tenu au siège du syndicat à la disposition des membres du marché.

L'artile 15 du règlement permet à la chambre syndicale de supprimer une valeur inscrite à la cote ; il pose le principe que l'admission d'une valeur ne peut entraîner aucune responsabilité de la part de la chambre, vis-à-vis des membres du marché ni vis-à-vis des tiers.

Il est interdit aux membres des syndicats, sous peine d'amende, de contracter dans les groupes des affaires avec les maisons non adhérentes et sur des valeurs non admises à la cote du marché.

Les cours des opérations et ceux des reports sont enregistrés publiquement sur le marché par les

agents de la chambre syndicale et sous sa surveillance ; à cet effet, deux de ses membres sont désignés mensuellement à tour de rôle pour remplir cet
office. L'article 10 du règlement relatif à la cote du
marché à terme des valeurs en banque détermine
le mode de cotation des valeurs et impose l'obligation de faire figurer sur la cote au moins le plus
bas, le plus haut et le dernier cours enregistrés sur
le marché pour chaque valeur. Les cours sont appelés à haute voix, aussitôt après la clôture de la
Bourse ; des rectifications peuvent être demandées ;
les contestations éventuelles sont tranchées par les
deux membres de service de la chambre syndicale.

On voit que, pour l'admission d'une valeur à la
cote en banque, les syndicats de banquiers qui
constituent ce que l'on appelle communément la
coulisse, exigent certaines justifications, l'accomplissement de certaines formalités, analogues à
celles requises pour l'inscription d'un titre à la cote
officielle, et qui permettent ainsi au public de supposer que quelques précautions ont été prises, avant
de coter une valeur en banque.

Il est vraisemblable cependant que ces formalités, ces justifications, sont moins sévères ou que
l'observation en est moins rigoureusement exigée
qu'à la chambre syndicale des agents de change ;
autrement, on peut supposer que la plupart des
valeurs figurant à la cote en banque solliciteraient
leur admission à la cote officielle, souvent considérée, à tort ou à raison, comme imprimant à un
titre une sorte de consécration.

Puis, la coulisse n'exige pas que les actions de
sociétés, cotées en banque, remplissent au point
de vue de la quotité, des versements appelés, les
conditions imposées par la loi aux entreprises fran-

çaises. C'est ainsi qu'on verra figurer à la cote des banquiers en valeurs des titres anglais de 1 schilling (1 fr. 25). Par suite, certaines mesures de précaution édictées par le législateur français en de mettre le public, jusqu'à un certain point, à l'abri des manœuvres de promoteurs de sociétés dépourvus de scrupules, n'atteignent pas les valeurs cotées en banque.

On sera donc fondé à se demander pourquoi telle valeur figure à la cote officielle et telle autre à la cote en banque seulement.

A côté des cotes officielle et officieuse, il y a encore celles qui sont publiées par des journaux financiers et qui comprennent, en dehors des catégories précédentes, des valeurs qui ne sont admises ni à la cote du Parquet ni aux cotes des syndicats de banquiers. Aucune règle ne règne plus à cet égard : tel journal peut avoir sa cote et tel autre la sienne ; c'est le système de la liberté absolue. Encore conviendrait-il que le public n'en souffrît pas. Il doit être prévenu qu'il se trouve là en face de titres pour lesquels aucune précaution d'aucune sorte n'a été prise par une chambre syndicale. C'est ainsi que se glissent sur le marché, que s'introduisent dans les portefeuilles les valeurs éruptives, les titres d'entreprises chimériques, inexistantes pour ainsi dire, dont les actions ne sont que du papier sans valeur effective, ou, comme on l'a dit, du papier peint, du papier sali.

Le grave danger de ces pratiques, c'est que les public voit figurer ces valeurs à la cote de certains journaux, à côté de celles qui sont admises par les syndicats de banquiers, et s'imagine qu'elles jouissent de la même faveur, alors qu'il n'en est rien. Les personnes qui ne sont pas initiées aux détails de l'organisation de la Bourse ne savent pas faire cette différence. C'est seulement lorsqu'il s'est produit une catastrophe et qu'un groupe de ces valeurs a sombré, que le public est averti. Le syndicat des banquiers en valeurs fait, à ce moment, paraître une note pour informer le public que ces titres n'étaient pas admis à sa cote. Il est alors bien temps ! C'est avant que le mal ne soit perpétré que le public devrait être mis en garde et non pas quand il est trop tard, quand la ruine s'est abattue sur une nouvelle série de victimes.

Il est également regrettable que les valeurs qui ne figurent à aucune cote, pas plus à la cote des agents de change qu'à celle des banquiers, puissent cependant se négocier couramment sur le marché de Paris, par l'intermédiaire de maisons de coulisse faisant partie du syndicat des banquiers. Là encore il y a une anomalie qui permet à la confusion de se faire dans l'esprit du public; il y a un danger, une pratique vicieuse que le syndicat des banquiers, dans son propre intérêt, devrait supprimer en interdisant à ses membres de se livrer, même en dehors des groupes, à des opérations sur des titres qui ne sont pas cotés par le syndicat. Un intermédiaire, il est vrai, ne patronne pas toutes les valeurs qui se traitent par son entremise, mais il y a cependant des titres auxquels une maison honnête ne devrait pas toucher.

A ce propos, nous croyons devoir encore signaler l'inconvénient qui consiste dans l'admission à une cote de valeurs introduites sur le marché sans qu'elles aient donné lieu à une émission publique. Autrefois, on n'admettait à la cote que des titres émis par souscription publique, au grand jour, à la suite d'une publicité qui appelle la discussion et qui engage la responsabilité morale des établissements émetteurs. Maintenant, on laisse figurer à

la cote, non seulement à celle en banque, mais
aussi à la cote officielle, des titres qui se sont pour
ainsi dire glissés sur le marché, à guichets entr'ouverts ; le public ne souscrit pas, il achète, sur la
foi d'une indication vague et sans être suffisamment renseigné. Il conviendrait de revenir à l'ancienne méthode, plus correcte et empreinte d'un
plus grand caractère de franchise.

CHAPITRE VIII

BANQUES, BANQUIERS ET
ÉTABLISSEMENTS DE CRÉDIT

Agents de change et coulissiers ; voilà les deux principales catégories d'intermédiaires qui traitent, à la Bourse, des opérations sur valeurs mobilières ; il est d'autres intermédiaires qui traitent également sur les valeurs mobilières des opérations s'élevant à des chiffres considérables mais qui les traitent, non plus à la Bourse, à leurs guichets ; ce sont les banques, banquiers, établissements de crédit.

Banquier, c'est un terme qui, en France, a des acceptations diverses, si variées même que pour donner à l'esprit une notion précise, il aurait toujours besoin d'être accompagné d'un qualificatif.

Le sens le plus commun du mot banquier est celui de prêteur d'argent. Le banquier, au sens propre du mot, est une personne qui fait commerce d'argent, qui le prête moyennant un intérêt représentant la rémunération du service rendu, la compensation des risques courus. Dans la pratique commerciale, la forme donnée à ce prêt est celle de l'escompte et le banquier prêteur d'argent est habituellement désigné sous le nom de banquier escompteur.

Le banquier escompteur s'occupera occasionnellement d'opérations sur valeurs de bourse pour le compte de sa clientèle, mais à titre tout à fait accessoire, du moins s'il s'agit de banques privées.

Au contraire, les grandes sociétés de banque, ou, pour leur donner la dénomination sous laquelle on les désigne d'habitude, les établissements de crédit ont donné un essor considérable aux affaires sur valeurs de bourse. Ces établissements reçoivent et exécutent les ordres d'achat et de vente de leur clientèle et transmettent ces ordres soit de leurs agents de change, s'il s'agit de valeurs cotées officiellement, soit à des maisons de coulisse, s'il s'agit de valeurs se négociant sur le marché libre, en banque.

A la suite des banquiers, d'autres intermédiaires reçoivent des ordres de bourse : ce sont les receveurs de rentes, les « changeurs ». Les notaires ont, eux aussi, des emplois de capitaux à faire pour leur clientèle, des ventes de titres à effectuer : ils s'adressent, pour ces opérations, aux agents de change, quand il s'agit de valeurs officiellement cotées, et à des maisons de banque, quand il s'agit de valeurs se négociant sur le marché libre.

Comme on le voit, par ce court exposé, ce ne sont pas les « intermédiaires » qui manquent pour exécuter les ordres de bourse : mais, comme on le voit aussi, il ne faut pas confondre entre elles les dénominations de ces intermédiaires. Agents de change, coulissiers, banquiers, sociétés de crédit, receveurs de rentes, changeurs, notaires, etc., peuvent avoir et ont une clientèle ayant des fonds à placer ou des titres à vendre et qui conséquemment sont obligés de s'occuper « d'affaires de bourse ».

Les capitalistes, les rentiers qui habitent Paris, savent bien faire la différence qui existe entre ces diverses maisons et, à part quelques exceptions, ne confondent pas les unes avec les autres. Il n'en est pas de même en province et c'est surtout aux petits capitalistes, aux petits rentiers qui habitent une petite ville, une commune, un village, que le choix d'un intermédiaire exige les plus grandes précautions ; ce sont eux surtout qui doivent éviter de s'adresser, sans contrôle, sans renseignement, aux premiers venus qui leur font des propositions d'autant plus dangereuses qu'elles paraissent plus tentantes. Ils doivent, à notre avis, s'adresser aux agents de change, aux vieux banquiers de leur localité qu'ils connaissent de longue date, aux directeurs des succursales des grands établissements de crédit de Paris, aux trésoriers-généraux, aux receveurs particuliers des finances, aux directeurs des succursales de la Banque de France. Ils ne doivent, en un mot, confier leurs ordres d'achat ou de vente, remettre leurs fonds ou leurs titres qu'aux personnes et aux maisons qu'ils connaissent depuis de longues années, qui leur inspirent une absolue confiance. Ce n'est pas seulement l'emploi fidèle de leurs capitaux ou de leurs titres qu'ils doivent surveiller, mais encore la régularité et l'authenticité des titres qu'ils achètent et qui leur sont remis par ceux qui les ont achetés pour eux. Il faut, par exemple, s'ils achètent une valeur, qu'ils aient l'assurance de recevoir des titres réguliers, bien en règle : il ne faut pas qu'ils se trouvent exposés, le jour où pour une cause ou pour une autre, la régularité des titres qu'ils possèdent serait contestée, à ne pouvoir s'appuyer sur un bordereau officiel d'agent de change ou de maison de banque et établissement de crédit sérieux, méritant toute confiance.

CHAPITRE IX

L'ESCOMPTE

La fonction principale du banquier proprement dit consiste dans l'escompte des effets de commerce ; cette opération est celle à laquelle il doit essentiellement consacrer son activité. Il y emploie ses propres capitaux, grossis de ceux de ses commanditaires ou de ses actionnaires, et de la clientèle de déposants.

Le rôle capital des grandes banques, des grands établissements de crédit, celui d'où ils tirent toute leur importance économique, consiste donc à recevoir en dépôt les fonds disponibles du public et à employer l'argent de ces dépôts à faciliter les opérations du commerce, en escomptant son papier. On aperçoit de suite qu'en réalité c'est une classe du public qui prête à une autre classe du public et que la banque sert, en quelque sorte, d'intermédiaire entre elles. Ces deux vastes catégories, celle du public commerçant et celle du public capitaliste, se mêlent d'ailleurs d'une façon intime, au point de se confondre, attendu que le négociant est aussi capitaliste à ses jours et qu'il possède souvent, à côté de son compte d'escompte, un compte de dépôts fonctionnant concurremment pour la facilité de ses opérations.

Le capital de la banque, qui aujourd'hui se chiffre, pour quelques grands établissements, par centaines de millions, sert de garantie supplémentaire aux déposants, constituent une marge à la sûreté effective que représente le portefeuille.

La différence de taux qui existe entre l'intérêt servi aux déposants et l'intérêt, souvent minime, prélevé sur l'escompte, constitue la rémunération de la banque pour ses peines et soins, la compensation de ses frais généraux et des risques personnels qu'elle encourt. Cette différence de taux, parfois infime, si elle est évaluée en tant pour cent, porte sur des milliards et produit ainsi des bénéfices qui, à leur tour, se chiffrent par dizaines de millions et permettent de rémunérer, en lui servant des dividendes, les centaines de millions du capital.

Tel est, du moins tracé dans ses grandes lignes, le rôle essentiel des établissements de crédit dans l'économie commerciale d'un pays. Disons, en passant, que les banques dites d'*émission* se procurent, au moyen des billets au porteur, remboursables à vue, qu'elles lancent dans la circulation, l'argent nécessaire à l'escompte ; aussi n'ont-elles pas à attirer chez elles les fonds des déposants à qui elles ne servent, d'ordinaire, aucun intérêt.

Le rôle que nous venons d'indiquer n'était pas, il y a encore peu d'années, rempli comme aujourd'hui, par de puissantes sociétés que l'on a pu comparer, avec assez d'exactitude, à ce que sont, dans le commerce de vente au détail, les grands magasins, et, dans la fabrication industrielle, les grandes usines. Il y avait autrefois de nombreux banquiers escompteurs qui, avec un capital souvent peu important, consentaient l'escompte à une clientèle également restreinte, de même que les objets dont la vente est aujourd'hui centralisée dans quatre ou cinq grands magasins étaient antérieurement vendus par une infinité de petits commerçants « de quartier », de même que les produits maintenant fabriqués en grand, grâce à de puissantes machines mues par la vapeur ou par l'électricité, l'étaient précédemment dans l'atelier de famille où le métier était conduit par le père, aidé de ses enfants et de quelques compagnons.

En banque, comme dans les autres branches de l'activité commerciale et industrielle, la petite maison particulière a été supprimée ou absorbée par le grand établissement ; l'action toute locale de l'une a fait place à l'influence étendue de l'autre. On traite aujourd'hui les opérations de banque comme on vend des marchandises ou fabrique des produits : en grand. Le coffre minuscule du banquier d'autrefois a fait place à des chambres-fortes, à des caveaux blindés où se manipulent par millions les espèces, les métaux précieux, les papiers et valeurs. Le personnel restreint, composé d'un caissier, d'un comptable, de deux ou trois commis aux écritures est maintenant remplacé par de véritables armées d'employés de tout âge, de tout rang et de tout sexe, car dans certains établissements de crédit, le personnel féminin tend à devenir presque aussi important que le personnel masculin et, dans quelques services, il l'a supplanté à peu près entièrement.

Cette transformation est-elle un bien, ou faut-il, au contraire, la déplorer comme un mal ? La question est complexe et comme dans tous les sujets de cette nature, qui peuvent être examinés à des points de vue très divers, il faut se garder de parti pris et d'idées préconçues, soit dans un sens soit dans un autre. Ainsi que le disait le célèbre Bastiat, à côté de ce qu'on voit, il y a ce qu'on ne voit pas.

Ce qu'on voit au premier abord, dans le fait de la disparition des petites banques ou de la diminution considérable de leur nombre, c'est la disparition d'autant de postes de chefs de maisons qui apportaient à leurs affaires toute l'initiative, toute l'énergie que l'on donne ordinairement à sa propre chose. Ces chefs responsables sont remplacés par des agents rétribués, dont la valeur et la compétence sont, nous nous empressons de le constater, hors de toute discussion, mais qui sont groupés sous une direction souvent lointaine et qui doivent suivre une ligne générale de conduite, quelquefois trop rigide pour se plier aux circonstances, aux nécessités locales ou régionales.

Le banquier d'autrefois exerçait, en effet, sa profession dans sa région, dans sa ville natale ; il connaissait à fond sa clientèle, ses besoins et ses tendances. Son rôle est maintenant rempli par un agent que les nécessités du service et de l'avancement font fréquemment passer d'une place à une autre et qui, par suite, n'a pas toujours le temps d'acquérir une connaissance assez approfondie de sa clientèle ; il ne peut plus être, comme autrefois, le guide, le conseiller du commerce local.

En se plaçant à un point de vue plus général et plus élevé, la disparition des banques particulières et leur absorption par de puissants établissements de crédit contribuent à diminuer le nombre des situations indépendantes où l'homme peut déployer, à ses propres risques, comme à son propre bénéfice, toutes ses qualités de travail et d'intelligence, faire preuve d'initiative hardie, de personnalité, en un mot. A ces situations on substitue des postes de fonctionnaires qui jouent, quels que soient d'ailleurs leur talent et leurs qualités, le rôle d'un rouage dans une grande machine.

Voilà quelques-uns des arguments que formulent les détracteurs des grands établissements.

Mais ce qu'on ne voit pas toujours, ou ce qu'on ne veut pas toujours mettre suffisamment en lumière, c'est qu'un grand établissement, avec son capital considérable, présente, s'il est sagement et prudemment dirigé, des garanties bien supérieures à celles d'une banque particulière, si honorable, si bien posée soit-elle.

Grâce à la répartition presque à l'infini de ses risques, la grande banque plane bien haut, hors des atteintes d'une faillite ou d'une crise locale. Au contraire, le banquier privé est malheureusement trop souvent à la merci d'un client dont le compte est trop chargé et dont la faillite mettra en péril la fortune de toute la clientèle de déposants du banquier.

Si un de ses débiteurs se trouve dans une situation d'embarras passager, le grand établissement sera mieux à même de lui accorder le temps et les facilités nécessaires pour laisser passer cette période difficile ; l'immobilisation d'une somme même importante ne lui portera aucune gêne, aucun préjudice sérieux, en raison du chiffre élevé de ses disponibilités toujours liquides.

L'anonymat de la société de banque aura encore pour avantage, et ce n'est pas un des moindres, de la soustraire aux influences de milieu et de famille même, que subit presque inévitablement le banquier particulier et qui peuvent avoir une répercussion fâcheuse sur le marché de ses affaires.

Enfin, grâce au nombre et à l'importance de ses opérations, il est permis au grand établissement de se contenter d'une rémunération plus modique. En raison de la concurrence qui s'établit entre les diverses agences des banques installées dans une même localité, dans un même quartier, les conditions d'escompte offertes aux commerçants sont

devenues plus douces et les facilités qui sont données aux transactions sont devenues de plus en plus
grandes. L'argent des dépôts qui affluent dans les
caisses des établissements de crédit et qui se contentent d'un intérêt extrêmement faible, va permettre de pratiquer l'escompte au taux de la Banque
de France, moyennant une commission minime.
C'est là pour le commerce un avantage considérable et qui suffirait seul à contrebalancer toutes
les critiques que l'on a pu adresser aux grandes
banques.

CHAPITRE X

LES DÉPOTS

Le temps n'est plus où les économies se cachaient au fond d'un tiroir ou dans le traditionnel bas de laine. Les facilités pour le public de placer ses fonds d'une manière temporaire, se sont multipliées ; des agences des établissements de crédit ont été créées, non seulement dans les grands centres, mais encore dans les localités d'importance secondaire ; les moyens de transport se sont développés dans une proportion considérable rendant l'accès des nombreuses caisses ouvertes au public, aisé, rapide, et peu dispendieux, de tous les points du territoire. En outre, la fortune s'est diffusée dans la masse de la population et, en même temps, les notions de crédit, d'intérêt, se sont répandues. Aussi est-ce maintenant un usage courant, non seulement chez les riches, chez les capitalistes, mais encore chez tous ceux qui possèdent, même chez les plus modestes épargnants, de déposer leurs fonds disponibles chez des banquiers.

A procéder ainsi, le public trouve divers avantages : il évite les risques de perte que ferait courir la conservation d'espèces à son domicile ; il bénéficie d'un intérêt qui lui est alloué par l'établissement dépositaire ; il peut disposer de ses fonds au moyen de chèques ou de virements, et effectuer de la sorte des payements, des règlements de compte sans mouvement de fonds effectif. Suppression de risques, économie de frais, bénéfice d'une alloca-

tion d'intérêts, tels sont, en résumé, les avantages
que procurent au public les dépôts de fonds dans
les banques. Nous laissons ici de côté l'intérêt
d'ordre plus général qu'ils présentent au point de
vue de la circulation et de l'utilisation des capitaux
disponibles dont nous avons déjà parlé.

*
* *

Le taux de l'intérêt qui est servi par les établissements de crédit à leurs déposants est variable
suivant le temps pour lequel le dépôt est effectué.
Très faible pour les dépôts *à vue* dont le remboursement immédiat est exigible à tout moment par le
titulaire du compte, l'intérêt est légèrement supérieur pour les dépôts à un certain délai de *préavis*,
qui ne peuvent être retirés qu'en prévenant les banquiers quelques jours à l'avance ; il peut atteindre
un niveau sensiblement plus élevé et dépasser même
le taux d'escompte de la Banque de France, pour
les dépôts remboursables à échéance fixe et à long
terme, à un ou deux ans de date, par exemple.

Quand le prêt est fait pour une durée un peu
longue, le reçu remis par l'établissement de crédit
au déposant est ordinairement muni de coupons
d'intérêt ; le titre devient alors une sorte d'obligation à court terme.

La Banque de France n'alloue pas d'intérêt à ses
déposants, parce que ses statuts lui donnent le pouvoir de se procurer, au moyen de l'émission de billets à vue au porteur, les fonds nécessaires à ses
opérations d'escompte ou de prêts sur titres.

Le taux croît naturellement, en raison directe du
délai de préavis ou du temps, déterminé à l'avance,
pour lequel le dépôt est effectué. Il est, en effet,
bien évident qu'un établissement de crédit pourra

tirer des fonds qui lui sont confiés, s'il sait qu'il les
aura à sa disposition pendant une période d'une
certaine durée, un emploi plus rémunérateur que
s'il est à tout moment sous le coup d'un retrait
inopiné.

Ce sera au déposant qu'il appartiendra d'apprécier s'il a plus d'avantage à obtenir de ses fonds un
intérêt un peu plus élevé ou, au contraire, à en
conserver la libre disposition à tout moment, mais
il agira toujours prudemment en conservant une
certaine somme exigible à vue, afin de faire face à
toute éventualité.

*
* *

La croyance s'est répandue à tort dans le public
que les dépôts d'argent effectués dans une banque
ou dans un établissement similaire sont privilégiés par rapport aux autres dettes de cette banque.
On s'imagine faussement que, dans le cas où une
liquidation deviendrait nécessaire, les déposants
seraient remboursés par préférence sur l'actif et se
trouveraient ainsi dans une situation meilleure que
les créanciers ordinaires dont les titres résulteraient
de toute autre cause.

Rien n'est moins exact : il s'est produit à ce sujet, dans l'esprit du public, un malentendu qu'il
convient de dissiper, car la croyance erronée dans
l'existence d'un privilège au profit des déposants
pourrait créer chez ceux-ci un état de sécurité men-
songère et encourager les possesseurs de fonds à
les confier à des établissements qui ne seraient pas
de tout premier ordre. Il ne faut pas que le public
compte sur ce droit de préférence qui n'existe en
aucune façon ; il faut, au contraire, qu'il soit mis
en garde contre les risques qu'il court et qu'il soit

renseigné exactement sur la situation qui lui est faite à titre de déposant.

L'erreur, qui s'est produite et propagée, consiste dans une confusion entre le *dépôt* et le *prêt*.

Le dépôt en général est défini par le Code civil (art. 1915), un acte par lequel on reçoit la chose d'autrui à la charge de la garder et de la restituer *en nature*. Et dans ce cas le déposant qui conserve la propriété de l'objet même qu'il a déposé, a le droit de revendiquer, le cas échéant, sa propre chose, par préférence aux créanciers du dépositaire. Mais le dépôt d'argent dans une banque répond-il à cette condition essentielle de la restitution *en nature*? L'établissement dépositaire est-il tenu de rendre au déposant les espèces mêmes qui lui ont été versées, les mêmes pièces d'or ou d'argent, les mêmes billets de banque, portant les mêmes numéros? L'idée même qu'il en pourrait être ainsi est immédiatement écartée de l'esprit et rejetée comme absurde et contraire au plus élémentaire bon sens. Cette hypothèse ne serait acceptable et, en effet, exacte, que s'il s'agissait de la garde d'une collection de pièces de monnaie à conserver et à restituer en nature. Il y aurait, en ce cas, véritable dépôt et le propriétaire des objets déposés pourrait en exercer la revendication à l'encontre des créanciers et par préférence à ceux-ci.

Mais le dépôt courant d'une somme dans une banque ne rentre pas dans ce cas spécial et peu fréquent; le dépôt de fonds n'est qu'un dépôt *irrégulier* ou, pour mieux dire, un véritable *prêt*. Le déposant abandonne la propriété de ses espèces pour devenir le *créancier* de l'établissement dépositaire. S'il s'agissait de rendre les fonds en nature, les établissements de crédit pourraient-ils servir un intérêt au déposant? Non, puisqu'ils n'auraient pas la faculté d'en faire l'emploi. Loin de là, ils prélèveraient un droit de garde, pour se rémunérer de leurs frais, de leurs peines et soins, de leurs risques.

*
* *

L'opération qualifiée couramment de dépôt d'argent est en réalité « un contrat par lequel l'une des parties livre à l'autre une certaine quantité de choses à la charge par cette dernière de lui en rendre autant de même espèce et qualité » ; c'est ce que le Code civil appelle un *prêt de consommation* (art. 1892). Par l'effet de ce prêt, l'emprunteur devient le *propriétaire* de la chose prêtée (art. 1893).

C'est dans cet article qu'il faut chercher la solution de la question. Par le fait du dépôt d'une somme d'argent dans une banque, celle-ci en est devenue propriétaire. Par voie de conséquence, le déposant ne possède plus le droit de revendiquer ses fonds, il n'a plus, vis-à-vis du dépositaire, qu'un droit de créance ordinaire, pour lequel nos lois n'ont prévu aucun privilège. La jurisprudence s'est d'ailleurs, de manière formelle, rangée à cette solution qui se trouve notamment consacrée dans les arrêts suivants de la Cour de cassation :

« La clause que le dépositaire de sommes d'ar-
« gent ne sera point tenu de rendre les mêmes et
« identiques sommes de monnaie qu'il a reçues,
« mais seulement une pareille somme, et qu'il ne
« sera d'ailleurs tenu de la rendre que dans le
« terme d'un an est essentiellement destructive du
« contrat de dépôt et offre le caractère d'un prêt
« d'argent. » (Cassation 26 avril 1810).

« Le versement dans la caisse d'un banquier de
« sommes produisant intérêts, avec retrait facul-

« tatif, constitue un versement de sommes en
« compte courant et non un dépôt. » (Cassation,
13 août 1856).

Ainsi, les personnes qui ont remis leurs fonds
en dépôt à des établissements de crédit ne sont, au
regard de ces établissements, que des créanciers
ordinaires (*chirographaires*, pour employer l'expression technique), c'est-à-dire qu'elles ne possèdent aucun privilège spécial à l'encontre des
autres créanciers. Par le fait que les espèces versées se sont mêlées, confondues, dans la caisse
commune, avec d'autres espèces, le déposant a
perdu son droit de propriété et de *revendication* ; il
n'a plus qu'un simple droit de *créance* identique à
celui de tout autre prêteur.

En cas de liquidation il primerait seulement les
actionnaires, le capital d'une société formant partie du gage général de ses créanciers. Si le capital
n'est pas entièrement versé, la portion non appelée
pourrait l'être pour faire face aux exigences de la
liquidation. On voit que le fait pour une banque de
n'avoir libéré ses actions que partiellement constitue
une garantie supplémentaire pour les créanciers
éventuels, puisque la portion du capital restant à
appeler, libre par conséquent de tout engagement,
viendrait, en cas de besoin, augmenter les ressources de la société et combler l'insuffisance des
disponibilités. Cette garantie est surtout effective
quand les actions sont sous la forme nominative,
parce qu'on connaît, en ce cas, les titulaires et que
ceux-ci pourraient, au besoin, être actionnés en
justice pour obtenir le payement de la portion restant à verser sur les titres ; tandis que le possesseur
d'un titre au porteur non libéré pourrait échapper
à l'obligation d'effectuer les versements appelés.

La loi du 24 juillet 1867 sur les sociétés permettait de donner aux actions la forme au porteur lorsqu'elles étaient libérées de moitié seulement ; mais, dans un but de protection pour les créanciers, la loi du 1ᵉʳ avril 1893 a décidé que les actions devraient désormais rester nominatives jusqu'à leur entière libération ; toutefois, pour les sociétés déjà existantes au moment de la promulgation de cette dernière loi, il n'a pas été dérogé à la faculté qu'elles pouvaient avoir de convertir leurs actions en titres au porteur avant libération intégrale ; il y a donc encore aujourd'hui dans la circulation des actions non libérées au porteur. Rappelons aussi qu'il ne suffit pas de céder son titre pour cesser d'être responsable des versements non appelés : les titulaires, les cessionnaires intermédiaires et les souscripteurs sont tenus solidairement du montant de l'action et la responsabilité de l'actionnaire qui a cédé son titre ne prend fin que deux ans après la cession.

En dehors du droit aux versements non appelés sur les actions, les déposants et autres créanciers d'une banque ont pour gage tout l'actif social, comprenant ses divers éléments : espèces en caisse, espèces déposées chez d'autre banquiers, portefeuille commercial (effets escomptés, acceptations de banque, etc.), portefeuille-titres (rentes, actions et obligations), créances diverses, participations dans des entreprises industrielles ou autres, etc.

C'est à l'examen du bilan d'une société qu'on se rendra compte si le chiffre de son actif répond à l'importance de son passif ; mais ce document ne donnera d'indications utiles que s'il est établi d'une manière absolument sincère. Nous étudierons plus loin cette délicate question des bilans ; qu'il nous suffise de dire pour l'instant qu'on ne peut ajouter foi à un bilan qu'autant qu'il émane d'une société sérieuse et dirigée par des personnes honorables, dignes de toute confiance.

* *
*

Par contre, il existe des catégories très importantes de dépôts, pour lesquelles la question de privilège que nous avons examinée donnerait lieu à une solution tout opposée. Nous voulons parler des dépôts de valeurs mobilières. En effet, un titre mobilier, qu'il s'agisse de rentes, d'obligations ou d'actions, de valeurs au porteur ou nominatives, possède une individualité propre et la conserve dans les caisses de l'établissement où il a été déposé. Un titre n'est pas prêté à un établissement pour en faire usage, pour le faire fructifier comme une somme d'argent; il lui est confié pour être mis, dans toute la mesure possible, à l'abri du vol ou de l'incendie. Les sociétés dépositaires de valeurs mobilières ne payent pas d'intérêt au déposant; elles exigent de lui, au contraire, des droits de garde ou des frais de location.

Pour toutes ces raisons, le porteur de valeurs mobilières qui les a confiées à un établissement de crédit conserve bien son caractère de déposant régulier et, par ce fait, ses droits de propriété et de revendication; il pourrait donc, le cas échéant, se faire restituer les titres en nature, envers et contre tous autres créanciers. Cette solution s'appliquerait aussi bien aux titres déposés dans un coffre-fort d'une banque qu'à ceux remis contre délivrance d'un récépissé. Pas plus dans l'un que dans l'autre cas les valeurs ne tombent dans la masse des biens appartenant à l'établissement de crédit ou de ses créanciers; elles restent la propriété exclusive du déposant.

La même solution s'appliquerait d'ailleurs à toutes valeurs remises à titre de dépôt et susceptibles d'être individualisées, par exemple à des effets de commerce qui auraient été confiés à une banque pour en effectuer l'encaissement, s'ils peuvent encore être revendiqués en nature avant que le recouvrement n'ait été opéré, de même que des marchandises remises en consignation ne tombent pas dans la faillite du consignataire (articles 574, 575 du Code de commerce).

On pourrait concevoir le cas très spécial où un porteur de titres les aurait remis à une banque avec autorisation de les vendre, de les utiliser pour se procurer des fonds, à charge de lui rendre, à l'expiration du terme convenu, non plus les titres mêmes qui auraient été délivrés, mais seulement des titres analogues, de même nature, pouvant porter des numéros différents. Un semblable contrat n'a rien d'impossible ni d'invraisemblable, pour peu fréquent qu'il soit, et s'il était conclu, le porteur de titres deviendrait, pour la restitution de ces valeurs, un véritable *créancier*; il aurait perdu son privilège de déposant. Mais, nous le répétons, il s'agit là d'un cas très spécial et pour lequel, par conséquent, la volonté des parties devrait être très nettement exprimée; dans le doute, il faudrait toujours supposer que l'on se trouve en présence d'un dépôt de titres régulier, conférant au déposant un droit de revendication privilégié.

En sens inverse, un dépôt d'argent sera toujours présumé ne laisser au déposant qu'un simple droit de créance, bien qu'on puisse supposer l'hypothèse d'un numismate remettant des monnaies en garde dans une banque pour les reprendre en nature. Il faut alors que l'intention du déposant soit bien spécifiée et que le signalement des pièces soit établi

d'une façon très précise ; il sera même préférable
de faire un dépôt de cette nature en boîte cache-
tée, afin d'éviter toute contestation possible.

*
* *

Le fait, pour un établissement de crédit, de
recevoir des dépôts de fonds, lui impose une grande
responsabilité : en effet, pour être à même de servir aux déposants l'intérêt convenu, les banques
sont obligées de faire emploi de l'argent des dépôts ;
elles ne pourraient, sans s'exposer à de lourdes
pertes, le laisser improductif. D'autre part, les établissements dépositaires doivent toujours envisager l'éventualité de retraits inopinés auxquels ils
auraient à faire face d'une manière instantanée,
sous peine de provoquer une panique dont les
conséquences seraient désastreuses pour leur crédit.

Il y a donc, entre le montant des dépôts et celui
des disponibilités, un certain équilibre à observer,
qui demande, de la part de la direction des
banques, beaucoup de tact et un très habile doigté.

Poser une règle générale sur la manière dont les
fonds provenant des dépôts peuvent être employés
serait chose impossible ; la relation qui doit exister
entre le montant des dépôts et celui des réserves
disponibles variera suivant les circonstances,
l'échéance des dépôts et leur importance totale, le
chiffre moyen des comptes, la catégorie de clientèle
à laquelle l'établissement dépositaire a affaire, etc.

Toutefois, un principe devra toujours être observé
d'une façon absolue et sans exception aucune, c'est
que l'argent des dépôts ne peut pas être immobilisé dans des affaires de longue haleine, dans des
entreprises industrielles, dans des commandites, ou

autres opérations analogues qui ne comportent pas la possibilité d'une réalisation immédiate, en cas de nécessité. C'est l'escompte du papier de commerce qui fournira le meilleur emploi à l'argent des dépôts : en effet, grâce au jeu régulier des échéances, le portefeuille procure, au jour le jour, des rentrées qui peuvent servir à faire face aux demandes de remboursement des déposants. Si le chiffre des retraits augmente, la banque n'aura qu'à diminuer le chiffre de ses escomptes nouveaux, à réduire ses emplois et, le cas échéant, si cela devient nécessaire, elle pourra réescompter une partie de son portefeuille. Il est bien entendu que le portefeuille devra toujours se composer d'effets de commerce sains, reposant sur une base sérieuse, sur des engagements commerciaux réels et que le banquier ne se laissera pas encombrer de papier de circulation, de papier de complaisance, destiné à étayer des maisons chancelantes ou à satisfaire à des besoins effrénés de spéculation. Les avances sur titres, les reports, seront aussi employés utilement pour faire fructifier l'argent des dépôts.

Les déposants ont tendance parfois à trouver trop minime l'intérêt qui leur est servi, notamment sur les dépôts à vue ; mais cette modicité d'intérêts, quand il s'agit d'opérations traitées par des établissements sérieux, constitue une sécurité de plus pour le déposant, car elle permettra à l'établissement détenteur de fonds de se procurer, sans difficulté, un intérêt proportionné à celui qu'il s'est lui-même engagé à servir ; il n'aura pas, pour le faire, à s'écarter des opérations qui présentent des garanties suffisantes.

Au contraire, si un établissement offre sur ses dépôts un intérêt élevé, il y aura beaucoup de risques qu'il éprouve la tentation d'employer à des

affaires hasardeuses l'argent qu'il doit faire fructifier.

*
* *

La loi est muette sur la manière dont les banques
de dépôt doivent employer leurs fonds ; nous ne
croyons pas, d'ailleurs, qu'une réglementation soit
nécessaire à ce sujet, non plus que sur la relation
qui doit exister entre le chiffre des dépôts et celui
de l'encaisse ou bien entre l'importance des dépôts
et celle du capital. Comme nous l'avons fait remarquer, il est impossible de donner, sur ces points,
une règle invariable, s'appliquant à tous les cas.
De plus, dans un établissement honorable et sérieux,
une réglementation sera superflue ; la prudence de
son administration sera une garantie suffisante de
l'emploi judicieux des dépôts. Dans un établissement moins scrupuleux, on pourra malheureusement trouver le moyen de tourner la loi et de
présenter des chiffres qui ne seront corrects qu'en
apparence. En effet, si la loi peut fixer le maximum des dépôts et le minimum des réserves, si
elle peut réglementer la nature des opérations auxquelles devra se limiter une banque de dépôts, elle
ne peut réglementer la qualité de ces opérations.
Que signifiera, par exemple, le chiffre accusé par
une banque, dans un bilan officiel, pour l'importance de son portefeuille, si, dans ce portefeuille,
figurent des effets émis sur des personnes insolvables !
     Une réglementation, si minutieuse soit-elle, ne
suffirait jamais à éviter des complications éventuelles et elle donnerait au public une fausse confiance dont il pourrait être la première victime.
     Ce n'est pas à des lois, à des règlements tracas-

siers qu'il faut recourir pour mettre le public en
garde contre des pertes imprévues ; ce qu'il faut,
c'est faire son éducation financière, lui apprendre à
se renseigner, à se rendre compte par lui-même de
la sécurité d'un placement, de l'honorabilité d'une
maison, c'est lui inculquer des sentiments de prudence et de défiance qui lui fassent préférer un
revenu moindre donné par une valeur sûre ou par
une banque de premier ordre, à un revenu plus
élevé fourni par des titres aléatoires ou promis par
une maison douteuse.

*
* *

On peut se rendre compte de la confiance que le
public a en ses dépositaires par l'importance des
dépôts, et cette attitude du public est bien justifiée
par les garanties matérielles et morales qu'offrent
les établissements de crédit, par leur situation saine,
la correction de leurs affaires, la sagesse de leur
administration.

Il n'est pas d'exemple qu'un de nos grands établissements de crédit, qu'une de nos vieilles maisons
de banque aient manqué à leurs engagements
vis-à-vis de leurs déposants. Il n'y a que des sociétés de catégorie inférieure, ayant à leur tête des
personnes qui se parent du titre de banquier sans
en posséder autre chose que le nom, qui aient dila-
pidé l'argent des dépôts à elles confié.

Et, dans ce cas, le déposant n'est-il pas, lui
aussi, jusqu'à un certain point coupable ? N'a-t-il
pas à se reprocher son imprudence et sa cupi-
dité ?

Certaines personnes naïves et complètement
ignorantes des affaires financières, se laissent
prendre avec une facilité qui n'a d'égale que l'au-

dace des aigrefins qui exploitent leur crédulité, à l'appât d'un intérêt élevé, aux fallacieuses promesses de participation dans des bénéfices inespérés, procurés par des opérations « sûres » ! On leur promet des 10, 15, 20 % d'intérêt par an, si ce n'est par mois, grâce à des affaires traitées sans risques, par des méthodes infaillibles ! Comme s'il pouvait exister des moyens spéciaux de faire produire à l'argent des taux exorbitants sans compromettre les capitaux engagés.

Les fonds confiés à ces maisons rapportent l'intérêt promis pendant quelques mois, le temps nécessaire à augmenter la confiance des déposants et à servir d'appât à de nouveaux clients : puis, un beau matin, le « banquier » a disparu, laissant ses créanciers en présence d'un coffre vide. Combien de fois cette comédie, — nous devrions dire « escroquerie » — s'est-elle jouée, toujours avec un égal succès. Et elle se jouera encore, on ne saurait espérer le contraire, la naïveté humaine étant inépuisable et l'expérience d'autrui ne servant pas de leçon suffisante en semblable circonstance ; à peine les pertes encourues mettent-elles en garde les victimes elles-mêmes : on en voit même se laisser prendre plusieurs fois au même piège ou venir témoigner en justice en faveur des chevaliers d'industrie qui les avaient exploitées.

Même si on s'adresse aux établissements de crédit véritables, aux banques sérieuses, il convient d'observer, en matière de dépôts de fonds, certaines précautions, que nous avons exposées de la manière suivante [1].

« La prudence exige qu'on divise ses fonds en deux parties : l'une en espèces métalliques devra

1. Article *Valeurs mobilières*, dans le Dictionnaire du Commerce.

A. NEYMARCK. — *Que faire de son argent ?* 15

être gardée chez soi pour répondre à des besoins
imprévus et éviter de réaliser des valeurs ou d'emprunter dans un moment de crise, alors qu'on ne
pourrait le faire qu'avec une grande difficulté. On
doit toujours se demander comment on trouverait
des ressources si un grave événement survenait :
guerre extérieure, crise intérieure prolongée, besoins
de capitaux imprévus, nécessité de ressources
urgentes. Les crises, sans doute, ne durent pas toujours, mais la prudence conseille de conserver disponibles chez soi des capitaux suffisants pour
acquitter pendant deux ou trois mois ses dépenses
normales. La seconde part, que l'on ne veut pas
employer immédiatement en achat de valeurs, doit
être déposée dans les établissements de crédit connus de longue date ou dans les grandes et vieilles
maisons de banque privées qui ont de longues traditions d'honneur et de probité. Il est d'ailleurs
sage de répartir ses dépôts de fonds entre plusieurs
banques et sociétés. »

*
* *

En matière de dépôts de fonds comme pour toute
autre opération financière, nos conseils peuvent
donc se résumer ainsi : ne jamais sacrifier l'absolue
sécurité à la perspective d'un profit un peu plus
élevé; toujours diviser ses risques, si faibles puis-
sent-ils être. Ce qu'il faut surtout, c'est s'adresser
à des banques notoirement connues comme solvables et dirigées par des personnes prudentes. Un
dépôt doit toujours être, par définition, à la disposition du déposant, soit à la première demande,
soit, si des conventions spéciales sont intervenues,
à l'échéance fixée d'un commun accord. Il faut, par
conséquent, se garder de s'adresser pour ces opé-

rations à des inconnus, à des maisons qui n'ont d'une banque que l'enseigne. Il faut fuir surtout celles qui promettent aux déposants des intérêts d'un taux élevé, hors de proportion avec la valeur normale du loyer de l'argent, et qui aventurent les fonds de leur clientèle dans des opérations à gros risques, de spéculation pure. Il faut s'adresser aussi, autant que possible, à des banques dont on puisse suivre facilement la marche, c'est-à-dire soit à de grands établissements qui fonctionnent au grand jour, dont la situation est, pour ainsi dire, de notoriété publique, soit à des banques locales, dont le siège est situé près de son domicile et sur le compte desquelles on peut aisément se renseigner. Il ne faut donc pas envoyer son argent à l'étranger ; ce serait courir le risque, au cas où surviendrait un conflit, de ne pas pouvoir rentrer en possession de ses fonds, au moment même où on aurait le besoin le plus pressant, sans parler des pertes de change auxquelles on s'expose par suite des conversions en monnaie étrangère.

Le chèque.

Le chèque est un instrument de payement, à la portée de tous, et qui pourrait rendre les plus grands services si l'emploi en était plus répandu dans le public. Dans certains pays, en Angleterre notamment, le chèque est d'un usage absolument courant, non seulement entre banquiers ou entre négociants, mais entre particuliers ; ceux-ci payent leurs fournisseurs en chèques et nul ne s'en étonne ; la chose est passée en quelque sorte dans les mœurs. En France, une personne qui, dans un magasin, tirerait un carnet de chèques de sa poche et en offrirait un en payement serait prise pour un escroc.

Cette répugnance du public français à l'égard du chèque est très regrettable : l'emploi du chèque présente, en effet, des avantages très appréciables sur celui des espèces et des billets de banque.

Le chèque permet à une personne qui a déposé des fonds dans une banque de les retirer en totalité ou en partie ; il lui permet aussi d'utiliser ses fonds pour effectuer des payements à des tiers, sans manipulation d'argent. La loi du 13 juin 1865 la définit ainsi : « Le chèque est l'*écrit* qui, sous la forme d'un mandat de payement, sert au tireur à effectuer le retrait à son profit, ou au profit d'un tiers, de tout ou partie des fonds portés au crédit de son compte et disponibles. » Le chèque est toujours à vue ; son émission suppose toujours une contre-partie (provision) liquide et disponible dans les caisses du banquier ou de toute autre personne sur qui il est fourni. La loi punit d'une forte amende, sans préjudice des peines correctionnelles, s'il y a lieu, celui qui émet un chèque sans provision préalable ; cette amende est de 7 1/2 % du montant du chèque, avec un minimum de 125 francs.

A la différence de la lettre de change, le chèque n'est pas un effet de commerce, un instrument de crédit ; c'est plutôt une sorte de reçu endossable et payable à vue. Aussi n'est-il pas soumis au timbre proportionnel des effets de commerce, mais au timbre de quittance. Le montant du timbre est de 0 fr. 10 pour les chèques payables dans la ville même où ils sont tirés et de 0 fr. 20 pour les chèques tirés dans une ville et payables dans une autre.

Le chèque est, on le voit, un moyen de règlement peu dispendieux, puisqu'il n'est soumis qu'à un droit de 0 fr. 10 ou de 0 fr. 20, quel qu'en soit le montant ; il est aussi d'un emploi très simple, car les établissements de crédit qui reçoivent des dépôts à leurs caisses délivrent à leur clientèle des carnets de formules toutes préparées et timbrées d'avance, où il suffit d'inscrire la date, le nom du bénéficiaire (il peut aussi être *au porteur* ou *à l'ordre d'un tel...*) et la somme, puis d'apposer sa signature, pour émettre un chèque en règle.

Comme conséquence de ce principe, que le chèque, ne supportant qu'un droit de timbre minime, ne peut remplacer une lettre de change, la loi exige qu'il soit présenté par le porteur dans un délai très court : 5 jours pour le chèque sur place et 8 jours pour le chèque de place à place. Ce délai n'implique pas que l'établissement sur lequel est fourni un chèque et qui possède la provision nécessaire pour y faire face, puisse en refuser le payement, s'il est présenté postérieurement aux 5 jours ou aux 8 jours fixés par la loi. Mais le porteur d'un chèque qui ne le présente pas dans les 5 ou 8 jours, suivant le cas, commet une négligence dont il est responsable et si, dans l'intervalle, l'établissement sur lequel le chèque est émis tombe au-dessous de ses affaires et que la provision soit perdue, le tireur peut reprocher au porteur sa faute et refuser de lui rembourser le montant du chèque impayé.

Comme corollaire de ces dispositions touchant le délai de présentation, et afin d'éviter que la date puisse être modifiée après coup, la loi exige que le quantième du mois où le chèque est émis y soit écrit en toutes lettres. L'émission d'un chèque non daté en toutes lettres, s'il s'agit d'un chèque de place à place, est punie d'une amende de $7 1/2 \%$ [1]. De plus, la date doit être écrite de la main de celui qui a rempli le chèque, mais il n'est pas néces-

1. Le législateur a omis d'étendre cette sanction au cas où il s'agit d'un chèque sur place.

saire que ce soit le signataire du chèque qui le remplisse.

L'emploi du chèque évite des transports et des manipulations d'espèces ; il supprime, par conséquent, les risques inhérents aux payements en numéraire. Pour rendre tous les services qu'il comporte, il serait nécessaire que l'usage s'en répandît dans le petit commerce, chez les particuliers un peu aisés, en même temps que celui des comptes de dépôts. Il n'y aurait dès lors plus d'inconvénient à recevoir un chèque en payement, plus de dérangement pour aller l'encaisser ; il suffirait de le remettre en compte à son banquier. Les règlements par chèques se multipliant et donnant lieu à des compensations entre banquiers, la quantité de numéraire et de billets de banque nécessaire à la circulation serait moindre. C'est ce que l'on peut constater en Angleterre et ce qui se produirait en France, si le public, se dégageant de ses pratiques routinières, adoptait des habitudes plus conformes à sa propre commodité et à l'intérêt général.

La perte d'un chèque rempli ou même d'un chèque ou d'un carnet de chèques en blanc n'est évidemment pas sans présenter certains dangers ; on peut toutefois remédier à cet inconvénient par un peu de prudence et quelques précautions dans le maniement des chèques.

Autant que possible, il faut éviter de créer des chèques au porteur qui, s'ils s'égarent, peuvent être encaissés par le premier venu, sans la moindre difficulté ; il est préférable de les établir à personne dénommée, ce qui empêche un tiers de les encaisser à moins d'imiter une signature et de commettre un faux.

Pour le même motif, on s'abstiendra de transporter un chèque acquitté d'avance ; le chèque une fois acquitté devient un véritable chèque au porteur et présente les mêmes dangers ; il est prudent de n'acquitter le chèque que dans les bureaux mêmes de l'établissement où il est encaissable.

Un carnet de chèques doit toujours être conservé en lieu sûr ; il faut éviter qu'il ne soit accompagné de spécimens de signature qui pourraient, en cas de perte, servir de modèle à un faussaire ; il faut également s'abstenir d'inscrire sur son carnet de chèques le montant de la provision disponible ; cette indication servirait de guide au voleur du carnet ; elle lui ferait connaître la somme jusqu'à concurrence de laquelle il peut tirer sur l'établissement dépositaire sans éveiller les soupçons.

Au surplus, le titulaire d'un carnet de chèques qui s'aperçoit l'avoir égaré doit en prévenir son banquier immédiatement et par les voies les plus rapides, avant qu'il n'ait pu en être fait mauvais usage.

Les risques de perte ou de vol d'un chèque seraient encore très atténués par l'usage du chèque *barré* ou *croisé*, si répandu en Angleterre. Le « crossing » consiste à tracer au recto du chèque et en travers, deux traits parallèles, entre lesquels sont inscrits les mots « et Compagnie. » Un chèque qui porte ces mentions ne peut être payé qu'entre les mains d'un banquier ; si, par suite de perte ou de vol, il tombe entre les mains d'une personne malhonnête, celle-ci ne peut le présenter aux guichets de l'établissement sur lequel il est émis ; on ne le lui payerait pas. Pour que mauvais usage soit fait d'un chèque croisé, il faudrait supposer que le voleur eût un banquier qui lui servît de répondant. On tombe dès lors dans une hypothèse peu vraisemblable ; en tout cas la trace de l'escroc qui aurait réussi à encaisser un chèque barré serait aisément retrouvée.

Au lieu d'écrire simplement entre les deux barres du chèque les mots « et Compagnie » on peut y mentionner le nom de la banque à qui on le remet pour l'encaissement. Le chèque ne peut plus être payé, dès lors, qu'entre les mains de cette banque, ce qui augmente encore singulièrement les garanties de sécurité.

En France, l'usage du *chèque barré* ou *croisé* commence à se répandre; la Banque de France et plusieurs de nos grands établissements de crédit, délivrent à leur clientèle des carnets de chèques barrés, sur lesquels est inscrite une mention analogue à celle-ci : « De la volonté expresse du tireur, ce chèque ne peut être encaissé que par un banquier ou un officier ministériel. » Il va de soi que l'usage du chèque barré restera extrêmement restreint tant que le nombre des comptes de dépôts dans les banques ne se sera pas multiplié de manière considérable; il convient cependant qu'il ne reste pas ignoré du public.

En résumé, le chèque, d'un usage si courant en Angleterre, est encore réduit chez nous à un rôle secondaire. Il est à désirer que le grand public se familiarise peu à peu avec un instrument de payement très commode et qui remplace avec avantage les espèces et les billets de banque, dès qu'il s'agit d'effectuer un règlement tant soit peu important. En se vulgarisant, l'usage du chèque permettrait de régler sans transport de numéraire ni de billets, la plupart des transactions courantes et, par conséquent, de réduire à leur plus simple expression les quantités de monnaie et de billets de banque en circulation. L'emploi du chèque constitue un progrès sur celui de la monnaie métallique ou même de la monnaie papier; chacun devrait donc, dans sa sphère, s'efforcer d'en propager l'usage.

Les avances sur titres.

Les avances que consentent les établissements de crédit sur nantissement de valeurs de bourse sont susceptibles de rendre au public des services importants.

L'avance sur titres — à la condition de ne s'adresser qu'à un établissement de premier ordre et non à l'une de ces maisons ou soi-disant telles qui annoncent qu'elles effectuent ce genre d'opérations — permettra, à un moment donné, la mobilisation facile, rapide, peu coûteuse, d'un portefeuille-titres, à peu près comme l'escompte permet de se procurer des fonds au moyen de la cession d'effets de commerce. Grâce à cette combinaison, le porteur de valeurs mobilières sera à même de faire argent de ses titres du jour au lendemain, nous pourrions dire, d'une minute à l'autre, sans cesser d'en être propriétaire, sans les vendre, ce qui présente plusieurs avantages très appréciables; nous allons les examiner.

Le moment où on a besoin de se procurer des fonds n'est pas toujours celui qu'on choisirait pour vendre ses valeurs. On pourrait même poser comme règle générale que c'est dans une période défavorable qu'on se trouvera obligé de se créer des disponibilités : les nouvelles politiques deviennent-elles brusquement inquiétantes, une crise commerciale sévit-elle sur le pays, le particulier, le négociant, seront obligés de se procurer de l'argent liquide, soit pour parer aux éventualités prochaines, soit pour faire face à des échéances, compromises par le ralentissement des affaires. Mais c'est précisément le moment où la Bourse est mauvaise, où les spéculateurs à la hausse se hâtent de renverser leurs positions, où ceux à la baisse accentuent les tendances fâcheuses par leurs ventes à découvert, où les petits porteurs, entraînés par le mouvement, prennent peur et réalisent à tout prix. Conviendra-t-il de vendre, pour se faire des fonds, quand les valeurs sont dépréciées, quand l'opération laissera le porteur en perte, peut-être importante, sur son prix d'achat ? Non, car le jour venu de faire de nouveau l'emploi de ses fonds, la période de crise ou de panique franchie, la Bourse se sera rasséré-née, les affaires auront repris leur cours normal, les valeurs auront regagné une partie du terrain perdu et le porteur sera obligé de racheter, à des prix de cherté, les titres qu'il aura sacrifiés quelques mois, quelques jours auparavant, à des cours de panique. En contractant un emprunt garanti par ses titres, il évitera ce grave inconvénient de la vente forcée, à tout prix.

Il ne faut recourir à ce mode d'emprunt que lorsque la nécessité vous oblige à vous procurer des fonds.

Même en période normale, le porteur de valeurs mobilières qui a besoin presque immédiatement de capitaux disponibles peut avoir avantage à emprunter sur titres, plutôt qu'à vendre : il évitera le risque qui existe en tout temps (les fluctuations à la Bourse étant incessantes) de racheter ses titres à un taux supérieur au prix de vente ; il évitera aussi les frais de courtage et de commission à la vente et à l'achat, les droits et les formalités du transfert s'il s'agit de titres nominatifs.

De plus, le porteur pourra souvent, au moyen de l'avance sur titres, se procurer des fonds d'une manière beaucoup plus rapide que par une vente : il y a de nombreuses valeurs, très bonnes, très sérieuses, très bien classées, qui n'ont qu'un marché excessivement restreint, parce qu'elles sont

peu connues, parce que le nombre des titres qui les
représentent est peu important et que ces titres
sont en quelques mains seulement. Une offre de
valeurs de cette nature pourra rester pendant plusieurs jours sans trouver de contre-partie ; le vendeur
ne rencontrera pas d'acheteur avant un délai quelquefois fort long. Au contraire, une banque sera toujours disposée à consentir une avance sur une valeur
sérieuse, même si le marché en est étroit, et si, au
point de vue de la réalisation, elle offre les inconvénients que nous venons de signaler.

Ce n'est pas tout, le porteur de titres peut avoir
le désir de conserver les titres mêmes qu'il possède,
plutôt que de les vendre et d'en racheter de semblables. Tel est le cas surtout pour des valeurs à
lots, dont le possesseur, par une sorte de fétichisme,
de superstition inexplicables, mais cependant très
réels, préférera toujours conserver les mêmes numéros, s'imaginant que celui dont il se sera dessaisi
sera précisément celui qui, au prochain tirage, sor-
tira remboursable moyennant le lot convoité.

L'avantage de ne pas se défaire de ses titres est
analogue lorsqu'il s'agit de valeurs remboursables
avec une prime sur le cours en Bourse : si on les
vend et qu'un tirage ait lieu, on perd le bénéfice de
ce tirage ; on le conserve, au contraire, si on
emprunte sur titres. De même, l'actionnaire d'une
société pourra, bien qu'il ait contracté une avance
sur ses actions, prendre part aux assemblées d'actionnaires, profiter des droits spéciaux qui lui sont
conférés de souscrire par préférence à des actions
nouvelles, à des obligations émises par la société,
aux actions d'une affaire filiale, etc., etc., tous
avantages qui seront perdus pour lui s'il se défait
de ses titres.

Pour toutes ces raisons, il sera souvent très intéressant, pour un porteur de titres, de ne pas s'en défaire momentanément, mais de se procurer des fonds en les donnant en nantissement. Ce ne peut être là une règle de conduite absolue ; cela dépendra souvent aussi des circonstances qui se présenteront au moment où la question se pose de savoir s'il vaut mieux vendre ou s'il est préférable d'emprunter. Il conviendra, par conséquent, à tout possesseur de valeurs mobilières, de s'assurer la facilité de contracter, d'une manière aussi rapide que possible, un emprunt sur titres, en vue de faire face à des besoins inopinés d'argent.

*\
*

A quels établissements convient-il de s'adresser pour traiter des opérations de cette nature ? A première vue la question pourrait paraître superflue, puisqu'il ne s'agit pas de confier des fonds mais d'en emprunter. Pourtant, ici encore, nous répéterons notre conseil qu'il faut toujours s'adresser à des maisons honorablement connues et dont la solidité est hors de doute : en effet, le prêt ne porte que sur une fraction de la valeur des titres remis en nantissement ; pour le surplus, l'emprunteur fait crédit à son prêteur et, à cet égard, il doit avoir pleine confiance dans l'établissement qui détient ses titres. En outre, en s'adressant à une banque de tout repos, l'emprunteur sera certain que les conditions appliquées seront en relation exacte avec le service rendu ; il évitera, de ce côté, des surprises et des contestations possibles.

Les établissements de crédit prêtent à peu près sur toutes les catégories de titres offrant des garanties effectives et possédant un marché, soit au parquet, soit en banque ; mais la quotité avancée par rapport au prix du titre en Bourse est extrêmement variable, ainsi que la commission perçue. La proportion prêtée sera naturellement plus élevée et, inversement, les conditions seront plus douces, s'il s'agit de valeurs qui offrent une grande sécurité et qui soient facilement réalisables.

Sur un certain nombre de valeurs, la Banque de France consent des avances au public ; le taux de ces opérations est de 1/2 % ou de 1 % plus élevé que celui de l'escompte, sans commission ni autres frais que le remboursement du timbre de l'engagement (1 fr. 20). Ces conditions sont très avantageuses pour les emprunteurs ; aussi les capitalistes feront-ils sagement de toujours réserver dans leur portefeuille une certaine place aux titres sur lesquels la Banque de France consent des avances. Notre grand établissement national de crédit prête sur les rentes françaises et sur les bons du Trésor français, 80 % de la valeur en bourse ; elle avance 75 % du prix coté sur les titres suivants : obligations des colonies françaises ; actions de capital des grandes compagnies de chemins de fer français ; obligations du Crédit Foncier, de la Ville de Paris, de plusieurs départements, villes et chambres de commerce, bons à intérêts du Mont-de-Piété de Paris [1] ; sur les actions de jouissance des chemins de fer français, la quotité des avances est de 60 % seulement.

Le Crédit Foncier de France traite les mêmes opérations d'avances sur titres que la Banque de France et à des conditions identiques.

La liste des valeurs sur lesquelles prêtent les autres établissements de crédit est beaucoup plus

---

1. Le Mont-de-Piété de Paris lui-même consent des avances sur les titres admis par la Banque de France et sur certains fonds d'État étrangers ; mais le montant de l'avance ne peut dépasser 500 fr. par opération et par emprunteur.

longue mais le taux d'intérêt perçu (soit sous forme d'intérêt, soit sous forme de commission) dépasse de 1 ou 1 1/2 % environ le taux des avances de la Banque de France.

L'avance sur titres peut prendre deux formes différentes : celle de l'*avance simple* ou ordinaire et celle de l'*avance en compte courant*.

L'avance simple est consentie pour une somme déterminée qui est immédiatement prélevée par l'emprunteur ; celui-ci peut rembourser la somme prélevée, soit en totalité, soit par acomptes, mais il ne peut plus, s'il a fait un remboursement partiel, effectuer de nouveaux prélèvements sur l'avance en cours ; il doit la rembourser et emprunter à nouveau, c'est-à-dire qu'il y a opération nouvelle impliquant les mêmes formalités que l'avance initiale.

Au contraire, dans l'avance en compte courant, le chiffre maximum pouvant faire l'objet du prêt est déterminé au début de l'opération, mais les prélèvements et les remboursements s'opèrent au gré de l'emprunteur ; celui-ci reçoit un carnet de chèques qu'il émet, au fur et à mesure de ses besoins, jusqu'à concurrence du chiffre maximum assigné à l'avance ; il rembourse à sa guise en totalité ou en partie, au moyen de versements de caisse ou de remises, effectue de nouveaux prélèvements, etc., le tout sans aucune formalité à remplir. Le titulaire du compte courant d'avance jouit de tous les avantages que peut procurer l'ouverture de tout autre compte courant ; il peut devenir créditeur ; le remboursement des capitaux prélevés n'entraîne pas la fermeture du compte. Les coupons détachés des valeurs qui servent de garantie au compte courant d'avance sont encaissés par les soins de l'établissement prêteur et portés au crédit du

compte ; par contre, les intérêts débiteurs sont portés en compte, à la fin de chaque semestre, sans
que le titulaire ait à se rendre aux guichets de
l'établissement de crédit pour ces divers règlements,
comme il doit le faire pour l'avance simple. On
voit que l'avance en compte courant est très pratique quand l'emprunteur prévoit qu'il aura occasion
d'effectuer des remboursements, puis d'emprunter
à nouveau.

Nous avons dit que le compte courant d'avance
pouvait devenir créditeur ; il est bien certain que les
sommes figurant ainsi au crédit du compte ne pro-
duiront pas intérêt au taux des avances, mais au
taux des dépôts libres à vue. A la Banque de
France, où les dépôts de fonds ne portent pas intérêts, les sommes créditrices en compte courant
d'avance ne rapporteront rien.

En outre, la Banque de France et les autres
établissements de crédit qui consentent des prêts
sur titres prévoient, dans leurs règlements, le cas
où le compte courant d'avances ne produirait pas
une somme d'intérêts équivalente au montant des
droits de garde qui seraient perçus sur les titres,
s'ils faisaient l'objet d'un dépôt libre. Il sera toujours perçu un minimum d'intérêts correspondant
à l'importance des droits de garde.

La Banque de France n'exige pas de ses emprunteurs la justification de leur droit de propriété sur
les titres proposés en nantissement ; il en est différemment des autres établissements de crédit ; aussi
les porteurs de titres devront-ils toujours conserver
leurs bordereaux d'achat, afin de pouvoir les présenter à l'appui de leurs demandes de prêts ; ces
pièces leur seront d'ailleurs utiles dans toutes les
circonstances où ils auront à établir leurs droits sur
les titres.

Ventes au guichet.

Si nous passons aux opérations que traitent les établissements de crédit sur les titres, nous voyons qu'ils sont tout d'abord les « approvisionneurs » du marché des valeurs mobilières ; ils traitent de nombreuses opérations d'achat et de vente de titres, soit « en détail », soit « en gros », soit pour leur propre compte, soit à la commission.

Occupons-nous, en premier lieu, du « détail ». Les établissements de crédit vendent à leurs guichets, au comptant, certaines catégories de titres, de circulation pour ainsi dire courante, notamment des valeurs à lots, obligations du Crédit Foncier, de la ville de Paris, bons de Panama, qui sont immédiatement livrés à l'acheteur, à un prix à forfait, calculé sur la valeur approximative du titre en Bourse ; le prix est majoré des frais usuels d'achat par l'intermédiaire d'agent de change. Ces ventes s'effectuent, titres contre argent, et pour le compte de l'établissement de crédit qui doit détenir un certain stock de titres à ses risques et périls. Il faut ajouter que le risque est minime, attendu que ces ventes à guichet ouvert ne s'effectuent que pour des titres des plus sérieux et dont la valeur en Bourse ne varie guère, sauf grave événement imprévu. Voilà pour les opérations traitées par les établissements de crédit au détail et pour leur propre compte.

En disant qu'ils achètent et vendent des titres à commission, nous avons fait allusion aux ordres qu'ils se chargent de transmettre, à des agents de change pour les valeurs cotées au parquet, et à des maisons de coulisse pour les valeurs qui se traitent sur le marché libre. Dans ce cas, les grandes banques agissent en qualité d'intermédiaire ou de commissionnaire. En rémunération de leurs soins, elles perçoivent une commission peu élevée, 1 fr. ou 1 fr. 25 par mille francs, généralement, qui vient s'ajouter au courtage de l'agent de change. Le client de l'établissement de crédit qui y possède un compte de dépôt d'espèces et un compte de dépôt de valeurs, trouvera ainsi avantage à effectuer ses achats et ses ventes sans aucune manipulation de titres ni d'argent; il évitera, de la sorte, les risques qui peuvent toujours résulter d'un maniement de valeurs ou de fonds.

CHAPITRE XI

LES ÉMISSIONS

*Les syndicats. — Souscription publique. — Intro-
duction. — Placement aux guichets. — Exposition. — Mise en vente.*

Si les opérations très simples des ventes au guichet ne nécessitent pas d'autres explications, nous
avons à nous étendre un peu plus longuement sur
l'approvisionnement « en gros » du marché des valeurs ; il s'agit là d'opérations curieuses et moins
connues.

Nous voulons parler de celles qui servent à l'approvisionnement en titres du marché, c'est-à-dire
des émissions de valeurs.

Si un État, qu'il s'agisse de l'État français ou
d'États étrangers, a besoin de recourir au crédit, si
une société, française ou étrangère, veut émettre
des actions ou des obligations sur le marché, il ne
leur est pas possible, en fait, de s'adresser directement au public, d'opérer par leurs seuls moyens,
sans courir le risque d'un insuccès qui serait fatal à
leur crédit.

Les opérations fort délicates qui entourent une
émission demandent à être traitées par des gens
du métier, par des spécialistes, qui soient au courant des besoins du marché et de ses disponibilités,
qui sachent choisir le moment propice pour faire

appel au public, et aussi qui possèdent une clientèle formant déjà un noyau de souscripteurs.

Cette clientèle a foi dans l'établissement qui lui
présente une opération ; en suivant ses conseils, elle
lui fait, en quelque sorte, crédit à lui-même. Aussi,
un établissement de crédit sérieux tiendra-t-il à
honneur de ne présenter au public que des affaires
offrant une garantie suffisante. Il y a là pour lui
une question de probité commerciale, au premier
chef. Émettre, c'est-à-dire engager le public à souscrire des titres d'affaires mauvaises ou douteuses,
susceptibles de péricliter, ce serait lui vendre une
marchandise frelatée, ce serait le tromper sur la
qualité de la chose vendue. Pas un établissement
de crédit honorable ne se prêterait à de semblables
pratiques.

Le public ne l'ignore pas et une des premières
conditions pour qu'une émission réussisse, c'est
qu'elle soit patronnée par une banque jouissant,
autour de lui, d'un bon renom d'honorabilité. Cela
ne veut pas dire que les établissements de crédit
soient responsables d'une manière effective des
titres émis à leurs guichets. Un établissement
émetteur joue, entre l'État ou la société emprunteur, d'une part, et le public prêteur, d'autre part,
le rôle d'un simple intermédiaire ; il n'est pas
« ducroire », c'est-à-dire garant des engagements
pris par l'emprunteur vis-à-vis de son prêteur. Il
est bien évident qu'une semblable garantie, portant sur des quantités énormes de valeurs et sur
des périodes de temps considérables ne saurait se
concevoir ; on n'a jamais essayé de l'invoquer ; un
établissement émetteur ne peut être responsable que
des allégations qu'il formule dans le prospectus
d'émission.

Par contre, il est non moins certain qu'en présentant une affaire au public, en la lui recommandant, en apposant son nom au bas du prospectus, l'établissement de crédit encourt une responsabilité morale, dont l'importance est considérable. Il y a donc beaucoup de chances, tout au moins une solide présomption, pour qu'une affaire présentée par un établissement sérieux soit également sérieuse et honnête, sinon toujours bonne.

Nous ne voulons pas dire non plus que, du fait qu'une émission s'offre sous les auspices de telle ou telle maison de haute notoriété, le public devra en prendre les titres, les yeux fermés, sans se renseigner autrement, sans chercher à se rendre compte par lui-même du degré de sécurité, des avantages qu'elle présente, sans, en un mot, étudier l'affaire.

Bien au contraire, nous ne cessons de répéter que le public des capitalistes et des rentiers doit se renseigner par lui-même sur le mérite des titres qu'il acquiert, qu'il doit apprendre à discuter, à apprécier les affaires qu'on lui propose, éviter de se fier à des « on dit », se garder de prendre part à une opération parce que le voisin l'a fait, en mouton de Panurge.

Nous ne nous donnerons pas maintenant un démenti en disant au public : si une affaire vous est proposée par telle ou telle maison, vous pouvez y participer sans pousser plus loin votre enquête. Telle n'est pas notre pensée ; nous voulons seulement dire que, parmi les diverses garanties dont un capitaliste doit s'entourer quand il prend part à une nouvelle affaire, il en est une de haute importance, c'est que cette affaire soit patronnée par une maison respectable. La qualité de l'établissement de crédit qui lance une valeur dans le public constitue un des éléments d'appréciation permettant au rentier de se former une opinion : *un* des éléments, disons-nous, et non le seul.

Telles sont les diverses raisons pour lesquelles les États ou les sociétés qui recourent au crédit public s'adressent à des établissements intermédiaires pour le placement de leurs titres : parce que ces établissements leur prêtent l'appui de leur notoriété et le concours de leur clientèle en même temps que l'aide de leur expérience dans ces délicates opérations.

Il nous semble que l'intervention des banques dans les émissions des titres est ainsi suffisamment justifiée et qu'une rémunération de ce service paraîtra légitime. Nous verrons ultérieurement de quelle manière cette rémunération est perçue.

Au surplus, si l'établissement émetteur n'est pas responsable de la solvabilité de l'État ou de la société à qui il prête son concours, l'opération n'en présente pas moins pour lui des risques des plus sérieux et d'une importance telle que, le plus souvent, une banque ne pourra les assumer seule mais devra s'entourer, pour traiter l'affaire, d'un groupe de maisons amies.

Dans quelles conditions s'opère cette intervention des établissements de crédit dans les opérations d'émission ? Quel est exactement le rôle du banquier émetteur vis-à-vis des emprunteurs ? Quelle est sa responsabilité ? Quelle est la nature du service rendu par lui ?

Il est impossible de donner, à ce sujet, une règle fixe, invariable, attendu que des accords d'une diversité infinie peuvent intervenir entre l'État ou la société pour le compte de qui s'effectue l'émission et l'établissement de crédit qui leur prête son concours. Comme pour toute affaire commerciale ou financière, ce sont les conventions qui forment la loi des parties et ces conventions, en cette matière, peuvent être des plus diverses.

On peut très bien concevoir, par exemple, que l'établissement émetteur se borne à prêter ses guichets aux emprunteurs, moyennant une commission fixe et sans autre engagement de sa part, de telle sorte que tous les risques de l'opération restent à la charge de l'État ou de la société pour le compte de qui se fait l'émission. Le service rendu par le banquier consisterait seulement, dans ce cas, à prêter ses guichets à l'emprunteur et à lui donner l'appui moral de sa notoriété, de son crédit personnels. Ce service comporterait, certes, une rémunération, mais une rémunération très modique, puisque l'opération serait exempte de risques effectifs pour le banquier émetteur.

Ce n'est pas ainsi que les choses se passent le plus souvent : l'établissement de crédit émetteur prête à l'opération un concours plus actif ; son intervention est plus directe, plus immédiate. Il ne joue pas ordinairement le rôle d'un simple commissionnaire, mais d'un acheteur ; il achète en gros totalité ou partie de l'émission pour la revendre en détail au public. Il traite à forfait et court, par suite, tout le risque de l'affaire.

L'emprunteur s'adresse à une maison de banque pour placer l'emprunt ; il mettra même, la plupart du temps, plusieurs établissements en concurrence et adjugera, en quelque sorte, l'affaire à celui qui lui fera les offres les plus avantageuses, qui lui payera le prix le plus élevé.

L'établissement de crédit émetteur se trouve ainsi avoir acheté en gros, à un prix que l'on appelle le prix de « prise ferme », la totalité des titres faisant l'objet de l'émission. Il en est donc devenu le propriétaire avec tous les avantages, mais aussi avec tous les risques que comporte cette qualité. Il peut désormais émettre les titres en souscription

publique à un prix qu'il fixera lui-même et qui sera,
bien entendu, supérieur à celui de prise ferme. Le
« prix d'émission » est celui auquel les titres sont
détaillés dans le public.

La différence entre les deux prix représente le
bénéfice brut de l'établissement émetteur ; il faudra en déduire les frais d'ordres divers que comporte une émission : frais de publicité, de confection des titres, de timbre, etc. Le reliquat qui sub-
sistera, une fois ces frais déduits, constituera le
bénéfice net de l'opération.

Le bénéfice d'une émission sera naturellement
très variable d'importance ; il dépend, en effet, de
la notoriété de l'établissement qui prête ses guichets et, par suite, son concours moral à l'opération ; il dépend, d'autre part, du crédit des
emprunteurs, de l'estime plus ou moins grande en
laquelle sont tenus les titres qu'ils ont déjà émis
dans le public. Enfin, l'écart entre le prix de prise
ferme et celui d'émission, la marge que se
réservent les émetteurs est plus ou moins élevée,
suivant que les circonstances sont plus ou moins
favorables à une émission, suivant que les conditions de la place, l'état du marché des capitaux
permettent d'envisager le succès avec plus ou
moins de certitude.

On aperçoit immédiatement, d'après les indications qui précèdent, toute l'étendue du risque couru
par l'émetteur ; il achète ferme un emprunt pour
le placer dans le public pour son propre compte :
mais entre le moment où le contrat de prise ferme
sera intervenu et le jour de l'émission il s'écou-
lera un certain laps de temps, si réduit soit-il.
Pendant cet intervalle, un événement inattendu
peut venir bouleverser le marché des titres ; une
guerre peut éclater, une catastrophe financière se

produire. On voit, aussi, à quel point ce danger
est accru lorsqu'il s'agit de placer les emprunts
d'Etats belligérants, dont les rentes peuvent, du
jour au lendemain, subir une dépréciation causée
par un événement de guerre.

Il est donc certain que, dans ce cas, le bénéfice
que se réservera l'émetteur sera plus considérable,
et cette exigence sera des plus légitimes, puisque
le service rendu sera plus important, le risque
couru plus grand.

On se rend compte aussi de l'importance énorme
du risque que présente l'opération, quand il s'agit
d'un emprunt qui porte sur des centaines de millions. L'émetteur est exposé, en cas de circonstances défavorables survenant à l'improviste, à ce
que l'emprunt ne soit pas placé dans le public ;
il lui faudra, cependant, remplir les engagements
qu'il aura pris vis-à-vis de l'emprunteur ; les titres
lui resteront entre les mains, au moins en partie,
avec une valeur dépréciée et au prix d'une immobilisation de capitaux peut-être dangereuse pour
sa situation.

Aussi un établissement de crédit, lorsqu'il s'agit
d'une émission portant sur une somme considérable,
ne se hasarde-t-il jamais à courir seul les risques de
l'opération.

Nous nous trouvons ainsi amenés à parler des
syndicats financiers.

Les syndicats.

Les risques présentés par les opérations d'émission sont, nous l'avons vu, trop considérables pour
qu'un établissement de crédit les assume à lui
seul : il les partagera avec d'autres institutions
financières, avec des banquiers, des capitalistes,

qui forment partie de son « groupe » et qui le
suivent ordinairement dans toutes les affaires de
cette nature qu'il a occasion de traiter. Ce groupement, cette association de banquiers en vue de
placer un emprunt sur le marché se nomme couramment le *syndicat de garantie*.

Le syndicat est ainsi défini par Dalloz[1] : « Une
« association « *sui generis* » formée entre les fon-
« dateurs d'une société nouvelle ou de concert
« avec eux, à l'effet de souscrire tout l'actif social
« et, aussitôt les formalités constitutives remplies,
« de revendre au public, avec bénéfice, tout ou
« partie des titres souscrits. »

Cette définition vise les constitutions de sociétés
nouvelles ; elle s'applique également aux émissions
d'obligations ou de fonds d'État.

La démonstration que nous croyons avoir suffisamment faite, dans le précédent chapitre, de
l'utilité, de la nécessité même de l'intervention
d'une banque pour assurer le succès d'une émission,
légitimera également le syndicat, le réhabilitera
aux yeux du public qui en ignore le plus souvent
le fonctionnement et le but, et le justifiera des
attaques fréquentes dont il est l'objet.

En effet, nous l'avons montré, une émission
publique de quelque importance ne peut se faire
pratiquement, sans le concours d'établissements de
crédit ; d'autre part, les risques que comporte l'o-
pération sont trop considérables pour qu'une
banque sérieuse et prudente en conserve la totalité à sa charge.

La conséquence logique de ces deux propositions, c'est que le syndicat est nécessaire pour
permettre de traiter l'opération, en assurant une

1. Dalloz (Supplément), v° société, n° 1225.

répartition des risques, sans laquelle les responsabilités seraient illusoires, en raison même de leur énormité.

Mais il convient d'ajouter, en précisant, que le syndicat n'est légitime qu'à la condition d'être un syndicat sérieux et régulièrement constitué pour acheter ferme les titres offerts et *garantir* à la société ou à l'État emprunteurs, le prix des titres que le public n'aura pas souscrits. L'utilité du syndicat ne se conçoit que si ses membres courent un risque effectif.

Il est d'autres groupements analogues, que l'on qualifie aussi de syndicats, mais qui n'en possèdent que le nom. La défaveur qui s'est attachée, à juste titre, aux syndicats illusoires a rejailli sur les syndicats effectifs de garantie, par suite d'une regrettable confusion due à la connaissance imparfaite de ces matières. Voici quelques exemples de ces pseudo-syndicats :

Certains syndicats, que l'on a qualifiés de « syndicats à option », ne garantissent qu'une partie de l'émission, le premier tiers, le premier quart, ou toute autre fraction convenue. Si le public souscrit l'émission entière, ou seulement la fraction garantie par le syndicat, les membres du groupe encaissent le montant de la prime qui leur a été allouée ; au cas contraire, le syndicat est tenu de verser à l'emprunteur le montant des titres garantis par lui et non souscrits par le public. Jusqu'ici, l'opération est encore parfaitement sérieuse et légitime ; mais l'emprunteur a donné, en outre, aux membres du syndicat, une *option* sur la partie non garantie de l'opération ; c'est-à-dire qu'il leur a donné la faculté de lever une certaine quantité de titres avec un certain rabais sur le prix de l'émission publique. Dans ce cas, si l'émission réussit,

les bénéficiaires de l'option se déclarent prêts à
lever les titres qui leur ont été concédés à un
taux de faveur ; mais comme l'emprunteur a preneur
pour ces titres, dans le public, il se contente de
payer la prime aux syndicataires. Si, au contraire,
l'émission échoue, les porteurs d'option s'abs-
tiennent de réclamer les titres donnés à option
et l'emprunteur les conserve à sa charge.

Il est des syndicats dans lesquels la garantie
des membres est réduite à sa plus simple expression ; on ne demandera plus aux syndicataires de
garantir une portion quelconque de l'émission,
mais seulement, par exemple, de verser une somme
minime pour « frais d'émission », remboursable
sur le produit de la souscription et donnant droit
à une prime importante si l'émission s'opère avec
succès. Nous nous trouvons bien dans le cas
d'une combinaison financière qui s'éloigne complètement du rôle et du but des syndicats proprement dits.

Ce sont là, d'ailleurs, des cas heureusement exceptionnels dans notre histoire financière ; il faut bien
se garder de conclure du particulier au général
et d'englober dans la réprobation, que méritent les
syndicats fictifs, les syndicats sérieux, parfaitement
légitimes et indispensables au fonctionnement normal des opérations financières.

Les explications que nous avons données permettent aussi de résoudre cette autre question : Y a-
t-il un inconvénient à ce que les opérations d'émission
soient traitées par les établissements de crédit
proprement dits, pratiquant l'escompte, recevant
les dépôts du public, ou ces affaires qui présentent
des risques d'une nature spéciale, devraient-elles
être exclusivement réservées à des maisons de
« haute banque », travaillant avec leurs propres
capitaux ou ceux de maisons amies ?

Il nous semble que la répartition des risques qui résulte de la combinaison des syndicats permet aux établissements de crédit de traiter ces opérations sans compromettre en aucune façon les intérêts de leur clientèle, puisqu'ils ne conservent, pour leur propre compte, qu'une part limitée de responsabilité dans l'affaire.

Il conviendra cependant que les établissements de crédit prudents ne prennent part, pour les garantir, qu'à des émissions présentant toute chance de succès, de manière à éviter que leur portefeuille ne vienne à être chargé de titres que le public n'aurait pas souscrits. En effet, la règle que doivent s'imposer, de la manière la plus rigoureuse, les établissements de crédit, c'est d'éviter toute immobilisation de fonds de longue durée, afin de posséder toujours disponible ou représenté par un actif immédiatement réalisable, l'argent des dépôts. Les opérations d'émission n'enfreindront pas cette règle, si elles sont sagement et loyalement conduites.

En raison des risques qui incombent aux membres d'un syndicat de garantie, il est évident que la participation à ces opérations ne peut convenir qu'à des banquiers ou à des capitalistes possédant des moyens importants et un grand crédit. Quant aux petits rentiers, leur place n'est pas là ; elle est encore moins dans les associations ou combinaisons financières, participations qui n'ont des syndicats que le nom et dont le but est d'attirer le public pour capter sa confiance et compromettre ses capitaux, son épargne, dans des affaires douteuses.

Souscription publique. — Introduction. — Placement aux guichets. — Exposition. — Mise en vente.

Que faut-il entendre par les mots : *émission, souscription publique, introduction, placement aux guichets, exposition* et *mise en vente* ?

On désigne sous le terme très général d'émission toutes les opérations ayant pour objet de mettre en circulation, c'est-à-dire de délivrer au public des valeurs mobilières.

L'émission par souscription publique est celle qui s'opère en ayant recours à la publicité ; c'est la plus franche, la plus loyale ; elle se pratique au grand jour, en permettant la discussion d'une affaire. C'est le procédé d'émission normal, celui qui devrait être employé dans la plupart des cas.

L'introduction devrait avoir uniquement pour but, le nom l'indique, de « mettre en circulation », de « faire connaître » sur un nouveau marché, des titres déjà existants, déjà créés, se négociant et circulant déjà dans un autre pays ou sur une autre place. On *introduira*, par exemple, sur le marché français des titres de chemins de fer américains, des actions de banques étrangères, etc., qui ont déjà fait et font l'objet, dans le pays d'origine, d'émissions publiques.

L'*introduction* consiste, en ce cas, à obtenir la cote du titre, soit au parquet, soit en coulisse, pour lui ouvrir un nouveau marché. Ainsi délimitée, l'introduction peut encore être très dangereuse ; du moins est-elle légitime, puisqu'elle s'applique à des titres déjà émis et ne pouvant plus faire l'objet d'une souscription publique. Elle donnera un champ plus vaste à une valeur déjà connue, pouvant déjà

avoir fait ses preuves. Ce sera au public à se renseigner sur les garanties de cette valeur, sur les
motifs pour lesquels on cherche à lui ouvrir un
nouveau marché, sur les cours auxquels elle se
négocie sur les places étrangères.

Par contre, *l'introduction sort de son rôle, si on
la fait servir à éviter l'offre publique d'une valeur
nouvelle et surtout si, comme cela se pratique couramment, cette introduction est à des prix majorés
qu'aucun fait ne justifie.* En ce cas, les souscripteurs
originaires, en très petit nombre, d'une valeur
encore inconnue, souscripteurs qui sont la plupart
du temps les banquiers émetteurs, rempliront les
formalités nécessaires pour en obtenir la cote, puis
l'écouleront sur le marché au plus haut prix
possible, sans aucun contrôle, sans faire connaître
le nombre des titres ainsi lancés dans la circulation, en cherchant à provoquer, en faveur du titre,
un engouement factice. L'émission ne se fera pas
en un seul jour ou dans un temps délimité, comme
dans le cas de la souscription publique, elle durera
aussi longtemps que les détenteurs originaires du
titre en auront encore à écouler et au prix qu'il leur
conviendra de fixer. Elle aura pour eux l'inconvénient de prolonger le risque de l'affaire, mais elle
leur permettra d'éviter le grand jour de l'émission
publique ; elle leur permettra aussi d'augmenter
leurs profits en provoquant la hausse des titres en
bourse, par leurs propres achats, de manière à
écouler leur stock à des prix ascensionnels. Ces
pratiques pourraient être déjouées, tout au moins
en grande partie, si le syndicat des agents de
change et celui du marché libre des banquiers, à
terme ou au comptant, exigeaient, pour autoriser
la cote d'une valeur et sa négociation sur un marché public, la justification d'un grand nombre
de souscripteurs.

Le *placement aux guichets* des banques présente beaucoup d'analogie avec l'introduction en bourse ; seulement, au lieu d'être lancés sur le marché, les titres sont placés par les banques dans leur clientèle, prévenue au moyen de circulaires, à un prix déterminé. Ce mode de procéder convient à de très petites affaires qui ne comporteraient pas les frais d'une émission publique et qui s'adressent à une clientèle restreinte. L'opération se fait sous la responsabilité morale de la banque qui lui prête ses guichets et l'honorabilité de cet établissement pourra être prise en sérieuse considération par l'acquéreur du titre. Une banque sérieuse ne placera pas dans sa clientèle une valeur qui ne présente pas de bonnes garanties, ou, du moins, qui ne lui paraîtra pas présenter des gages suffisants de sécurité. Elle peut se tromper, mais elle a intérêt, pour le propre souci de sa réputation, à prendre toutes les précautions possibles avant de recommander, sous sa signature, une affaire quelle qu'elle soit. Par contre, le placement aux guichets peut favoriser toutes les fraudes s'il est pratiqué par un établissement malhonnête et n'ayant pas à sauvegarder une réputation de bonne foi solidement établie.

L'*exposition* ou *mise en vente* se rapproche du dernier procédé que nous venons d'indiquer, avec cette différence que la vente pourra durer un temps indéterminé et s'effectuera à des prix variables suivant l'état du marché. C'est encore de la discussion de la loi de mai 1872 que sont nées ces expressions *exposition* ou *mise en vente*. A cette époque, on avait en vue surtout les maisons de change, les « boutiques de changeurs » qui exposaient, à leurs vitrines, des quantités de papiers multicolores et les plaçaient dans le public. A ce moment, le rapporteur de la loi, M. Mathieu Bodet et le ministre des finances, faisaient appel au concours du syndic des agents de change, l'honorable M. Moreau, pour procéder à ce qu'ils appelaient une « épuration » du marché.

On s'est aperçu qu'en voulant atteindre des malhonnêtes gens et des affaires véreuses, on risquait d'atteindre de très honnêtes banquiers et intermédiaires et de tuer des affaires sérieuses ou de les empêcher de naître.

La *mise en vente* est pratiquée d'une façon courante par les grandes compagnies de chemins de fer français pour le placement de leurs obligations. Il est à peine besoin de dire que, dans un cas semblable, l'opération est parfaitement loyale et légitime, parce qu'il s'agit de titres déjà connus du public ; celui-ci trouvera à la cote des titres semblables et se rendra compte avec la plus grande facilité si le prix auquel les obligations sont mises en vente aux guichets des compagnies correspond à ceux du marché.

Au contraire, quand il s'agit de titres nouveaux inconnus, la mise en vente peut prêter à tous les abus et faciliter les opérations les plus désastreuses pour le public qui achètera des titres à des cours arbitrairement déterminés par l'établissement vendeur.

En résumé, tous les procédés d'émission par voie privée peuvent se justifier dans certains cas particuliers, mais dans ce cas seulement. En dehors de circonstances spéciales le seul moyen d'émission qui présente pour le public de réelles garanties, bien qu'il présente aussi des inconvénients qui ont été déjà signalés ici même, est celui de la souscription publique ; c'est, nous le répétons, le mode de procéder normal, celui dont il ne faudrait s'écarter que dans des cas exceptionnels, parce que, moins que tout autre, il prête à la fraude.

Ajoutons que l'énumération des modes d'émission sous « le manteau de la cheminée » que nous avons indiquée n'est nullement limitative. Il n'est pas de combinaison qui ne soit négligée par des financiers sans scrupules lorsqu'il s'agit de lancer une mauvaise affaire. On associera, par exemple, deux ou plusieurs procédés indiqués ; on annoncera la vente d'un titre aux guichets d'une banque à un prix déterminé et en même temps on le fera coter en bourse à un prix supérieur, et on cherchera à réaliser sur le marché une partie du stock de titres à un taux plus élevé que celui du placement aux guichets. Cela s'est vu, se voit encore et se verra toujours quelles que soient les précautions prises. Les émetteurs trouveront à ces manœuvres largement leur compte, mais le public sera dupé.

DEUXIÈME PARTIE

CONSEILS PRATIQUES
DU MÉTIER DE RENTIER

CHAPITRE Ier

PRÉCAUTIONS A PRENDRE

*Qualités que doit posséder le rentier. — Bonnes
valeurs. — Placements de « père de famille ». —
Comment apprécier une valeur ?*

Être rentier, capitaliste, c'est tout un métier et
quiconque a des fonds à placer ou des titres en
portefeuille doit s'habituer à se faire par lui-
même une opinion raisonnée.

Tout métier implique, de la part de celui qui
l'exerce, certaines qualités, celui de rentier comme
tous les autres.

Nous ne voulons pas dire qu'il faille des aptitudes spéciales pour posséder une fortune mobilière
et en recevoir les revenus ; non, mais il faut certaines qualités pour éviter qu'une fortune, employée
en valeurs mobilières, ne s'émiette, ne s'égrène
petit à petit, pour conserver, au contraire, ce capital intact et le faire bénéficier, autant que possible,
d'une certaine plus-value.

Quelles sont donc les qualités, si nous pouvons nous exprimer ainsi, que doit posséder tout
rentier, tout possesseur de titres mobiliers, tout
capitaliste qui veut en acquérir ?

1° La première des qualités que doit posséder le
rentier, c'est la *prudence* ; il ne doit acquérir ou
conserver une valeur qu'après s'être rendu compte
du degré de sécurité qu'elle présente ; il ne doit

pas opérer à l'aventure, mais se renseigner, au préalable, sur les garanties offertes par les titres qu'il se propose d'acheter.

2° Si l'importance de sa fortune lui permet de mettre en portefeuille des valeurs de deuxième ou troisième ordre, le rentier doit les suivre attentivement, de manière à ne pas se laisser surprendre par une dépréciation subite. Il ne doit pas acheter une valeur pour le seul motif qu'elle monte, ni la vendre pour le seul motif qu'elle baisse, sans se rendre compte pourquoi elle monte et pourquoi elle baisse.

3° Le rentier doit observer dans le choix de ses intermédiaires la même prudence que dans ses placements ; il faut qu'il s'adresse à des agents de change ou à des banquiers notoirement connus comme honorables et solvables, soit pour l'exécution de ses ordres, soit pour la garde de ses valeurs ou le dépôt de ses fonds.

4° Le rentier doit se mettre en garde surtout contre les prospectus, les circulaires, les journaux qui lui arrivent on ne sait d'où ; qu'il évite d'écouter les gens qu'il ne connaît pas, des « démarcheurs », et qui viennent lui recommander telle ou telle affaire qu'il connaît encore moins.

5° Le rentier ne doit pas être *crédule* ; il ne doit pas acheter une valeur sur la foi des « on dit », parce que telle ou telle personne en achète, sans soumettre à une critique sérieuse les indications qu'on lui donne et s'enquérir de la compétence, de l'impartialité, de la loyauté de leur conseilleur.

6° Le rentier doit même posséder l'excès de cette qualité ; il faut qu'il soit, jusqu'à un certain point, *méfiant* ; il doit se demander si ces donneurs de conseils ne poursuivent pas un but intéressé ; il doit surtout être circonspect vis-à-vis de ceux qui sont le plus affirmatifs dans leurs avis. *Plus une personne a d'assurance lorsqu'elle donne un conseil de bourse, plus elle est sujette à caution.* Les gens du métier, les plus compétents et les plus consciencieux sont toujours les plus réservés quand il s'agit d'émettre un avis en pareille matière. Les événements déjouent si souvent toutes les probabilités que c'est en quelque sorte à regret qu'un financier digne de ce nom se risquera à formuler des prévisions.

7° Il faut se défier par conséquent des personnes qui vous disent imperturbablement : « Achetez ce titre, vendez tel autre ; dans un temps donné, on verra tel cours. » Qui peut prévoir l'événement qui demain viendra bouleverser la cote? Autant prévoir s'il fera beau ou s'il pleuvra à telle ou telle date.

8° Le capitaliste doit posséder du *sang-froid*, agir sans précipitation, ne pas se laisser effrayer par le fait accompli, ni, comme on dit familièrement, « jeter le manche après la cognée ». Quand la baisse est survenue, il ne faut pas se hâter de vendre à perte une valeur qui n'est peut-être dépréciée que momentanément. Il ne faut pas davantage se hâter d'acheter une valeur parce qu'elle est en hausse depuis plusieurs jours, parce que cette hausse doit, dit-on, continuer.

9° Il faut examiner les causes de la baisse ou de la hausse, se demander si elle doit être permanente ou si elle tient à des causes d'ordre général qui n'intéressent pas spécialement la valeur atteinte. De très bonnes valeurs peuvent, en temps de crise, baisser d'une façon passagère ; le moment critique passé, elles reprendront leur cours normal ; il faut se garder de les sacrifier au plus bas, mais attendre patiemment que le calme soit revenu et que la cote ait retrouvé son niveau précédent.

On doit bien se convaincre qu'il n'existe pas à la Bourse d'opération qui ne présente quelque risque. Ce risque est plus ou moins grand ; dans certains cas, il peut être très réduit et même limité à un chiffre déterminé d'avance, mais il ne disparaît jamais entièrement ; il n'est jamais négligeable.

Il convient donc de redoubler de méfiance à l'égard des affaires que certains intermédiaires proposent au public en lui promettant un bénéfice assuré, en décorant leurs offres alléchantes de noms pompeux qui n'éveillent dans l'esprit des personnes étrangères à la Bourse que des idées très vagues : primes, échelles de primes, arbitrage, participations financières, syndicats, etc., etc.

Qu'on se persuade qu'il n'y a là que des pièges tendus à l'éternelle crédulité humaine, crédulité encore plus grande quand elle se double de l'appât du gain ou de l'esprit de jeu.

Toutes les opérations que nous venons de citer existent, à la vérité, et donnent lieu sur le marché financier à des transactions très importantes, mais elles ne sont pas à la portée du petit public ; elles ne peuvent être traitées que par les gens du métier qui en connaissent à fond le maniement. De plus, elles comportent des risques qui sont en rapport avec l'importance des engagements pris.

Ceux qui promettent au public des bénéfices certains, des intérêts à des taux invraisemblables ne sont donc que des imposteurs cherchant à abuser de la naïveté de leur clientèle. Si quelqu'un possédait le secret de gagner à la Bourse de l'argent en toute certitude, il n'aurait pas besoin de faire appel aux capitaux d'autrui ; il travaillerait avec ses propres ressources, si minimes soient-elles au début, puisqu'elles suivraient une progression **constante**.

Si cet argument *à priori* n'est pas considéré comme une démonstration suffisante, qu'on réfléchisse encore que toutes les transactions qui s'effectuent à la Bourse ou qui ont pour objet des valeurs mobilières peuvent se ramener soit à un achat, soit à une vente de titre et comportent, par suite, un certain risque.

Que l'achat ou la vente s'applique à une quantité plus ou moins grande de ces titres, qu'ils soient traités sous certaines conditions, avec certaines modalités, on ne les retrouve pas moins au fond de toutes les opérations de Bourse ; celles-ci impliquent donc toutes une position à la hausse ou à la baisse et par conséquent un risque dans l'éventualité où les prévisions de l'opérateur se trouveraient déjouées par les événements.

Un achat ne pourrait être dénué de risque, que s'il était accompagné, au même moment, d'une vente d'une même valeur pour une quantité correspondante, de telle sorte que l'acheteur ne soit pas resté un seul moment à découvert. De même, une vente ne pourrait être pratiquée sans risque à moins d'être balancée par un achat simultané. Il est bien évident que cet achat et cette vente simultanés n'offriraient aucun intérêt s'ils étaient effectués sur une même place, parce que, dans ce cas, ils seraient opérés à un même cours ; ce serait donc une affaire « blanche ». Un achat et une vente ne peuvent se concevoir, à un même moment et avec une différence de cours présentant un bénéfice, que sur deux places différentes ; la combinaison qui consiste à les traiter dans ces conditions prend le nom d'arbitrage.

Y aurait-il donc, en réalité, une opération de bourse dénuée de risque et à la portée du public ou d'intermédiaires travaillant pour le compte du public? Non, car on voit immédiatement toute la difficulté qu'il y a à traiter à un même moment, sur deux marchés différents, deux opérations se faisant, en quelque sorte, contrepoids et laissant, tous les frais, courtages, et commissions payés, un certain bénéfice. Les différences de cours d'une même valeur sur deux places sont ordinairement peu importantes, de plus, elles sont très passagères, en raison de la facilité actuelle des communications. Le nivellement des prix s'opère donc avec une grande rapidité. Il est presque impossible, dans la pratique, de conclure l'achat et la vente sur les deux places à un même moment et, dans l'intervalle, si minime soit-il, qui séparera les deux opérations, des modifications de cours pourront se produire et déjouer les combinaisons en apparence les mieux établies. L'arbitrage de place à place, théoriquement dépourvu de risques, en comporte au contraire, dans la réalité, de très sérieux. Il est fort délicat à traiter et ne peut l'être que par des spécialistes rompus à leur métier. Ceux-ci n'ont pas l'habitude de solliciter les capitaux du public, dont ils n'auraient d'ailleurs que faire. On peut donc être convaincu que les fonds sollicités par certaines banques sous prétexte de les employer à des opérations d'arbitrage recevront une tout autre destination.

Quant à l'arbitrage pratiqué sur une même place entre deux valeurs différentes, ce n'est pas non plus une opération sans risque, car, sous couleur d'arbitrage, on se livrera généralement à des échanges de titres consistant à vendre une bonne valeur à faible revenu, pour en acquérir une autre d'un rapport un peu plus élevé, mais présentant beaucoup moins de garanties. Aussi les personnes qui se livrent à ce genre d'opérations remplacentelles petit à petit les valeurs qui figurent dans leur portefeuille par d'autres valeurs d'une catégorie inférieure pour ne plus posséder, en fin de compte, que des titres dépréciés. Pour avoir cherché à augmenter leurs revenus, elles courent le risque de perdre une bonne partie de leur capital.

Pas plus que l'arbitrage de place à place, l'arbitrage sur une même place, entre deux valeurs, n'est donc exempt de risques.

En dehors de ces cas tout spéciaux où, théoriquement, on pourrait trouver l'exemple d'une opération de bourse ne comportant pas un engagement à la hausse ou à la baisse, il n'en existe pas qui soit immédiatement compensée par une opération en sens inverse, effectuée simultanément ; l'opérateur sera donc pour ainsi dire toujours à découvert et courra les chances ou les risques d'une modification des cours.

C'est ce qu'il est facile de vérifier en passant en revue ces diverses catégories de transactions ; nous nous sommes précédemment occupé de l'arbitrage ; disons maintenant un mot de l'*opération à terme*.

Les achats ou ventes à terme sont des opérations traitées ferme, c'est-à-dire définitives dès leur conclusion, et dont l'exécution seulement se trouve reportée à une époque ultérieure : fin de la quinzaine, fin du mois courant ou du suivant.

Cette nature de transaction sert de base à toutes les affaires de spéculation ; elle en offre naturellement tous les périls. L'achat à terme est l'opération-type de la spéculation à la hausse, comme la vente à découvert caractérise la spéculation à la baisse.

L'achat à terme permet à une personne qui s'imagine qu'une valeur va monter, d'acheter une

certaine quantité de titres sans avoir à sa disposition immédiate les fonds nécessaires pour les lever,
c'est-à-dire pour en prendre livraison.

Inversement, la vente à découvert donne la facilité au spéculateur qui croit à la baisse d'une
valeur et qui n'en a pas en portefeuille, de vendre
un certain nombre de titres, c'est-à-dire de vendre
ce qu'il n'a pas.

Ce sont là des opérations très dangereuses parce
qu'elles permettent au spéculateur aventureux de
s'engager au delà de ses moyens ou de ses ressources liquides. Lorsqu'on achète ou vend à
découvert, on s'imagine qu'on trouvera aisément
un moment favorable pour balancer son opération
et qu'on n'aura pas de débours de fonds à faire en
dehors du dépôt de garantie, trop souvent minime,
exigé par l'intermédiaire. Mais survient un événement inattendu qui déjoue toutes les prévisions. La
liquidation de l'opération donnerait un résultat
désastreux qu'on hésite à réaliser; on fait reporter
ses engagements, on paye des différences et souvent on finit par subir des pertes importantes et
compromettre sa situation.

L'achat et la vente à terme peuvent, nous ne
l'oublions pas, être employés pour réaliser des opérations très sérieuses, ayant une base solide : un
gros capitaliste qui n'a pas immédiatement la
somme disponible pour faire au comptant un achat
important mais qui compte sur des rentrées prochaines, achètera à terme afin de profiter d'un
cours avantageux passager, peut-être, et qu'il
pourra ne plus retrouver s'il diffère l'opération.

De même, un détenteur de titres trouvera quelquefois avantage à opérer sur le marché à terme
qui est plus large que le marché au comptant;
les transactions y sont plus importantes et la réali-

sation à terme d'une quantité un peu considérable de titres ne risquera pas de peser sur la cote, d'influer défavorablement sur les cours comme s'il s'agissait d'une vente au comptant.

Mais ce sont là des cas plutôt exceptionnels d'utilisation des marchés à terme qui, au surplus, n'intéressent ni les petits, ni même les moyens capitalistes. Les opérations à terme ne se traitent que sur un minimum de titres assez élevé : 25 actions, 25 obligations, 1.500 francs de rente 3 %, 2.000 francs de rente 4 %, 2.500 francs de rente 5 %, ou des multiples de ces quantités. Il n'y a donc que les gros capitalistes qui aient occasion d'utiliser le marché à terme pour leurs placements de fonds ou leurs ventes de titres.

Ajoutons qu'il n'y a, à la Bourse, aucune opération intermédiaire entre l'opération au comptant et l'opération à terme. Il convient, par conséquent, de se défier de l'opération bâtarde que certains banquiers cherchent à acclimater sous le nom de « comptant différé ». C'est là un prétexte de plus offert aux petites bourses pour se livrer à la spéculation qu'on cherche à mettre à leur portée. C'est un moyen nouveau imaginé pour attirer les fonds de la petite épargne.

Quant aux *reports* qui sont, en quelque sorte, la conséquence immédiate des affaires à terme, ce sont des opérations que le petit ou même le moyen rentier n'ont pas occasion de traiter.

L'acheteur à prime a le droit de ne pas exécuter son marché moyennant l'abandon d'une certaine somme appelée prime ; sa perte est ainsi limitée au montant de cette prime, mais il faut considérer que l'achat à prime est plus cher que l'achat à terme pur et simple, c'est-à-dire que l'acheteur, s'il opte pour l'exécution du marché, payera un prix plus élevé que s'il avait conclu un achat à terme ferme. L'acheteur à prime, pour avoir l'avantage de se dédire si les circonstances lui sont défavorables, est donc certain, dès le début de l'opération, de payer pour les valeurs qu'il acquiert, un prix supérieur au prix courant du marché. Aussi l'opération à prime ne se traite-t-elle pas d'habitude isolément; elle se greffe, d'ordinaire, sur d'autres transactions et donne lieu à des combinaisons toujours très compliquées, plus ou moins heureuses comme résultat et que seule une longue pratique du métier permet de traiter; on nomme ces combinaisons : échelles de primes.

Quant au vendeur à prime, il court, il est vrai, la chance d'encaisser la prime si l'acheteur la lui abandonne, mais sa situation est éminemment dangereuse, attendu qu'il ne sera jamais sûr, avant la date fixée pour la réponse des primes, de s'être défait des titres qu'il avait l'intention de réaliser; il restera ainsi à la merci des événements, des mouvements du marché; si celui-ci monte, ses titres seront levés; ils lui resteront au contraire pour compte si la baisse se produit.

Ce ne sont donc pas encore là des opérations qui conviennent aux particuliers, aux rentiers; ce ne sont pas non plus, comme on voudrait le faire croire, des opérations sûres, dépourvues de risques et permettant aux banquiers qui les traitent de distribuer à leurs déposants de gros intérêts. Ce sont des opérations de pure spéculation et des plus périlleuses.

.·.

Que dire des *participations financières*, expressions dont certains intermédiaires se servent également pour attirer les capitaux du public? Une participation financière est une part consentie dans les bénéfices attendus, mais aussi dans les risques éventuels d'une émission. Faire une émission pour le compte d'un État ou d'une société consiste généralement, pour l'établissement émetteur, à acheter ferme une partie ou la totalité des titres à placer, puis à les offrir au public à un prix plus élevé. La différence entre le prix de prise ferme et le prix d'émission doit servir à couvrir les frais divers occasionnés par l'émission et à procurer aux émetteurs une rémunération suffisante pour leurs peines et pour le risque couru. Ce risque est très réel et même considérable, puisque l'établissement émetteur est acheteur ferme d'une quantité de titres dont le public peut ne pas se porter acquéreur.

Mais, nous dira-t-on sans doute, si aucune des opérations qui se traitent à la Bourse n'est exempte de risques, si elles sont toutes interdites au public de l'épargne, que restera-t-il à celui-ci pour faire emploi de ses fonds? Doit-il donc les accumuler dans une cachette ou les déposer à un taux infime dans une banque?

Non, il reste à la portée du public des rentiers, petits et grands, les opérations au comptant qui lui offrent des facilités très suffisantes pour toutes les affaires qu'il peut avoir occasion de traiter et qui répondent à tous ses besoins.

Les gros capitalistes peuvent utiliser aussi dans une certaine mesure les achats ou les ventes à terme ferme, à condition cependant qu'il ne s'agisse pas pour eux de faire des opérations de pure spéculation, mais seulement d'utiliser pour des transactions sérieuses, effectives, les facilités du marché à terme, plus large que celui du comptant.

Les personnes qui disposent de capitaux très

importants peuvent aussi, pour les placer temporairement, faire usage des reports ; mais elles ne
devront en tout cas traiter ces opérations que par
l'intermédiaire d'agents de change, de banques et
maisons très sérieuses, de tout repos, et elles ne
devront accepter en garantie que des titres de premier ordre.

Certains d'entre ces capitalistes pourront également, s'ils présentent des garanties de solvabilité
toutes spéciales, et s'ils sont en relations intimes
avec des établissements émetteurs, faire partie de
syndicats de garantie d'émission, c'est-à-dire obtenir des participations financières : mais, répétons-
le, toute participation financière comporte des
risques.

Enfin, l'arbitrage, s'il est prudemment raisonné,
c'est-à-dire s'il ne consiste pas, pour augmenter son
revenu, à échanger de bonnes valeurs contre des
titres de qualité moindre, l'arbitrage peut être utilement pratiqué sur une même place par les capitalistes de toutes catégories.

Le public doit bien se persuader que toutes ces
opérations : achats et ventes à terme, ferme et à
prime, arbitrages, reports, participations financières, etc., lorsqu'elles sont indiquées par certains
intermédiaires dans leurs prospectus, dans leurs
annonces ou sur leurs enseignes, ne sont que des
trompe-l'œil, des attrape-nigauds, destinés à jeter
de la poudre aux yeux d'une trop naïve clientèle.

Le seul moyen de ne pas tomber dans ces pièges,
c'est de ne jamais traiter une opération sans l'avoir
comprise, sans en avoir saisi la portée et sans
s'être renseigné sur les conséquences possibles
ainsi que sur la solvabilité et l'honorabilité de l'intermédiaire auquel on s'adresse.

Signalons encore un écueil contre lequel le public

n'est que trop porté à se précipiter; on n'a malheureusement que trop tendance à vendre les valeurs
en baisse et à les acheter en hausse, c'est ce dont
il faut se garder. Vérité évidente, dira-t-on ; mais
il y a de ces axiomes qu'il n'est jamais inutile de
rappeler, parce qu'on les observe si rarement. Ce
que nous voulons dire, c'est que le capitaliste ne
doit pas se jeter vers une catégorie de titres, alors
que, par suite d'un engouement passager, en raison des circonstances temporaires dont l'effet est
escompté et au delà, ces valeurs ont été portées à
un taux exagéré. Il ne faut pas non plus, pour
acquérir ces titres surfaits, vendre une valeur
momentanément dépréciée, qu'il suffirait de conserver patiemment, pendant quelques mois, pendant quelques semaines, pour qu'elle revienne à
son taux normal.

Il est, pour cela, nécessaire que le capitaliste
fasse preuve de raisonnement et de sang-froid ; il
faut qu'il s'habitue à apprécier par lui-même la
valeur des titres dont il est porteur et ceux dont il
a l'intention de faire l'acquisition ; il faut qu'il
apprenne à en estimer le prix, en faisant abstraction des circonstances passagères de l'engouement,
de la mode du moment.

C'est souvent lorsqu'un titre est recherché et,
par suite, coté à un prix élevé, qu'il convient
de le vendre. Réciproquement, c'est quand un
titre est déprécié, lorsque les ordres simultanés
de vente le précipitent à des cours immeri-
tés, qu'il y a souvent intérêt à l'acquérir ; à la
condition, à peine est-il besoin de l'ajouter,
qu'on se trouve en présence d'une valeur sérieuse,
présentant de grandes chances d'amélioration dans
un avenir prochain ; à la condition encore, que
l'on opère avec prudence, avec modération, pour

des quantités proportionnées avec ses ressources ; car ces achats présentent naturellement certains aléas. Il ne s'agit pas non plus d'acheter à terme, de spéculer, mais de faire un emploi judicieux de ses disponibilités. Enfin il faut se garder d'employer tout son avoir, ou une proportion trop forte, dans une seule valeur. Ici encore, dans ces opérations d'échange, d'arbitrage au comptant, que le capitaliste, disposant de ressources assez importantes, peut se permettre, il faut toujours observer le grand principe de la division des risques.

Ces diverses observations s'appliquent, d'une façon générale, à tous les porteurs de titres disposant de ressources assez importantes. Le négociant qui emploie en valeurs mobilière une partie de ses disponibilités pourra également en faire son profit, mais une remarque s'impose encore, en ce qui concerne cette catégorie spéciale de porteurs de titres. Les valeurs qui conviennent au commerçant, ce sont celles d'une réalisation facile, et qui ne sont sujettes qu'à de faibles fluctuations. En effet, toute personne qui est « dans les affaires », que ce soit un commerçant proprement dit, un industriel, ou même un banquier, peut avoir besoin de ses fonds d'un moment à l'autre.

A l'encontre du rentier qui peut choisir, pour vendre ou pour acheter, le moment favorable, le commerçant est exposé à se trouver dans l'obligation de vendre pour se faire des fonds, à une époque où la Bourse est faible ; inversement, c'est peut-être dans une période de hausse qu'il aura des disponibilités importantes. S'il emploie ses fonds momentanément disponibles, en valeurs sujettes à des fluctuations notables, il risque d'être obligé de vendre à des taux inférieurs à ceux de l'achat et de perdre, par suite, sur son capital. Le commer-

çant évitera ce danger, dans la mesure du possible,
en plaçant ses fonds en valeurs de tout repos,
susceptibles de variations très modérées ; il encaissera, de la sorte, un intérêt moins élevé, mais ne
perdra pas sur le capital. Un excellent emploi pour
les fonds de cette nature, ce sont les Bons du Trésor, les obligations de la ville de Paris ou du Crédit
Foncier, les reports avec lesquels, nous l'avons vu, on
ne court aucun risque de diminution du capital, à
la condition d'opérer avec des maisons d'honorabilité et de solvabilité parfaites et avec la garantie
de titres de premier ordre.

Bonnes valeurs.

Quand une personne a des disponibilités à employer et qu'en vue de ce placement elle sollicite
un conseil, elle ne manque jamais de demander
qu'on lui indique une *bonne valeur*.

Mais qu'est-ce en juste qu'une *bonne* valeur?

Théoriquement on appellerait ainsi une valeur
absolument sûre, exempte de tout aléa en ce qui
concerne le payement régulier des coupons et le
remboursement du capital, et dont le cours soit à
l'abri de tout mouvement de baisse, quelles que
soient les conditions du marché, quelle que soit la
situation de place.

En fait, les valeurs de ce genre n'existent pas.
Il y a des valeurs dont le service financier est hors
de toute discussion, en ce sens qu'à moins d'événements invraisemblables on peut considérer
comme absolument certain que le débiteur ne fail-
lira jamais à ses obligations vis-à-vis du porteur,
mais il n'y a cependant pas de titre qui soit à l'abri
de toute éventualité de baisse ; on n'est jamais sûr,
quand on achète un titre, qu'à un moment donné,

ne fût-ce que passagèrement, le cours ne fléchira pas au-dessous du prix d'achat.

Il ne faut pas oublier, en effet, que les cours d'un titre en Bourse ne dépendent pas seulement de sa valeur intrinsèque, des garanties qu'il présente pour le porteur ; les cours correspondent aussi au prix du loyer de l'argent, au taux de l'intérêt, dont les fluctuations fréquentes et souvent considérables, en hausse ou en baisse, entraînent des variations en sens inverse, dans le prix des valeurs de bourse.

C'est ainsi qu'il y a une quinzaine d'années, le taux de l'intérêt avait diminué à ce point que les valeurs de premier ordre ne rapportaient plus que des taux sensiblement inférieurs à 3 % et que la rente française avait largement dépassé le pair. Depuis, un revirement s'est produit, le prix de l'intérêt s'est notablement relevé et, ce facteur progressant, la valeur des titres à revenu fixe a subi, par voie de conséquence, un vif mouvement de recul ; les meilleures valeurs, rente française, obligations du Crédit Foncier, de la ville de Paris, des chemins de fer français, ont rétrogradé dans une proportion correspondante.

Pour ce motif d'ordre général, il n'y a pas de valeur parfaite, idéale, dont les cours soient à l'abri de tout recul.

Mais, ces réserves faites, il y a beaucoup de valeurs qu'on peut qualifier de *bonnes*, c'est-à-dire de titres d'État, de villes ou de sociétés notoirement solvables, ayant toujours fait honneur à leurs engagements, d'obligations ou même d'actions d'entreprises sérieuses administrées par des personnes honorables et compétentes.

Une bonne valeur ne sera pas celle qui montera rapidement, qui fera « gagner de l'argent » à son

acquéreur, sur laquelle la spéculation se portera ;
ce ne sera pas la valeur à la mode, la valeur « du
jour », celle dont on parle beaucoup dans les journaux. Une bonne valeur sera, au contraire, celle
dont les fluctuations seront modérées et motivées
par des causes extrinsèques, telles que l'élévation
du taux de l'intérêt dont nous parlions tout à
l'heure, par des événements extérieurs, et non par
des raisons inhérentes au titre lui-même. Ce sera
celle qui pourra subir une baisse passagère, mais
avec toutes chances de retrouver, à un moment
donné, ses cours antérieurs. Ce sera une valeur
bien classée, c'est-à-dire répartie entre les portefeuilles des rentiers, des capitalistes, dont les titres
ne seront pas flottants, aux mains d'intermédiaires, et prêts à venir sur le marché provoquer
un mouvement de baisse. La bonne valeur est
celle qui, si elle ne fait pas gagner d'argent, n'en
fait pas perdre tout au moins, n'oblige pas à une
réalisation précipitée, n'entraîne pas une réduction
de capital irréparable.

Et à ce propos, ne peut-on pas dire que souvent
c'est le porteur qui fait la bonne valeur, qu'il y a
des gens pour qui il n'existe pas de bonnes valeurs?
Ce sont les brouillons, les agités, qui prennent
peur sans motif, achètent d'une façon irraisonnée
et immodérée et revendent de même, parce qu'il
vient de se produire une baisse momentanée des
cours ou parce qu'ils ne se sont pas réservé
des disponibilités liquides suffisantes pour faire
face à leurs besoins. Une des qualités maîtresses
du rentier ce doit être le sang-froid. Pour le rentier qui a du sang-froid, qui est prudent, patient,
qui sait attendre, voir venir les événements, subir
une bourrasque en courbant le dos et sans se laisser abattre, il y a beaucoup de bonnes valeurs.

Pour celui qui est toujours pressé de réaliser un
bénéfice, qui n'a pas plus tôt mis une valeur en
portefeuille qu'il voudrait la voir cotée à un prix
supérieur, qui achète les valeurs quand la spéculation les fait monter et les revend dès qu'un mouvement de réaction se produit, il y a peu de bonnes
valeurs.

Il ne faut pas non plus oublier qu'il y a des
valeurs qui sont bonnes pour l'un et qui ne le sont
pas pour l'autre, en ce sens que certaines valeurs
peuvent entrer dans certains portefeuilles alors
qu'elles doivent être exclues de certains autres,
tous les titres ne convenant pas indifféremment à
toutes les situations, à toutes les fortunes.

Aussi ne suffit-il pas de demander à quelqu'un
l'indication d'une bonne valeur; il faut aussi le
mettre brièvement au courant de ses ressources, de
la composition actuelle de son portefeuille, afin de
l'aider à faire un choix, de lui permettre de donner
un avis en connaissance de cause.

En d'autres termes, l'expression « bonne valeur »
n'a pas de sens absolu, mais un sens relatif, différ-
ant selon la situation de fortune des rentiers, des
capitalistes qui l'emploient, ce qui prouve qu'en
matière de placement, il est impossible de donner
des règles fixes, des conseils uniformes; un avis
excellent pour l'un pourrait être médiocre appliqué à un autre; il y a des catégories de situations
de fortunes et de caractères aussi variables pour
ainsi dire à l'infini et à chacune correspondra une
composition de portefeuille différente.

Chacun doit donc posséder des connaissances
financières suffisantes pour se rendre compte par
lui-même des titres qu'il lui convient de mettre en
portefeuille. L'intéressé, s'il n'est pas complètement ignorant des choses de la bourse, s'il a quelque

bon sens, quelque jugement, sera beaucoup plus apte qu'un étranger mal au courant de sa situation à choisir dans la longue liste des valeurs cotées ou non cotées, celles qu'il doit ou peut acquérir. En cette matière comme en bien d'autres c'est surtout sur soi-même qu'il faut compter, à sa propre appréciation qu'il faut se fier.

Il convient, bien entendu, de s'entourer de tous les renseignements possibles puisés auprès de personnes sûres et compétentes, mais il ne faut pas laisser à un autre le soin de la décision à prendre ; il ne faut pas acheter une valeur parce que M. X... a dit qu'elle était bonne, mais parce qu'on s'est rendu compte, parce qu'on est convaincu qu'elle est bonne et qu'elle peut figurer dans son portefeuille.

Aussi le premier devoir des rentiers, des capitalistes, est-il de se mettre suffisamment au courant des affaires de bourse pour ne pas opérer à l'aventure, en aveugles, en obéissant machinalement à l'impulsion d'autrui.

*
* *

Nous avons dit que, pour certaines personnes, il n'y avait pas de « bonnes valeurs », en ce sens que, tout en possédant un portefeuille composé de titres qui présentent des garanties très satisfaisantes, certains porteurs compromettent leur situation financière ou, tout au moins, réduisent de façon notable leur capital, en procédant à des opérations hâtives, traitées à des moments défavorables, en agissant sous le coup de paniques, de craintes irraisonnées et injustifiées, en se laissant influencer par de faux bruits ou par des conseils émanant de personnes peu compétentes

Aussi, les capitalistes, les rentiers, petits et grands, doivent-ils être prudents, réfléchis, ne pas s'engager à la légère, ne pas prendre position sur une valeur au delà de leurs moyens, ne pas borner leurs achats à une seule valeur ni même à un seul groupe de valeurs, solidaires les unes des autres et dont l'une, dans sa chute, provoquerait l'effondrement des autres.

Mais qui dit prudent ne dit pas timoré, peureux à l'excès, ni versatile.

Le rentier doit étudier les valeurs qui sont susceptibles de l'intéresser, d'entrer dans son portefeuille, avant de les acquérir et non quand il les a déjà achetées. Mais quand il s'est assuré, par des renseignements puisés à plusieurs sources différentes, se contrôlant l'une l'autre, qu'il se trouve en présence d'une valeur sérieuse ; quand sur la foi de ces renseignements et de la conviction ainsi acquise, il a mis une valeur en portefeuille, le rentier ne doit pas la revendre à la hâte, parce qu'une baisse de quelques francs se produit sur le titre.

Une valeur n'est pas bonne parce qu'elle monte, ni mauvaise parce qu'elle baisse. Quand une valeur monte ou baisse, il faut savoir pourquoi ; il faut se demander si ces fluctuations sont dues à des causes *intrinsèques* ou *extrinsèques*, à des causes *passagères* ou *durables*.

Par causes *intrinsèques*, nous voulons parler de celles qui tiennent au titre lui-même : par exemple s'il s'agit d'un fonds d'Etat, à la solvabilité plus ou moins grande de l'Etat débiteur, à une révolution qui surgit dans le pays, à une guerre qui le menace ; s'il s'agit d'une société, à sa solvabilité également, aux chiffres des bénéfices qu'elle réalise, à une invention qui va lui permettre d'accroître ses profits ou, au contraire, lui susciter des concurrences fâcheuses. Ainsi, pour les valeurs russes, l'apaisement du mouvement révolutionnaire, le rétablissement du calme politique, le déroulement régulier des affaires ont été des causes intrinsèques de hausse ; pour les fonds ottomans et les autres valeurs dites « à turban », la menace d'une conflagration dans les Balkans a toujours été la cause intrinsèque d'une baisse considérable. Pour la compagnie des Omnibus, l'ouverture d'un nouveau réseau du chemin de fer Métropolitain lui faisant immédiatement concurrence ; pour une société minière, la découverte d'un nouveau filon, sont des causes intrinsèques de baisse ou de hausse.

Les causes *extrinsèques*, au contraire, sont celles qui tiennent à des événements étrangers à l'affaire elle-même, celles qui n'ont pas trait à la solvabilité du débiteur, à la marche de l'entreprise.

Parmi les causes extrinsèques de hausse ou de baisse les plus importantes et les plus fréquentes, il faut citer la *modification dans le taux de l'intérêt* et la *spéculation*.

Le *taux de l'intérêt*, la rémunération consentie au capital n'est pas fixe. Les capitaux, pourrait-on dire, jusqu'à un certain point, sont une marchandise, d'une nature spéciale, mais soumise, comme toute autre, aux mouvements de hausse et de baisse provoqués par la loi universelle de l'offre et de la demande. Aussi le taux de l'intérêt passe-t-il par des périodes alternantes de hausse et de baisse, corrélatives des périodes d'activité commerciale ou de crise.

Quand les affaires sont actives, les capitaux sont rares sur le marché, les entreprises industrielles et commerciales les recherchent, les rémunèrent largement et, par suite, le taux de l'intérêt a ten-

dance à s'élever ; au contraire, quand les affaires
sont stagnantes, les capitaux disponibles cherchent
un emploi à des taux, au besoin, moins élevés et,
par conséquent, le taux de l'intérêt subit un mouvement de recul.

Comme le prix d'une valeur s'élève quand le
taux auquel elle se capitalise diminue, et que réciproquement, son prix fléchit quand le taux de capitalisation augmente, on pourrait croire, au premier
abord, d'après ce qui précède, que les valeurs
de hausse sont chères pendant les périodes de
dépression commerciale et bon marché pendant les
périodes d'affaires actives. Cette conclusion n'est
cependant pas exacte : il est vrai, jusqu'à un certain
point, que, lorsque les capitaux disponibles abondent
sur le marché et dans les caisses des banques,
ils viennent en partie s'employer à la Bourse et
tendent à soutenir le cours de certaines valeurs ;
mais il ne faudrait pas aller plus loin dans cette
voie et poser comme règle que la Bourse est ferme
en temps d'inactivité commerciale ou réciproquement.

En effet, les capitaux qui s'emploient habituellement dans les affaires, en papier de commerce, en
ouvertures de crédits, en commandites à des
industriels, ne sont pas les mêmes que ceux qui se
placent en valeurs de Bourse ; par suite, les capitaux de commerce peuvent être très abondants,
sans venir pour cela affluer à la Bourse et provoquer une hausse des valeurs. Pour le même motif,
le taux d'intérêt sur le marché libre des capitaux
ne correspondra pas toujours au taux de capitalisation des valeurs mobilières.

De plus, il ne faut pas perdre de vue que les
causes qui influent sur les cours des titres sont
multiples et complexes ; le prix des valeurs est

influencé par les variations du taux de capitalisation, mais il ne l'est pas que par cela. En période de dépression commerciale, les capitaux sont abondants, mais ils ne s'emploient pas, ils ont peur, ils se cachent, ils restent enfouis dans les coffresforts ou au fond des bas de laine ; ils ne profitent pas des occasions souvent favorables de placement qui se présentent alors ; au contraire, les porteurs, effrayés de la situation générale, se défont d'une partie de leurs titres et contribuent encore à la baisse.

Une autre cause extrinsèque de hausse et de baisse d'une valeur c'est la *spéculation* qui se porte sur un titre sans motif toujours bien appréciable, sur un faux bruit, sur la prévision d'une opération qu'on escompte d'avance et qui ne se réalisera peut-être jamais. C'est surtout de ces mouvements inopinés et peu motivés de hausse et de baisse que devra se garder le porteur ; il aura toujours malheureusement tendance à opérer « en mouton de Panurge » : à acheter parce qu'il voit les autres acheter, à vendre parce qu'il sait qu'on apporte des paquets de titres sur le marché, alors que c'est le contraire qu'il faudrait souvent faire.

L'intérêt qu'il y a de se rendre compte si une valeur monte ou baisse par suite de causes intrinsèques ou extrinsèques, c'est que les premières sont le plus souvent (nous ne disons pas *toujours*) durables, quelquefois permanentes et irréparables, tandis que les autres sont souvent passagères. Rechercher les causes du mouvement qui se produit sur un titre, dans un sens ou dans un autre, servira donc à guider le rentier pour savoir s'il devra acquérir cette valeur, la réaliser s'il la possède, ou simplement s'abstenir, rester dans l'attente et laisser passer les événements.

En se livrant à cette recherche, le rentier se mettra à l'abri des mouvements irraisonnés, des engouements passagers et irréfléchis, des paniques sans fondement. Il se formera une conviction appuyée sur des données solides et certaines et agira avec le sang-froid qui doit être sa principale qualité. Il n'achètera pas ou ne vendra pas une valeur parce qu'il aura vu son voisin le faire. Il s'évitera, en raisonnant ses opérations, en les comprenant, des pertes quelquefois cuisantes. C'est là, en matière de Bourse, le grand secret pour ne pas perdre d'argent ; nous ne disons pas pour en gagner ; le moyen de le faire à coup sûr et sans risque est encore à trouver.

Placements de « père de famille ».

Tous les placements, avons-nous dit, ne conviennent pas à tous les capitalistes. S'ils s'attachaient à observer ce principe, les petits épargnants, les rentiers, les personnes qui ne possèdent que des capitaux restreints, s'éviteraient bien des mécomptes. C'est à eux tous qu'il s'applique principalement, travailleurs salariés, fonctionnaires en activité de service ou retraités, petits rentiers et commerçants, dont la préoccupation doit être de rechercher, dans la longue liste de titres qui figurent à la cote, ceux qui leur épargneront, dans toute la mesure possible, une diminution de leurs capitaux.

Toutes ces catégories de porteurs de valeurs mobilières dont le capital est très réduit ou n'atteint qu'une proportion modique doivent, en effet, s'attacher, non pas à augmenter le « tant pour cent » de leurs revenus, mais à sauvegarder l'intégrité de leurs ressources.

« Ainsi, ne manquera-t-on pas de nous objecter, ce sont les petits rentiers, dont les moyens
sont peu importants, qui souvent ont à peine de
quoi vivre, ce sont eux qui devront se contenter
de revenus infimes, de placements inférieurs à 3 %,
de placements en 2 1/2 ou 2 %, en « presque rien
pour cent », diront même les railleurs ; tandis que
les gros porteurs de valeurs mobilières pourront se
permettre des placements qui leur rapporteront 4,
5 ou 6 % ! Ce seront donc, ajoutera-t-on, toujours
les petits qui seront désavantagés et qui le seront
doublement, puisque vous leur interdisez de chercher dans l'importance de leur revenu une compensation relative à la modicité de leur capital.
Pour éviter à un petit rentier une dépréciation
plus ou moins problématique de son avoir, vous
le réduisez, pendant toute son existence, à une
portion congrue de revenus ; pour lui conserver les
quelques milliers de francs qu'il possède, vous le
condamnez à mourir de faim ! »

Ces critiques, ces reproches n'ébranlent en rien
notre conviction, ne modifient en rien notre manière
de voir. Il est regrettable, nous le reconnaissons
volontiers, que celui qui se trouve déjà désavan-
tagé au point de vue de l'importance de son capital, le soit aussi sous le rapport de son revenu ;
mais il n'en peut être autrement.

Les rentiers, les capitalistes qui ont des ressources
suffisamment larges, peuvent en consacrer une
partie raisonnable à des acquisitions de valeurs de
deuxième ou de troisième ordre ; mais les petits rentiers, les épargnants modestes doivent savoir se contenter de titres de tout repos « dorés sur tranche »,
comme disent les Anglais, titres dont la dépréciation ne risquera pas de compromettre une parcelle
d'un avoir déjà si réduit.

Les travailleurs qui cherchent un placement pour les économies réalisées sur leurs salaires, les petits rentiers qui ne possèdent que les ressources strictement suffisantes pour assurer leur existence, doivent se cantonner exclusivement dans les placements en valeurs de toute sécurité, et sacrifier, au besoin, à cette condition impérieuse, l'importance du rendement. Le petit porteur de titres doit s'abstenir de toutes valeurs qui soient susceptibles de moins-value sans probabilité de reprise ou d'amélioration prochaine, de toutes celles que la spéculation pousse artificiellement à des cours exagérés et qu'on fait acheter à l'épargne lorsqu'elles ont dépassé leur véritable prix.

Le capitaliste, le rentier qui disposent de moyens plus importants, ne sont pas astreints à une réserve aussi sévère que les petits épargnants dont nous venons de parler; le champ des placements mobiliers auxquels ils peuvent recourir n'est pas aussi limité; l'importance plus grande de leurs ressources leur permet, jusqu'à concurrence d'un certain chiffre, de courir quelques aléas et justifie la répartition de leur avoir entre plusieurs classes de valeurs, à la condition, toutefois, de diviser et de répartir soigneusement leurs risques.

Le négociant qui emploie en valeurs mobilières une partie de ses disponibilités, doit acquérir des valeurs de réalisation facile et rapide, qui ne soient sujettes qu'à de faibles fluctuations, parce que toute personne dans les affaires, que ce soit dans le commerce, l'industrie ou la banque, peut avoir besoin de ses fonds d'un moment à l'autre. Le commerçant, porteur de valeurs mobilières, peut se trouver dans l'obligation de les vendre, en totalité ou en partie, pour se faire des fonds à un moment où la Bourse est faible. Un excellent emploi pour des placements provisoires de cette nature consiste, par exemple, dans les bons du Trésor, les reports sur bonnes valeurs, traités avec des maisons sérieuses, à qui on puisse confier ses fonds avec pleine sécurité.

A eux tous, petits épargnants, rentiers et commerçants, s'appliquent nos conseils de réserve et de prudence ; à eux tous, conviennent les valeurs de tout repos ; à bien plus forte raison encore, à une grande catégorie de rentiers ou de capitalistes des plus intéressants par leur nombre et par leur qualité, nous voulons dire, aux *pères de famille*.

Il est si naturel que la prudence doive s'attacher aux opérations que traite cette classe de personnes, que l'expression « placement de père de famille » est passée dans la langue courante pour désigner un placement sûr, à l'abri de tout aléa.

En effet, *le père de famille n'a pas seulement à envisager son propre sort, mais aussi celui des siens, leur avenir, leur établissement. Il a charge d'âmes et d'existences*. On peut même dire, en allant au fond des choses, que l'avoir du père de famille ne lui appartient pas personnellement d'une manière complète, absolue ; sinon légalement, du moins à un point de vue moral, le père de famille n'est que le maître « *in partibus* » de son pécule, et la femme, les enfants en sont jusqu'à un certain point, les co-propriétaires ; le père est, en quelque sorte, le gérant d'une société de famille et, toujours à un point de vue moral, il est responsable de sa gestion vis-à-vis des autres membres de la collectivité, à peu près comme un tuteur à l'égard de son pupille ; il n'a pas le droit de compromettre dans des affaires douteuses, de risquer dans des placements aventureux, l'avoir commun.

Plus que toute autre personne, le père de famille

doit, lorsqu'il achète des valeurs de Bourse, prendre
en considération, non pas le temps immédiatement
présent, mais l'avenir et un avenir éloigné. Pour
lui, plus que pour tout autre, l'épargne et la conservation de l'épargne sont un strict devoir.

Pour tout homme, l'épargne est un devoir, vis-
à-vis de lui-même, parce qu'elle contribuera à lui
donner, avec des moyens d'existence, l'indépendance, la liberté ; vis-à-vis de la société, parce
qu'en s'assurant les ressources nécessaires pour
subsister, le citoyen d'un État évite de tomber à
la charge d'autrui.

Mais pour le père de famille, la nécessité de
l'épargne est encore plus impérieuse, car elle ne
constitue pas seulement un devoir vis-à-vis de lui-
même et de la société, mais aussi vis-à-vis des
siens.

Le père de famille devra, avant tout, éviter
l'émiettement de sa fortune dans des affaires
hasardeuses et rechercher, au contraire, des placements susceptibles de procurer une plus-value à
son capital dans un temps donné.

Chose, dira-t-on, plus aisée en théorie qu'en
pratique. Quelles sont les valeurs qui doivent
s'élever et celles, au contraire, qui subiront une
dépréciation ? Est-ce possible de le savoir d'avance ?
Bien fin qui peut prédire l'avenir, sa fortune sera
aisément et rapidement faite.

Non, il ne s'agit pas de prédire l'avenir ni de
désigner à coup sûr les valeurs qui, dans un temps
donné, auront augmenté ou au contraire baissé de
prix, mais seulement d'adopter et de suivre une
ligne générale de conduite qui vous mette à l'abri
des surprises fâcheuses.

Le père de famille qui gère un capital destiné à
l'établissement de ses enfants devra, par exemple,

éviter les valeurs minières, parce qu'une mine s'épuise petit à petit et que, dans une période plus ou moins éloignée, ces valeurs sont exposées à subir une dépréciation importante. On ne manquera pas de nous objecter que les actions de certaines houillères sont devenues des titres de premier ordre, qu'elles ont fait la fortune de leurs propriétaires, qu'elles ont décuplé, centuplé de valeur. Le fait est exact, mais il constitue une heureuse exception qui ne modifie en rien la règle générale que nous posons. Qu'on mette en regard des fortunes acquises dans quelques exploitations sérieuses celles qui ont été englouties dans une quantité de sociétés de charbonnages et houillères diverses qui n'ont pas réussi, et, dans ces dernières années, dans les tristes papiers appelés « valeurs de mines d'or » et l'on nous dira si cette dernière catégorie de titres constitue un placement à recommander au père de famille dont les ressources sont limitées.

Celui-ci ne devra également s'intéresser qu'avec une extrême prudence aux actions industrielles et, en général, aux valeurs à revenu variable ; en effet, une entreprise qui paraît avoir devant elle un long avenir de prospérité, peut, d'un moment à l'autre, voir sa situation bouleversée par une invention nouvelle, un changement de mode, l'introduction de nouveaux moyens de transport, un déplacement de population, la suppression d'une concession, l'accroissement des charges fiscales, etc., etc. La dépréciation de nombreuses valeurs parisiennes de traction, de transport ou d'éclairage le démontre surabondamment.

De même encore, le père de famille devra être circonspect en matière de « placements étrangers » et s'abstenir de tout « placement à l'étranger ». Il y a entre ces deux catégories d'opérations, qu'il faut bien se garder de confondre, des différences notables.

Telles sont les diverses catégories de titres que nous ne saurions trop vivement engager les pères de famille à éviter, s'ils n'ont que des ressources modestes, et auxquelles ils ne devront faire pour la composition de leur portefeuille que des emprunts très réservés, s'ils possèdent des moyens plus larges.

Par contre, l'attention du père de famille devra surtout se porter vers les titres qui présentent des garanties de premier ordre et susceptibles de donner, lors de leur remboursement par la voie du tirage au sort, une plus-value certaine. Le choix du père de famille se portera donc de préférence sur les bonnes valeurs largement cotées au-dessous du pair ; elles rapportent peut-être quelques centimes pour cent de moins que les valeurs de même catégorie, mais de type d'intérêt supérieur cotées au pair ou au-dessus du pair, par contre, elles offrent l'avantage d'une augmentation certaine du capital au bout d'un nombre plus ou moins grand d'années. En acquérant ces titres, obligations de la Ville de Paris, du Crédit Foncier de France, des compagnies de Chemins de fer et des sociétés industrielles de premier ordre, à taux d'intérêt réduit, mais cotées quelques dizaines de francs au-dessous du prix de remboursement, le père de famille s'assure à lui-même et assure aux siens une plus-value automatique de son avoir.

Tout en se limitant à ces catégories de valeur, il trouvera à la cote un choix suffisant pour varier ses placements et il verra que finalement, son revenu moyen ne s'écarte pas autant qu'on veut bien le dire du taux de rendement des titres de deuxième ou de troisième ordre, qualifiés de titres à gros revenus.

Comment apprécier une valeur ?

Nous ne cessons, au cours de cet ouvrage, de recommander à tous les porteurs de titres, aux rentiers, aux capitalistes de toutes catégories, la plus grande circonspection dans leurs placements. Nous les mettons en garde contre les emplois de fonds aventureux, nous leur signalons les pièges qui leur sont journellement tendus par certains intermédiaires sans scrupules, toujours à l'affût d'une proie malheureusement trop facile.

Faut-il donc se contenter exclusivement des placements, nous ne dirons pas, de tout repos, il n'en existe pas, mais des excellents placements de premier ordre qui, sans mettre le porteur de titres à l'abri de toute éventualité de baisse, le garantissent tout au moins contre la perte irrémédiable d'une partie de son capital et de son revenu? Il est parfois difficile aujourd'hui de se borner à de semblables emplois de fonds, en raison de leur faible rapport.

Autrefois, il y a une quarantaine d'années encore, une personne qui possédait une centaine de mille francs, pouvait, en les plaçant en fonds d'État français, obtenir un revenu annuel de près de 5.000 francs et avec cette somme on vivait à l'époque, sinon très largement, au moins très à son aise. Aujourd'hui, il en est bien différemment ; cent mille francs placés en valeurs de premier ordre ne rapportent plus guère annuellement que 3.000 francs, et avec ce revenu, dans un grand centre, une famille a peine à joindre les deux bouts, par suite du renchérissement du coût de la vie. Aussi les personnes qui se trouvent dans cette situation modeste sont-elles peu à peu tentées, pour accroître leurs ressources, d'élargir le cadre de leurs placements et de toucher aux valeurs qui rapportent un intérêt plus élevé.

On suit alors les conseils de tel ou tel ami, de tel banquier (il est facile de s'instituer banquier) ; on achète une valeur qui doit non seulement procurer de beaux revenus, rapporter de « gros dividendes », mais produire à bref délai une majoration certaine du capital. « C'est imprimé sur un journal ». Et petit à petit on s'engage dans la voie dangereuse qui, si on manque de prudence et de réflexion, peut conduire rapidement aux placements en « valeurs éruptives », en titres de sociétés imaginaires.

Nous sommes loin cependant de blâmer l'initiative du capitaliste intelligent qui cherche à augmenter ses revenus en étendant le cercle de ses placements. Bien au contraire, puisque nous sommes partisans convaincus de la répartition des risques et, par conséquent, de la variété des placements. Mais il ne faut pas pour cela acheter des valeurs au hasard ; il faut savoir se borner aux titres qui présentent des garanties sérieuses ; il faut, dans la multitude de valeurs qui figurent à la cote officielle et aux cotes en banque, savoir faire un choix ; il faut savoir résister aux conseils intéressés et à l'attrait de la spéculation.

Comment le public se guidera-t-il dans le flot de valeurs de toute nature, de tous pays, de tous prix, de tous rapports qui se traitent sur les divers marchés ? Comment se fera-t-il une opinion personnelle et raisonnée ?

Éviter les valeurs à revenu élevé parce qu'elles doivent présenter plus de risques, c'est évidemment une mesure fort sage, mais qui va précisément à l'encontre du but qu'on se propose : augmenter ses ressources annuelles pour faire face aux charges croissantes de l'existence.

De plus, il y a des valeurs qui présentent des garanties très suffisantes et qui, cependant, sont d'un bon rapport, parce qu'elles sont moins connues que d'autres, parce qu'elles ont un marché étroit, parce que la spéculation les délaisse. En écarter à *priori* le public, serait lui rendre un fort mauvais service.

Mais comment, quand on est étranger aux choses de la Bourse et de la finance, apprécier la qualité d'une valeur, alors qu'il est parfois si difficile, même pour le professionnel, de le faire avec quelque exactitude.

On ne peut demander à un particulier de posséder, en matière de finances, des connaissances encyclopédiques, de savoir la géographie économique de tous les pays, d'avoir en même temps la science de l'ingénieur, du technicien.

Le public devra, le plus souvent, s'en rapporter aux avis qu'il aura pu recueillir, mais il devra s'assurer de la compétence, de l'honorabilité, de l'impartialité des personnes qui les lui donnent, ne pas se laisser influencer par le conseil du premier venu.

Le public pourra aussi rechercher par qui ont été émises sur le marché, les valeurs qu'il se propose d'acquérir, par quelles banques elles sont patronnées, recommandées.

Signer le prospectus d'émission ou d'introduction d'une valeur, la placer à ses guichets, ne veut certes pas dire qu'on la garantisse, tout au moins de façon effective, mais, comme nous l'avons déjà dit, c'est lui prêter un appui moral, une recommandation qu'une maison sérieuse refusera impitoyablement à toute valeur qui ne reposera pas sur une base solide, qui ne présentera pas de bonnes chances de réussite. Les grandes banques qui placent des affaires dans le public ont des services d'études financières qui les examinent minutieusement dans tous les détails. On peut donc être certain qu'une affaire émise par elles est du moins régulière en la forme, que les emprunteurs sont dûment engagés, que les garanties spéciales sont bien prises, que les hypothèques, s'il y en a, sont bien inscrites, que les contrats de concession existent, que les installations industrielles fonctionnent, que les propriétés de la société sont réelles, en un mot qu'on ne se trouve pas en présence d'une affaire en quelque sorte fictive, ne reposant sur rien que sur l'imagination de ceux qui la lancent.

C'est donc un excellent moyen de se guider, et à la portée de tous, que de rechercher par qui une valeur a été émise ou introduite sur le marché, qui en a signé le prospectus, quels sont les fondateurs, les promoteurs de l'entreprise.

Nous ne voulons pas dire que toutes les valeurs lancées par les maisons sérieuses soient bonnes. La garantie toute morale de l'émetteur est aussi relative, en ce sens qu'il ne prend aucun engagement pour l'avenir.

L'établissement émetteur d'un fonds d'État, par exemple, s'assurera qu'au moment où l'opération est traitée, les finances des pays sont saines, que l'État emprunteur est actuellement solvable, mais il ne peut se porter garant, même moralement, des conséquences des événements politiques, changements de gouvernements, de régime, révolutions, guerres, qui pourront surgir dans un délai plus ou moins éloigné. De même, l'établissement qui place les actions d'une société industrielle, cer-

tifie qu'elle repose sur une base sérieuse, qu'elle
est viable et présente des chances suffisantes de
succès et de prospérité ; mais il ne peut prévoir les
modifications qui surviendraient dans sa direction,
les concurrences qui lui seraient faites plus tard
par des entreprises similaires. De même encore,
une banque honorable qui recommande à sa clientèle des actions de mines, saura que les concessions
nécessaires pour l'exploitation ont été données,
que des ingénieurs compétents ont reconnu l'existence du minerai, que des voies de communication
permettent d'en assurer le transport ; mais elle ne
peut assigner une durée certaine à l'exploitation ni
certifier que celle-ci ne sera pas compromise, à un
moment donné, par l'élévation des salaires ou par
la moins-value des produits de l'extraction. On ne
peut demander à qui que ce soit de répondre de
l'avenir.

Le moyen de se renseigner que nous signalons
n'est donc pas infaillible, mais il constitue déjà une
bonne indication. Il permet de s'assurer qu'on ne
se trouve pas en face d'une affaire franchement
mauvaise, sans base solide et, par suite, dénuée
de toute chance de réussite. Cette précaution est
surtout utile pour les affaires nouvelles, qui n'ont
pas de passé, qui n'ont pas encore fait leurs preuves,
qui n'ont pas encore de crédit établi. Pour les autres,
celles qui existent de longue date, il y a beaucoup
d'autres moyens de se renseigner.

Si une société a dans la circulation des actions
et des obligations et qu'on cherche à apprécier la
valeur de ses obligations, il sera aussi fort utile,
nécessaire même, de se renseigner sur le cours des
actions et les dividendes qu'elles rapportent. Une
affaire qui réalise des bénéfices réguliers, si minimes
soient-ils, est, au point de vue des obligataires,

dans une situation satisfaisante, puisque les intérêts
dus aux obligations sont prélevés sur les frais d'exploitation avant toute attribution aux actions. Si
l'action possède une valeur intrinsèque effective *a
fortiori* l'obligation en a-t-elle une, puisque l'actif
appartient aux obligataires et aux autres créanciers, par préférence aux actionnaires.

* *

Nous avons engagé le capitaliste, lorsqu'il achète
une valeur qui ne lui est pas suffisamment connue,
à s'informer de la banque qui l'a émise ou introduite sur le marché, une maison sérieuse ne donnant le patronage de son nom qu'à des valeurs qui
en sont dignes.

L'indication ainsi fournie ne constitue d'ailleurs
qu'un strict minimum de renseignements, et elle doit
être autant que possible contrôlée et confirmée par
des informations puisées à d'autres sources. C'est
uniquement dans le cas où il s'agira d'une valeur
toute nouvelle, inconnue sur le marché, que le capitaliste se contentera, à défaut de mieux, de cette
garantie toute morale du nom de l'émetteur.

Au surplus, même s'il s'agit d'une valeur nouvelle, il existe encore d'autres moyens à la portée
de tous de l'apprécier et de se rendre compte de
l'avantage qu'il peut y avoir à l'acquérir. On
recherchera quels sont les membres du conseil
d'administration de la société, quelles personnes
la dirigent. Une affaire peut être nouvelle; il sera
rare cependant qu'elle soit administrée et dirigée
uniquement par des hommes nouveaux. Les administrateurs font partie des conseils d'administration d'autres affaires ; ces affaires sont-elles sagement, prudemment, honnêtement gérées ? De

même qu'un banquier sérieux ne prête ses guichets qu'à l'émission de valeurs sérieuses, un homme soucieux de son honneur et de sa réputation ne s'aventurera pas dans le conseil d'administration d'une entreprise douteuse. Il faudra cependant chercher à savoir si la société n'a pas paré son conseil des noms ronflants de personnes incompétentes, de bonne foi peut-être, mais qui, en réalité, ne sont que des prête-noms destinés à couvrir du reflet de leurs titres les agissements de gens aventureux ou malhonnêtes. Il y a là des indices qui échapperont sans doute aux personnes entièrement étrangères aux affaires financières, mais qui tromperont difficilement un homme du métier ; et, si on n'est pas en mesure d'apprécier soi-même la composition d'un conseil d'administration, on obtiendra aisément sur ce point un avis compétent en s'adressant à des personnes notoirement honorables : à des banquiers que l'on connaît de longue date et dont la réputation est hors de toute discussion, aux représentants autorisés de grands établissements de crédit, à des agents de change.

Il ne faut pas se contenter de l'avis d'une seule personne, mais s'adresser à plusieurs, comparer leurs réponses et contrôler, les uns par les autres, les renseignements obtenus. Ces indications concordent-elles, il y a beaucoup de chance pour qu'elles soient exactes. Un juge ne rendra pas sa sentence sur les déclarations d'un seul témoin : une personne qui se livre à une enquête relative à des titres devra observer le même principe, invoquer plusieurs témoignages et s'abstenir, de préférence, au cas de désaccord.

Il faut, en outre, que le rentier se conforme aux avis qui lui sont donnés par des personnes compétentes et qui ont sa confiance ; il semble que nous énoncions là une vérité naïve à force d'être évidente. Pourtant, combien sont nombreuses les personnes qui demandent un conseil avec une conviction faite d'avance, avec l'idée bien arrêtée de ne suivre les avis qui leur seront donnés que s'ils sont conformes à leur propre opinion.

De plus, une affaire qui est nouvelle en tant que société cherchant à se faire une place sur le marché des valeurs, existera souvent depuis longtemps comme entreprise privée. Nombreuses sont les affaires de toute nature qui se mettent en actions. Rien de plus facile que de se renseigner sur le passé de ces entreprises, sur le crédit dont elles jouissaient, sur les causes de leur transformation en société anonyme. Quelquefois, ce sont des affaires commerciales ou industrielles très prospères qui ont besoin pour se développer de capitaux importants, et doivent, pour se les procurer, prendre la forme de sociétés par actions. D'autres fois, trop souvent, il s'agit d'entreprises en décadence que leurs chefs mettront sous la forme anonyme avec l'arrière-pensée de placer plus tard dans le public les actions d'apport qu'ils se seront fait attribuer pour une large part.

Enfin, une entreprise qui se crée présente *a priori* plus ou moins de risques suivant l'objet même qu'elle se propose. Une société qui se fonde par exemple, pour l'exploitation d'une concession donnée par l'État, par un département, par une commune en vue de l'exploitation d'un service public, offrira plus de garanties de succès qu'une entreprise commerciale privée, soumise à toutes les conséquences de la libre concurrence. Une entreprise d'adduction d'eaux qui exploite une concession publique, présente de grandes chances de réussite parce qu'elle est assurée d'un certain chiffre de consommation. Il en sera de même d'une société d'éclairage ou de transports en commun, avec cette restriction toutefois qu'un mode d'éclairage peut être remplacé par un mode nouveau, qu'un moyen de transport peut subir la concurrence d'autres systèmes de transport, et il faut tenir compte aussi, pour les unes comme pour les autres, des grèves, des malfaçons, des charges ouvrières, des réclamations, augmentations de salaire, etc.

Le procédé qui consiste ainsi à apprécier une affaire d'après son objet ou en la comparant à des entreprises analogues déjà existantes n'a d'ailleurs, hâtons-nous de le dire, rien d'absolu. On ne peut se faire une opinion certaine sur l'avenir d'une société qui n'a pas encore fait ses preuves, que l'on n'a pas vue à l'œuvre. Quand la compagnie du canal de Suez s'est fondée, les personnes les plus compétentes, les mieux renseignées, étaient bien loin de se douter de l'importance que l'ouverture de cette voie de communication aurait plus tard pour le commerce du globe, des recettes que la compagnie pourrait encaisser, des dividendes qu'elle serait à même de distribuer à ses actionnaires. Lord Palmerston, à la Chambre des communes en Angleterre, la qualifiait d'une vaste escroquerie ne dépendant que de la Cour de justice du Banc de la Reine. Par contre, quand il s'est agi de percer l'isthme de Panama, nombreux sont ceux qui, raisonnant par analogie avec ce qui s'était passé pour le Suez, ont eu foi dans le projet et ont laissé engloutir dans cette malheureuse affaire tout ou partie de leur avoir.

Ceux qui ont acheté du Suez ont acheté du Panama et ceux qui avaient douté du Suez et s'étaient abstenus, ont voulu acquérir du Panama pour y gagner ce qu'ils n'avaient pas gagné dans le Suez : les uns et les autres ont perdu.

Cet exemple suffirait à montrer combien, lorsqu'on se trouve en face d'une affaire qui se crée, il convient d'être réservé et pourquoi il ne faut pas engager tous ses biens dans une entreprise unique, surtout lorsqu'elle est nouvelle et que les résultats à en attendre sont encore hypothétiques. Le capitaliste assez imprudent pour le faire ressemble jusqu'à un certain point au joueur qui risquerait toute sa fortune sur un coup de dé. Il faut être doublement prudent quand il s'agit d'acquérir des actions d'une nouvelle entreprise et il convient de ne le faire que si on est dans une situation de fortune permettant de risquer une certaine somme et de la perdre sans qu'il résulte d'inconvénient bien sérieux. Autrement, c'est-à-dire si la perte éventuelle peut avoir une répercussion sensible sur le genre de vie, sur le bien-être du rentier ou des siens, il vaut bien mieux que, dans le doute, il s'abstienne et qu'il manque de faire une affaire peut-être bonne, plutôt que de risquer d'en faire une détestable.

.·.

En résumé, il y a des moyens de se renseigner qui sont à la portée de tous ; il suffit de les utiliser et de le faire judicieusement. Il faut surtout ne pas avoir l'idée préconçue et ne pas se renseigner quand il est trop tard, quand on a pris position dans une mauvaise affaire. C'est avant d'opérer, avant d'acheter, et non après, qu'il convient de réfléchir et de s'enquérir. Voilà encore une vérité évidente ; il n'était pourtant pas inutile, croyons-nous, de l'énoncer, car trop nombreuses sont les personnes qui se lancent étourdiment dans une opération et s'aperçoivent après coup qu'elles auraient mieux fait de s'abstenir.

Quand nous disons au public : « Prenez garde aux prospectus », cela veut dire : prenez garde à qui vous envoie les prospectus. Cela veut dire : quand vous recevez un de ces multiples petits papiers, de tout format, de toute nuance et de tout style, courez immédiatement à la signature. C'est là le critérium qui devra vous guider.

Il y a de bonnes et de mauvaises banques ; il y a des établissements de crédit connus honorablement et d'autres qui ne le sont pas. Si un prospectus est signé par une maison d'honorabilité notoire, par une banque ancienne ou dont la moralité ne fait aucun doute, on peut ajouter foi aux indications du prospectus.

Cela ne veut pourtant pas dire que toute valeur recommandée par un établissement même sérieux, convienne à tout le monde : parmi les nombreuses valeurs émises presque journellement, il y en a qui conviennent à certains portefeuilles et qui conviennent moins ou pas du tout à d'autres. Une valeur peut être sérieuse, et comporter néanmoins des risques, beaucoup de risques même ; une société peut être dirigée par des personnes très honorables et très compétentes et les actions peuvent être sujettes, en raison du caractère de l'entreprise, de son objet, à des fluctuations de cours qui en rendront la possession dangereuse pour de petits capitalistes, pour de petits rentiers, dont les ressources sont limitées, qui attendent après leurs revenus pour vivre.

Les actions de valeurs minières, de certaines entreprises industrielles peuvent être présentées au public par d'excellentes maisons, offrir les meilleures chances de réussite et de plus-value ; cela n'empêche pas que le petit rentier, s'il a quelque prudence, s'en abstiendra complètement. Il n'aura pas, il est vrai, les chances de gain qui peuvent résulter de la possession de certaines valeurs de cette nature ; mais il ne courra pas non plus les risques de perte qu'elles présentent si l'entreprise ne réussit pas, par suite d'une invention nouvelle, par exemple, d'une concurrence puissante, d'un changement de mode, d'un cas de force majeure ou de tout autre facteur.

Un petit rentier, un épargniste, ne doit pas courir le risque de ne pas réussir, parce que, pour lui, la non-réussite c'est la perte d'une fraction notable ou de la totalité de son avoir, c'est la réduction de ses revenus à la portion congrue, si ce n'est même à néant.

Ainsi, la première chose à faire, quand on reçoit un prospectus, c'est de s'assurer de qui il émane, de se renseigner sur la valeur de la signature dont il est revêtu, de la maison qui l'a lancé. Il faut rejeter *de plano* tout prospectus émanant d'une maison douteuse, d'une banque inconnue ou sans surface. Il faut se méfier notamment de certains établissements minuscules qui cherchent par leur dénomination à créer une confusion avec la raison sociale des grands établissements de crédit. La tromperie, la fraude, sont là bien évidentes.

Le prospectus émane-t-il, au contraire, d'une maison honorablement connue, on peut alors le retenir pour un examen plus approfondi ; le rentier se demandera si la valeur recommandée convient à son portefeuille, si elle n'offre pas des risques disproportionnés avec les ressources dont il dispose.

Si le capitaliste croit que la valeur faisant l'objet du prospectus peut l'intéresser, il devra encore tâcher d'obtenir sur elle des renseignements provenant d'une autre source, interroger des personnes compétentes et sûres ; il ne devra pas s'en tenir

exclusivement aux indications du document qu'il a
sous les yeux.

Un prospectus doit donc, à notre avis, subir un
double examen, *en la forme* et *au fond*, comme
on dit en style de procédure :

En la forme, pour s'assurer s'il émane ou non
d'une maison honorable ;

Au fond, ensuite, parce qu'un prospectus même
s'il émane d'une banque connue et respectable
peut recommander une valeur qui ne convient pas
à tous les portefeuilles.

Quant à l'insertion obligatoire dans le *Bulletin*,
des annonces légales obligatoires de tous les documents indiqués par la loi, sur les émissions et introductions de titres, cette mesure permettra au public
de se renseigner, mais elle n'a pas pour but de
donner une garantie quelle qu'elle soit aux mentions
qui sont faites dans ces notices.

.·.

Un autre moyen employé pour renseigner le
public sur les affaires qui sont émises ou en cours
de placement, consiste à faire publier dans les
journaux ces prospectus, avis, annonces, réclames.
Ici encore, nous dirons qu'il y a journal et journal
et aussi, qu'il y a « manière » de lire un journal.

En effet, il ne convient pas d'ajouter une foi
égale à ce que publient tous les journaux, ni à tout
ce que publie un journal. De même que toutes les
signatures qui peuvent figurer sur un prospectus
d'émission sont loin de posséder une égale valeur,
de même, la recommandation de tous les journaux
n'a pas le même poids et ne mérite pas, de la part
du public, une semblable confiance. La notoriété
publique renseignera le lecteur d'une feuille sur la

valeur des avis qu'elle renferme ; puis, en la suivant un certain temps, ou peut se rendre compte par soi-même du crédit plus ou moins grand qu'on peut apporter aux appréciations qui sont faites, aux conseils qui sont donnés.

Dans un même journal, avons-nous dit, tous les avis n'ont pas une importance égale ; c'est que tous n'engagent pas à un même degré sa responsabilité, toute morale d'ailleurs.

Une appréciation émanant de la rédaction aura beaucoup plus de poids qu'une simple note ou annonce insérée sur la demande d'un tiers : un journal ne peut pas se faire juge lui-même du degré de véracité de toutes celles dont on lui demande l'insertion ; il peut accepter ou refuser telle ou telle annonce, mais ce serait trop exiger que de lui demander d'opérer à première vue une sélection parmi toutes celles qui peuvent se présenter.

Il n'est personne au monde qui soit en mesure de prévoir avec certitude les résultats que pourra donner dans l'avenir une affaire qui se crée. Les pronostics les plus sérieux, les mieux fondés, sont souvent démentis par des faits inattendus.

Toutefois, il est bien des valeurs offertes au public sur des recommandations qui n'inspirent guère confiance ou sur des affirmations dont le contrôle est impossible à faire, et dont les apparences sont évidemment mauvaises qu'un publiciste soucieux de sa réputation et des intérêts de ses lecteurs devra refuser et refusera toujours. Il est impossible à un journal de donner une appréciation sur toutes les émissions, introductions de titres, souscriptions, valeurs diverses qui apparaissent sur un marché : mais un lecteur attentif doit se dire que le silence même, gardé par un journal sur certaines affaires doit être déjà pour lui un indice qu'il fera bien de ne pas négliger.

Nous avons dit précédemment qu'un avis émanant de la rédaction d'un journal, sans cependant engager sa responsabilité même morale, car il peut se tromper comme tout le monde, doit avoir aux yeux du lecteur, plus de poids qu'une simple annonce. On nous objectera qu'il n'est pas toujours bien facile de faire cette distinction : les journaux, en général, n'indiquent pas d'une manière très claire si les notes qu'ils publient émanent d'un de leurs rédacteurs ou d'une personnalité étrangère. Quelques-uns le font cependant et possèdent des rubriques tels que « Communiqués » « Avis et communications » ou autres analogues qui fixent immédiatement le lecteur sur l'origine de la note.

Même en l'absence de cette rubrique spéciale, on arrivera sans trop de peine, avec un peu d'habitude de son journal et de perspicacité, à distinguer un article d'un communiqué, d'un avis, annonce ou réclame : la place de la note, bien souvent aussi les caractères dans lesquels elle est imprimée, le style, le ton de cette note serviront de guide au lecteur habituel d'une feuille et lui permettront de se rendre compte du degré d'importance qu'il convient d'apporter aux avis donnés. S'il s'agit d'une insertion communiquée, il pourra la voir répétée dans plusieurs journaux dans des termes identiques et l'uniformité de la note élogieuse indiquera au public qu'elle émane de personnes autres que la rédaction.

Plusieurs journaux ouvrent dans leurs colonnes une rubrique « Correspondance » où ils répondent aux lettres de leurs abonnés ou lecteurs et leur donnent des avis sur les valeurs qui les intéressent.

Pour plusieurs d'entre eux, c'est un moyen facile de répondre sans frais aux questions qui leur sont adressées ; pour d'autres, c'est aussi un moyen facile de recommander telle ou telle valeur, tel ou tel placement, l'achat ou la vente de tel ou tel titre. Les procédés en usage présentent, eux aussi, de graves inconvénients pour ceux qui oublient que les conseils qui s'appliquent à telle ou telle personne peuvent ne pas convenir à d'autres porteurs de titres.

C'est chose fort délicate que de conseiller l'achat ou la vente de valeurs de Bourse et on ne peut remplir consciencieusement ce rôle de guide financier, sans être soi-même renseigné sur les ressources, les moyens du correspondant qui s'adresse à vous. Les réponses insérées dans un journal s'adaptent mal à la nécessité de semblables enquêtes ; elles s'adressent le plus souvent à des inconnus et, en matière de Bourse, on ne peut, nous le répétons, donner des avis sérieux à des inconnus.

Au surplus, le fait de conseiller chacun de ses lecteurs en particulier est du rôle d'un journal d'affaires qui sert d'intermédiaire pour l'achat ou la vente de valeurs mobilières et c'est un soin extrêmement délicat. Le public, les rentiers, les capitalistes devraient toujours se pénétrer de cette pensée qu'ils ne doivent pas se considérer comme un mineur en tutelle et s'en rapporter aveuglément à autrui du soin de gérer ses affaires. Ce qu'il doit demander aux journaux qu'il lit, aux personnes qu'il consulte, ce sont des renseignements honnêtes, impartiaux, exempts de toute exagération, des avis qui le mettent à même de prendre par lui-même une détermination pour traiter ensuite les opérations qu'il désire effectuer ou bien s'en abstenir.

Le public doit se tenir en garde contre les avis
soi-disant « *confidentiels* » qui lui sont promis pour
le renseigner sur la composition de son portefeuille
pour lui dire « à temps » quelles valeurs il doit
échanger, vendre ou acheter. Il n'y a pas, en matière de bourse, de renseignements confidentiels, de
« *tuyaux* », pour employer l'expression familière,
mais consacrée. Les prévisions, même les mieux
fondées, peuvent être déjouées d'un moment à
l'autre par un événement inattendu. Il n'y a pas, à
la Bourse, de moyen de faire fortune à coup sûr.
Tous les mots qu'on fait miroiter aux yeux du
public profane, de *terme*, *arbitrages*, *échelles*,
primes, *participations*, *comptant différé*, etc., etc.,
servent trop souvent à dissimuler des pièges tendus
aux naïfs trop confiants.

Que le public se persuade donc bien, que si une personne avait réellement trouvé le moyen de gagner
à la Bourse beaucoup d'argent sans risque, elle
utiliserait sa combinaison pour son propre compte
et n'aurait pas la bonhomie de la publier à cor et à
cris, à grand renfort de réclames, pour en faire profiter des indifférents et des inconnus. L'argument
est enfantin à force de simplicité, mais les nombreuses personnes qui journellement tombent dans
les pièges qu'on leur tend n'y songent même pas,
ou, si elles y songent, elles se disent qu'elles
auront le temps de se retirer de ces affaires après
avoir commencé par y gagner quelque chose. C'est
la main dans l'engrenage.

Le public s'étonne qu'on ne parle pas plus souvent de certaines valeurs. Le détenteur d'un titre
voudrait que « son journal » en fît mention dans
chaque numéro. Ce désir est pourtant impossible
à satisfaire, étant données la longue liste de valeurs qui figurent à la cote officielle ou à la cote en

banque. Il serait matériellement impossible d'agir autrement. Un journal doit parler des valeurs les plus importantes, ou bien de celles sur lesquelles un événement récent attire l'attention, ou encore de celles qui intéressent plus particulièrement ses lecteurs. Il en est de fort bonnes dont il parlera très rarement parce qu'elles ne donnent lieu qu'à des transactions peu importantes parce qu'elles sont entre un très petit nombre de mains. Elles peuvent cependant être excellentes. Ce n'est pas parce qu'on parle beaucoup d'un titre, ni parce que la spéculation se porte sur lui qu'il sera meilleur qu'un autre sur lequel on garde le silence. Les meilleures valeurs sont quelquefois celles dont on parle le moins, celles qui, à l'instar des peuples heureux, n'ont pas d'histoire. En général, le public s'occupe beaucoup moins des titres de tout repos que des valeurs à gros tapage, des valeurs de spéculation.

Du fait qu'un titre est sujet à des fluctuations de cours d'une certaine importance, il ne faut pas non plus conclure qu'il soit mauvais. Ces mouvements de hausse ou de baisse peuvent être dus seulement à l'étroitesse du marché, c'est-à-dire au nombre restreint de transactions qui se pratiquent sur une valeur, soit parce qu'elle n'est représentée que par un très petit nombre de titres, soit parce qu'elle est très bien classée dans les portefeuilles des capitalistes. Il suffit alors parfois d'une seule demande ou d'une seule offre pour influer sur la cote et faire inscrire un cours en hausse ou en baisse de plusieurs points. La valeur pourra être cependant très sérieuse et très bonne. Seulement, il faut avoir soin de ne pas composer son portefeuille exclusivement de titres de cette nature parce que si on se trouve obligé de les réaliser, on peut ne pas rencontrer d'acheteurs ou n'en trouver qu'en con-

sentant un sacrifice sur le prix. Entre deux valeurs
présentant des garanties identiques, il conviendra,
à prix égal, de donner la préférence à celle qui
possède le marché le plus large.

.˙.

Toutes ces considérations, ces avis et conseils s'appliquent surtout aux valeurs nouvelles, encore inconnues, qui n'ont pas fait leurs preuves, à toutes ces
valeurs de mines et papiers divers, à faible débours,
mais déjà effroyablement majorés qui surgissent,
du jour au lendemain et sur lesquels prospectus
et réclames font entrevoir des bénéfices fantasma-
goriques. Tous ces papiers valent ce que valent les
prospectus qui les recommandent. Il est impossible
d'en contrôler les assertions : il faut croire ou ne
pas croire. Le plus sage est de n'y pas croire.

Quand on se trouve en présence de valeurs ayant
un passé, de sociétés qui existent depuis un certain temps, de sociétés qui ont déjà fonctionné,
les moyens de se renseigner sont encore plus nombreux. On s'informera, notamment, soit au siège
de la société elle-même, soit chez le banquier
chargé d'en faire le service financier, des résultats
des précédents exercices, des dividendes distribués.
On prendra connaissance des statuts, des derniers comptes rendus des assemblées d'actionnaires, des bilans. On recherchera quels ont été
les cours des dernières années, tant pour les
actions que pour les obligations.

De même, s'il s'agit de titres d'États étrangers,
de provinces, de villes, on recherchera si le débiteur a toujours fait honneur à ses engagements, si
le pays a des finances saines.

Ce sont là des précautions bien faciles à observer

et que trop souvent pourtant, on néglige, en achetant des valeurs « au petit bonheur », sur la foi de renseignements non contrôlés, émanant de personnes souvent intéressées à les fournir inexactes, ou bien encore parce qu'on a appris que M. Un Tel a fait de gros bénéfices en effectuant ces achats ou ces opérations. Trop souvent on achète des titres d'une affaire nouvelle sans même supputer ses chances de réussite ou ses risques d'effondrement, en vue de réaliser en peu de temps une plus-value de capital. On escompte une hausse provoquée par la spéculation, on attend le *bon moment* pour revendre à un plus naïf que soi-même qui croira, à son tour, à tous les boniments et achètera plus cher ce que le moins naïf a acheté meilleur marché ; mais ce *bon moment* ne se présente pas. Il ne faut certes pas demander au rentier de savoir résister à toutes les tentations, cependant, un peu plus de sagesse et de réserve lui éviterait bien des mécomptes.

Il ne faut pas acheter une valeur parce qu'elle « va monter », mais parce qu'elle est bonne et sérieuse ; il ne faut pas se dire : « J'achète tel ou tel titre ou je fais tel ou tel placement parce que je gagnerai telle ou telle somme. » Bien au contraire, il faut se demander avant d'acheter tel ou tel titre, si, au lieu de gagner on venait à perdre, et si la perte qu'on subirait ne serait pas trop lourde à supporter. Il faut, en un mot, se demander si l'on peut supporter une perte soit en capital, soit en revenu, avant de supputer les bénéfices probables. Avec ces précautions on évitera bien des mécomptes et bien des ennuis.

Le *métier* de rentier — car c'est un vrai *métier* — serait véritablement par trop simple et facile, s'il devait consister uniquement à échanger son argent contre du papier gris, blanc, vert ou

rose, qu'on appelle action, obligation, rente, etc.
Ce *métier* exige beaucoup de prudence, de réserve,
d'attention ; il faut connaître ce *métier* et pour
l'apprendre, ne pas se confier au premier venu. Le
public, malheureusement, est imprudent et plus
joueur et moins naïf qu'on ne le pense ; il croit,
comme le disait M. Léon Say, au « surnaturel » et
voudrait plutôt être incité à spéculer, à jouer à la
Bourse comme s'il s'agissait d'une partie de cartes,
à acheter des papiers qualifiés d'actions ou d'obligations et qui ne sont que des papiers peints et des
valeurs éruptives : son état d'esprit est tel qu'il
n'aime guère entendre les Cassandre qui lui con-
seillent d'agir avec prudence, de savoir se contenter de peu et de ne pas croire aux prospectus ou réclames de gens qu'on ne connaît pas. Il aime bien
mieux qu'on lui conseille telle ou telle affaire et il
y croit d'autant plus facilement qu'il la connaît
moins et même pas du tout.

Si cette « affaire » réussit, s'il gagne de l'argent,
si la valeur achetée vient à hausser, il s'en félicite
et considère qu'il a été « bien inspiré » ; quand, au
contraire, il voit tout s'effondrer, les valeurs baisser,
ce n'est pas son imprudence, sa naïveté qu'il
accuse, ce sera tout le monde.

Comment on lit un bilan.

Nous ne saurions trop insister sur la nécessité
absolue de *se renseigner* sur les entreprises dont
on est actionnaire ou obligataire, de se rendre
compte *par soi-même* de leur situation, du degré
de confiance qu'elles méritent, et, dans ce but, il
est de toute nécessité aussi de se procurer et d'examiner attentivement, entre autres documents, le
bilan des sociétés dans lesquelles on est intéressé.

Se procurer le bilan d'une société est chose facile ; en effet, le législateur s'est rendu compte de la nécessité qu'il y avait pour tout actionnaire à pouvoir prendre connaissance des bilans annuels et il a édicté, à cet égard, des dispositions très précises : dans ses articles 34 et 35, la loi du 24 juillet 1867 stipule que « *toute société anonyme doit dresser chaque semestre un état sommaire de sa situation active et passive ; cet état est mis à la disposition des commissaires ; il est en outre établi chaque année un inventaire contenant l'indication des valeurs mobilières et immobilières et de toutes les dettes actives et passives de la société. L'inventaire, le bilan et le compte de profits et pertes sont mis à la disposition des commissaires le quarantième jour au plus tard avant l'assemblée générale ; ils sont présentés à cette assemblée. — Quinze jours au moins avant la réunion de l'assemblée générale, tout actionnaire peut prendre au siège social connaissance de l'inventaire et de la liste des actionnaires et se faire délivrer copie du bilan résumant l'inventaire et le rapport des commissaires.*

Ainsi, les actionnaires d'une société peuvent avoir connaissance chaque année du bilan, soit indirectement, par les commissaires qui sont leurs mandataires, soit directement, en le réclamant au siège social dans la quinzaine qui précède l'assemblée générale. Ils ont donc tout le temps de l'étudier, de le comparer aux bilans des précédents exercices, de manière à formuler, le jour de l'assemblée, les observations qu'ils jugent utiles et à demander, s'il y a lieu, des explications complémentaires.

Ajoutons que certaines sociétés, les établissements de crédit notamment, publient à intervalles rapprochés, chaque mois ou même chaque semaine, des états de situation qui sont reproduits dans les journaux financiers et distribués dans leurs bureaux.

Mais s'il est aisé de se procurer un bilan, il est peut-être moins facile de le lire. Qu'est-ce au juste qu'un bilan? Quelles indications peut-il fournir? Quel degré de confiance doit-on attacher aux renseignements qu'on y trouve? Ce sont là des points sur lesquels le public est généralement mal documenté et sur lesquels nous voudrions lui donner quelques éclaircissements.

.
. .

Le mot bilan vient de l'italien *bilancia* qui signifie balance. Bien qu'en termes de comptabilité les deux mots « balance » et « bilan » ne soient pas synonymes, en fait, le bilan est une véritable balance entre les éléments de l'actif d'une entreprise et ceux du passif. Dans l'un des plateaux, on met tout ce que la société possède : espèces, valeurs, marchandises, mobilier, immeubles, concessions, matériel, créances, etc. Dans l'autre plateau, tout ce qu'elle doit à ses actionnaires ou à des tiers : son capital, ses obligations, si elle en a émis, les billets qu'elle a souscrits, les effets qu'elle a revêtus de son acceptation, ses dettes de toute nature.

On totalise, d'une part, les éléments de l'actif, d'autre part, les éléments du passif et on cherche de quel côté s'incline la balance. L'écart entre les deux plateaux représente un bénéfice, si c'est l'actif qui l'emporte sur le passif ; si l'équilibre s'établit en sens inverse, c'est-à-dire si c'est le passif qui l'emporte sur l'actif, la différence constitue une perte.

Le bilan est le tableau résumé de la situation

d'une entreprise ; on le dresse à l'aide de la balance des comptes, les soldes débiteurs de ces comptes fournissant les éléments d'actif du bilan et les soldes créditeurs, les éléments du passif. Il y a cependant une différence essentielle entre le bilan et la balance des comptes obtenus en fin d'exercice : la balance est la reproduction fidèle, exacte de la comptabilité à une date donnée ; elle ne donne pourtant pas la physionomie exacte d'une affaire, c'est-à-dire ce que l'on cherche dans un bilan. Pour fournir le bilan, la balance de fin d'exercice doit être modifiée, rectifiée ou, si l'on veut, régularisée, en vue de présenter d'une façon plus exacte, plus vraie, la situation de l'entreprise. C'est ce que nous allons montrer au moyen de quelques exemples :

Une société s'établit et achète des meubles d'une valeur de 5.000 fr. pour garnir ses bureaux ; cette somme est passée dans la comptabilité au débit d'un compte « mobilier » ou « frais d'installation ». La balance reproduit fidèlement cette écriture de 5.000 fr., qui constitue un élément d'actif de la société ; mais le mobilier ne conserve pas indéfiniment sa valeur ; dans quinze ans, dans vingt ans, il sera usé, démodé, déprécié ; en cas de liquidation, on n'en retirerait qu'un prix infime ; il serait donc inexact de faire figurer à l'actif la somme de 5.000 fr. ; on fera subir au mobilier un amortissement, c'est-à-dire une réduction partielle de valeur ; il ne sera plus porté au bilan que pour une valeur estimative, amortissement déduit. Il est donc intervenu, pour établir le bilan, un élément d'appréciation qui n'existait pas dans la balance.

Autre exemple : la société a un portefeuille-titres. Lorsqu'elle les a achetés, elle en a porté le prix dans un compte « portefeuille » ; ce prix se

présente tel quel dans la balance ; mais les titres
de Bourse n'ont pas une valeur fixe ; ils ont pu,
depuis qu'ils ont été acquis par la société, baisser
de prix. Les porter invariablement au bilan pour
leur prix d'achat serait donner de la situation de
la société une idée peu exacte ; ce serait s'exposer
à établir un bilan faux et, peut-être, à distribuer
des dividendes fictifs. Il faudra, par suite, réduire
le prix d'achat des titres en portefeuille à leur
valeur en Bourse. Ce sera là encore un amortissement. Dans une société sagement administrée, on
effectuera cet amortissement, même si les titres
n'ont pas diminué de prix, en prévision du cas où
cette baisse viendrait à se produire ultérieurement.
Dès lors, les titres ne figureront pas au bilan pour
leur prix coûtant, mais pour une valeur estimative.

Autre exemple encore : la société a prêté de
l'argent, elle a négocié des effets de commerce,
elle a vendu des marchandises à crédit : les livres
font ressortir le montant de sa créance vis-à-vis
de sa clientèle ; mais, dans le nombre, il peut y
avoir des créances compromises ; la solvabilité de
certains débiteurs peut inspirer des inquiétudes ;
le recouvrement des sommes dues peut être dou-
teux. Ici encore, pour obtenir une évaluation aussi
exacte que possible de l'actif réel de la société, il
faut faire subir une modification à la balance. Il
ne faut pas que l'actif du bilan comprenne la totalité des sommes dues, mais seulement des sommes
effectivement recouvrables ; il faut amortir les mauvaises créances ou leur affecter une réserve au passif
du bilan.

Ces amortissements de divers ordres sont indispensables ; les négliger serait fausser le bilan, donner de la situation de l'entreprise une idée tout à

fait inexacte ; ce serait majorer de façon illicite le bénéfice de l'exercice, ce serait, pour les administrateurs d'une société, s'exposer à des revendications, à des poursuites. Dans quelles conditions, dans quelle mesure convient-il d'effectuer ces amortissements? C'est là un point sur lequel nous aurons occasion de revenir ; mais ce que nous voulons montrer tout d'abord, c'est qu'il entre dans la confection du bilan un élément d'appréciation très important. Le jeu des écritures ne suffit pas pour révéler la situation exacte d'une société ; un bilan pourrait être *conforme aux livres* et reposer cependant sur des données fausses. Pour dresser un bilan vrai, il ne faut pas tant être un habile comptable, qu'un administrateur scrupuleux, intègre ; il ne suffit pas, pour apprécier un bilan, d'en lire les chiffres, il faut être certain qu'il est la sincère expression de la vérité et, par conséquent, qu'il émane de personnes honorables.

**

Ainsi que nous l'avons dit précédemment, pour présenter la situation vraie d'une société ou, en général, d'une maison de commerce, les éléments fournis par la comptabilité doivent, avant de figurer au bilan, subir certaines modifications ; il faut tenir compte de toutes les dépréciations survenues au cours de l'exercice, défalquer les créances devenues irrecouvrables, amortir les dépenses qui ne correspondent plus à un actif réalisable.

Même ainsi modifiés et ramenés à leur valeur supposée exacte, les divers postes du bilan ne sont pas tous de nature identique : ils diffèrent entre eux par un point très important et sur lequel il est indispensable de porter son attention quand on se livre à l'étude d'un bilan.

En quoi, en effet, consiste cette étude? D'une part, à comparer les éléments de l'actif et du passif, afin de savoir de quel côté penche la balance. D'autre part, à se rendre compte si la société est en mesure de faire face à ses engagements, *si ses disponibilités répondent à ses exigibilités immédiates.*

Ces deux points de vue diffèrent de façon très sensible : l'actif d'une entreprise pourrait égaler et même dépasser son passif, sans qu'elle fût cependant en état de remplir ses engagements, si cet actif était immobilisé dans des affaires à longue échéance, tandis que les dettes ou une partie des dettes de la société seraient, au contraire, immédiatement exigibles.

Aussi une nouvelle distinction s'impose-t-elle dans les divers éléments d'un bilan : il existe entre ces éléments des différences de *qualité*, de *valeur*. Nous nous trouvons maintenant en présence de différences résultant des *dates d'exigibilité* des créances et des dettes, de la facilité plus ou moins grande avec laquelle peuvent être réalisés les éléments de l'actif.

Si une société se procure des fonds en acceptant à ses caisses des dépôts exigibles à vue ou à un très court délai de vue et qu'elle emploie ces capitaux, par exemple, à des achats de terrains difficilement réalisables à brève échéance, ou à des prêts hypothécaires à long terme, elle se trouvera fort embarrassée pour faire face aux demandes de retrait de sa clientèle de déposants. Les administrateurs d'une société qui autoriseraient des opérations analogues seraient, à juste titre, taxés de complète incapacité financière ; aussi, est-ce une simple hypothèse que nous avons envisagée pour montrer la situation dans laquelle pourrait se trouver une société possédant un actif égal ou supérieur à son passif et cependant hors d'état de remplir ses engagements, acculée, par conséquent, à la liquidation ou à la faillite.

Pour peu vraisemblable qu'elle soit, cette hypothèse pourra cependant être réalisée, du moins dans une certaine mesure ; elle l'a été malheureusement trop souvent et bien des paniques, bien des crises ont été provoquées par la suspension de payements d'établissements financiers qui avaient immobilisé pour une période trop longue une partie trop importante de leurs ressources. La dernière crise américaine qui a eu une si profonde répercussion sur le mouvement commercial du globe, n'a pas eu d'autre point de départ : les banques de dépôts des Etats-Unis avaient imprudemment engagé leurs fonds dans des commandites industrielles et se sont trouvées dans l'impossibilité de faire face aux demandes de retrait inopinées de leurs déposants.

Entre l'emploi de fonds en papier de commerce qui peut être considéré comme le placement mobilisable par excellence, puisqu'il assure des rentrées automatiques, échelonnées suivant les échéances et qu'il permet de plus, de se procurer des fonds à tout moment, au moyen du réescompte du portefeuille, entre ce genre de placement et l'immobilisation complète à laquelle nous avons fait allusion, il y a place pour une infinité de degrés. L'immobilisation n'est-elle pas d'ailleurs toute relative, ne dépend-elle pas des circonstances ? Une avance consentie à un commerçant pour une durée limitée peut se transformer en une immobilisation, si la situation de l'emprunteur ne lui permet pas de s'acquitter de ses engagements à l'échéance fixée. Des marchandises, si elles sont momentanément invendables par suite d'un ralentissement de la consommation, peuvent également devenir, pour une société commerciale, une véritable immobilisation.

Il faut que, dans toute la mesure possible, le bilan permette de se rendre compte si les dettes exigibles d'une société sont balancées par une somme équivalente de ressources liquides ou aisément réalisables.

Il faut, par conséquent, qu'un bilan soigneusement établi, dans le but de renseigner exactement les actionnaires et le public, fasse, *à l'actif*, des distinctions entre les ressources immédiatement disponibles : espèces en caisse, argent déposé dans les banques ; les ressources facilement réalisables : portefeuille, marchandises, valeurs mobilières ; les immobilisations relatives : participations financières, prêts à des entreprises commerciales ; les immobilisations complètes : installations, frais de premier établissement, matériel.

Au passif, par contre, il conviendra d'indiquer le montant des dettes remboursables à vue, de celles remboursables seulement à un certain délai de vue ou à longue échéance.

Pour que la situation d'une société soit saine, il est indispensable que les dettes immédiates aient une contre-partie d'importance au moins équivalente dans les ressources aisément réalisables.

C'est pour cette raison que l'argent des dépôts dans les banques doit être employé exclusivement en effets de commerce ou en reports. Si une banque se livre à des opérations à longue échéance, si elle veut faire de la commandite industrielle, comme cela se pratique dans certains pays étrangers, il est nécessaire qu'elle se procure, à cet effet, des ressources remboursables à long terme au moyen, par exemple, de l'émission d'obligations dont l'amortissement peut être différé jusqu'à une date lointaine ou échelonné sur une période étendue, sans que l'on ait à redouter de demande subite de remboursement. C'est ce que font les sociétés de crédit foncier qui émettent en contrevaleur de leurs prêts hypothécaires, des obligations dites lettres de gage.

En vertu du même principe, il convient qu'une même banque ne traite pas tous les genres d'affaires : celles qui acceptent des dépôts à vue doivent se borner à des emplois de fonds aisément réalisables d'un moment à l'autre ; les banques qui font des affaires financières, qui consentent à leur clientèle des avances, des prêts sous une autre forme que celle de l'escompte commercial, doivent surtout travailler avec leurs propres ressources, avec leur capital, ou à l'aide d'emprunts contractés pour de longues périodes. Les avances sur titres peuvent être ainsi utilisées pour l'emploi des fonds provenant des dépôts, mais dans une certaine mesure seulement, parce qu'elles ne présentent pas, au point de vue du remboursement, la même souplesse que l'escompte.

Les banques qui émettent des billets au porteur remboursables à vue en numéraire, doivent toujours posséder une encaisse en rapport avec le chiffre des billets qui sont dans la circulation. A quel chiffre convient-il de fixer ce rapport ? C'est là une question théorique à laquelle il est difficile de donner une solution invariable. Dans les enquêtes parlementaires faites en Grande-Bretagne à ce sujet, les directeurs de la Banque d'Angleterre ont répondu que le chiffre normal en principe était de 33 %, c'est-à-dire que l'encaisse devrait toujours représenter au minimum le tiers de la circulation des billets. Ce chiffre était inscrit en France dans les statuts des banques départementales, quand elles existaient; il l'est encore dans ceux des banques coloniales; mais on peut se demander pourquoi ce rapport de 33°/₀ doit être adopté de préférence à un autre. Les statuts de la Banque de France ne contiennent pas de stipulation sur ce point; en fait, l'encaisse de notre grande institution nationale de crédit est toujours bien supérieure au tiers de l'émission.

C'est à la direction d'une société qu'il appartient de maintenir un équilibre satisfaisant entre les disponibilités et les exigibilités immédiates, selon la nature des opérations de l'entreprise et les circonstances extérieures. Mais ce qu'elle doit toujours faire, c'est de renseigner d'une façon exacte ses actionnaires et le public à cet égard, en donnant dans le bilan des indications précises non seulement sur la nature des créances et des dettes mais aussi sur l'époque de leur exigibilité; autrement, le bilan présenté est incomplet et sa publication ne répond pas aux intentions tacites du législateur.

Les rubriques que l'on voit figurer aux bilans publiés par les sociétés sont, bien entendu, des plus variables. Les indications fournies diffèrent tout d'abord suivant la nature des entreprises, leur objet. Le bilan d'une compagnie de chemins de fer ne sera pas semblable à celui d'une banque, d'une société de constructions mécaniques ou d'une maison de commerce. Les éléments qui composent l'actif ou le passif de ces diverses entreprises ne sont pas les mêmes; leurs bilans ne présenteront donc pas la même physionomie. Puis, chaque maison a ses usages, chaque comptable, sa méthode, ce qui, malheureusement, rend plus difficile au public de voir clair dans une matière déjà compliquée par elle-même.

Dans la diversité des comptes, on peut cependant en retenir un certain nombre qui se retrouvent dans tous les bilans ou dans la plupart d'entre eux ; nous les passerons successivement en revue, en donnant à propos de chacun quelques explications.

Commençons par les comptes de l'actif :

Le compte que l'on rencontre ordinairement au premier rang de l'actif d'un bilan ou qui logiquement devrait s'y trouver, c'est le compte de *caisse*, parce qu'il représente l'actif essentiellement liquide de la société.

Ce compte ne doit comprendre que les espèces qui effectivement se trouvent dans les caisses à l'exclusion de celles qui sont déposées chez des tiers quels qu'ils soient. Certaines sociétés ouvrent à leur bilan un compte collectif donnant le chiffre global de l'argent se trouvant « en caisse et dans les banques ». Ce mode de procéder est critiquable : de l'argent, même déposé dans une banque de premier ordre, n'est pas de l'argent que l'on a en caisse, sous la main, immédiatement utilisable et il est bon qu'un bilan, dont les indications doivent être aussi exactes et complètes que possible, fasse cette distinction.

L'importance du chiffre de caisse n'a d'ailleurs pas de signification au point de vue de la solvabilité, de la solidité d'une société ; on verra souvent le bilan d'une société, traitant de grosses affaires, ne présenter qu'une encaisse minime. Cela tient à ce que, de plus en plus, s'est répandue l'habitude de déposer ses disponibilités en banque et de ne garder par devers soi que de petites sommes, suf-

fisantes pour les besoins courants, pour les payements journaliers de peu d'importance. On opère
au moyen de virements sur la Banque de France
ou de chèques sur un établissement de crédit, les
règlements qui atteignent un chiffre plus élevé,
évitant ainsi les risques de manipulations d'espèces
et l'inconvénient de laisser des fonds entièrement
improductifs. Seules les banques sont profession-
nellement tenues de posséder en caisse des sommes
souvent considérables. Pour les banques d'émission, comme la Banque de France, cette encaisse
constitue la contre-partie de l'émission fiduciaire.
Chez les établissements de crédit privés, les espèces
en caisse forment l'approvisionnement nécessaire
pour faire face aux retraits journaliers de la clientèle des déposants.

Il est toujours bon cependant que les sociétés
autres que les banques conservent par devers elles
des sommes en rapport avec leurs besoins éventuels.
Cette mesure de prudence doit surtout être observée dans les périodes de crise où des complications
politiques, des événements graves, soit à l'intérieur
soit à l'extérieur, sont à redouter. Une semblable
précaution permettrait, au cas où ces craintes se
réaliseraient, de pourvoir aux nécessités les plus
urgentes, sans se trouver dans l'embarras, car dans
de semblables éventualités, les banques, même les
plus solides, pourraient être dans l'obligation d'a-
journer leurs payements en numéraire.

Au surplus, les chiffres respectifs d'encaisse ou
de dépôt dans les banques varient suivant les usages
de place et surtout suivant les usages des divers
pays. Il est bien certain qu'en Angleterre, par
exemple, où l'usage du chèque s'est généralisé,
popularisé même, l'encaisse d'une société, même
d'une banque, aura besoin d'être beaucoup moins

élevée que dans une affaire similaire en France : s'il s'agit d'une société commerciale, il lui faudra moins de numéraire pour effectuer ses règlements, puisqu'elle les opérera en grande partie en chèques ; s'il s'agit d'un établissement de crédit, il en sera de même, parce que les chèques émis sur lui ne seront pas encaissés effectivement en espèces, mais lui seront remis en compte, comme de véritables mandats de virement.

Les fonds disponibles que les sociétés ne conservent pas dans leurs propres caisses sont déposés en compte chez leurs banquiers et figurent au bilan sous le titre : *argent en banque*. Ici, il convient, que les bilans fassent, s'il y a lieu, une distinction entre l'argent déposé dans les banques à vue et à un très court délai de vue ou bien à terme éloigné. On peut, en effet, déposer de l'argent dans une banque pour un délai de plusieurs mois ou de plusieurs années. L'intérêt servi est, en ce cas, beaucoup plus élevé que s'il s'agit de dépôts à court délai de préavis et peut atteindre, au lieu de 1/2 %, jusqu'à 3 et 4 %, suivant les conditions du marché ; mais ces fonds ne peuvent plus être considérés comme de véritables disponibilités. Il s'agit dès lors d'un « placement » qui doit figurer au bilan comme tel.

Il faut aussi ne faire figurer comme argent en banque que celui qui est déposé chez des établissements de crédit proprement dits où on peut être certain, à moins d'événement absolument imprévu, de le retirer à l'échéance dite ; il ne faut pas établir de confusion, volontaire ou non, entre un « dépositaire » et un « emprunteur ». Il y a là une distinction qui est plus qu'une simple nuance. Le mot banquier, en France, a des acceptions très diverses. On ne l'applique pas seulement aux établissements de crédit ou aux banquiers privés faisant de véritables opérations de banque. On l'emploie aussi dans le langage courant, pour désigner des maisons traitant des affaires quelconques ayant pour objet de l'argent, des monnaies ou des titres. Un changeur, un courtier de titres, s'appellera chez nous un banquier. Un bilan honnête doit faire cette distinction. Il faut que l'argent indiqué comme étant déposé en banque soit réellement de l'argent disponible et qu'on ne comprenne pas sur cette rubrique des fonds qui ont pu être imprudemment compromis dans des officines sans surface.

La rubrique : *fonds en report* indique le montant des disponibilités employées par la société en reports, c'est-à-dire en avances garanties par des valeurs mobilières. Les reports constituent un excellent moyen d'utiliser des sommes d'une certaine importance, pour un temps relativement court. A la différence de l'acheteur pour revendre, le reporteur n'a pas à souffrir de la baisse des valeurs qu'il a prises en portefeuille ; il les détient à titre de créancier gagiste. A l'échéance du report, il rentrera dans le montant de ses avances, augmenté de l'intérêt convenu. Le seul risque qu'il court, c'est que la personne lui servant de contre-partie, l'emprunteur, n'étant pas en mesure de remplir ses engagements, il soit obligé de s'appliquer les titres reportés. Aussi faut-il ne prendre en report que des valeurs sérieuses, ne comportant que des fluctuations restreintes. Les fonds en report constituent encore des disponibilités, en ce sens que dans la quinzaine ou dans le mois ou plus tard, le report cessera automatiquement et les capitaux ainsi employés reviendront en caisse.

Les *avances sur titres* ne doivent pas être confondues avec les reports. Il convient donc qu'elles figurent au bilan sous une rubrique distincte. Le montant des sommes prêtées contre nantissement de valeurs mobilières ne rentre pas automatiquement dans les caisses de la société, les jours de payements en liquidation, comme les fonds prêtés en reports ; il faut généralement que l'établissement prêteur dénonce le contrat d'avances ; souvent, il ne pourrait le faire sans gêner considérablement l'emprunteur et provoquer la vente forcée des titres, ce qui, dans bien des cas, pourrait, avoir des résultats désastreux. Aussi les avances sur titres ne constituent-elles pas un moyen d'employer des disponibilités proprement dites ; on peut les ranger dans la catégorie des opérations financières et on ne trouvera ordinairement ce poste que dans les bilans des banques. Une société industrielle, par contre, qui a des fonds disponibles importants, les placera peut-être en reports ou en achat de papier de commerce, mais pas en avances sur titres.

Les avances ne doivent figurer au bilan pour le montant des sommes prêtées que si le débiteur est toujours solvable ; sinon, elles devront subir un amortissement pour être ramenées au chiffre que produirait éventuellement la réalisation forcée des titres.

Le *portefeuille* d'une société comprend soit des effets de commerce, soit des titres, c'est-à-dire deux catégories de valeurs bien différentes ; aussi trouvera-t-on dans les bilans soit la rubrique *portefeuille-effets*, soit celle *portefeuille-titres*, soit toutes les deux.

Une société quelconque peut avoir un *portefeuille-effets* représentant des marchandises vendues et réglées au moyen de traites portant engagement à terme plus ou moins long ; l'importance du portefeuille correspond, en ce cas, au crédit consenti par la société à sa clientèle et ne devra pas atteindre un chiffre très considérable. Il en est autrement de portefeuille-effets d'une banque qui escompte du papier de commerce pour employer l'argent de ses déposants ; quand il s'agit de grands établissements de crédit, c'est par centaines de millions que se chiffre alors le portefeuille.

Certaines sociétés qui ne sont cependant pas des banques ni des établissements financiers, font aussi des achats de papiers de crédit pour l'emploi de leurs fonds momentanément disponibles ; ce sont, par exemple, les compagnies de chemins de fer, les grandes sociétés industrielles qui font ainsi fructifier temporairement l'argent destiné à leurs échéances de coupons.

Rappelons que le portefeuille-effets d'une société dont la comptabilité est tenue d'une façon sincère ne doit comprendre que du papier qui, selon toute vraisemblance, sera payé à son échéance. Les traites en souffrance, souscrites par des personnes devenues insolvables, doivent figurer au bilan sous une rubrique différente et seulement pour la somme dont le recouvrement peut encore être espéré. Il en est de même du papier qui représente des avances consenties pour une longue durée et ne pourrait, le cas échéant, être négocié en banque ; des opérations de cette nature seront inscrites sous une rubrique « avances » ou « débiteurs » ou toute autre analogue ; il serait inexact de les comprendre dans le portefeuille qui implique toujours un certain caractère de négociabilité.

Le poste de *portefeuille-titres* se rencontre dans la plupart des bilans : quelle est, en effet, aujourd'hui la société qui ne possède pas quelques valeurs mobilières, fonds d'État, actions ou obligations, soit pour l'emploi d'une partie de ses réserves, soit en raison de l'intérêt qu'elle possède dans une autre entreprise où elle est elle-même actionnaire ?

Il est d'ailleurs des plus regrettables que presque tous les bilans des sociétés se bornent à cette énonciation qui est des plus vagues que l'on puisse imaginer. On sait, en effet, de combien de sortes différentes il existe des titres et il convient que les actionnaires d'une société soient renseignés d'une manière un peu plus précise sur la nature des valeurs qui composent le portefeuille, sur la base qui a servi à en faire l'évaluation, sur le point de savoir à quelle bourse ils se cotent au parquet ou en coulisse, s'il s'agit de fonds d'Etat, d'actions ou d'obligations.

Certaines sociétés étrangères, des banques belges notamment, publient, en annexe à leur bilan, la composition intégrale de leur portefeuille et cette divulgation ne semble pas porter préjudice à leurs opérations. Sans aller jusqu'à demander aux sociétés françaises de fournir à leurs actionnaires des indications aussi détaillées (ce serait trop s'écarter de leurs usages anciens) il semble qu'on puisse réclamer d'elles quelques distinctions indispensables pour que les intéressés soient à même de se rendre un compte au moins approximatif de la nature des valeurs qui entrent dans le portefeuille. Il convient que les actionnaires sachent s'il se compose de valeurs françaises ou étrangères, de valeurs cotées au parquet ou en coulisse, en France ou à l'étranger, de fonds d'Etat, d'actions ou d'obligations et dans quelle proportion.

Un point très important en cette matière est celui de savoir quelle base il faut adopter pour l'évaluation des valeurs mobilières figurant à l'actif du bilan. Voici, à ce sujet, ce que nous disions, dans le rapport que nous avons présenté le 22 mai 1903 au ministre de la justice, sur les inventaires et bilans, comme rapporteur de la commission extraparlementaire de réforme de la législation des sociétés par actions :

« Pour certaines sociétés financières, le cours de la Bourse, soit au 31 décembre de chaque année, soit au cours moyen du dernier mois de l'année, soit à celui des quinze dernières bourses, soit un à prix fixé au moment de la clôture de l'exercice social, sert de base à l'évaluation des valeurs cotées qu'elles possèdent ; pour les autres, il n'est tenu aucun compte du cours de la bourse, du prix vénal ; l'appréciation est laissée au soin du conseil d'administration. Dans un grand nombre de sociétés, les rapports présentés aux actionnaires ne fournissent aucune mention, aucune indication sur le mode d'évaluation adopté. Les plus grands établissements, Banque de France, Crédit Foncier, compagnies d'assurances sur la vie, adoptent le prix de revient, le prix d'achat comme base d'évaluation du portefeuille. D'autres sociétés constituent une réserve pour fluctuations de valeurs ; cette réserve est établie par la différence existant entre le prix de revient et d'achat et le cours coté au moment de l'établissement de l'inventaire. D'autres constituent cette réserve en maintenant l'évaluation de leur portefeuille de valeurs au prix d'achat, mais en prélevant, chaque année, sur les bénéfices réalisés un quantum applicable à cette réserve pour fluctuations. »

Etait-il possible de remédier à cette diversité en réglementant les inventaires et les bilans ? La commission extraparlementaire ne l'a pas pensé : « Ne pouvant, dit le rapporteur, empêcher la fraude, parce qu'elle ne pourrait tout prévoir, ni fixer des règles précises s'appliquant, d'une manière uniforme à toutes les sociétés, une loi spéciale sur les inventaires et bilans risquerait, au contraire, de porter atteinte aux affaires sérieuses. »

Si le législateur n'intervient pas en cette matière, c'est aux administrateurs des sociétés qu'il appartient d'apprécier à quel prix il convient d'évaluer les titres figurant en portefeuille. Il semble que la règle à observer consiste à donner aux titres une valeur qui, en cas de réalisation, ait les plus grandes chances d'être obtenue. Il faut éviter, autant que possible, qu'une vente éventuelle puisse laisser une moins-value sur les cours d'évaluation. C'est donc moins le prix d'achat, le prix de revient qu'il convient d'adopter comme base d'estimation, que le prix sur le marché; mais cela ne veut pas dire qu'il faille prendre invariablement, comme cours, la dernière cote en Bourse; il faut encore examiner si cette cote n'est pas momentanément trop élevée, s'il y a des probabilités que les prix atteints se maintiennent à leur niveau. Sinon il sera nécessaire de porter au bilan une réserve pour dépréciation éventuelle du portefeuille. On est donc encore sur ce point obligé de revenir à cette conclusion que la confection d'un bilan exact est une question de bonne foi.

.·.

Nous nous sommes occupé, jusqu'ici, surtout des comptes qui représentent pour une société des emplois momentanés de fonds disponibles, des valeurs aisément réalisables; mais des valeurs de cette nature ne constituent souvent qu'une faible partie de l'actif; il n'y a guère que celui des banques qui soit, pour la portion la plus importante, sinon pour la totalité, composé de la sorte.

Dans une société qui traite des affaires commerciales, dans une entreprise industrielle, l'actif consiste surtout en marchandises, en matières premières à travailler, en créances sur la clientèle. Ces divers éléments, et notamment les stocks de marchandises en magasin doivent, avant d'être inscrits au bilan, faire l'objet d'un inventaire, c'est-à-dire d'un état détaillé estimatif. C'est de la *sincérité de l'inventaire* que dépend l'*exactitude du bilan* ; l'inventaire doit donc être établi en évitant toute majoration et en tenant compte d'une façon très large de la dépréciation que subissent certaines marchandises après un séjour plus ou moins prolongé en magasin et des autres éléments de l'actif. Un inventaire établi sur des bases d'évaluation inexactes peut fausser complètement l'aspect d'un bilan et faire ressortir un bénéfice important là où il n'y a eu qu'un profit insignifiant et peut-être, en réalité, une perte.

A côté des valeurs engagées dans les opérations commerciales de la société, mais qui peuvent et doivent même être réalisées dans un temps assez court, se rangent les valeurs immobilières pour toute la durée de la société, ou du moins, pour une longue période de temps.

Ainsi, la valeur correspondant à l'immeuble dans lequel fonctionne la société formera une immobilisation ; pour quelle somme devra-t-elle être portée au bilan ? Pour le prix de revient de l'immeuble, on fixe le prix auquel il pourrait être éventuellement vendu. La solution de la question variera selon les circonstances. Mais il conviendra toujours d'être très réservé en matière d'évaluation d'immeubles dont la réalisation forcée et hâtive, en cas de liquidation, pourrait occasionner de graves mécomptes. Il sera prudent d'inscrire au passif du bilan, sous la rubrique » réserve immobilière » une somme destinée à parer aux pertes que pourrait laisser cette vente. Quant aux constructions, usines, installations diverses, spécialement adaptées aux besoins de la société et pouvant difficilement être appropriées à d'autres usages, il faudra en amortir le coût le plus rapidement possible sur les bénéfices annuels, de manière à ne plus le laisser figurer au bilan que pour une somme minime ou pour mémoire.

Il y a des immobilisations plus complètes encore, ce sont celles correspondant aux sommes dépensées par la société en frais de constitution, frais d'installation, frais de premier établissement et qui ne pourront jamais être recouvrées. Ce sont aussi les sommes dépensées pour la construction de lignes de chemins de fer, de réseaux électriques ou d'adduction d'eau, qui à l'expiration du temps fixé par la concession, reviendront francs de toutes charges à l'État ou à une commune. Les sommes ainsi exposées ne doivent plus figurer au bilan comme élément d'actif ; il faut qu'elles soient amorties ; mais les bénéfices annuels ne seraient jamais assez élevés pour les faire disparaître du bilan en une seule fois. L'amortissement sera donc calculé de manière à s'opérer graduellement et à se compléter au plus tard à la date d'expiration de la concession. D'ailleurs, dans les entreprises de cette nature, l'amortissement s'effectuera de façon automatique, en quelque sorte, par l'extinction progressive, au moyen de tirages au sort annuels, des actions et des obligations qui forment, au passif, la contre-partie des frais de premier établissement. Cet amortissement est calculé de telle manière qu'à l'expiration de la société, toutes les actions et toutes les obligations émises se trouvent remboursées.

Par actions, nous entendons ici les actions de capital, c'est-à-dire celles qui forment le capital de la société et non les actions de jouissance.

On sait, en effet, que dans les sociétés qui amortissent leur capital-actions par tirage au sort, les porteurs d'actions de capital remboursées reçoivent en échange des actions de jouissance. L'action de jouissance n'a pas droit aux intérêts alloués au capital par les statuts, mais seulement à une part dans l'excédent des bénéfices disponibles, une fois l'intérêt payé aux actions de capital. Lors de la liquidation de la société, à l'expiration du terme fixé pour sa durée des actions de capital se trouvant entièrement remboursées, ce sont les porteurs d'actions de jouissance qui auraient droit au partage de l'actif que laisserait éventuellement cette liquidation.

Lorsque l'amortissement ne s'effectue pas ainsi d'une façon automatique par le tirage au sort d'un certain nombre de titres remboursables par prélèvement sur les bénéfices annuels, c'est au conseil d'administration de la société qu'il appartient de le pratiquer. L'amortissement des valeurs irrecouvrables, telles que fonds de commerce, brevets, frais d'installation, frais d'émission, doit se faire le plus rapidement possible, et dans la mesure la plus large, pour éviter tout mécompte regrettable. La diminution de dividende qui en résulte pour les actionnaires est compensée par la consolidation qui est ainsi apportée à la situation de la société et par la possibilité de distribuer dans l'avenir une part plus grande des bénéfices. Il n'est pas rare que dans les assemblées d'actionnaires certains d'entre eux prennent la parole pour critiquer le chiffre trop élevé, selon eux, des amortissements proposés par le conseil d'administration ; on ne peut que les blâmer de cette attitude, car il convient, au contraire, d'encourager les administrateurs d'une société à pratiquer des amortissements importants, dans l'intérêt même de l'affaire et par conséquent, des actionnaires.

C'est en évitant des amortissements indispensables qu'on en arrive à distribuer aux actionnaires, au lieu de bénéfices effectivement acquis, une partie du capital de la société. C'est là ce qu'on appelle la distribution de *dividendes fictifs*, si dangereuse pour le public qu'elle induit en erreur sur la situation véritable de la société et si sévèrement réprimée par le législateur. En effet, l'article 44 de la loi du 24 juillet 1867 sur les sociétés déclare les administrateurs responsables individuellement ou solidairement, suivant les règles du droit commun, envers la société ou envers les tiers des fautes qu'ils auraient commises dans leur gestion, notamment en distribuant ou en laissant distribuer sans opposition des dividendes fictifs.

Les administrateurs qui, en l'absence d'inventaire ou au moyen d'inventaire frauduleux, auront distribué des dividendes fictifs seront passibles des peines applicables à l'escroquerie.

Les dividendes fictifs distribués peuvent même être répétés contre les actionnaires, dans le cas où la distribution en aura été faite en l'absence de tout inventaire ou en dehors des résultats constatés par l'inventaire. L'action en répétition, dans le cas où elle est ouverte, se prescrit par cinq ans à partir du jour fixé pour la distribution des dividendes. Cette action est donnée contre tous les actionnaires qui ont reçu les dividendes fictifs, qu'ils soient ou non restés en possession de leurs actions.

Il y a cependant des cas où, en l'absence de bénéfices, des dividendes peuvent être distribués.

C'est lorsque la société doit, avant d'entrer dans la
période de fonctionnement normal, passer par une
longue période préparatoire pendant laquelle il ne
peut être réalisé de recettes, ni par conséquent, de
bénéfices. Si, pendant un temps aussi long, on ne
faisait aux actionnaires aucune répartition, on trouverait difficilement des personnes qui consenti-
raient à souscrire des actions ou à en acquérir.
Aussi, en ce cas, les statuts prévoient-ils la distribution de dividendes intérimaires ou, plus exactement, d'intérêts, qui permettent aux actionnaires d'attendre, avec plus de patience, que la
société soit entrée dans la période d'exploitation.

* *

Le premier des comptes que l'on rencontre au
PASSIF du bilan d'une société, c'est le compte de
capital. Tout d'abord, il peut sembler singulier que
le capital d'une entreprise soit inscrit au passif et
non à l'actif du bilan ; mais cette bizarrerie apparente s'explique aisément : il suffit, pour la comprendre, de considérer que le capital est dû par la
société ou par l'entreprise à ses actionnaires et que,
d'autre part, la contre-partie de ce capital, l'emploi
qui en est fait, les valeurs qui le représentent,
figurent à l'actif, en constituent les éléments.
Pour qu'une société soit dans une situation satisfaisante, il faut que son actif suffise pour contrebalancer, non seulement ce qu'elle doit à des tiers,
le passif proprement dit, les dettes, mais encore ce
qu'elle doit à ses actionnaires, c'est-à-dire le montant des versements appelés sur les actions.

Il n'est pas toujours nécessaire que le capital
d'une société soit intégralement versé au moment
de sa constitution. Le versement total du montant

des actions n'est exigé par la loi que si le capital
est divisé en actions n'excédant pas 25 fr., et cette
division en petites coupures n'est autorisée que si
le capital n'est pas supérieur à 200,000 fr., c'est-à-
dire pour des sociétés de minime importance. Quand
les actions sont de 100 fr. et au-dessus, le capital
doit être entièrement souscrit, mais il suffit que le
quart de chaque action soit versé. On remarquera
que, d'après la loi française qui diffère sur ce point
de diverses législations étrangères, il ne suffit pas
que le quart du capital soit versé, il faut que le
quart au moins de chaque action le soit. Il n'existe
donc pas chez nous d'actions dites de « réserve »
ou « à la souche » qui puissent être émises ultérieurement, selon les besoins de l'entreprise. La
totalité du capital énoncé doit être souscrite et le
quart doit en être versé pour que la société soit
régulièrement constituée et puisse fonctionner. Si,
dans la suite, elle a besoin de développer ses ressources, elle doit procéder aux formalités d'une
augmentation de capital.

Si la totalité du capital nominal de la société
figure au passif du bilan, la portion non appelée
sera portée à l'actif; c'est, en effet, en quelque
sorte, une créance de la société vis-à-vis de ses
actionnaires, que la comptabilité considère comme
débiteurs à l'égard de l'entreprise, des versements
non appelés. Ils en sont effectivement débiteurs au
regard des créanciers qui, dans le cas d'insuffisance
de l'actif, pourraient exiger, au besoin par les voies
judiciaires, le payement des sommes restant à
appeler sur les actions. On voit donc tout l'intérêt
qu'il y a pour l'acquéreur d'une action à savoir s'il
entre en possession d'un titre entièrement libéré
ou non.

Le montant du capital porté au passsif du bilan

se trouve ainsi réduit de la partie non appelée. Il est également diminué de l'amortissement opéré par tirage au sort, dans les sociétés où est adopté ce mode de procéder.

Les *réserves* et les *amortissements* figurent également au passif. Bien qu'il y ait entre ces deux expressions une certaine analogie, elles sont loin cependant d'être synonymes. L'amortissement est une réduction de valeur que l'on fait subir à certains éléments de l'actif qui se déprécient au cours du fonctionnement de la société. L'amortissement est prélevé sur les bénéfices de l'exercice quand il y en a, mais s'il y a moins-value de l'actif, l'amortissement est nécessaire, même en l'absence de tout bénéfice, pour conserver à la situation de l'entreprise sa physionomie exacte. S'il n'y a pas de bénéfice, les amortissements augmentent la perte et viennent en réduction des réserves ou, à défaut, du capital.

L'amortissement n'est pas facultatif, parce qu'il correspond à une moins-value effective des éléments de l'actif; il doit être opéré même en l'absence de bénéfices. Au contraire, la réserve est toujours prélevée sur les profits de l'exercice; on la pratique en vue de parer à des pertes éventuelles dans l'avenir. La réserve ne correspond pas à une perte réalisée; on la constitue par mesure de prévoyance de manière à atténuer les mécomptes qui pourraient être subis par la suite.

Dans une maison privée, l'inscription d'une réserve au bilan est facultative; elle est, au contraire, obligatoire pour une société; en effet, dans son article 36, la loi du 24 juillet 1867 édicte qu'il soit fait annuellement sur les bénéfices nets un prélèvement d'un vingtième au moins, affecté à la formation d'un fonds de réserve; ce prélèvement cesse d'être obligatoire lorsque le fonds de réserve atteint le dixième du capital.

C'est là ce qu'on appelle la *réserve légale* ; mais il arrive fréquemment que les statuts des sociétés prescrivent d'opérer des réserves d'importance supérieure à celle de la réserve exigée par la loi. De plus, il est toujours loisible au conseil d'administration, lorsqu'il le juge nécessaire pour consolider la situation de la société, de prélever des sommes sur les bénéfices pour les porter à des comptes de réserve spéciale ou extraordinaire.

Les réserves jouent dans le bilan un rôle analogue à celui du compte du capital ; elles représentent, comme le capital, des sommes qui, après liquidation et une fois les créanciers désintéressés, appartiendront aux actionnaires.

Le passif de la société se compose donc, en résumé, de deux portions distinctes : la dette de l'entreprise vis-à-vis des créanciers proprement dits, comprenant notamment les obligataires, et la dette vis-à-vis des actionnaires, représentée par le capital versé et par les réserves ; mais il est bien entendu que les créanciers véritables, obligataires et autres, ont un droit de préférence sur le montant du capital et des réserves et que les actionnaires ne peuvent exercer un droit quelconque sur l'actif, qu'une fois tous les créanciers intégralement désintéressés.

**

Nous avons dit, précédemment, ce que c'est qu'un bilan ; nous avons indiqué les principaux comptes que l'on y trouve ordinairement et les renseignements qu'il est possible d'y puiser, étant donnée la méthode actuellement suivie pour les établir.

Mais il est permis de se demander si les bilans, tels que les publient la plupart des sociétés par actions, répondent bien aux desiderata que les porteurs de titres, les créanciers, tous les intéressés, en un mot, sont en droit de formuler ; s'ils fournissent des renseignements assez précis, assez clairs, assez détaillés pour qu'une personne qui n'est pas initiée aux opérations d'une entreprise puisse, à la lecture de son bilan, se rendre un compte exact de la situation.

Dans un rapport présenté à la VIIIe session de l'Institut international de statistique, tenue à Budapest en 1901, nous disions que « le bilan d'une société, comme celui d'un commerçant, devrait être, en quelque sorte, la photographie exacte de la situation de cette société. On devrait pouvoir y lire facilement, par les chiffres publiés, si cette société est au-dessus ou au-dessous de ses affaires ; si elle est en bénéfices ou en pertes ; si elle possède, c'est-à-dire, si elle a un actif ; si elle doit, si elle a un passif. On devrait pouvoir connaître sur quelles bases et comment sont évalués les divers éléments qui composent son actif et son passif. Quand une société indique, par exemple, qu'elle possède des valeurs mobilières en portefeuille, on voudrait savoir les cours et la nature de ces valeurs ; comment ces valeurs sont évaluées ; si elle a en portefeuille des effets commerciaux, on voudrait connaître si ces effets sont à longue ou à courte échéance ; si ses comptes courants débiteurs présentent des garanties suffisantes ; si les sommes portées dans le bilan seront bien recouvrées... »

Il est à peine besoin de dire que les bilans actuels des sociétés sont bien loin de fournir toutes ces indications et que les renseignements qu'ils donnent sont presque toujours beaucoup trop sommaires. En outre, les bilans présentent une diversité qui rend des plus difficiles les recherches du public; il existe presque autant de façons de dresser un bilan que de sociétés elles-mêmes, ce qui empêche les intéressés de se rendre compte de la situation véritable des sociétés et peut être pour eux la cause de graves déboires.

Les sérieux inconvénients de cet état de choses n'ont pas été sans attirer l'attention des personnes compétentes, et la commission extra-parlementaire instituée, en *France*, par arrêté de M. Vallé, garde des sceaux, ministre de la justice, en vue d'étudier les réformes qu'il convenait d'apporter à la législation des sociétés par actions, décidait, dans sa séance du 27 décembre 1902, que la loi devait déterminer les règles qui devaient présider à la confection des inventaires et bilans des sociétés par actions. Elle décidait, en outre, que cette résolution ferait l'objet d'une loi distincte et qu'un questionnaire précisant, autant que possible, les points à examiner, serait établi et lui serait soumis. Dans sa séance du 10 mai 1903, la commission examina de nouveau la question et nous confia le soin d'adresser au ministre de la justice un rapport sur ses délibérations et résolutions.

Liberté ou réglementation, telle était l'alternative en présence de laquelle la commission se trouvait dès le début de ses discussions. C'est à ce dernier système qu'elle s'était résolue tout d'abord, mais elle recula ensuite devant le nombre des questions de détail qu'il serait nécessaire de réglementer si on entrait dans cette voie; elle dut constater toute la difficulté qu'il y aurait à comprendre dans un texte de loi précis, l'infinité de détails minutieux

que comporte l'établissement d'un bilan. « Les
solutions, dit le rapporteur, seraient aussi nombreuses, aussi variées que les sociétés elles-mêmes.
Le mode d'établissement d'un inventaire et d'un
bilan de société de crédit ne pourrait être celui
d'une société de charbonnages, de constructions,
de métallurgie, de gaz, d'électricité, etc. Le mode
d'évaluation et d'amortissement du matériel ou des
marchandises qui serait prescrit et réalisable dans
une société serait inapplicable dans une autre. Telle
société peut, sans inconvénient, détailler la liste
des valeurs mobilières qu'elle possède en portefeuille, ou bien donner le détail des marchandises
qu'elle possède en magasin et en indiquer le prix
de revient, tandis que d'autres sociétés ne pourraient donner ces mêmes renseignements sans
risquer de porter atteinte à leur crédit, de divul-
guer le secret de leurs opérations et de nuire ainsi
aux intérêts qu'elles ont mission de défendre. »

En *Belgique*, un projet avait été élaboré par une
commission de réforme de la loi sur les sociétés,
en vue de compléter sur quelques points les dispositions de la loi du 18 mai 1873 relatives aux bilans.
Un modèle était annexé au projet pour la rédaction
des inventaires et des bilans et du compte de profits et pertes ; ce modèle avait été établi en s'inspi-
rant d'observations présentées par des experts
comptables, mais la commission belge dut bientôt
reconnaître que l'application du système proposé
était irréalisable et le projet ne put aboutir.

Quelques législations étrangères renferment des
dispositions d'ordre très général sur le mode d'établissement des bilans ; en *Allemagne*, notamment,
l'article 262 du Code de commerce stipule que les
valeurs et les marchandises cotées à la Bourse ou
sur un marché doivent figurer au bilan au maximum

pour le prix coté à la date du bilan ; si ce prix dépasse le prix d'achat ou de revient, c'est cette dernière valeur qui doit être inscrite au bilan. Les autres éléments de l'actif figurent au bilan au maximum pour leur prix d'achat ou de revient. Le matériel ou autres effets qui ne sont pas destinés à être revendus mais qui servent à l'exploitation permanente de l'entreprise, doivent, malgré la dépréciation subie, être inscrits au bilan pour leur prix d'achat ou de revient, mais il doit également être fait état d'un amortissement correspondant à cette dépréciation. Les frais de constitution et des dépenses d'administration ne doivent pas être compris à l'actif.

En *Suisse*, la loi laisse aux statuts le soin de déterminer le mode d'établissement du bilan ainsi que les règles devant servir pour calculer et distribuer les bénéfices. De plus, une formule de bilan a été prescrite pour les banques d'émission, avec beaucoup de détails, tels que la division des créances en trois catégories, suivant les échéances, dans les huit jours, dans les trois mois et après les trois mois.

La commission extra-parlementaire n'a pas cru devoir entrer dans la voie de la réglementation ; elle n'a pas non plus pensé qu'il convenait de prescrire, comme la loi suisse, que les statuts indiqueraient d'une façon exacte comment le conseil d'administration devrait évaluer les divers éléments de l'actif et du passif social. On a objecté à ce système que l'immutabilité des statuts pourrait, à un moment donné, gêner la société et ses affaires ; d'autre part, si les statuts pouvaient être modifiés, la règle perdait toute utilité.

En cette matière, la liberté reste donc entière. Il ne faut pas regretter l'absence d'une réglementa-

tion minutieuse qui pourrait aisément devenir tra-
cassière et vexatoire. Ce que l'on peut demander,
comme nous l'avons indiqué dans notre rapport,
c'est qu'au moment où une société se crée, elle
indique dans ses statuts, quel mode elle adoptera
pour les évaluations comprises dans ses bilans : le
public serait ainsi averti et si le mode d'évaluation
indiqué ne lui convient pas, s'il en reconnaît les
défectuosités, il pourra toujours demander les modifications qui lui sembleront nécessaires. Mais s'il
n'est pas pratiquement possible de recourir à la protection du législateur, il convient, par contre, de
faire appel à la bonne volonté de ceux qui ont dans
leurs attributions d'établir les bilans et de les présenter aux actionnaires et au public, en leur demandant dans l'intérêt même de l'entreprise dont ils
ont la charge, de donner, dans ces documents, des
renseignements exacts, clairs et détaillés. Pourquoi
ne pas suivre l'exemple des banques belges qui
publient comme annexe à leurs rapports annuels
la composition intégrale de leur portefeuille ? Les
renseignements qu'elles fournissent ainsi au public
et par cela même aux établissements concurrents
ne portent aucune atteinte à leur prospérité et leurs
actionnaires sont renseignés.

Il faut encore recommander aux personnes qui
établissent les bilans de diviser les éléments de
l'actif et du passif selon leur degré d'exigibilité,
d'éviter les indications générales de « comptes
d'ordre », « comptes divers », qui n'évoquent
aucune idée précise et peuvent, au contraire, servir
à dissimuler des renseignements qu'il serait utile
de connaître. Rien de plus facile que d'accumuler
les inexactitudes dans un bilan qui comporte des
indications aussi vagues. Il faut ajouter qu'un bilan
ne peut servir à éclairer le public que s'il émane

de personnes honorables, incapables de duperie.
Il ne suffit donc pas d'étudier un bilan; il faut
aussi, avant tout, se renseigner sur le degré de
confiance que méritent ceux qui l'ont établi et
s'assurer qu'on se trouve en présence de personnes
de bonne foi.

CHAPITRE II

DE LA DIVISION DES PLACEMENTS
ET DES RISQUES.

*Différentes classes des capitalistes et rentiers. —
Placements qui leur conviennent. — Valeurs
étrangères et internationales. — Placements
étrangers et comptes-joints.*

Les placements en valeurs mobilières offrent une
occasion parfaite, sinon d'éviter tout au moins de
réduire à leur minimum les risques inhérents aux
placements de tout autre nature, qu'un capitaliste
pourrait choisir pour faire fructifier son avoir.

Un agriculteur, un propriétaire d'immeubles, un
négociant ne se protégeront qu'avec la plus grande
difficulté, si toutefois ils peuvent y parvenir, contre
le risque que peuvent à tout moment leur faire
courir une crise, un événement inattendu, une
découverte scientifique, une invention nouvelle.
Ils sont, pour employer l'expression courante, obligés de mettre tous leurs œufs dans le même panier.
Tout leur avoir pourra se déprécier en même temps.
Il leur est, en effet, à peu près impossible de varier
l'emploi de leur fortune de manière à répartir leurs
risques, à compenser ou à atténuer une perte éventuelle par un gain correspondant réalisé d'un autre
côté.

Cette facilité est, au contraire, donnée, dans une
très large mesure, au porteur de valeurs mobilières.
Le morcellement du capital des sociétés, des dettes
des États, des municipalités ou des entreprises
privées, en coupures de valeur réduite, permet au
capitaliste de s'intéresser à un grand nombre d'af-

faires et de ne mettre dans chacune d'elles qu'une faible proportion de ses ressources. C'est là un avantage si évident qu'il pourrait paraître superflu de recommander aux porteurs de titres de ne pas le négliger.

Il n'en est rien cependant : des personnes, en apparence sensées et prudentes, soutiendront avec énergie qu'il convient, au contraire, de mettre tous ses œufs, dans le même panier, si ce panier est bien choisi : « C'est là, disent-elles, le seul moyen de faire fortune ; il ne faut pas éparpiller ses ressources ; en divisant ses risques à l'infini, on ne peut aboutir qu'à tirer de ses fonds un revenu médiocre sans espoir d'accroître, d'une manière sensible, son capital. »

Les adversaires de la division des risques citeront des exemples fameux de fortunes édifiées au moyen de placements effectués en une valeur unique, actions de mines, par exemple, ou d'entreprises industrielles. Pour appuyer leur raisonnement, ils choisiront quelques titres ayant subi des plus-values considérables et feront remarquer à leur interlocuteur que s'il avait placé tout son avoir dans l'une ou l'autre de ces valeurs, il l'aurait doublé, triplé, décuplé.

Mais il est facile de donner après coup des conseils de ce genre. Sait-on jamais à l'avance si le panier choisi est le bon? Il est bien évident que si une personne a eu la témérité, l'imprudence d'employer toutes ses ressources en une valeur unique, et qu'elle soit favorisée par la chance, elle pourra réaliser des profits plus considérables qu'une autre dont l'avoir sera sagement réparti entre un grand nombre d'affaires. Mais ce sera là un cas exceptionnel sur lequel il ne faut pas plus compter que sur le gain provenant du jeu à la roulette ou d'un pari aux courses. Par contre, que d'exemples de rentiers ruinés par la chute d'une entreprise dans laquelle ils auront mis tous leurs capitaux, par la déconfiture d'un Etat à qui ils auront fait trop large confiance !

On conçoit qu'un négociant concentre toutes ses ressources dans une affaire qu'il dirige lui-même, qu'il suit minute par minute et qui, s'il réussit, lui rapportera des bénéfices importants. Mais un capitaliste n'est pas, ne doit pas être un commerçant. Il est illogique et déraisonnable qu'il aventure tout son avoir dans une entreprise à la gestion de laquelle il reste entièrement étranger et à la surveillance de laquelle il n'a qu'une part bien restreinte. Son imprudence est d'autant plus critiquable qu'il renonce sans raison à l'avantage énorme qu'il pourrait tirer, pour la sécurité de sa fortune, de sa situation de capitaliste.

Si les placements en valeurs mobilières offrent au capitaliste l'avantage de permettre un fractionnement et même un morcellement impraticables pour tout autre mode d'emploi de fonds, cette division et fractionnement, pour être effectifs et porter leurs fruits, ne doivent pas s'opérer à l'aventure, sans règle déterminée d'avance, sans méthode.

Il ne suffit pas de partager ses placements; il faut aussi le faire d'une manière raisonnée, en obéissant à quelques principes dictés par la logique et le simple bon sens.

Ce ne serait pas suivre la règle de la division des placements que de répartir sa fortune entre quelques titres pris au hasard; encore faut-il que les valeurs adoptées soient choisies de manière à réaliser de façon effective une division des risques. Le but ne doit pas être de disséminer les placements mais de supprimer ou, du moins, de diminuer les éventualités de perte. « *Diviser ses placements* » et « *diviser les risques* » ne sont pas des expressions synonymes.

Supposons, le cas est invraisemblable, qu'une personne place son avoir en actions de mines et qu'elle acquière non pas des actions d'une seule mine mais de plusieurs de ces entreprises ; elle aura morcelé ses placements, mais elle n'aura pas diminué ses risques ou elle ne l'aura fait que dans une bien faible mesure. Il est, en effet, probable que tous les évenements *d'ordre général* susceptibles de provoquer la baisse des titres d'une mine causeront aussi la moins-value de toutes les autres. Nous disons événements « d'ordre général » parce qu'il y a, bien entendu, des circonstances spéciales qui pourront faire baisser les titres d'une certaine mine à l'exclusion des autres, son épuisement, par exemple. Ce sont uniquement ces risques particuliers qui seront atténués par un placement opéré en actions de plusieurs mines au lieu d'être fait en actions d'une seule mine ; mais cette précaution est bien insuffisante et ce que nous avons dit d'un placement en actions de mines s'applique à tout placement composé exclusivement de titres *de même nature.*

Pour qu'il y ait réellement division des risques, il faut qu'il y ait placement en plusieurs titres *de nature différente* : fonds d'État, de villes, titres de chemins de fer, d'entreprises industrielles diverses, etc., etc. La division par nature de valeurs permettra d'échapper aux risques provenant de l'insolvabilité d'un débiteur unique ou de l'insuccès d'une entreprise déterminée.

Cela ne suffit pourtant pas encore ; toutes les valeurs *d'un même pays* pourraient être, à un moment donné, l'objet d'une baisse considérable ou devenir difficilement réa?sables, si ce pays est en état de guerre, par exem? e.

Il faut donc aussi, pour compléter la division et

la diminution des risques, répartir ses placements entre des titres appartenant *à des pays divers*. On a ainsi une certitude à peu près complète que tous les titres que l'on possède ne perdront pas de leur valeur en même temps et dans des proportions semblables.

En combinant avec quelque soin ses placements et en faisant un choix judicieux parmi les nombreux titres cotés, on peut même arriver à compenser par un profit réalisé sur certaines catégories de valeurs la perte subie sur certaines autres. Certaines entreprises peuvent, en effet, bénéficier de circonstances qui sont au contraire défavorables à des entreprises d'une nature différente. Qu'une hausse des combustibles se produise, par exemple ; les compagnies de transport, terrestres ou maritimes, en souffriront : mais les charbonnages en tireront un bénéfice. De même la cherté du cuivre ou d'un autre métal sera désavantageuse à l'entreprise qui l'emploie comme matière première et profitera au contraire à la société productrice. Pendant une période où l'argent est rare et l'intérêt élevé, les banques bénéficieront d'un état de choses défavorables à l'industrie, etc., etc.

Il est d'ailleurs peu fréquent que la baisse, à la Bourse, atteigne à la fois toutes les valeurs cotées. D'ordinaire, chaque grande catégorie de valeurs est périodiquement recherchée ou délaissée au profit d'une autre. Si les affaires industrielles sont stagnantes, les capitaux inemployés se porteront vers les fonds d'État qui seront plus demandés et réaliseront une plus-value. Inversement, si l'industrie est très active et en mesure de rémunérer largement les capitaux, la hausse des taux de capitalisation provoquera la baisse des fonds d'État et, en général, des valeurs à revenu fixe.

Pour toutes ces raisons, on voit qu'il est intéressant d'avoir un portefeuille composé de valeurs de plusieurs catégories. Il ne s'agit pas seulement d'éviter une catastrophe toute occasionnelle portant sur une valeur déterminée, mais d'avoir des titres qui ne subissent pas tous à la fois une même moins-value.

En matière de placement, il ne faut pas seulement envisager les pertes définitives irréparables qui sont accidentelles, et heureusement rares, si on opère avec quelque prudence, si on se renseigne avant d'acheter une valeur. Il faut aussi et surtout s'efforcer d'échapper au dommage que peuvent faire subir au capitaliste les fluctuations incessantes, inévitables de la cote. On ne peut pas avoir des valeurs qui ne baissent jamais; mais il faut faire en sorte d'avoir plusieurs valeurs qui ne baissent pas toutes à la fois, de manière à pouvoir, en cas de nécessité, effectuer une réalisation sans perdre sur son prix d'achat, sans écorner son capital.

Quand on achète une valeur, il faut toujours se demander ce qui se passerait si, à un moment donné, on était obligé de la vendre. Il ne faut pas seulement envisager les beaux côtés et les avantages de placement; il faut penser aux risques. C'est ce que les porteurs de titres ne font pas assez souvent. Quand on a de l'argent liquide à employer, on ne songe pas au moment où, au contraire, par suite d'événements imprévus, on sera dans l'obligation de se faire immédiatement des fonds. C'est un grand tort; il faut composer son portefeuille en envisageant le cas possible d'une vente rapide et forcée. C'est pour cela encore qu'il faut avoir des valeurs de plusieurs catégories; parce qu'il y a beaucoup de chances pour qu'elles ne subissent pas toutes à la fois les atteintes de la baisse. C'est pour cela qu'il faut avoir des titres de nationalités diverses, parce que, vraisemblablement, tous les États ne seront pas en même temps le théâtre d'événements défavorables au maintien des cours.

Avec un portefeuille composé de nombreuses valeurs de catégories très différentes, le capitaliste aura chance de pouvoir se procurer des fonds, si cela devient nécessaire, sans subir une perte sur son prix d'achat. Cette précaution lui permettra ainsi de réaliser, à l'occasion, un arbitrage avantageux, de profiter d'un moment favorable, souvent fugitif, pour acquérir une autre valeur, parce qu'il aura presque toujours une portion de son portefeuille qu'il pourra vendre sans perte et sans délai. En un mot, la division des placements et des risques facilitera la *mobilisation* d'un portefeuille et permettra seule au capitaliste de tirer de l'emploi de ses fonds en valeurs de Bourse tous les avantages que comporte cette nature de placement.

⁂

Le rentier doit faire preuve d'initiative dans le choix de ses placements. Quelles règles doit-il suivre à cet égard? C'est ce qui constitue la méthode de répartition des placements.

Choisir des valeurs dont le prix monte, à l'exclusion de valeurs qui baissent, est chose impossible; mais le grand principe à observer, en cette matière, c'est que les placements doivent être assez variés pour que la baisse éventuelle d'une catégorie de valeurs soit compensée par la hausse probable d'une autre catégorie.

Pour emprunter une comparaison aux sciences exactes, nous dirons qu'il faut constituer son portefeuille à peu près comme on construit le pendule

compensateur destiné à assurer la marche régulière
de nos horloges. Le pendule, pour être parfait, doit
avoir une longueur immuable, malgré les modifications de température qui tendent, de façon incessante, à l'allonger ou à le raccourcir. Aussi,
afin d'éviter ces inconvénients, lui donne-t-on une
forme et le compose-t-on de matériaux qui permettent de lui conserver une longueur pratiquement
constante. De même, il faut composer son portefeuille de valeurs de nature très diverses de telle
sorte qu'un même événement ne puisse exercer
sur toutes une influence semblable et, au contraire,
que la baisse de certains titres soit, dans la mesure
possible, contre-balancée par la hausse simultanée
d'autres titres, de manière à conserver au portefeuille une valeur à peu près constante.

On a dit qu'il y avait une science des placements.
Sans aller jusque là, nous croyons qu'il y a une
méthode raisonnée de répartition des placements
consistant à compenser les risques éventuels de
baisse par des probabilités de hausse.

*
* *

Nous avons dit que, pour conserver autant que
possible à un portefeuille une valeur à peu près
stable, pour éviter le risque de dépréciations importantes de capital, il fallait procéder à une répartition méthodique de ses placements, choisir des
titres de catégories différentes, de manière à compenser les baisses éventuelles par des chances de
hausse.

Par conséquent, nous objectera-t-on, un portefeuille se composera de valeurs de diverses qualités, de valeurs moins bonnes et de valeurs meilleures ; dès lors, pourquoi ne pas borner exclusive-

ment son choix aux meilleures, pourquoi faire une division de placements qui implique que, dans son portefeuille, on fera entrer sciemment des valeurs moins bonnes que d'autres, qu'on pourrait tout aussi bien acquérir ? Pourquoi ne pas se borner à employer tout son avoir en valeurs considérées comme des valeurs de tout repos, des valeurs de père de famille, en rentes sur l'Etat français, par exemple, ou en obligations de chemins de fer, de la Ville de Paris, du Crédit foncier ? Pourquoi acquérir également des titres de deuxième ou de troisième choix ? N'est-ce pas là déprécier inutilement son portefeuille ?

Les réponses que l'on peut faire à cette objection sont nombreuses.

En premier lieu, est-on jamais certain de choisir la meilleure valeur ? Il est difficile d'étiqueter des titres de Bourse comme des marchandises et de les classer en leur donnant des numéros d'ordre, de telle sorte qu'il soit possible de dire : achetez des valeurs nº 1 plutôt que des valeurs nº 2. Telle valeur peut être la meilleure à un moment donné et ne plus l'être à un autre moment. Telle valeur peut être la meilleure pour une catégorie de porteurs et ne pas l'être pour les autres. Tel fonds d'Etat, par exemple, pourra être la meilleure valeur à acquérir au moment où un événement quelconque en a fait fléchir le cours à un niveau modéré ; pourtant, ce n'était pas la meilleure valeur, la veille du jour où cet événement s'est produit. On peut dire, par conséquent, qu'une valeur est bonne, très bonne, excellente, mais il est impossible de dire, d'une façon absolue, que ce soit la meilleure.

Il n'y a pas de valeurs de tout repos : toutes présentent des risques, des aléas de diverses natures occasionnés par des faits inattendus, indépendants

A. NEYMARCK — *Que faire de son argent ?* 23

même de la marche normale de la société, de l'entreprise ou du pays, s'il s'agit d'un fonds d'Etat.

Ce qu'on appelle « *valeur de tout repos* » peut être interprété d'une façon différente par tels ou tels capitalistes ou rentiers. Pour les uns, une « *valeur de tout repos* » est celle sur le revenu de laquelle on peut toujours compter ; pour les autres, une « *valeur de tout repos* » est celle qui ne fera pas subir de pertes au capital employé. Or, soit pour le revenu, soit pour le capital, il y a toujours des risques à courir. Un impôt, une conversion, une crise intérieure ou extérieure, des troubles, révolutions, guerres, etc., peuvent atteindre tout à la fois le revenu et le capital des fonds d'Etat les plus solides, ceux des plus grands pays et n'atteindre, au contraire, que dans de moindres proportions, les rentes de pays secondaires. Un capitaliste, quelque peu hardi ou aventureux qui, en 1897, par exemple, aurait vendu tous les fonds d'Etat aussi bien ceux de grands pays comme la France, l'Angleterre, l'Allemagne, que ceux de pays secondaires comme la Belgique, les Pays-Bas, la Suisse, la Suède, la Norvège, le Danemark, etc., et aurait acheté des fonds d'Etat de pays extra-européens, sud-américains et autres, aurait réalisé une fortune considérable.

Autre exemple : Un capitaliste ultra-hardi qui aurait acheté des fonds et titres turcs en 1875-1876 au moment de la faillite retentissante de la Turquie, alors que le 5°/₀ Turc tombait à 9 fr. 65, les lots Turcs à 28 fr. 75, les Ottomans 1863, 1865, 1869, à 60 francs et 45 francs, ou bien encore des fonds égyptiens qui, en 1876, tombaient à des cours de faillite, le 7°/₀ 1866 à 80 francs ; le 7°/₀ 1870 à 37 francs ; l'unifiée à 130 francs, ou bien encore des fonds espagnols à 29 fr. 75 lors de la guerre de Cuba ou bien encore, celui qui aurait acheté des fonds japonais avant la guerre au lieu d'acheter des fonds russes, et, qui, au lendemain de la guerre, aurait acheté, des fonds russes, posséderait aujourd'hui un portefeuille en plus-value importante.

Nous pourrions donner des exemples non moins frappants en prenant des titres français à revenu variable. Une société industrielle, métallurgique, financière, peut être aujourd'hui en pleine prospérité ; ses affaires se développent, ses dividendes augmentent : une crise imprévue se produit, les frais de production, de la main d'œuvre augmentent: la consommation, la vente diminuent ; les dividendes diminuent eux aussi et entraînent la baisse des titres. Dans les périodes d'activité, de prospérité, le public est toujours enclin à penser que cette activité et que cette prospérité continueront longtemps encore ; quand arrivent les mauvais jours, ce même public croit qu'ils dureront toujours : dans le premier cas, il achète ; dans le second, il vend, et dans les deux cas il se trompe.

♦
♦ ♦

Il ne faut donc pas être exclusif dans ses choix et ne pas croire qu'il existe des « valeurs de tout repos ». Ce « de tout repos » est très relatif. Toute personne ayant des capitaux à placer en titres mobiliers doit plutôt rechercher ceux qui présentent un minimun de risques et se bien pénétrer de cette pensée, qu'aucun placement n'en est exempt. Les valeurs réputées les meilleures sont susceptibles de fléchir alors que d'autres, réputées moins bonnes, seront plus résistantes et même hausseront.

Ce qui précède suffit à montrer pourquoi il faut diviser ses placements le plus possible et ne pas faire entrer dans son portefeuille des valeurs de même nature, c'est-à-dire rien que des rentes d'Etat, par exemple ou des titres de compagnies de chemins de fer, de sociétés minières, etc. Il faut porter son choix un peu à droite et à gauche en se fixant, comme nous l'avons dit, sur les titres qui paraissent présenter un minimum de risques. Avant de faire un placement, il faut se demander, non pas ce qu'il pourra faire gagner comme capital ou revenu, mais ce qu'il pourrait faire perdre.

Il y a pourtant une catégorie de porteurs qui doit s'en tenir à ce genre de titres, celle dont le portefeuille est trop peu important pour comporter une division de placements ou dont la situation est trop modeste pour pouvoir rien risquer en valeurs de second ordre. Mais, nous dira-t-on, la diminution de capital que vous voulez éviter aux possesseurs de portefeuille d'une certaine importance, vous y exposez les petits rentiers, les petits épargnants, c'est-à-dire ceux qui auraient le plus besoin de l'éviter. Cette objection est exacte, mais, entre deux maux, il faut encore choisir le moindre ; l'inconvénient signalé paraît inévitable et sera préférable au risque que courrait le petit porteur s'il s'égarait dans des placements en valeurs présentant de moins sérieuses garanties. Son capital pourra subir une moins-value, mais elle sera ordinairement passagère et ne sera pas en tout cas comparable à celle qui pourrait résulter d'un mauvais emploi de fonds. Ceux qui doivent aussi se contenter des valeurs de tout repos, ce sont ceux qui ne possèdent pas, pour en choisir d'autres, une compétence suffisante et qui, sous prétexte de vouloir varier leurs placements et de faire des moyennes, risqueraient de mettre en portefeuille des valeurs éruptives, des titres d'entreprises imaginaires, du papier peint.

Il ne suffit pas de partager ses placements ; il faut le faire d'une manière raisonnée, en obéissant à quelques règles qui sont d'ailleurs dictées par la logique et le simple bon sens. Il ne faut pas répartir sa fortune entre quelques titres pris au hasard ; il faut que les valeurs adoptées soient choisies de manière à réaliser de façon effective une *division des risques*. Le but n'est pas de disséminer les placements, mais de restreindre les éventualités de perte.

Si une personne place son avoir en valeurs différentes mais appartenant toutes cependant à une même catégorie de titres, en fonds d'Etat, par exemple, ou en valeurs industrielles ou en valeurs minières, elle aura morcelé ses placements, mais elle n'aura diminué ses risques que dans une faible mesure. Il est probable, en effet, que tous les événements d'ordre général susceptibles de provoquer la baisse d'une valeur d'une de ces catégories causeront aussi la moins-value de toutes les autres valeurs de la même catégorie. Nous avons dit événements *d'ordre général*, parce qu'il y a, cela est certain, des circonstances spéciales qui pourront faire baisser les titres d'une société déterminée, à l'exclusion de ceux d'autres sociétés analogues. Ce sont uniquement ces risques particuliers, *d'ordre intérieur* qui seraient atténués par un placement en plusieurs valeurs d'une même catégorie. Cette précaution est insuffisante ; elle ne constitue pas la répartition méthodique des placements ; elle ne prouve pas l'atténuation de risques que doit rechercher tout capitaliste, tout rentier prudent et attentif.

Pour qu'il y ait réellement division des risques, il faut qu'il y ait placement en plusieurs titres de nature différente : fonds d'Etat, obligations de villes, titres de chemins de fer, d'entreprises industrielles, etc. Cette division par nature de valeurs permettra d'échapper aux risques provenant de l'insolvabilité d'un débiteur unique ou de l'insuccès d'une seule entreprise.

Cette répartition n'est pas encore suffisante : toutes les valeurs d'un même pays pourraient être, à un moment donné, l'objet d'une baisse considérable si ce pays était en état de guerre, par exemple, ou s'il y éclatait des troubles, des révoltes ou s'il y survenait un cataclysme violent, susceptible de compromettre et de bouleverser de fond en comble la vie économique de la contrée. Il faut donc, pour accentuer la diminution des risques, répartir ses placements entre des titres appartenant à des pays divers, de manière à ne pas avoir à souffrir outre mesure d'une cause de baisse qui frapperait toutes les valeurs d'un pays déterminé.

Enfin, il conviendra d'acquérir, dans une certaine proportion variable suivant l'importance des portefeuilles, des titres qui se négocient sur des bourses différentes. En effet, il y a encore une cause de baisse qu'il convient de signaler, c'est celle qui tient à la situation de place et qui influe sur les cours de toutes les valeurs cotées sur un même marché, à quelque catégorie qu'elles appartiennent. Si une valeur est cotée sur un marché unique, elle fléchira avec les autres valeurs qui se traitent à la même Bourse ; au contraire, une valeur cotée sur plusieurs marchés, sera moins atteinte par la situation locale ; il y aura certaines chances pour que ses cours soient soutenus par ceux pratiqués sur les places étrangères.

Pour que la division des risques soit aussi complète que possible, il faudra donc que ces diverses conditions soient remplies, c'est-à-dire que le portefeuille soit composé de valeurs de catégories différentes, appartenant à des pays divers, et, dans une certaine mesure, de titres qui se cotent sur plusieurs marchés.

En combinant de la sorte ses placements et en faisant un choix attentif parmi les nombreux titres qui figurent à la cote on peut non seulement atténuer ses risques, mais encore arriver à compenser par un profit réalisé sur certaines catégories de valeurs, la perte subie sur les autres. Certaines entreprises peuvent, en effet, bénéficier de circonstances qui sont, au contraire, défavorables à des entreprises d'une nature différente. Ainsi les charbonnages tireront un bénéfice d'une hausse du prix des combustibles, dont souffriront les entreprises de transports, terrestres ou maritimes et d'autres industries. De même, la cherté du cuivre ou d'un autre métal sera désavantageuse à l'entreprise qui l'emploie comme matière première, tandis qu'elle profitera à la société productrice. Par l'emploi des capitaux dont elles disposent, les banques bénéficieront d'une hausse du taux de l'intérêt qui, au contraire, peut être défavorable à l'industrie qui a besoin de trouver et d'emprunter des capitaux, le meilleur marché possible.

Il est exceptionnel que la baisse, à la Bourse, atteigne à la fois dans une même proportion, toutes les valeurs cotées : cela s'est vu cependant, mais rarement. D'ordinaire, chaque grande catégorie de valeurs est périodiquement recherchée ou délaissée au profit d'une autre, suivant la situation économique du pays, suivant l'état des affaires, suivant aussi l'état d'esprit, les tendances du marché, les « idées », si nous pouvons nous exprimer ainsi, du monde des affaires et des capitalistes et spéculateurs. Si l'industrie est stagnante, les capitaux inemployés se portent vers les fonds d'État qui sont plus demandés et peuvent réaliser une plus-value ; inversement, si l'industrie est très active et en mesure de rémunérer largement les capitaux, la hausse des taux de capitalisation provoquera une réaction sur les valeurs à revenu fixe.

On voit combien il est intéressant d'avoir un portefeuille composé de valeurs de plusieurs catégories, qui ne subissent pas toutes à la fois une même moins-value.

En matière de placement, il ne faut pas envisager seulement les pertes définitives, irréparables, causées par l'effondrement d'une valeur et qui sont heureusement rares si on opère avec quelque prudence, en s'entourant de renseignements puisés à bonnes sources. Il faut aussi s'efforcer d'échapper au dommage que peuvent faire subir au capitaliste les fluctuations passagères mais incessantes et inévitables de la cote. Comme il est difficile, sinon impossible, d'avoir des valeurs qui ne baissent jamais, ou restent stationnaires, — et s'il en existait, le public finirait par se demander si la « stagnation des cours » n'est pas un mauvais indice sur la situation de cette valeur, — il faut s'efforcer d'avoir des valeurs qui ne baissent pas toutes en même temps, de manière à pouvoir, en cas de nécessité, effectuer une réalisation sans perdre sur son prix d'achat. Avec un portefeuille composé de nombreux titres de catégories très différentes, le capitaliste aura la probabilité de pouvoir se procurer des fonds sans écorner son capital. Cette précaution lui permettra aussi de réaliser, à l'occasion, un arbitrage avantageux, de profiter d'un moment favorable, souvent fugitif, pour acquérir une autre valeur, parce qu'il aura une portion de son portefeuille qu'il pourra vendre sans perte. La division des placements, outre les autres avantages déjà indiqués, facilitera la mobilisation du portefeuille et permettra au capitaliste de tirer de l'emploi de ses fonds en valeurs mobilières tout l'avantage possible.

Différentes classes de capitalistes et rentiers. Placements qui leur conviennent.

Il y a des classes très diverses de capitalistes et de rentiers : on pourrait dire, jusqu'à un certain point, qu'aujourd'hui tout le monde est capitaliste, si peu que ce soit ; non qu'il y ait un nombre bien considérable de personnes vivant exclusivement et largement de leurs rentes, mais on n'en compte peu qui ne possèdent quelque titre mobilier, quelque obligation ou fraction d'obligation de la ville de Paris ou du Crédit Foncier, quelques francs de rente sur l'État.

Dans un vieux vaudeville, un personnage donne à un valet de chambre un généreux pourboire, puis, quelques instants après, le persuade adroitement d'employer le montant de cette libéralité à souscrire une action d'une société plus ou moins imaginaire ; lorsqu'il a replacé l'argent dans son gousset, il salue sa victime d'un ironique : « Bonjour, monsieur l'actionnaire ». Il y a beaucoup d'actionnaires et d'obligataires de ce genre.

Depuis le petit épargnant qui emploie le premier billet de cent francs dont il peut disposer, qu'il peut distraire de son maigre budget, à l'acquisition d'un quart de Ville de Paris ou d'un cinquième d'obligation foncière ou communale, jusqu'à l'opulent capitaliste qui ne dépense pas la totalité des revenus de son portefeuille, on peut dresser une échelle de fortunes qui suivent une progression insensiblement croissante ; il y a une variété infinie de situations pécuniaires ou financières.

Etablir dans une semblable diversité des distinctions bien nettes, bien tranchées, est chose difficile, pour ne pas dire impossible. De même qu'on ne trouve pas au monde deux personnes physiquement ou moralement identiques, on peut dire qu'il n'y a pas non plus deux personnes ayant exactement la même situation de fortune, ou les mêmes charges, ou une position présentant même sécurité ; elles demeureront dans des milieux différents, dans des localités où le coût de l'existence n'est pas semblable : telle vivra largement à la campagne avec des ressources relativement modiques ; telle autre, avec un chiffre identique de revenu, mènera à Paris ou dans une grande ville, une existence précaire.

Par suite, les mêmes valeurs de placement ne peuvent convenir à tout le monde ; à chaque situation devra correspondre une répartition différente du portefeuille ; mais s'il existe une diversité infinie de situation, on ne peut cependant assigner d'avance à chacune un barème de placements ; il reste là une question d'appréciation toute personnelle, dont la solution appartient à chaque intéressé ; le conseiller financier doit se borner à des indications générales.

Dans cette vue, nous classerons les personnes qui possèdent en quatre grandes catégories ;

1° Petits rentiers, petits capitalistes ;

2° Classe moyenne ;

3° Classe aisée ;

4° Classe riche.

Nous rechercherons ensuite la nature de placements qui convient à chacune d'elles.

1° La catégorie des petits rentiers, des petits

capitalistes comprend les personnes dont les revenus sont strictement limités, qu'il s'agisse de
travailleurs vivant de leur salaire et ne possédant
que de minimes économies, ou qu'il s'agisse de
femmes veuves, de personnes âgées qui ne sont
pas ou ne sont plus en état de travailler pour subvenir à leur existence et qui doivent vivre exclusivement de leurs petites rentes. Ce sont les gens
qui ont] strict nécessaire, que la moindre diminution de revenus mettrait dans la gêne, ce sont
ceux qui frisent l'indigence, qui ne peuvent rien
risquer.

2° La classe moyenne se compose de personnes
un peu plus à l'aise que celles de la précédente
catégorie. Tout en vivant modestement, celles-ci
ont un revenu annuel produit par l'excédent de
leurs recettes sur leurs dépenses ; ce sont les rentiers qui ont un peu plus de revenus que le strict
nécessaire et qui équilibrent aisément leurs recettes
et leurs dépenses ; ce sont les petits commerçants,
les petits industriels qui gagnent bien leur vie et
peuvent au bout de l'année, une fois leurs dépenses
et leurs frais payés, disposer d'un certain excédent qu'ils laissent dans leurs affaires ou bien
qu'ils emploient en placements mobiliers.

3° La classe aisée comprend les rentiers qui
vivent largement de leurs revenus ou les commerçants, les industriels à la tête d'affaires prospères
et dont les bénéfices viennent s'ajouter aux arrérages
produits par les capitaux disponibles.

4° La classe riche se compose des capitalistes
possédant de gros revenus fonciers ou mobiliers,
des intérêts dans de grandes industries ; ce sont
ceux dont la fortune augmente chaque année par
l'accumulation d'une partie de leurs rentes.

Les modes de placement, avons-nous dit, ne

peuvent être les mêmes pour les diverses classes
de capitalistes. Nous avons eu jusqu'ici en vue
dans ces articles les petits capitalistes ; c'est à eux
que s'adressaient nos conseils.

Nous nous occuperons aussi de la classe moyenne,
de la classe aisée, de la classe riche.

Pour ces diverses classes de capitalistes, de rentiers, d'épargneurs, les valeurs ne manquent pas.
On peut trouver sur le marché, à côté des titres ne
convenant qu'à la moyenne épargne, les *titres de
luxe*, comme nous les avons dénommés, convenant
à la classe aisée, à la classe riche. Il y a aussi ce
que l'on appelle les valeurs *dorées sur tranches*
qui coûtent d'autant plus cher et qui rapportent
d'autant moins qu'elles présentent une sécurité plus
grande. On trouve aussi les *valeurs spéculatives*,
ce qui ne veut pas dire, à un point de vue général,
qu'elles soient mauvaises, mais elles ne peuvent
convenir qu'aux personnes très à leur aise, pouvant courir et supporter des aléas qui résultent de
circonstances, d'événements imprévus, de l'exploitation même de l'industrie de leur société. Ces
« aléas » favorables ou défavorables, sont fruc-
tueux ou ruineux.

Ajoutons encore qu'il est dangereux de croire
que pour faire des placement sur les valeurs mobilières, voire même *jouer à la Bourse*, suivant
l'expression consacrée, il convienne de s'en rapporter au hasard, d'agir sans réflexion. *Être rentier,
être capitaliste, c'est exercer un métier*, qui, le plus
souvent, coûte cher aux imprudents qui s'y livrent
sans s'y connaître. Toutes les valeurs, sans aucune
exception, présentent des risques ; l'expression
valeurs de tout repos, *valeurs de toute sécurité* n'est qu'une expression ; en réalité, les placements mobiliers de même que les placements

immobiliers, présentent des aléas : ces aléas dépendent, soit de l'entreprise elle-même, soit de la politique intérieure ou extérieure, soit d'événements
divers, imprévus et indépendants même de la situation de l'entreprise. L'art du capitaliste, petit ou
grand, consiste à s'efforcer d'atténuer le plus possible ces risques divers en divisant ces placements.

.·.

Les petits rentiers, les petits capitalistes, doivent
se borner aux placements qu'il est convenu d'appeler *de tout repos* ; nous voulons dire aux rentes
sur l'État, aux emprunts des municipalités ou des
colonies françaises, aux obligations du Crédit Foncier et des chemins de fer français.

Voici un barème de répartition que nous proposons pour des placements de cette nature. :

	30 %	Rentes françaises, emprunts colo-niaux garantis par la métropole.
50 %	20 %	Obligations de chemins de fer jouis-sant d'une garantie de l'État.
10 %		Emprunts coloniaux non garantis.
40 %	20 %	Obligations à lots de la ville de Paris
	20 %	— du Crédit Foncier.
100 %		

Ce barème ne constitue qu'une simple indication,
attendu que les intéressés peuvent avoir convenance à modifier, selon leur situation de famille, leur
âge, etc., la répartition proposée.

On remarquera que, dans son uniformité apparente, ce tableau de placement comporte, en réalité, des valeurs très diverses.

Nous y trouvons, par exemple, des fonds *perpétuels* et des fonds *amortissables*. Les fonds perpétuels sont représentés par le 3 % français, notre

grand fonds national, que nous considérons comme
présentant une sécurité absolue par ce qu'il porte
une signature qui ne se laissera jamais protester,
celle de la France.

Cependant, comme toutes les valeurs, il est sujet
à des fluctuations plus ou moins importantes ; il
ne faut pas oublier, en effet, qu'en dehors de la
valeur intrinsèque d'un titre, de la solidité des garanties qu'il présente, il est un autre élément qui
intervient dans la détermination de son prix ; c'est
le taux du loyer de l'argent, qui est très variable
et dépend de la situation monétaire, économique et
financière du pays.

Dire qu'un titre est *de tout repos*, cela ne signifie
donc pas que le cours en est immuable ou qu'il
montera sans cesse et sans jamais éprouver de
réaction en baisse. Les porteurs de 3 % français
qui l'ont acheté il y a quelques années au-dessus
du pair et qui seraient obligés de le réaliser aujourd'hui subiraient évidemment une diminution de
capital. Ce n'est pas que le crédit de la France soit
moins solide aujourd'hui qu'il y a quelques années ;
mais c'est que le taux de l'intérêt en général a
augmenté de façon notable ; toutes les valeurs à
revenu fixe ont subi de ce chef une baisse correspondante, sans tenir compte de la dépréciation qui,
pour d'autres motifs, a pu atteindre certaines d'entre
elles.

Le porteur d'une valeur qui, comme la rente
française, échappe à toute discussion possède donc
toujours un avantage, c'est qu'il est certain de
toucher son revenu ; son capital peut baisser
momentanément par suite du renchérissement du
taux de l'intérêt, mais à un moment donné, s'il peut
attendre, il reverra les anciens prix, tôt ou tard.

Les fonds perpétuels conviennent aux placements

de longue haleine, aux emplois dotaux ou de biens
de mineurs, pour lesquels on cherche à éviter des
échanges, des remplois, nécessitant des formalités
quelquefois gênantes ou coûteuses, la production de
contrats, d'actes notariés, etc.

Notre tableau comprend, par contre, des titres
amortissables, c'est-à-dire remboursables par voie
de tirages au sort, dans un délai plus ou moins
long. Ils offrent un avantage très appréciable quand
ils sont au-dessous du pair, c'est de procurer, s'ils
sortent au tirage, une prime de remboursement et
cette prime de remboursement est d'autant plus
grande que le taux d'intérêt est faible.

Notre liste renferme des *fonds d'Etat*, des *fonds
coloniaux*, des *fonds municipaux*, des valeurs du
Crédit Foncier qui jouissent de garanties hypothécaires, des valeurs de *chemins de fer* qui, outre la
garantie de l'Etat, possèdent celle du capital de la
compagnie, de son actif, de ses recettes.

Certaines de ces valeurs sont remboursables uniquement au pair, c'est-à-dire à leur montant nominal ; d'autres le sont avec des primes, avec des lots
plus ou moins importants ; celles-ci sont très intéressantes pour l'épargnant, pour le travailleur qui
place des économies et court en même temps la
chance de gagner un lot qui lui procurera la fortune ; c'est souvent la seule chance qu'il ait de
l'atteindre ; il ne doit pas la négliger.

Les placements que nous conseillons à la petite
épargne ne sont donc pas aussi limités qu'on
semble le croire. Il nous semble que les titres
indiqués présentent des variétés très suffisantes pour
que les petits rentiers, les très petits capitalistes
puissent, en les choisissant, exercer leur jugement
en matière financière.

Qu'on n'oublie pas que nous nous trouvons ici

en présence de personnes novices, faisant leur apprentissage financier et qu'il ne faut pas laisser faire d'écoles trop coûteuses.

Nous nous adressons en ce moment, aux porteurs de titres qui n'ont que le strict nécessaire, qui ne peuvent compromettre leur avoir, qui n'ont pas droit de le faire, à peine de risquer de tomber dans la misère, de devenir une charge pour leur entourage ou pour leur pays.

Nous sommes les premiers à dire que les rentiers, les capitalistes, doivent faire leur éducation financière, se renseigner, apprécier par eux-mêmes la valeur des titres qu'ils achètent; mais convient-il pour cela de signaler des valeurs aléatoires, douteuses, à des gens qui ne possèdent que de maigres économies fruit de leur labeur? Faut-il laisser ces apprentis-capitalistes se jeter en quelque sorte dans la gueule du loup, les laisser voguer à l'aventure dans le flot des valeurs de tous ordres qui se traitent sur le marché ? Nous ne le croyons pas.

Les capitalistes et porteurs de titres n'auront jamais à se repentir d'avoir été ultra-prudents. Ils ne feront pas fortune avec ces placements de premier choix, mais ils ne se ruineront pas; ils n'auront pas en portefeuille du *papier peint* comme tant d'autres malheureux qui ont cru aux boniments, aux prospectus, aux valeurs de réclames.

Au premier rang des valeurs qui conviennent à la petite épargne, nous plaçons la rente française, et cela malgré toutes les attaques dont elle a été l'objet, malgré la baisse relativement importante qu'elle a subie, ces derniers temps, à la suite de circonstances générales ou particulières.

Nous ne voulons pas dire, ce serait une hérésie

en matière de finances et de Bourse, que les cours
de la rente doivent être immuables ou suivre une
progression croissante, continue, sans fluctuations,
sans retour en arrière. Il est incontestable qu'en
cas d'événements graves, improbables, mais dont
il faut cependant envisager l'éventualité, les rentes
françaises ne se maintiendraient pas à leur niveau
actuel ; elles subiraient une baisse peut-être considérable ; mais quel est le fonds d'État, quelle est
la valeur de Bourse, à quelque catégorie qu'elle
appartienne, qui soit à l'abri d'une circonstance
extraordinaire, d'une catastrophe soudaine et
imprévue ?

Les détracteurs de nos rentes engagent les capitalistes français à envoyer leurs fonds à l'étranger ;
ils les incitent à arbitrer leurs titres de rente
française contre des valeurs des États voisins, ou
même, au besoin, contre des titres exotiques. Ce
sont des « docteurs tant pis » lorsqu'il est question
de notre crédit national, et ils se transforment
immédiatement en « docteurs tant mieux » lorsqu'il s'agit des pays étrangers. Mais que ces critiques, si sévères pour leur propre pays, citent
une seule valeur qui soit à l'abri des conséquences
d'une guerre, d'une révolution, d'une catastrophe
imprévue.

Pendant de longues années, on a considéré les
Consolidés anglais comme le type des « valeurs
dorées sur tranches », pour employer une expression usitée de l'autre côté du détroit. Le 2 3/4 %
anglais, qui devait devenir automatiquement du
2 1/2, se cotait largement au-dessus du pair ; on
le croyait à l'abri de toute atteinte. On comptait
sans la guerre du Transvaal, et l'événement a dure-
ment prouvé l'exagération de cette confiance. Non
pas que le crédit de la Grande-Bretagne fût com-

A. NEYMARCK. — *Que faire de son argent ?*   24

promis, mais cette nation s'est trouvée dans l'obligation d'émettre, pour faire face à ses besoins,
de nouveaux emprunts, dont le classement ne s'est
pas opéré sans à-coups. Certains détenteurs de
Consolidés ont trouvé avantage à réaliser leurs
titres pour prendre part aux émissions nouvelles,
pratiquées nécessairement à des taux un peu inférieurs à ceux cotés pour les anciens emprunts.
Pour toutes ces raisons et par application de la
loi de l'offre et de la demande, qui régit les valeurs
de Bourse comme toute autre marchandise, les
Consolidés ont sensiblement reculé.

Nous avons choisi cet exemple pour montrer
qu'il n'existe pas une valeur, si solide soit-elle,
dont les cours se trouvent à l'abri d'une réaction
pas plus en Angleterre ou dans aucun autre pays
qu'en France. Pourquoi, dès lors, conseiller l'exode
des capitaux français?

La rente française elle aussi, a baissé, moins
pourtant que la plupart des fonds d'État étrangers. Cette baisse du 3 % n'est d'ailleurs pas
surprenante, en présence de la campagne acharnée
menée contre lui. Ce qui est surprenant, plutôt,
c'est qu'il ait si bien résisté aux assauts de ses
adversaires, qui n'ont négligé, pour arriver à leurs
fins, aucune manœuvre, aucun procédé.

On cherche à tort à effrayer le petit porteur de
rentes par la perspective d'une baisse de cours, qui,
en mettant les choses au pis et en supposant cette
réaction comme devant se prolonger, ne priverait
pas le rentier d'une parcelle de son revenu et ne
causerait de préjudice qu'à celui qui se trouverait
dans l'obligation de réaliser ses titres en baisse.

Les valeurs qu'il faut craindre et dont le petit
porteur de titres doit s'abstenir, ce sont celles qui
peuvent baisser sans chance d'amélioration, les

valeurs que la spéculation pousse artificiellement en avant et que l'on fait acheter à l'épargne lorsqu'elles ont de beaucoup dépassé leur véritable cours, de sorte que l'acquéreur risque de perdre définitivement une partie de son capital.

Il doit éviter, comme règle générale, toutes celles dont il ne connaît ni « les tenants ni les aboutissants », c'est-à-dire les personnes qui sont à leur tête, les banquiers et établissements de crédit qui les patronnent, les administrateurs, etc. Il doit éviter les valeurs recommandées par prospectus, circulaires, courtiers à domicile, tant que ces recommandations n'émanent pas de maisons honorables bien connues, tant que ces valeurs ne sont pas cotées, que les statuts n'ont pas été publiés. Il faut, en un mot, avant d'acheter un titre quel qu'il soit, savoir en présence de qui ou de quoi on se trouve. Ce sont des précautions élémentaires, bien simples à prendre. Quand on les néglige, il ne faut pas s'étonner, si, un jour ou l'autre, on s'aperçoit que l'on ne possède en portefeuille que des chiffons de papier.

En dehors de la rente et des autres valeurs garanties par l'État, fonds coloniaux garantis, obligations de chemins de fer, il convient de recommander à la petite épargne les obligations de la Ville de Paris, du Crédit Foncier, dont le revenu est légèrement inférieur à celui du 3 %, mais qui procure aux porteurs la chance d'être remboursés avec un lot au tirage au sort. Parmi ces obligations, on choisira, de préférence, celles qui sont cotés au-dessous du pair, parce que, si elles sortent sans lot, à un tirage, le porteur bénéficie de la différence entre son prix d'achat et le taux de remboursement.

.•.

Nous avons indiqué tout un groupe de valeurs auxquelles l'épargnant, le petit rentier, doivent, selon nous, borner leur choix afin de ne courir aucun risque de compromettre leur modeste capital.

Voici maintenant un barême de répartition des placements qui nous paraissent convenir à la *classe moyenne* des rentiers plus à l'aise que la précédente, mais encore tenue à beaucoup de circonspection, dans la composition de son portefeuille :

40 %	25 %	Rentes françaises, emprunts coloniaux garantis par la métropole.
	15 %	Obligations de chemins de fer français.
10 %		Emprunts coloniaux non garantis.
20 %	10 %	Obligations à lots de la Ville de Paris.
	10 %	— — du Crédit Foncier.
10 %		Obligations industrielles et diverses françaises.
10 %		Actions des grandes compagnies de chemins de fer français.
10 %		Fonds d'Etat étrangers
100 %		

Dans ce barême, apparaissent certaines catégories de valeurs qui ne figuraient pas dans la liste, de placements destinée aux petits porteurs de titres aux tout petits rentiers ; ce sont les obligations de *sociétés industrielles et diverses, les actions des grandes compagnies de chemins de fer, les fonds d'Etat étrangers.*

Il convient cependant que la classe des moyens rentiers ne mette en portefeuille des titres de ces trois catégories que jusqu'à concurrence, pour chacune d'elles, d'environ 10 %, soit ensemble 30 % de leur avoir, de manière à conserver encore à peu près

70 % de leur capital placé en valeurs de tout premier ordre (fonds d'Etat français et coloniaux, obligations de chemins de fer, du Crédit Foncier, des villes françaises).

Nous estimons, en effet, que, quelle que soit l'importance d'un portefeuille, il doit toujours comprendre à la base, et dans une proportion notable, un fonds de valeurs « dorées sur tranche », possédant un très large marché. Il y a chance que leurs fluctuations soient moins considérables que celles des titres de deuxième ou de troisième ordre, et qu'en cas de nécessité elles puissent être réalisées d'urgence sans perte trop sensible.

De plus, les valeurs du premier groupe sont de celles sur lesquelles la Banque de France consent des avances jusqu'à concurrence de 75 ou 80 %/₀ de leur cours en Bourse. Cet établissement prête aussi sur les actions des grandes compagnies de chemins de fer français, mais non sur les obligations industrielles ni sur les fonds d'Etat étrangers. Il est intéressant de posséder en portefeuille une certaine quantité de titres sur lesquels la Banque de France fait des avances, afin de pouvoir à un moment donné et pour une courte période, se faire des fonds facilement sans réaliser des valeurs dans un moment défavorable et risquer d'avoir à les racheter en hausse, une fois la bourrasque passée.

Disons maintenant quelques mots de chacune des trois nouvelles catégories de titres que nous signalons à l'attention des capitalistes : obligations industrielles et diverses, actions de chemins de fer, fonds d'Etat étrangers.

1° *Obligations industrielles diverses*. Il ne s'agit encore là que d'obligations françaises. Même ainsi délimitée, cette catégorie de valeurs est très large et comprend des titres bien différents au point de vue de la sécurité offerte ; il importera aux moyens capitalistes qui n'ont pas de ressources suffisantes pour se lancer dans des placements aventureux, de borner leur choix aux sociétés d'une solvabilité notoirement établie, présentant de très sérieuses garanties.

Nous dissuadons les moyens capitalistes de se lancer dans les placements en obligations industrielles étrangères, toujours plus difficiles à suivre que les obligations de sociétés françaises ; la variété de titres français de cette nature est d'ailleurs bien suffisante pour satisfaire à toutes les préférences.

2° *Actions des grandes compagnies françaises de chemins de fer.* — Ce sont les seules valeurs à revenu variable que nous indiquions aux porteurs de titres de la classe moyenne ; ce sont d'ailleurs des valeurs à revenu variable d'un caractère tout spécial, attendu que l'État, aux termes des conventions de 1883, leur garantit un minimum de dividende. Ce revenu minimum est de 35 fr. 50 pour l'*Est*, de 55 fr. pour le *Lyon*, de 50 fr. pour le *Midi*, de 56 fr. pour l'*Orléans*, de 54 fr. 10 pour le *Nord*. Quelques compagnies (Lyon, Orléans, Nord) donnent actuellement des dividendes supérieurs au minimum garanti ; les autres ne dépassent pas ce chiffre ; mais le porteur est toujours assuré de toucher un revenu au moins égal à celui qu'ont fixé les conventions. Aussi les actions de chemins de fer français peuvent-elles entrer, pour une certaine part, dans les portefeuilles modestes.

Nous n'en dirons pas autant des actions des chemins de fer étrangers, des chemins de fer américains, notamment, qui sont sujettes à beaucoup

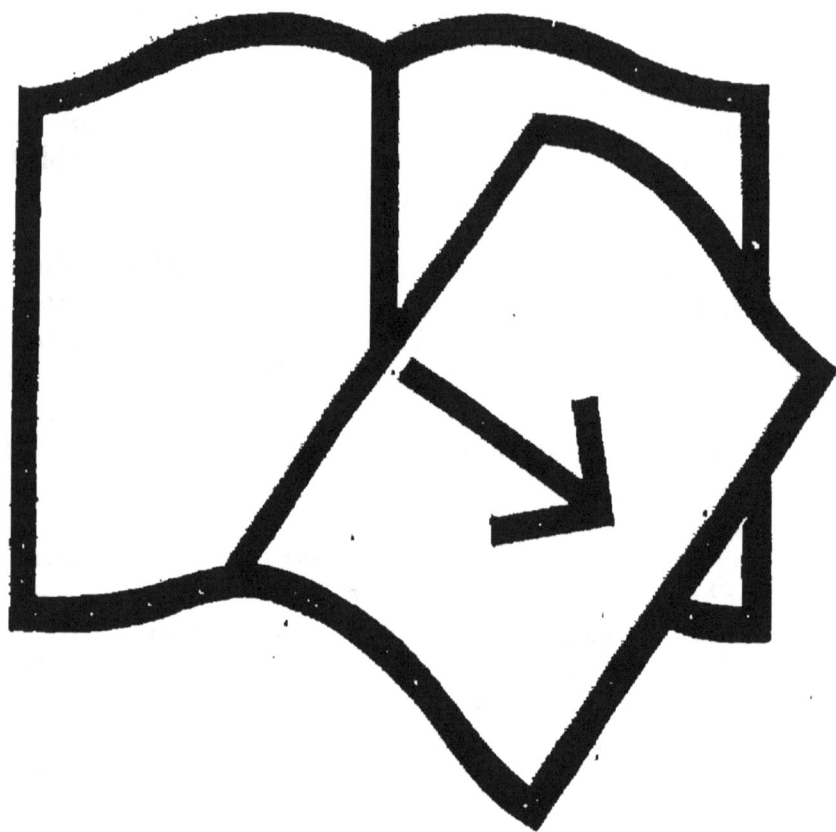

Documents manquants (pages, cahiers...)

NF Z 43-120-13

DE LA PAGE 385

À LA PAGE 843

présentent, quelles qu'elles soient, un aléa beaucoup plus considérable pour le porteur que les « valeurs à revenu fixe » ou à revenu minimum garanti. Aussi les premières ne peuvent-elles trouver place dans tous les portefeuilles. L'intérêt d'un titre de rente, le coupon d'une obligation, le dividende minimum garanti de certaines actions comme celles des grandes compagnies de chemins de fer, constituent une dette de l'Etat ou de la société vis-à-vis du porteur; au contraire, le dividende d'une action ne représente qu'une part éventuelle dans les bénéfices qui pourront être ou n'être pas réalisés. Il y a là une distinction fondamentale qui n'est pas toujours suffisamment faite et qui ne devrait jamais être perdue de vue.

Un Etat qui ne ferait pas face à ses engagements, une société qui ne serait pas en mesure de payer le coupon de ses obligations, tomberaient au rang de faillis et encoureraient la même réprobation ; aussi le cas est-il heureusement assez rare. Au contraire, il arrive que les sociétés les plus sérieuses, les plus honorablement administrées, se trouvent, par suite de circonstances imprévues, dans la nécessité de diminuer ou de suspendre leurs répartitions de dividendes. Aucun caractère déshonorant ne s'attache à cette interruption. Bien mieux, les administrateurs d'une société seraient infiniment plus coupables de distribuer un dividende si la situation de l'entreprise ne le comportait pas, que de restreindre ces répartitions, même par prudence excessive.

Les titres à revenu variable sont, par voie de conséquence, sujets à beaucoup plus de fluctuations que les titres à revenu fixe; ce sont souvent des titres « à cours très variables » et les rentiers qui ne disposent pas de ressources assez larges ne doivent les mettre en portefeuille qu'avec réserve, pour une partie seulement de leur fortune, et en divisant leurs placements à l'extrême.

La catégorie des actions de sociétés diverses est des plus vastes ; elle comprend les actions de toutes les sociétés ayant les objets les plus variés : chemins de fer non garantis, sociétés de crédit, institutions financières, mines, houillères, entreprises métallurgiques, transports, tramways, navigation, etc.

Il est, bien entendu, impossible de tracer parmi ces valeurs d'objet et d'importance si divers, des catégories tranchées, de dire *a priori* : il convient de mettre celle-ci en portefeuille ou d'écarter celle-là ; nous devons nous borner sur ce point à des observations générales.

⁂

Nous n'indiquons pas de *chiffre* jusqu'à concurrence duquel un portefeuille peut être classé parmi les petits ou moyens portefeuilles ou être considéré comme appartenant à un capitaliste de la classe aisée, de la classe riche. Nous ne disons pas qu'un portefeuille de 50.000, de 100.000, de 200.000 francs, doit être composé de telles ou telles catégories de valeurs ; nous parlons de classes de fortunes et non d'importance de portefeuilles ; cela n'est pas sans intention ni sans raison.

En effet, le classement des fortunes n'est pas basé uniquement sur le chiffre des valeurs mobilières possédées, mais sur l'ensemble des sources de revenus, immeubles, bénéfices commerciaux ou industriels, traitements, retraites, valeurs mobilières, etc. Par suite, deux personnes possédant chacune pour cent mille francs de titres pourront

appartenir à des classes de fortunes toute différentes et la nature des placements convenant à
chacune d'elles ne sera pas la même.

Par exemple, un rentier qui ne possède, en tout et
pour tout, qu'un capital de 100.000 francs, et qui,
en raison de son âge, de la maladie, d'infirmités,
ne peut vivre que des rentes de ce capital, exclusivement, est bien loin d'être riche, surtout s'il
habite Paris ou un grand centre. Avec 3.000 fr. de
revenus à Paris, on est presque gêné, en tout cas,
dans une situation excessivement modeste et parfois
difficile. Au contraire, un négociant qui a une maison prospère, qui fait de bonnes affaires et qui
possède, en dehors de son commerce pour 100.000
francs de valeurs mobilières, appartient sans con-
teste à la classe aisée ; les placements qu'il pourra
faire seront par conséquent d'un ordre différent de
ceux permis au petit rentier. Un fonctionnaire
ayant lui aussi 100.000 francs de capital mais ne
réalisant pas des profits annuels aussi importants
que le négociant, appartiendra à une classe intermédiaire entre celui-ci et le petit rentier. Voilà
donc trois personnes à qui nous supposons une
fortune mobilière d'importance égale et qui pourtant appartiendront à des catégories très distinctes
de capitalistes et ne devront pas composer leur
portefeuille de la même manière.

Une observation encore : on nous objectera que
c'est le petit rentier, ayant des revenus à peine
suffisants pour subsister, que nous condamnons
aux placements en valeurs ne rapportant qu'un très
maigre revenu : 2 1/2 ou 3 % tout au plus ; tandis qu'aux autres, ayant en dehors de leur capital
mobilier des moyens d'existence assez larges, nous
permettrons des placements rapportant 4 et 5 %, de
sorte qu'ils pourront tirer de leur capital de 100.000

francs, net 3.500 ou 4.000 francs par an. Il y a là une anomalie apparente, mais qui n'est qu'apparente : en effet, le petit rentier que nous avons pris comme exemple ne peut et ne doit rien risquer, parce que s'il perd tout ou partie de ce qu'il possède, il tombera tout à fait dans la misère ; au contraire, le fonctionnaire, le négociant pourront courir plus de risques et mettre en portefeuille quelques valeurs à revenu plus élevé. L'eau va toujours à la rivière, dira-t-on, et l'argent à ceux qui possèdent déjà. C'est exact et regrettable peut-être, mais nous nous trouvons là en présence d'un état de choses que nous ne pouvons modifier et auquel nos conseils pratiques doivent s'adapter.

La division des placements et des risques comporte, on le voit, de nombreuses difficultés et règles à suivre. Surveiller l'emploi d'une fortune, modeste ou importante, est un art véritable, ou plutôt un métier dans lequel les plus habiles ne sont pas toujours ceux qui obtiennent les meilleurs résultats.

Les modes de placements, leur division, ne peuvent uniformément convenir à un petit capitaliste ou à un rentier aisé disposant de grosses ressources ; ils ne peuvent convenir non plus aux spéculateurs qui recherchent bien plus une amélioration de capital qu'un revenu tranquille et modeste, au risque même de perdre tout ou partie de ce capital. Tous ceux qui ont l'expérience de la Bourse et des affaires financières, ont vu, sans doute, des imprudents, des spéculateurs hardis, des capitalistes peu timorés, réaliser de grosses fortunes.

Mais pour dix qui ont réussi, ils en ont vu des milliers qui se sont ruinés. Les *grosses fortunes* faites à la Bourse uniquement, dues à la spéculation sont rares, excessivement rares. Les *fortunes moyennes*, les *fortunes aisées* acquises à force d'économies, sur des titres sérieux, donnant des revenus modestes, sont plus nombreuses.

Il ne faut jamais croire aux mirages de la Bourse ; ils sont décevants et trompeurs ; il ne faut pas croire que parce que tel ou tel titre a fait gagner beaucoup d'argent à telle ou telle personne, que telle ou telle autre valeur similaire ou à peu près, peut faire réaliser les mêmes bénéfices. Le capitaliste qui, n'ayant pas acheté du Suez, par exemple, se serait figuré qu'en achetant du Panama, les résultats seraient les mêmes, ou à peu près, aurait été ruiné ; celui qui pour pratiquer la division des risques, aurait acheté du Panama parce qu'il avait du Suez, n'aurait pas été mieux partagé.

En résumé, qu'il s'agisse du placement de ses capitaux ou de la division de ses placements, on en arrive toujours à constater que la conduite la plus sage à tenir, est de : 1° *savoir se contenter de peu* ; 2° *économiser* ; 3° *ne pas dépenser tous ses revenus* ; 4° *ne pas courir après tous les papiers qui sont offerts*, au risque de ressembler, suivant l'expression de Léon Say, « *aux papillons qui se brûlent à toutes les chandelles* ».

Valeurs étrangères et valeurs internationales.

L'importance prise par les valeurs étrangères dans les portefeuilles français devient chaque année de plus en plus grande. Nous estimons que le montant des valeurs mobilières étrangères appartenant en propre aux capitalistes français qui s'élevait à 10 milliards en 1869, à 20 milliards en 1890, atteint aujourd'hui de 38 à 40 milliards, fonds d'État compris[1].

1. Voir nos rapports sur la *Statistique internationale des valeurs mobilières*, présentés à l'Institut international de statistique.

De plus en plus, par conséquent, le capitaliste, le rentier français ont besoin de porter leur attention sur l'étude des valeurs étrangères qui, dans une proportion plus ou moins forte, entrent dans la composition de la plupart des portefeuilles. Parmi les valeurs *étrangères*, il en est que l'on qualifie de valeurs *internationales* — les deux termes ne sont pas synonymes — ; quelle est l'utilité, quels sont les avantages des valeurs internationales ? Les capitalistes, les rentiers, les épargnants français doivent-ils les acquérir de préférence à d'autres valeurs étrangères ? C'est ce que nous allons examiner.

Une valeur internationale est celle qui se cote à la fois sur plusieurs marchés ; mais il y a des valeurs qui se cotent sur plusieurs marchés sans mériter, de ce fait, la qualification de valeurs internationales. Par exemple, le Consolidé anglais figure à Paris à la cote officielle. Pourra-t-on dire que le Consolidé est une valeur internationale ? Non, c'est une valeur exclusivement anglaise. De même, le 3 % Français est coté à la Bourse de Londres, à celle de Francfort et dans plusieurs autres. Est-ce pour cela une valeur internationale ? Il est bien certain que non, et que le 3 % Français est une valeur uniquement française. Quels sont donc les signes distinctifs qui caractérisent la valeur internationale et la différencie de la valeur simplement étrangère ?

En général, une valeur internationale est libellée en plusieurs monnaies. Destinée à être cotée sur plusieurs marchés, à circuler dans plusieurs pays, elle est créée en monnaie de ces pays ; ses coupons, ses titres amortis sont payables indifféremment en l'une ou en l'autre de ces monnaies. Ainsi, les valeurs russes qui doivent circuler sur plusieurs marchés sont stipulés payables en roubles ou pour l'équivalent en francs, en livres sterling, en marks ; il en est de même des valeurs internationales autrichiennes, argentines, etc.

Cette fluvialité des monnaies dans lesquelles les coupons sont payables ou les titres sont remboursables, est toujours commode pour le porteur, parce qu'elle lui permet d'encaisser coupons et titres amortis dans la monnaie de son propre pays, sans avoir à se préoccuper des questions de change. Mais la stipulation du payement en monnaie étrangère or est surtout intéressante quand il s'agit de titres appartenant à un pays où la monnaie nationale est sujette par rapport à l'or à des fluctuations importantes, à un pays où le change n'est pas stabilisé, où la circulation intérieure est surtout assurée au moyen de billets de banque dépréciés, de monnaie de papier ou de monnaie d'argent sujettes à des fluctuations. En ce cas, la stipulation du payement en or est presque indispensable ou, tout au moins, elle confère au titre qui en est l'objet une plus-value souvent très notable par rapport aux titres des emprunts intérieurs du même pays, dont les coupons sont payables seulement dans la monnaie nationale, ou, à l'étranger, au cours du change du jour, lequel peut être très variable.

Les fonds d'Etat français, anglais, allemand, bien qu'ils puissent, en fait, être cotés sur plusieurs bourses étrangères, ne contiennent aucune stipulation de cette nature, relative au payement des coupons ou au remboursement des titres amortis. Ce ne sont pas des valeurs internationales.

La valeur internationale est ordinairement créée dans le but de circuler sur plusieurs marchés. Au moment même de son émission, on prend les mesures nécessaires pour qu'elle soit admise aux bourses de plusieurs pays ; on l'introduit à la fois sur plusieurs places où elle va être désormais l'objet de transactions suivies, de cotes journalières, d'échanges d'un pays à l'autre. Des banques sont désignées dans chacun de ces pays pour payer les coupons, rembourser les titres amortis, en un mot, faire le service de l'emprunt.

En est-il de même des valeurs étrangères qui ne sont pas des valeurs internationales ? On voit immédiatement que non. Le marché des Consolidés anglais est à Londres, le marché des rentes françaises est à Paris et non ailleurs. Si on vend ou achète des fonds anglais sur quelques marchés étrangers, ce sera par quantités insignifiantes, en comparaison de celles qui se traitent à Londres. Le prix coté à Paris sur les Consolidés n'aura aucune influence sur leur cours à Londres. Au contraire, ce sera la bourse de Paris ou celle de Londres, qui déterminera le cours des rentes russes ou argentines et non la bourse de Saint-Pétersbourg ou de Buenos-Ayres.

Ce n'est pas tout ; certains pays, obligés pour se procurer les ressources qui leur sont nécessaires de faire appel aux capitaux étrangers, permettent aux prêteurs, pour leur donner plus de sécurité, de surveiller leur gestion financière ; ils confient, en tout ou en partie, aux créanciers étrangers, l'administration de leur dette, la perception de certains impôts, affectés en garantie au service de l'emprunt. Il s'agit alors de valeurs internationales, pourvues de gages spéciaux, de garanties dont le but est de donner plus de certitude à l'exécution des engagements pris. Le caractère d' « extériorité » des emprunts garantis est nettement indiqué par cette volonté de l'emprunteur de se prêter au contrôle de son prêteur étranger. Un emprunt extérieur n'est d'ailleurs pas nécessairement international, c'est-à-dire qu'il peut être coté sur un seul marché étranger et non sur plusieurs.

On voit qu'il y a parmi les valeurs étrangères des catégories qui diffèrent sensiblement les unes des autres et qu'il convient de distinguer avec soin : emprunts intérieurs, extérieurs, internationaux.

.·.

Nous avons indiqué les avantages que présentent les valeurs internationales au point de vue de la facilité d'encaissement des coupons, de la stabilité du change, si elles sont stipulées payables en or. Ce ne sont pas les seuls.

Les valeurs internationales se cotant à la fois sur plusieurs marchés, le porteur pourra choisir, pour les réaliser, celui sur lequel les cours seront les plus avantageux. Elles donnent lieu aussi à de nombreuses transactions appelées arbitrages, effectuées par des spécialistes qui vendent sur une place et rachètent en même temps sur une autre, de manière à bénéficier des différences de cours. Par suite, les valeurs internationales seront presque toujours d'une réalisation facile, elles auront ce que l'on appelle un « marché large ».

Étant cotées en même temps sur des places différentes, les valeurs internationales échappent, plutôt que les autres, aux causes de baisse qui affectent un marché déterminé. Ainsi, qu'un krach occasionné par une situation monétaire défavorable, par une faillite locale, se produise sur un certain marché, la valeur qui est cotée sur ce marché, mais qui l'est en même temps sur d'autres places, pourra être maintenue par les cours pratiqués dans ces villes. La situation locale n'aura pas autant d'influence sur cette valeur que sur les valeurs cotées exclusivement dans le pays où se produit la crise.

Si, par suite d'événements graves, guerre, révolution, la réalisation d'une valeur internationale devient impossible sur un marché, cette vente pourra s'effectuer sur les autres où cette valeur est également cotée. Le porteur sera en possession d'un papier qui a cours dans plusieurs pays, dont les revenus peuvent s'encaisser dans plusieurs villes appartenant à des contrées différentes. Ce sont là des avantages qui, dans certaines circonstances peuvent être importants et qu'il convient, par conséquent, de ne pas perdre de vue lorsqu'on procède au choix d'une valeur. Il peut être, en effet, très utile parfois d'être porteur d'une sorte de lettre de change payable dans trois ou quatre grands pays différents, en monnaies diverses, aux guichets de nombreux établissements financiers.

Si les valeurs internationales attirent spécialement l'attention des capitalistes français, c'est en raison du supplément de facilités qu'elles peuvent leur procurer occasionnellement, en raison des avantages qu'elles peuvent présenter pour eux dans des cas particuliers. Mais il ne faut pas qu'elles deviennent pour les rentiers une source de déboires, une cause éventuelle de pertes, qu'elles augmentent les risques inhérents, d'une manière générale, à la détention des valeurs mobilières.

C'est ce qui ne manquerait pas d'arriver notamment, si le capitaliste français perdait de vue qu'il doit toujours conserver le marché français comme base courante de ses opérations, choisir comme intermédiaires des maisons françaises, avoir ses titres en dépôt en France, dans des banques connues, sous la main, pour ainsi dire. Un Français résidant dans son pays doit y avoir sa fortune, ou, tout au moins, la presque totalité de sa fortune. Sous prétexte de placements présentant un caractère international, il ne faut pas effectuer de placements *à l'étranger* ; il ne faut pas envoyer ses titres à Bruxelles, à Londres ou à Berlin ; il ne faut pas confier le soin de ses intérêts, le dépôt de ses valeurs à des maisons étrangères dont on connaît mal la solvabilité, l'honorabilité, sans compter l'ignorance où l'on se trouve de leurs conditions, des commissions et des frais qu'elles perçoivent.

S'il est intéressant, pour un rentier, de posséder un titre négociable, le cas échéant, sur plusieurs marchés, il faut avant tout qu'il s'assure qu'il a en mains un titre négociable sur le marché français.

Parmi les valeurs étrangères, il en est certaines qui, lors de leur émission, ont été partagées en tranches, réservées l'une, au marché français, les autres à des marchés étrangers, anglais, allemand, américain, etc. Il arrive que la chambre syndicale des agents de change n'admette à la cote officielle de la Bourse de Paris que la portion de l'emprunt réservée au marché français, et non la totalité de cet emprunt. On prend ordinairement cette précaution pour éviter que la majeure partie des titres émis, une fois lancés dans la circulation, ne viennent affluer sur le marché français, où presque toujours, les capitaux disponibles abondent, de sorte qu'un emprunt théoriquement réparti entre plusieurs pays, serait finalement absorbé, à peu près, en entier, par l'épargne française.

En pareil cas, les décisions d'admission de la chambre syndicale des agents de change spécifient le nombre des titres admis à la cote et leurs numéros. C'est ainsi que sur les 60 millions de l'emprunt 4 1/2 % 1909 de la *Province de Bue- nos-Ayres*, 40 millions seulement ont été réservés au marché français et admis à la cote. Sur les 5 millions de livres sterling de l'emprunt *Chinois* 5 et 4 1/2 % 1908, 2 millions et demi sont admis à la cote de la Bourse de Paris. Sur la totalité de l'emprunt *Siamois* 1907 de 3 millions de livres sterling, une tranche de 1.125.000 livres sterling a été réservée à notre marché.

Si on achète sur une place étrangère des titres de ces emprunts, on pourrait recevoir en livraison un titre qui ne sera pas négociable sur le marché français. Il faut donc avoir soin de stipuler, en pareil cas, que la livraison se fera en titres négo- ciables à Paris, si cette stipulation est impossible, il ne faudra pas perdre de vue qu'on est possesseur de titres qui ne pourront être revendus que sur un marché étranger.

．＊．

A côté de cette question très importante de la négociabilité des valeurs internationales, il y a celle des « *timbres* » qui ne doit pas être négligée. Les titres de fonds d'Etat qui circulent en France sont assujettis à un droit de timbre de 2 % du mon- tant nominal du titre, soit, pour une obligation de 500 francs, un timbre de 10 francs. Ce timbre est apposé sur le titre, au moment de l'émission, aux frais des établissements émetteurs, mais il ne l'est, bien entendu, que sur les titres réservés au marché français ; il est inutile de faire les frais de ce timbre pour des titres émis à l'étranger et appelés à y cir- culer.

Dans la suite, par le fait de la circulation des

titres, des obligations émises à l'étranger sont introduites en France, ou inversement. Dès qu'un titre venant de l'étranger fait l'objet d'une négociation sur notre territoire, il doit être revêtu du timbre 2 %. Si on achète un titre en France, par l'intermédiaire d'un agent de change, on est certain qu'il sera muni du timbre régulier. Si on achète à l'étranger un titre d'un emprunt international dont une portion seulement est négociable sur le marché de Paris, il faut avoir soin de spécifier que le titre livré sera revêtu du timbre français ou tenir compte de ce qu'il faudra, lors de la revente, le faire munir de ce timbre ; d'où une perte de temps et une dépense de 2 % du montant du titre.

Réciproquement, un titre acheté sur le marché français et revêtu du timbre français devra avant d'être négocié dans un pays étranger, porter le timbre prévu par les lois de ce pays. Le possesseur d'un titre international ne devra donc pas perdre de vue que son titre ne sera pas forcément négociable dans un pays étranger sans certaines formalités, sans certaines démarches, sans certains frais accessoires.

On croit qu'il n'y a pas toujours identité absolue entre les titres d'un emprunt international achetés en France et ceux achetés à l'étranger. De même que des barrières douanières s'opposent à la libre circulation des marchandises d'un pays à un autre, de même, des règles fiscales mettent obstacle, dans une certaine mesure, à l'échange courant des titres entre les divers marchés, et cela même quand il s'agit de valeurs internationales. Il convient de ne pas perdre de vue, afin de ne pas se trouver pris de court, le jour où on voudrait réaliser un titre de cette nature, plutôt sur un marché que sur un autre. Il faut aussi se rendre compte des avantages que l'on peut trouver, en raison des prix cotés, à effectuer des achats ou des ventes de valeurs internationales à telle ou telle Bourse et non à telle autre.

Pour se rendre compte s'il convient d'acheter ou de vendre une valeur internationale plutôt sur un marché que sur un autre, il faut opérer la comparaison des cours sur les diverses places où elle est cotée ou, autrement dit, pratiquer un *arbitrage*. Cette opération, si simple en apparence, présente, au contraire, dans la pratique de grandes complications et de grandes difficultés.

L'achat ou la vente d'un titre sur un marché étranger se double, en effet, d'une *opération de change*. Si j'achète un titre à Londres ou à Berlin, je dois le payer en livres sterling ou en marks, mais comme mes fonds sont à Paris, il faut que je calcule combien de francs j'aurai à débourser pour payer le prix en monnaie étrangère des valeurs que je veux acquérir. Il en sera de même pour une vente de valeur internationale sur une Bourse étrangère ; l'opération produit des livres sterling, des marks, des couronnes, etc., mais il faut faire revenir en France la somme ainsi obtenue. Il ne suffit donc pas, pour apprécier la convenance à acheter ou vendre un titre sur une place ou sur une autre, d'en connaître le cours sur les diverses places, il faut encore rechercher la somme en francs que produira la conversion en notre monnaie du prix obtenu en monnaies étrangères.

Il est nécessaire aussi, pour pratiquer judicieusement le choix qui s'offre entre plusieurs marchés étrangers, de *savoir lire* les cotes des diverses Bourses, ce qui n'est pas aussi simple qu'on pourrait le croire :

En effet, chaque Bourse a ses usages différents,

sa manière de présenter les cours, et s'il n'est pas toujours très facile, pour les personnes qui ne s'occupent pas, par profession, d'opérations financières, de connaître les règles qui sont en vigueur à la Bourse de leur propre pays, à plus forte raison le public éprouvera-t-il des difficultés à se reconnaître dans la diversité des cotes et des usages des places étrangères.

A *Paris*, par exemple, certaines valeurs se cotent en rente, à raison de tant pour cent du capital nominal, comme le 3 % Français et la plupart des fonds d'État étrangers ; d'autres se cotent par unité de titre, comme les actions et les obligations des sociétés. Les actions non libérées sont cotées comme si elles l'étaient intégralement et, pour en obtenir le prix net, il faut déduire de la cote la portion restant à appeler. C'est là un point très important et une particularité de la cote française qui n'est pas suffisamment connue du public ; d'où des erreurs, des malentendus, quand il s'agit de calculer le revenu net d'une valeur non libérée et de vérifier un compte d'achat ou de vente portant sur des valeurs de cette nature.

A *Berlin*, les cours des fonds d'État allemand et étrangers, des actions de chemins de fer, des banques, des valeurs industrielles, sont généralement cotés en tant pour cent du capital nominal, excepté les actions de quelques valeurs industrielles et d'assurances, les Autrichiens, les Lombards, les Nord-Ouest de l'Autriche et quelques autres valeurs qui se traitent en marks par titre. A *Francfort*, les fonds publics, les obligations sont cotés en tant pour cent du capital nominal, les actions et les lots par unités. *Londres* cote les fonds d'État, les actions et obligations de chemins de fer anglais en tant pour cent du capital nominal, les valeurs étrangères, les actions de mines et de sociétés industrielles en livres sterling, par unité, pour la portion versée seulement.

A Paris, l'*intérêt* est compté dans le cours coté, ce qui veut dire que l'acheteur n'a rien à payer, en plus de ce cours, pour l'intérêt couru depuis le détachement du dernier coupon ; la plus-value acquise par un titre, au fur et à mesure qu'on s'approche de l'échéance d'un nouveau coupon, est comprise dans le cours. Il en est différemment dans un certain nombre de Bourses étrangères, par exemple, à Berlin, à Francfort, à Amsterdam. D'après les usages de ces Bourses, l'intérêt est compté en dehors et doit être ajouté au prix indiqué par la cote, à un taux fixé par les règlements de place et variable suivant les valeurs. A Berlin, pour les valeurs à revenu fixe, l'intérêt à ajouter au cours se calcule au taux nominal de ce revenu ; par exemple, si un fonds d'Etat 3 %, dont le coupon se détache le 1er janvier, est coté 99 francs le 1er février, il y aura lieu d'ajouter à ce prix un mois d'intérêt à 3 %, soit 0 fr. 25 ; le prix effectif à débourser pour une cote de 99 francs sera donc de 99 fr. 25. Pour les actions dont le revenu est variable, l'intérêt se calcule à un taux fixe, déterminé par les usages.

Un autre élément qui intervient fréquemment dans le calcul du prix d'une valeur internationale, c'est le *change fixe* ; ainsi la rente consolidée anglaise 2 1/2 % est cotée à Paris au change fixe de 25 fr. 20 la livre sterling, c'est-à-dire qu'au cours de 82 fr., par exemple, le prix d'une coupure de 100 livres sterling de capital, rapportant 2 livres sterling 1/2 de rente ressort à $82 \times 25.20 = 2.066$ fr. 40. Les négociations des rentes autrichiennes, hongroises, se calculent au change de

2 fr. 50 par florin ; ainsi, au cours de 100 fr. 50 une coupure de 1.000 florins nominal de 4 % autrichien or, vaudra :

$$1.000 \times 2,5 \times 100,50 : 100 = 2.512 \text{ fr. } 50.$$

Les changes fixes sont déterminés pour chaque valeur étrangère, dont les titres ne sont pas créés en francs, par les règlements de la chambre syndicale des agents de change. De même, dans les Bourses étrangères, les règlements locaux fixent les changes à adopter pour de semblables opérations ; si on veut évaluer le prix d'une valeur autrichienne à la Bourse de Berlin, il faudra donc connaître le taux fixé de conversion des florins en marks.

On remarque aussi que l'achat ou la vente d'une valeur internationale sur une place étrangère donnent lieu la plupart du temps à un double calcul de change : par exemple, on achète à Berlin un titre de rente autrichienne, dont la valeur nominale est exprimée en florins ; il faut convertir ces florins en marks au change fixe de la place de Berlin, puis transformer les marks ainsi obtenus en francs, au cours du marché libre, pour connaître la somme exacte de francs que l'acheteur français aura à débourser. Si on achetait un titre de rente française à Londres, il faudrait en calculer d'abord le prix en livres sterling d'après les usages et taux fixes du Stock-Exchange, puis convertir les livres sterling en francs au cours du jour, pour connaître le débours à effectuer par l'acheteur français.

On voit donc que, pour comparer les cours de deux valeurs sur plusieurs Bourses, il ne suffit pas de prendre les chiffres qui les expriment à la cote et de dire : j'ai intérêt à acheter sur le marché où le prix est représenté par un chiffre plus faible ; j'ai

intérêt à vendre sur le marché où le c   de la
cote est plus élevé. Des éléments très divers,
intérêts, change fixe, change commercial, interviennent, qui compliquent singulièrement la comparaison. Cela ne veut pas dire qu'il n'y ait pas
d'utilité à posséder des valeurs internationales. Les
avantages qu'elles présentent n'en subsistent pas
moins ; nous les avons indiqués précédemment.
Ce sont notamment l'importance de leur marché et
la facilité de les réaliser et d'en encaisser les coupons dans diverses places; mais cette facilité ne
doit être considérée que comme occasionnelle,
comme une ressource exceptionnelle dans le cas où
des circonstances sérieuses obligeraient d'y recourir. Il ne faut pas que le public s'imagine qu'il va
réaliser des profits en achetant et en revendant des
valeurs internationales sur une place et sur une autre
lorsqu'il verra entre les cotes de deux Bourses un
écart d'un demi ou d'un quart de point. Cet écart
ne sera souvent qu'apparent; les titres livrés sur
une place ne seront la plupart du temps livrables
sur une autre qu'après avoir été revêtus d'un
timbre ; il faudra tenir compte des délais de livraison, des courtages et commissions des intermédiaires, des frais d'envoi des titres. L'arbitrage
international n'est à la portée que des spécialistes
du métier qui connaissent à fond les usages de
deux ou trois places sur lesquelles ils opèrent, qui
ont sur ces places des représentants ou même, plus
souvent, des associés avec qui ils travaillent de
compte à demi et avec qui ils peuvent se mettre
en rapport, aux heures de Bourse, par les voies
les plus rapides, de manière à opérer en même
temps sur les deux places l'achat et la revente. Ce
sont là des opérations très délicates et qui ne sont
pas à la portée du public.

Placements étrangers et comptes-joints.

Il y a lieu de faire une distinction bien tranchée entre les placements *étrangers* et les placements à *l'étranger* [1].

En effet, contrairement à ce qui semble au premier abord, les deux expressions sont loin d'être synonymes et la position du capitaliste n'est pas la même suivant qu'il traite une opération qui rentre dans l'une ou dans l'autre de ces deux catégories.

Qu'est-ce donc qu'un *placement étranger?*

C'est l'acquisition d'une rente d'État étranger, d'une valeur étrangère introduite sur le *marché français* par des banques et sociétés de crédit françaises que l'on connaît, négociable sur une Bourse française, payant en France aussi bien qu'au lieu d'origine, ses coupons d'intérêt ou de dividende, ses titres amortis.

Au contraire, faire un *placement à l'étranger,* c'est acheter un titre qui se négocie exclusivement à l'étranger, sur lequel on ne peut avoir que les renseignements qui vous sont donnés de l'étranger, c'est envoyer des fonds en dépôt ou en compte courant dans des maisons étrangères, c'est y laisser en garde des titres.

Étant données ces définitions, on aperçoit de suite la différence qui existe entre les deux catégories de placements : placements *étrangers* et placements à *l'étranger.*

On peut être renseigné en France sur un *placement étranger*; si les titres sont admis à la cote officielle, la chambre syndicale des agents de

---

1. Voir *Finances contemporaines*, t. VI, l'Épargne française et les valeurs mobilières, p. 144 et suiv.

change publie des avis sur le nombre des titres
émis, les dates de payement des coupons, les tirages
d'amortissement, les maisons qui font en France
le service des titres ; l'État emprunteur ou la société étrangère doivent être en règle avec le fisc
français. Nous ne voulons pas dire que l'accomplissement de ces diverses mesures constitue une
garantie de solvabilité ni de sécurité pour les prêteurs, mais elles leur permettent de se renseigner,
de se former une opinion sur le titre, d'en suivre
les fluctuations. De plus, avant d'admettre un emprunt étranger à la cote officielle, la chambre syndicale s'assure qu'il a bien été autorisé par les
autorités compétentes, que la société a été constituée dans la forme régulière, toutes garanties qui
sont loin d'être négligeables.

Le porteur d'un titre étranger se négociant en
France peut encaisser ses coupons dans un établissement français, réaliser cette valeur, le cas échéant,
à un cours officiellement constaté en France ; son
titre possède un marché reconnu ; il est certain
d'en obtenir, le jour où il voudra s'en défaire, le
véritable prix.

Il en est bien autrement d'un *placement à l'étranger*, effectué sur les sollicitations d'une banque
étrangère et sur ses conseils. L'établissement de
crédit étranger engagera le capitaliste français à
acheter une valeur qui peut être bonne mais
qui peut aussi être mauvaise et sur laquelle il
sera bien difficile d'obtenir des renseignements
désintéressés, à moins de s'adresser à nos consuls,
par exemple, ou bien aux chambres de commerce
françaises établies à l'étranger.

Le porteur d'un titre de cette nature ne pourra
aussi que très difficilement en suivre les cours ; il
lui faudra pour cela recevoir des cotes ou des jour-

naux rédigés en langues étrangères, dont les nota-
tions lui sont le plus souvent inconnues. Le rentier reculera devant ces frais et ces dérangements
et finira par perdre de vue son titre, au risque de
le laisser se déprécier et de perdre, par négligence,
une partie de l'argent ainsi employé.

Pour vendre le titre, nouvelles difficultés ; il faudra charger de cette réalisation l'établissement de
crédit étranger qui aura conseillé l'acquisition et
qui, selon toute vraisemblance, sera resté détenteur
du titre (pour mieux le mettre à l'abri des atteintes
du fisc français) ; mais cette banque peut avoir intérêt à ce que le titre ne vienne pas sur le marché ;
elle détournera le porteur de son intention par des
arguments habiles auxquels il ne sera ajouté que
trop de foi. En un mot le capitaliste qui aura effectué un placement à l'étranger ne sera plus le
« maître » de cette portion de son portefeuille
comme de celle qu'il a conservée sous la main, à
sa disposition immédiate ; la moindre opération relative à ces valeurs donnera lieu à des échanges de
correspondance, à des transports de titres et par
suite à des frais onéreux.

Ces inconvénients seront encore plus grands s'il
s'agit de titres mis « au nominatif » à l'étranger.
L'immatriculation, au moment de l'achat, s'opérera bien entendu, le plus souvent, au moyen de
l'accomplissement de formalités très simples et sans
grande difficulté ; il en sera autrement le jour où on
voudra vendre : il faudra faire légaliser des feuilles
de transfert par des officiers ministériels français ;
ceux-ci hésiteront à apposer leur signature sur des
documents établis en langue étrangère ; certains
même s'y refuseront formellement. Si la signature
d'un agent de change suffit et que celui-ci consente
à la fournir, il peut exiger le payement d'un droit

de courtage ; bref la vente d'un titre nominatif
étranger, dont le service financier ne se fait pas en
France, peut donner lieu à des difficultés et à des
frais de toute nature.

Et nous n'envisageons que le cas où le titulaire
est vivant au moment de faire le transfert ; si ce
sont des héritiers qui se trouvent en présence de
l'opération à effectuer, les formalités se compliquent
encore par la nécessité de fournir les justifications
requises par la loi étrangère ; ce sont des actes, des
contrats qu'il faudra produire, faire légaliser, faire
traduire ; les frais seront importants et, s'il s'agit
de titres de montant peu élevé, ils pourront absor-
ber une bonne part de leur valeur.

Que le public français renonce donc à ces placements aventureux. Il doit être doublement méfiant
à l'égard de ces opérations, aujourd'hui que les
banques étrangères mettant à profit la campagne
menée, dans un but politique, contre nos valeurs
nationales, inondent le pays de prospectus faisant
appel à l'épargne française. Elles font miroiter aux
yeux de nos capitalistes et rentiers l'attrait d'une
sécurité plus grande joint à celui d'un revenu plus
élevé. Pourtant, les capitalistes français trouveront
aisément, dans la longue liste de valeurs cotées à
notre Bourse, des titres tout aussi sûrs et d'un rendement équivalent.

On s'étonne même que nos rentiers, nos épargnants, qui possèdent à leur disposition, sur nos
marchés, une variété énorme de valeurs de toutes
catégories, de tous montants, de tous types d'intérêts, de toutes nationalités, ne trouvent pas dans
ce choix à satisfaire au placement de leurs disponibilités et croient encore devoir effectuer des placements à *l'étranger*.

Il est cependant assez difficile déjà d'être renseigné de manière exacte sur des affaires qui s'exploitent en France, à côté de nous, sous nos yeux pour ainsi dire, sans s'intéresser encore à des entreprises étrangères qui fonctionnent au loin, qui ne possèdent pas de représentants en France et dont le service financier n'est même pas assuré dans notre pays.

L'exode des capitaux français ne peut qu'être funeste à notre marché ; il n'est avantageux qu'aux marchés étrangers qu'il favorise au détriment du nôtre. Il est dangereux pour les capitalistes qui exposent une partie de leur avoir dans des entreprises qu'ils connaissent mal, sur les avis de banques qu'ils ne connaissent guère mieux.

Qu'on se garde donc des *placements à l'étranger* et qu'on ne fasse des *placements étrangers* qu'avec une certaine réserve, dans une mesure proportionnée à l'importance de son portefeuille et en divisant ses risques.

Les dangers que présentent les placements à l'étranger sont encore beaucoup plus considérables lorsque le placement à l'étranger prend la forme du *compte-joint*.

La dénomination de compte-joint est mal comprise de beaucoup de personnes ou ne l'est même pas du tout. C'est encore une de ces expressions dont le sens est insuffisamment connu et qu'on fait miroiter aux yeux du public en lui faisant croire qu'il retirera de l'opération ainsi désignée, des avantages de toute sorte. Voulez-vous, lui répète-t-on, échapper aux rigueurs du fisc français, voulez-vous sauvegarder votre fortune de la main-mise dont elle est menacée de la part de l'État, voulez-vous éviter le payement des droits de transmission et de succession, les impôts de toute nature qui frappent et frapperont les valeurs mobilières, nominatives ou au porteur? Placez donc votre fortune en compte-joint, faites-vous ouvrir un compte-joint par une banque étrangère, que ce soit en Belgique, en Suisse, en Angleterre, en Allemagne, peu importe, pourvu que ce ne soit pas en France, où, ajoute-t-on, le compte-joint est interdit par la loi.

Et le public a une tendance d'autant plus grande à se laisser persuader de toutes les vertus du compte-joint qu'il ignore exactement ce que c'est et ne se rend pas compte des conséquences éventuelles de l'opération qu'on lui conseille. Il se laissera prendre à ce mot comme à ceux d'arbitrage, de report, de participations financières, etc., dont se servent les gens sans scrupules qui attirent l'épargne dans des entreprises hasardeuses.

Un compte-joint est un compte ouvert au nom de deux ou plusieurs personnes, dans des conditions telles que les titulaires soient considérés comme possédant des droits égaux sur toutes les valeurs qui existent au crédit du compte, qu'il s'agisse d'espèces, de valeurs de Bourse ou de tout autre objet. Chacun des titulaires a la faculté d'effectuer des prélèvements, de retirer tout ou partie des valeurs déposées, de faire virer une somme du compte-joint à un autre compte; en un mot, il a le droit de disposer des valeurs figurant au compte-joint comme s'il en était unique titulaire. On dirait, en termes empruntés au langage du Code, que les divers titulaires d'un compte-joint sont des créanciers solidaires, c'est-à-dire que chacun d'eux a le droit de réclamer la totalité de la créance commune (en l'espèce, les sommes ou les titres déposés). Le payement ou la délivrance de titres effectués à un seul d'entre eux libère le débiteur, c'est-à-dire la banque, l'établissement de crédit dépositaires des fonds ou des valeurs.

Les conséquences de l'ouverture d'un compte-joint sont surtout importantes si l'un des titulaires du compte vient à mourir ; c'est d'ailleurs, généralement en vue de cette éventualité qu'on se fera ouvrir un compte-joint avec une autre personne. Que va-t-il se passer au décès de l'un des titulaires du compte ? Aux yeux de l'établissement qui a accepté d'ouvrir le compte-joint et dans la pensée des intéressés, le survivant restera seul propriétaire des valeurs figurant au crédit du compte ; il aura le droit d'en disposer seul et pourra, sans formalité aucune, sans faire de déclaration à l'enregistrement, sans payer de droits de succession, retirer, sur une simple signature, les valeurs ou les espèces déposées et en devenir libre possesseur. Voilà, du moins, ce que l'on croit.

Il n'est pas besoin d'insister beaucoup sur les avantages qui, pour les titulaires, résulteraient d'une pareille combinaison si elle pouvait être appliquée dans toutes ses conséquences. Toutes les formalités successorales et les frais qu'elles entraînent seraient supprimés d'un trait de plume et remplacés par une simple signature à fournir ; on pourrait, à son aise, transgresser les lois qui obligent à réserver à certaines catégories d'héritiers une part de biens et celles qui interdisent d'instituer comme légataires d'autres catégories de personnes. Plus de déclaration à faire à l'enregistrement, ni de droits à lui régler ; plus d'actes de donation ni de testament, partant, plus d'honoraires de notaire à payer. Pour remplacer toutes ces formalités gênantes et coûteuses, pour tourner les lois sur les successions et éviter le payement des droits, il suffirait de faire ouvrir à son nom et à celui de la personne choisie comme successeur, un compte-joint et de déposer ses fonds et valeurs au crédit de ce compte. Le décès survenant, l'héritier co-titulaire du compte deviendrait *ipso facto* propriétaire des valeurs déposées et le fisc serait joué.

Mais le fisc ne se laisse pas jouer aussi aisément ; il sait défendre ses droits ; qui pourrait l'en blâmer ?

La loi française n'a pas, comme on l'a dit quelquefois, interdit le compte-joint, mais elle a pris des précautions pour éviter que ce procédé ne serve à transgresser les dispositions fiscales en vigueur. En fait, elle a donc rendu le compte-joint inutile, puisqu'elle a supprimé les avantages que le public cherchait frauduleusement à en tirer, pour n'en laisser subsister que les dangers.

La loi de finances du 25 février 1901 a imposé aux sociétés ou compagnies, agents de change, changeurs, banquiers, escompteurs, officiers publics ou ministériels ou agents d'affaires qui seraient dépositaires, détenteurs ou débiteurs de titres, sommes ou valeurs dépendant d'une succession qu'ils sauraient ouverte, l'obligation d'adresser, soit avant le payement, la remise ou le transfert, soit dans la quinzaine qui suivra les opérations, au directeur de l'enregistrement du département de leur résidence, la liste de ces titres, sommes ou valeurs.

Ce n'est pas tout ; deux ans plus tard, la loi de finances du 31 mars 1903, dans le but de déjouer les manœuvres des titulaires de comptes-joints et d'éviter le préjudice qui pouvait en résulter pour l'enregistrement, a décidé que tous les titres, sommes ou valeurs existant chez les dépositaires énumérés plus haut (établissements de crédit, banquiers, etc.), et faisant l'objet de compte indivis ou collectifs avec solidarité (comptes-joints) seraient considérés, pour la perception des droits de mutation par décès, comme appartenant conjointement aux déposants et dépendant de la sucession de chacun d'eux pour une part virile, sauf preuve contraire réservée tant à l'Administration qu'aux redevables.

Cela veut dire, en langage courant, que, si des sommes ou valeurs se trouvent déposées en compte-joint dans une banque, au nom de deux personnes, et que l'une d'elles décède, elles sont considérées vis-à-vis de l'Administration de l'enregistrement comme ayant été les propriétaires de ces biens, chacune par moitié ; les droits sont donc perçus sur la moitié des valeurs déposées ; les intéressés peuvent, à la vérité, établir que cette proportion n'est pas exacte et que le survivant était effectivement propriétaire de la totalité du dépôt ; mais une preuve semblable appartient à l'enregistrement à qui il sera permis de démontrer que c'est le titulaire décédé qui était le véritable propriétaire et que les droits sont dus sur l'ensemble du dépôt.

Ainsi, les dispositions prises, ces dernières années, par nos lois de finance, suppriment à peu près toute l'utilité des comptes-joints ouverts en France ; elles ne permettent plus, en effet, d'éviter le payement des droits de succession, c'est-à-dire de frustrer l'État et la collectivité en faisant peser sur les autres contribuables les charges qui incombent à certains d'entre eux.

Voyant leurs manœuvres déjouées de ce côté, les partisans des comptes-joints se sont tournés vers un autre et ont porté leur avoir à des établissements étrangers ; ils s'imaginent tenir, de la sorte, leur fortune à l'abri de la main mise qu'ils redoutent ou feignent de redouter de la part de l'État français. Les imprudents ne réfléchissent pas qu'ils tombent ainsi de Charybde en Scylla et se trouvent désormais exposés à deux sortes de dangers ; d'une part, à ceux que court tout titulaire d'un compte-joint, qu'il soit ouvert en France ou dans tout autre pays ; d'autre part, à ceux qu'ont à envisager les personnes qui font des placements à *l'étranger*. On ne saurait trop appeler l'attention du public sur ces deux ordres d'idées.

On a beaucoup critiqué la loi sur les successions (art. 15 et 20) qui oblige tous les établissements financiers français à faire connaître au fisc la liste de valeurs et fonds qu'ils détiennent et dépendant d'une succession. *En Angleterre, les mêmes dispositions existent ; la loi anglaise est conforme à la loi française.* Toutes sommes ou valeurs déposées dans un établissement quelconque du Royaume-Uni, *par un étranger résidant à l'étranger* qui viendrait à décéder, ne peuvent être remises aux ayants droit qu'autant que la Cour, la *Probate Court* a autorisé le transfert et que les droits de succession ont été acquittés. Dans les autres pays, si ces mesures semblent en apparence plus douces, elles ne sont pas, en réalité, moins ennuyeuses, vexatoires et dangereuses quand on cherche à s'y soustraire.

Au surplus, une convention internationale a déjà été passée entre la France et l'Angleterre pour la répression des fraudes en matière de valeurs mobilières ; elle a été signée le 15 novembre 1907 entre MM. Edward Grey et Cambon et ratifiée le 9 décembre par le roi Edouard VII et par le président de la République.

ARTICLE PREMIER. — Le gouvernement britannique s'engage à fournir pour toutes personnes décédées dont le domicile est en France un extrait de l'affidavit contenant les « nom », prénoms, domicile, date et lieu du *de cujus*, les renseignements touchant ses successeurs et la consistance de l'hérédité en valeur mobilière. Toutefois, l'extrait ne sera fourni que dans le cas où le total de ces valeurs mobilières atteindra au minimum 100 liv. st.

ART. 2. — Le gouvernement français s'engage à fournir pour toutes personnes décédées dont le domicile est dans le Royaume-Uni de Grande-Bretagne et d'Irlande, un extrait de mutation par décès contenant les indications énumérées à l'article premier.

Toutefois, l'extrait ne sera fourni que dans le cas où le total des valeurs mobilières atteindra au maximum 2,520 fr.

ART. 3. — Les extraits des affidavits et des déclarations de mutation seront certifiés par les préposés chargés de recevoir ou d'enregistrer ces affidavits ou déclarations.

Toutefois, lorsque l'un des deux gouvernements le jugera nécessaire, ces extraits seront revêtus, sur sa demande, et sans frais, des certifications et légalisations de signatures exigées par la procédure en usage dans son pays.

ART. 4. — Les extraits des affidavits et des déclarations reçus ou enregistrés pendant chaque trimestre, seront, dans les six semaines suivant l'expiration de ce trimestre, adressés directement, par le « Board of inland revenue », à la direction générale de l'enregistrement et réciproquement.

La correspondance relative aux dits extraits sera aussi échangée directement entre ces deux administrations centrales.

ART. 5. — Le présent arrangement sera ratifié et les ratifications en seront échangées à Londres dans le plus bref délai possible.

ART. 6. — Le premier envoi effectué concernera le trimestre du 1er janvier au 31 mars 1908.

Fait à Londres, en double exemplaire, le 15 novembre 1907.

Signé: PAUL CAMBON, E. GREY.

Cette convention troublera dans leur quiétude les capitalistes et porteurs de titres assez imprudents pour avoir fait émigrer leurs capitaux et titres à l'étranger, et pour s'être fait ouvrir des « comptes-joints ». La répression des fraudes en matière de valeurs mobilières, en matière de successions, intéresse tous les gouvernements. L'accord anglo-français, c'est-à-dire entre les deux pays du monde qui possèdent la richesse mobilière la plus importante, facilitera d'autres conventions avec les autres pays, de même qu'il interviendra avant peu une législation internationale — préface du *Droit public financier international* — sur les titres perdus ou volés, etc., conformément aux vœux exprimés dans nos rapports à l'*Institut international de statistique* et au *Congrès international des valeurs mobilières.*

Quels dangers ne courent pas les titulaires des comptes-joints?

D'un trait de plume, les titulaires de comptes-joints disposent à titre gratuit de la totalité ou d'une quote-part de leur fortune; ils renoncent aux précautions dont le législateur a sagement entouré les aliénations de cette nature. On sait qu'un testament peut être révoqué, à tout moment, par la volonté du testateur; on sait aussi que les actes portant donation entre vifs doivent être établis en présence de notaires qui peuvent et doivent éclairer le donateur sur les conséquences de l'acte qu'il accomplit.

La personne qui fait ouvrir un compte-joint au nom de son successeur présomptif se prive inconsidérément de toutes ces garanties; elle oublie les brouilles, les différends de toute nature qui peuvent survenir entre elle et le cotitulaire du compte; elle ne songe pas aux circonstances multiples qui peuvent, dans l'avenir, l'amener à modifier sa décision ni aux difficultés qu'elle éprouvera désormais à échapper aux conséquences d'un acte irréfléchi ou hâtif. Dans la vie, les événements les plus imprévus, les plus invraisemblables, peuvent se réaliser et bouleverser toutes les combinaisons, tous les calculs; il faut donc absolument éviter de se placer en face d'un acte irréparable.

On nous objectera que les comptes-joints sont

habituellement ouverts aux noms de deux ou plusieurs personnes qu'unissent des liens de proche parenté, père ou mère et enfants, mari et femme, dont les fortunes sont pour ainsi dire communes, en fait, sinon en droit. Il en est peut-être ainsi le plus souvent ; cependant, même dans ces cas spéciaux, il peut y avoir de sérieux inconvénients à aliéner son indépendance, à abandonner entre les mains d'un tiers la libre disposition de ses biens.

Des difficultés non moins graves peuvent surgir après le décès d'un des titulaires du compte-joint ; des différends peuvent s'élever contre le titulaire survivant et les héritiers du premier. Les ayants droit évincés ou désavantagés par la combinaison du compte-joint s'opposeront par tous moyens à sa réalisation ; des oppositions seront pratiquées auprès de l'établissement où les fonds ont été déposés, une action en restitution sera engagée contre l'héritier favorisé ; c'est l'ère des procès et des revendications qui s'ouvre.

Quand le compte-joint est ouvert à l'étranger, les mêmes inconvénients peuvent se produire, aggravés encore par cette circonstance que les intéressés ne se trouvent plus en présence seulement du fisc français. Si des difficultés se produisent, si des oppositions sur les fonds ou les titres déposés sont pratiquées, même à tort et sans aucun droit, c'est à l'étranger que vont se dérouler les procès avec tous les frais, les dérangements et les ennuis qu'ils comportent.

Puis, les fonds que l'on croit si bien en sûreté, hors des atteintes de l'Administration française de l'enregistrement, peuvent à tout moment et sans qu'on s'en doute, se trouver frappés par les dispositions fiscales des lois étrangères, aujourd'hui si accueillantes pour nos capitaux et nos valeurs mais qui, demain, s'attaqueront, elles aussi, à cette source de revenus.

En voici un exemple récent : une commission parlementaire anglaise avait examiné, dans tous ses détails, la question de la réforme de l'*income-tax*. Elle avait proposé, entre autres modifications relatives à la perception de cet impôt, qu'on ne remboursât plus désormais, comme on l'avait fait jusqu'alors, tout ou partie de l'income-tax aux personnes habitant l'étranger. Toutes ou presque toutes ses propositions ont été adoptées[1].

Voici encore un fait qui reflète les dispositions qui se sont manifestées en Angleterre, à l'égard des gros capitalistes : devant la commission dont nous venons de parler, un député, M. Snowden, a préconisé l'adoption d'un traitement spécial pour les personnes qui possèdent des revenus de 125,000 fr. et plus. A partir de ce chiffre, il conviendrait, selon M. Snowden, de faire une distinction entre les revenus gagnés par le travail et les autres revenus. On pourrait, par exemple, frapper d'une surtaxe de 0 fr. 60 par livre sterling (2 1/2 %) les revenus gagnés par le travail et les autres revenus d'une surtaxe de 1 fr. 25 (5 %). Sur les revenus supérieurs à 1 million 250,000 fr., la surtaxe serait de 7 fr. 50 par livre sterling (30 %).

Le fait seul que ces dispositions aient pu être proposées montre qu'à l'étranger comme en France, les porteurs de titres sont à la merci de modifications et de réformes fiscales, motivées soit par des nécessités budgétaires, soit par les tendances politiques.

Depuis 1900, sans remonter plus haut, d'importantes modifications fiscales, dans ce sens, ont eu lieu dans grand nombre de pays.

1. Voir la loi de finances anglaise pour le budget de 1909-1910.

C'est là une preuve indéniable que l'état d'esprit qui règne en France dans certains milieux et dont s'effraient beaucoup de porteurs de valeurs mobilières, n'est pas spécial à notre pays et que le capital a tort de se croire plus en sûreté en dehors de nos frontières que chez nous.

Les besoins fiscaux qui pourraient obliger le législateur français à frapper plus lourdement les titres de Bourse, se manifestent à l'étranger comme en France et des élévations de droits sont encore plus à redouter chez nos voisins que chez nous.

En envoyant leurs titres au dehors, nos rentiers exposent leur patrimoine à la perception de doubles droits successoraux : à l'étranger, où les valeurs sont déposées ; en France où la succession sera ouverte, où les procès se plaideront si des difficultés s'élèvent ; sans compter les amendes possibles pour déclarations inexactes ou tardives.

Sans nous arrêter aux projets d'entente internationale dont il a été question et qui auraient pour but de suivre et d'atteindre la fortune mobilière partout où elle pourrait se dissimuler, car de semblables accords entre tous les gouvernements présentent des difficultés nombreuses, mais non insolubles, ce n'est pas là qu'est le danger pour les capitalistes qui font des placements à l'étranger, il y a des mesures de précaution que les établissements de crédit des pays voisins peuvent prendre pour la sauvegarde de leur responsabilité, mesures très simples : nous en indiquerons une seule : *la certification d'une signature* par un officier ministériel du pays où réside le titulaire du compte, ou le déposant : cette simple mesure, par exemple, pourrait être, pour les intéressés, la source de sérieux embarras.

Que l'on suppose encore qu'une grande banque

ou établissement de crédit étranger fasse de mauvaises affaires et vienne, au moment où on s'y attend le moins, à tomber en déconfiture : quelle panique, quel désarroi chez tous les déposants soit dans cette banque, soit dans n'importe quelle autre banque ou institution de crédit étrangère ! *Les guichets seraient assiégés*. On aurait beau écrire lettres sur lettres : elles resteraient sans réponse. Pour gagner du temps, les établissements ainsi menacés ne manqueraient pas de demander aux déposants, aux titulaires de comptes-joints, telle ou telle justification, telle ou telle vérification de leur identité. Au besoin, ils inventeraient des formalités nouvelles à remplir et surtout, les plus vexatoires et gênantes qu'ils pourraient inventer. Pendant ce temps, les capitalistes français, détenteurs de titres et de fonds déposés à l'étranger, titulaires de comptes-joints, se demanderaient avec inquiétude ce qu'il adviendra de leur fortune ainsi témérairement expédiée au dehors. Pour avoir voulu éviter de payer des droits fiscaux en France, sur tout ou partie de leur revenu, ils auront compromis leur capital. *Cela s'est déjà vu et cela se verra encore.*

Ce n'est pas à la légère, ni pour effrayer les personnes qui se sont laissé entraîner à faire ces opérations dangereuses, que nous leur faisons part des dangers qu'elles courent.

Au surplus, pour se rendre compte des difficultés et des périls auxquels elles s'exposent, que les personnes ayant fait des placements à l'étranger se livrent à une expérience bien simple : qu'elles défassent en totalité ou en partie, sauf à le reconstituer ultérieurement si elles y trouvent convenance, un de ces placements. Qu'elles cherchent à vendre à l'*étranger* quelques-unes de ces valeurs qu'elles ont achetées et laissées ensuite en dépôt dans une banque étrangère ; qu'elles essaient de défaire une partie de leurs comptes-joints, de retirer une fraction de titres qu'elles ont cru à l'abri de tout risque, elles verront par quelles formalités elles devront passer ; elles se rendront compte de tous les ennuis qu'elles devront subir ; des « transes » si nous pouvons nous exprimer ainsi, qu'elles éprouveront et qui troubleront leur calme et leur tranquillité. Elles pourront comparer alors la somme que le placement leur aura coûté et celle qu'elles retireront de sa réalisation. Elles reconnaîtront la justesse d'un vieux dicton que nous leur avons cité plusieurs fois : « 1/2 ou 1 % de revenu en moins valent bien la tranquillité d'esprit et la sécurité du capital ». Elles apprécieront en pleine connaissance de cause la nécessité de se mettre en garde contre ces opérations dangereuses qui peuvent être, à un moment donné, ruineuses pour elles. *Elles se formeront ainsi une idée des frais, des ennuis, des déboires qu'elles préparent à leurs héritiers, à leur femme, à leurs enfants,* à qui elles désireraient précisément éviter tous ces inconvénients. Il ne faut pas oublier en effet, que les formalités qu'elles auront à remplir, les difficultés qu'elles éprouveront pour défaire un placement à l'étranger, seraient multipliées si l'opération, au lieu d'être effectuée par l'intéressé lui-même, était accomplie par des ayants droit.

Que ces personnes timorées qui entrent en lutte avec le fisc *français* et se confient au fisc des pays *étrangers*, en passant par les banques et sociétés *étrangères*, en achetant à *l'étranger*, des titres négociables seulement à *l'étranger*, n'oublient pas ces fortes et courageuses paroles, ces sévères mais justes avertissements que le ministre des finances,

M. Poincaré, donnait, du haut de la tribune, le 12 juillet 1906, à ces capitalistes qui presque insouciamment et de gaieté de cœur, consentent à l'exode de leurs capitaux et de leurs titres : « Je ne vais pas évidemment jusqu'à dire que les moyens de contrôle et de perception puissent jamais empêcher toutes les fraudes : il sera toujours possible à des contribuables peu scrupuleux de faire toucher une partie de leurs coupons à l'étranger, *jusqu'au jour peut-être où la faillite d'une banque exotique* sera venue réveiller leur patriotisme financier. » (*Journal officiel* du 13 juillet 1906. *Débats parlementaires*, 2° séance, p. 2320).

Il est curieux de constater que les plus chauds partisans de cet exode des capitaux français, au grand profit des bourses étrangères et au détriment de la nôtre, croient ou feignent de croire qu'ils servent les intérêts du pays en rendant au Gouvernement sa tâche impossible. Nous ne voulons pas insister autrement sur ce point : nous nous bornerons à constater que c'est là une forme singulière du patriotisme qui consiste à chercher l'appauvrissement de la France et à augmenter les ressources financières des pays voisins en leur fournissant l'appoint de nos capitaux.

En ce qui concerne la forme ordinairement donnée aux ouvertures de comptes-joints, il convient de faire remarquer qu'elle viole les principes élémentaires de la législation civile, non seulement en France, mais dans tous les pays : en effet, la plupart du temps, les formalités relatives à l'ouverture d'un compte-joint consistent pour l'un des titulaires du compte à donner à l'autre *procuration*, *mandat* de retirer à tout moment les sommes ou valeurs figurant au crédit du compte. Mais le jour où le donneur de procuration, le mandant, décèdera, la procuration deviendra immédiatement nulle ; c'est là une règle de droit à peu près universellement admise. Le mandataire n'aura donc plus juridiquement le pouvoir de retirer les valeurs déposées en compte-joint ; s'il le fait, ce sera *en fraude* et à l'insu ou avec la complicité tacite de l'établissement dépositaire qui sera censé ignorer le décès. On aperçoit immédiatement la grave irrégularité d'une opération de cette nature qui expose l'intéressé à toutes revendications ultérieures non seulement de la part du fisc mais aussi de la part de tout héritier lésé.

Rien que cette considération devrait suffire à bannir à tout jamais l'emploi des comptes-joints.

CHAPITRE III

COMMENT ON PASSE UN ORDRE
DE BOURSE

Le choix fait de la valeur à acheter ou à vendre, il faut, pour passer son ordre, s'adresser à un intermédiaire sérieux, agent de change, grand établissement de crédit, banquier d'honorabilité et de solvabilité notoires. Qu'on frappe à une petite porte ou à une grande, les frais sont les mêmes et, dans le premier cas, on risquera souvent de recevoir un titre amorti, frappé d'opposition, non négociable pour une cause ou pour une autre, et lorsqu'on voudra se le faire remplacer, de ne plus avoir en face de soi de personne solvable et responsable.

Il est indispensable d'avoir affaire à un intermédiaire qui suive ses opérations, qui en conserve soigneusement la trace dans ses livres, qui puisse, le cas échéant, fournir le numéro d'un titre qu'on aurait perdu et aider à établir la filière de la propriété. Indiquons encore le danger que font courir au public inexpérimenté les sollicitations des maisons qui le pressent de leur laisser ses fonds pour les « faire valoir » en reports, à des taux prestigieux, ou de les employer à des participations financières, à des opérations de syndicats, à des spéculations « garanties », qui doivent donner des résultats prodigieux et conduiront, en réalité, le naïf à la ruine. Nous avons déjà vu que toutes ces opérations : participations financières, syndicats, arbitrages, reports, etc., tout en étant très sérieuses, ne conviennent pas au public des rentiers et des petits capitalistes, qu'elles lui sont impraticables.

La plus grande précision se recommande en passant un ordre de Bourse, afin que l'intermédiaire à qui on s'adresse sache exactement quelle valeur il doit acheter ou vendre.

Si on veut acheter des obligations de chemins de fer, par exemple, il faut spécifier de quelle compagnie et si ce sont des obligations $2 1/2 \%$ ou 3% ou d'un autre type. S'il y a plusieurs catégories d'obligations du même type qui figurent à la cote, il y a lieu d'indiquer si on désire acquérir des obligations anciennes ou nouvelles, dont les coupons ne se payent pas aux mêmes dates. Ces détails ont également une grande importance lorsqu'il s'agit d'un ordre de vente et qu'on ne livre pas les titres à l'agent de change ou au banquier en même temps qu'on lui donne l'ordre ; sans indications précises, il sera hors d'état d'effectuer la réalisation, attendu que toutes ces diverses catégories d'une même valeur figurent à la cote sous autant de rubriques distinctes et qu'on ne peut, bien entendu, vendre l'une et en livrer une autre.

De même, certaines valeurs, l'Extérieure espagnole 4%, les rentes russes entre autres, sont cotées sous plusieurs rubriques suivant l'importance des coupures, les petites coupures étant presque toujours plus chères que les grosses, dont le classement est moins facile. Il faut donc, en passant un ordre sur des titres de cette nature, indiquer l'importance des coupures qu'il s'agit de réaliser ou d'acquérir. Les grosses coupures représentent géné-

ralement 5, 10, 25 titres : les petites coupures sont
les unités. Pour avoir moins de papier dans son
portefeuille et moins de coupons à détacher, le public est assez porté à préférer les grosses aux
petites coupures. Il ne faut pas perdre de vue cependant qu'à l'exception des valeurs qui se négocient à terme, les petites coupures sont plus facilement négociables au comptant ; ce sont celles que
le rentier doit préférer, car, en cas de besoin, il
peut réaliser plus vite et souvent dans de meilleures conditions.

Pour les ordres portant sur des quantités qui
peuvent se traiter sur le marché du *terme* (1.500
francs de rente 3 %, ou des multiples, 2.000 francs
de rente 4 %, 2.500 francs de rentes 5 %, 25 obligations ou actions, etc.), il convient de spécifier si
l'opération doit être exécutée au comptant ou à
terme. Le marché à terme est plus large que celui
du comptant ; il permet d'effectuer des transactions
plus importantes sans peser sur les cours ou en
exerçant sur la cote une moins grande influence.
D'autre part, comme nous l'avons vu plus haut[1],
le courtage est différent, au comptant ou à terme,
pour les opérations qui portent sur la rente
française. Au comptant, le courtage est de 1 pour
mille, soit pour un achat de 3.000 francs de rente
au cours de 98 francs par exemple, nécessitant
un débours de 98.000 francs, un courtage de 98
francs. A terme, il est de 12 fr. 50 par 1.500 francs
de rente, ce qui, pour la même quantité, ne ferait
que 25 francs de courtage.

Enfin, un ordre pourra être passé soit à une limite déterminée, soit au mieux, soit, pour les
affaires au comptant, au cours moyen, soit, pour
les affaires à terme, au premier cours ou au dernier
cours. Si l'importance de l'ordre le justifie, il con-

1. Voir supra, p. 181 et 185.

vient souvent de fixer une limite d'exécution, afin d'éviter le risque d'un mouvement inattendu des cours. Au contraire, pour les opérations au comptant, qui ne portent que sur un petit nombre de titres, il sera préférable de donner l'ordre au cours moyen ou au mieux, afin qu'il ne reste pas en suspens pour une différence parfois infime entre le cours coté et la limite qui aurait été déterminée.

**

Les valeurs à lots qui sont négociées au moins cinq bourses avant la date du tirage donnent à l'acquéreur le droit de participer aux chances de lots et doivent, par conséquent, lui être livrées avant que le tirage ne soit effectué. C'est une dérogation aux règles habituelles en matière de livraison de titres.

Le jour de l'achat et celui du tirage ne comptent pas dans le délai de cinq jours indiqué ci-dessus.

On peut cependant acheter jusqu'à la veille du tirage ; mais dans ce cas, il faut stipuler dans son ordre la livraison immédiate des titres et indiquer que l'on veut acheter des *titres livrables* ; les prix sont alors plus élevés que ceux des *non-livrables*.

Le porteur qui vend des titres dans les délais voulus pour conférer le droit au tirage et qui ne met pas l'acheteur en possession du titre, avant le tirage, doit payer à celui-ci une indemnité. Il ne faut pas s'imaginer, comme on le croit quelquefois, que cette indemnité peut atteindre des sommes considérables, en rapport avec l'importance des lots. Cette indemnité correspond à peu près à la plus-value qui se produit généralement sur les cours d'un titre à lots dans les derniers jours qui précèdent le détachement du droit au tirage ; elle est fixée par les usages du parquet et s'élève à 2 ou 3 francs par titre.

Il est à noter, en effet, que, peu de temps avant le tirage, le prix d'une valeur à lots hausse quelque peu, pour fléchir de nouveau, dès que la valeur se négocie ex-droit. Ce phénomène est surtout appréciable pour les bons à lots dont le cours ne peut être influencé par l'approche ou le détachement des coupons.

Ces petites fluctuations sont mises à profit par des personnes qui achètent des valeurs à lots avant que l'influence de la proximité du tirage ne se soit encore fait sentir, puis les revendent une dizaine de jours avant le tirage, alors que les demandes des acheteurs désireux d'y participer donnent une certaine plus-value au titre. Ceux qui vendent le titre avant le tirage et le rachètent aussitôt après bénéficient de la petite majoration de cours qui se produit pendant cette période. Ils cherchent ainsi à faire rapporter à leurs fonds un peu plus que l'intérêt courant. Naturellement, ils perdent toute chance de gagner un lot. Ce sont les sceptiques, ceux qui ne croient pas à la chance et qui aiment mieux réaliser un petit bénéfice sur une différence de cours.

D'autres, au contraire, moins positifs et plus confiants dans le sort, achètent les valeurs à lots de manière à profiter du tirage, sauf à les payer un peu plus cher, puis les revendent ensuite, quitte à perdre un peu sur l'opération, de manière à reprendre la jouissance de leurs fonds, dont ils peuvent avoir besoin pour d'autres objets.

Ces opérations d'achat et de revente de valeurs à lots sont-elles bien avantageuses, donnent-elles de bien réels profits ? Nous ne le croyons pas. En vendant des titres avant le tirage pour les racheter ensuite, on perd tout l'intérêt qu'il peut y avoir à posséder des valeurs à lots et on risque de payer ses titres, pour les ravoir, presque aussi cher qu'on ne les a vendus. On cherche à se procurer ainsi, au moyen de différences de cours, un bénéfice forcément aléatoire qui ne vaut pas le revenu d'une valeur sérieuse que l'on conserve en portefeuille. Il ne faut pas perdre de vue, d'ailleurs, les frais de courtage, les risques de déplacement, de manipulations de titres, qui résultent de ces opérations. Tout au plus, pourront-elles procurer quelques profits à des gens du métier qui peuvent sur place, en suivant les cours heure par heure, profiter d'une hausse ou d'une baisse de quelques centimes pour vendre ou pour acheter.

Réciproquement, acquérir de nombreux titres avant le tirage pour renforcer ses chances de gagner un lot, c'est faire une spéculation encore plus aléatoire. Il est certain que si on est possesseur de deux ou trois obligations à lots au lieu d'une seule, par exemple, on double ou on triple sa chance de gain ; mais acheter un titre à lots la veille du tirage pour le revendre le lendemain et s'imaginer qu'on va gagner un lot, c'est avoir une bien grande confiance dans sa bonne étoile.

Le mieux, au lieu de se livrer à tous ces trafics, c'est de posséder un certain nombre de valeurs à lots, obligations ou bons, suivant l'importance de son portefeuille, et de les conserver comme valeurs de placement ou d'attente.

.•.

Le jour auquel a lieu, en Bourse, le *détache-*

ment du coupon, le cours du titre auquel celui-ci
appartient baisse généralement de l'importance du
coupon détaché. Ce coupon ne constitue donc, sur
le moment, ni un bénéfice pour l'acheteur ni une
perte pour le vendeur. Si vous achetez la veille du
coupon à détacher, vous recevez bien le montant
du coupon, mais le lendemain la valeur achetée
perd, sur son cours de la veille, le montant du coupon détaché.

Il est donc sans grand intérêt d'acheter ou de
vendre un titre la veille, le jour ou le lendemain
du détachement du coupon.

Les titres au porteur ou mixtes, rentes, actions
ou obligations françaises ou étrangères, ne sont
plus négociables quand ils sont *dépourvus de coupons*. Il faut une décision de la chambre syndicale
des agents de change pour autoriser ces négociations. Il est donc prudent de ne jamais donner
ordre de vendre un titre qui se trouve démuni de
coupons, sans s'être assuré, à l'avance, si une
exception a été faite en sa faveur par la chambre
syndicale. A défaut de cette précaution, on s'expose à racheter le titre ainsi vendu.

Quand une valeur existe en même temps sous
forme de *titres libérés* entièrement et de titres libérés partiellement, il faut apporter toute la précision
nécessaire en donnant un ordre de Bourse sur l'une
ou l'autre de ces valeurs.

Le libellé des ordres de Bourse transmis par la
voie *télégraphique* doit être rédigé avec beaucoup
de soin et de clarté. Une économie de mots peut
présenter de sérieux dangers. Il est indispensable
d'écrire toujours en toutes lettres les quantités des
rentes, actions et obligations que l'on désire négocier. Les agents, banquiers et intermédiaires ne
sauraient, en aucun cas, assumer de responsabilité
en cas d'erreurs de transmission télégraphique.

Quand on donne un ordre pour des opérations de reports, il faut avoir soin d'employer les termes techniques « *faire reporter* » ou « *reporter* » car la confusion des deux formules peut donner lieu à des erreurs et à des pertes qui incomberaient au donneur d'ordre.

Faire reporter signifie continuer une position *acheteur* ou *donner* des titres en report.

Reporter signifie continuer une position *vendeur* ou *prendre* des titres en report.

Quand on vend des titres *nominatifs* qui doivent donner lieu à des transferts contentieux, soit parce qu'ils appartiennent à des femmes mariées, des mineurs ou des interdits, il faut avoir soin de recommander de n'exécuter l'ordre de vente qu'après que le titre aura été reconnu en règle et que le transfert ne souffrira ni retard, ni difficultés. Sans cette précaution, on s'expose à racheter les titres vendus, dans le cas où, suivant l'expression à la Bourse, les transferts ne « marcheraient pas ».

Tout *refus d'affaire*, toute *réclamation* concernant l'exécution ou la non-exécution d'un ordre de Bourse, doit parvenir à l'agent intermédiaire, pour qu'il y fasse éventuellement droit, *avant la Bourse du jour suivant*. Le client est tenu de prévenir l'intermédiaire par la voie la plus rapide dès qu'il a reçu avis de l'exécution de l'ordre.

Bien des personnes ayant à acheter ou à vendre une certaine quantité de valeurs, croient être très avisées en *divisant leur ordre*, c'est-à-dire en donnant le même jour à plusieurs agents ou intermédiaires le même ordre d'achat ou de vente.

Quand on achète ou qu'on vend des titres qui ont un large marché, comme la rente française ou les obligations de chemins de fer, le fait n'a pas grande importance : il en est autrement quand il s'agit d'une valeur dont le marché étroit ne donne pas lieu à d'actives négociations, ou bien encore a été perdue de vue depuis quelque temps et est en quelque sorte oubliée.

Dans ce cas, il est préférable de donner ses ordres à un seul agent ou intermédiaire ; on évite ainsi la concurrence que se font sur le marché plusieurs agents venant demander ou offrir, en même temps, une même valeur. Agir différemment c'est, en réalité, surenchérir sur les offres ou sur les demandes, se faire concurrence à soi-même, et vouloir payer plus cher ou vendre meilleur marché, un titre que l'on désire acheter ou vendre.

Les *ordres liés* appelés aussi *arbitrages*, consistent en une ou plusieurs opérations d'achats ou de ventes à effectuer à la même Bourse. Il arrive souvent que l'agent ne peut facilement exécuter ces ordres, soit qu'il ne trouve pas acheteurs des titres à vendre, soit qu'il ne trouve pas vendeurs des titres à acheter. Il convient donc au client qui désire profiter de conditions qui lui paraissent favorables, de donner toute latitude à son agent, soit pour vendre d'abord et acheter ensuite, soit pour acheter d'abord et vendre ensuite. On pourra alors plus facilement réaliser l'opération que l'on désire faire.

Quand on donne un ordre de Bourse limité comme prix et comme durée, et que dans l'intervalle, on modifie cet ordre comme prix, il faut avoir soin d'indiquer également si la durée de l'ordre est modifiée. Pour beaucoup d'agents, et à moins d'avis contraire, un ordre de Bourse nouveau annule ceux antérieurement donnés.

Des titres cotés au-dessus ou au-dessous du pair.

On sait ce qu'on appelle *valeur nominale* d'un titre ou valeur *au pair*; une société se constitue au capital de 5 millions de francs divisé en 10,000 parts égales; chaque part ou action a une valeur nominale ou une valeur au pair de 500 fr. Une obligation remboursable à 500 fr. a également cette somme pour valeur nominale ou au pair. La valeur nominale est ordinairement énoncée sur le titre.

On oppose, dans la pratique, à la valeur nominale d'un titre sa *valeur sur le marché* ou *en Bourse*, c'est-à-dire la somme qu'il faut effectivement débourser pour l'acquérir.

Il suffit d'avoir jeté les yeux sur une cote pour savoir qu'il est très rare que la valeur effective d'un titre corresponde exactement à sa valeur nominale; on dit, dans ce cas exceptionnel, que le titre est coté au pair. Le plus souvent, les titres de toute nature, qu'ils soient à revenu variable ou à revenu fixe, sont cotés au-dessus ou au-dessous du pair; les motifs en sont des plus aisés à comprendre:

S'il s'agit, par exemple, de valeurs à revenu variable, d'actions d'une société, les raisons de la différence qui existe presque toujours entre la valeur nominale et la valeur en Bourse apparaissent au premier examen: le capital a pu, depuis le début des opérations, augmenter ou diminuer; si la société est prospère, elle peut rapporter aux actionnaires 7, 8, 10 % ou plus de la valeur nominale des actions, dont le prix en Bourse s'élève alors rapidement au-dessus du pair; ou bien, au contraire, la société ne distribue que des dividendes insignifiants et même pas de dividendes du tout;

son capital est compromis dans des spéculations malheureuses et le cours des actions s'effondre, non moins rapidement, hélas ! bien au-dessous de la valeur nominale.

S'il s'agit de valeurs à revenu fixe, de fonds d'État, d'obligations dont les intérêts sont invariablement déterminés, la modification de la valeur intrinsèque du titre n'a plus pour cause l'augmentation ou la diminution des revenus ; elle aura le plus souvent, pour origine, les variations du taux de l'intérêt, du loyer de l'argent sur le marché des capitaux et, aussi, les modifications qui se produisent dans le crédit de l'État ou de l'établissement débiteur. Par exemple, des obligations industrielles de 500 fr. rapportant 20 fr. d'intérêt, ont été émises au pair à une époque où le taux courant des placements de cette catégorie était de 4 % ; dans la suite, les capitaux se sont portés en abondance vers cette nature de placements mobiliers, dont le rapport habituel n'est plus que de 3 1/2 % environ ; les obligations tendront à s'élever au-dessus du pair. Réciproquement, elles baisseront de valeur si le loyer enchérit.

Les craintes d'insolvabilité du débiteur font fléchir le cours des obligations ; les garanties plus grandes qu'il offre à ses créanciers provoquent au contraire l'affermissement des prix. Si une société est prospère, distribue de larges dividendes à ses actionnaires, les obligations profitent indirectement de cette situation favorable ; leurs cours s'élèvent.

Une autre cause d'élévation de la valeur des titres, lorsqu'on se trouve en présence d'obligations à lots, c'est l'approche des derniers tirages. En effet, à ce moment, le nombre des titres restant en circulation a diminué ; la proportion des titres remboursables avec lots, par rapport au nombre total des titres qui sont encore dans le public, a augmenté de façon considérable, les chances de lots sont plus grandes ; les titres deviennent plus recherchés ; leur valeur s'accroît.

Pour ces diverses raisons, et on pourrait, sans doute, en énumérer beaucoup d'autres, on voit que la valeur intrinsèque d'un titre est indépendante de sa valeur nominale ou au pair, et que les titres sont cotés tantôt au-dessus et tantôt au-dessous du pair, suivant les circonstances.

Y a-t-il avantage ou inconvénient à acheter un titre lorsqu'il est au pair, lorsqu'il est au-dessus du pair, lorsqu'il est au-dessous ?

Disons tout de suite que, s'il s'agit d'actions, il n'est pas possible de donner, à ce sujet, de règle fixe. La question ne se pose même pas pour cette catégorie de valeurs, sauf dans le cas assez exceptionnel (et sur lequel nous reviendrons dans la suite) où les actions sont remboursables, pendant l'existence sociale, par voie de tirages au sort périodiques. C'est ce qui se passe pour les actions des compagnies de chemins de fer, du canal de Suez et de quelques autres grandes entreprises industrielles.

En dehors de ce cas spécial, il est impossible de dire s'il est plus ou moins avantageux d'acheter une action au-dessus ou au-dessous du pair. En effet, la valeur intrinsèque d'une action est absolument indépendante de sa valeur nominale. Elle dépend de la solvabilité, de la solidité de la société, des dividendes qu'elle distribue, de l'emploi qui a été fait de son capital. Si une société dont les actions valent nominalement 500 fr., distribue 50 fr. de dividende à ses actionnaires, on ne peut pas dire que ses actions se payent trop cher à un prix qui cependant représente plus du double de la valeur nominale du titre. Le cours des actions de quelques grandes compagnies d'assurances atteint ou dépasse 30,000 fr. ; elles ne sont pas cependant trop chères parce qu'elles donnent un revenu en rapport avec ces prix. Il en est de même des actions de certaines houillères, dont les dividendes sont énormes en comparaison de la valeur initiale des actions.

Il faut considérer, aussi, que, sauf la réserve faite plus haut pour les actions amortissables par tirage au sort, la valeur nominale d'une action n'a aucune influence sur la somme que toucheront les actionnaires le jour venu de la liquidation de la société.

Supposons, pour fixer les idées, une société au capital de 5 millions de francs, divisé en 10,000 actions d'une valeur nominale de 500 fr. Le jour où la société liquiderait, chaque porteur d'une action n'aurait pas droit plutôt à 500 fr. qu'à 100 fr. ou à 1,000 fr. ou à toute autre somme. Chaque action représente un dix-millième de l'actif social ; si cet actif a augmenté et vaut, par exemple, dix millions, chaque actionnaire touchera, par action, 1/10,000 de cette somme, soit 1,000 fr. ; si, au contraire, la valeur de l'actif social est réduite à 2,500,000 fr., il ne reviendra que 250 fr. à chaque action. Si l'actif est réduit à zéro, ce qui malheureusement arrive quelquefois, les actionnaires n'auront droit à rien.

Nous croyons avoir bien démontré que, le plus ordinairement, lorsqu'on achète une action, on n'a pas à se préoccuper de savoir si elle est cotée au-dessous ou au-dessus du pair, mais seulement si elle est avantageuse à acquérir, en prenant en considération les dividendes distribués pour les derniers exercices, la réputation dont jouit la société, l'honorabilité de son conseil, l'habileté de sa direction, la valeur de l'actif social, l'importance des réserves, etc.

Par contre, la question se pose tout différemment lorsqu'on est en présence de valeurs à revenu fixe, remboursables à un taux fixe, comme les fonds d'État amortissables, les obligations de sociétés. Il est alors très intéressant d'examiner si le titre que l'on veut acquérir est au-dessus ou au-dessous du pair. Ce point mérite également considération, s'il s'agit d'emprunts perpétuels.

On peut poser en principe qu'il est toujours préférable d'acheter une *obligation*, un titre à revenu fixe, coté au-dessous du pair, plutôt qu'un titre de même nature, offrant des garanties équivalentes, mais valant en Bourse le pair ou plus que le pair.

Cette règle trouve son application, qu'il s'agisse de titres soumis à des remboursements par voie de tirages au sort, ou, au contraire, de rentes perpétuelles non amortissables.

Si un titre est remboursable au pair par tirages et que son prix, sur le marché, soit supérieur à sa valeur nominale, le porteur de ces titres encourt, au cas de remboursement sans lot, une perte égale à la plus-value du titre s'il avait négocié son titre en Bourse avant le tirage. Une combinaison, sur laquelle nous reviendrons dans la suite, permet au porteur d'éviter ce risque.

Quand un titre n'est pas l'objet d'amortissements par tirages au sort, s'il s'agit, par exemple, de rentes d'État perpétuelles, le rentier n'est pas exposé à l'inconvénient que nous venons d'indiquer. Il est cependant encore très intéressant pour lui de considérer si la valeur qu'il possède, ou qu'il désire acquérir, est cotée au-dessus ou au-dessous du pair.

Lorsqu'un État est débiteur perpétuel, il conserve, en effet, la précieuse faculté de rembourser sa dette en totalité, ou d'en réduire l'intérêt si le porteur ne consent pas à se laisser rembourser. Le Code civil pose comme règle, dans son article 1911, que « la rente constituée en perpétuel est essen-
« tiellement rachetable. Les parties peuvent seule-
« ment convenir que le rachat ne sera pas fait
« avant un délai qui ne pourra excéder dix ans ».
Cette disposition ne s'applique pas seulement aux contrats des particuliers, mais aussi aux engagements de l'État ; celui-ci ne manque pas de mettre à profit la faculté qui lui est ainsi donnée, pour réduire sa dette, dès que les circonstances le lui permettent, au moyen du procédé ingénieux de la *conversion*.

La conversion consiste dans l'option offerte aux porteurs d'une rente perpétuelle, entre le remboursement de leurs titres au pair ou l'échange de la quantité de rentes dont ils sont titulaires contre une moindre somme de rentes.

Cette opération, parfaitement légitime, bien qu'elle vienne réduire, contre son gré, le revenu du rentier, n'est possible que si le titre soumis à la conversion dépasse largement le pair. La raison en est bien simple, puisque toute conversion doit consister en une option donnée au rentier entre le remboursement de son titre ou la diminution de son revenu : si le titre à convertir valait moins que le pair, ou même le pair, le rentier s'empresserait d'en demander le remboursement et la conversion aboutirait à une catastrophe financière.

Ainsi que nous l'avons écrit d'autre part, « une
« conversion ne saurait se faire qu'autant que l'in-

« térêt payé par l'emprunteur est supérieur au taux
« courant de l'argent ; rien de plus juste que de
« rembourser d'anciens prêteurs avec des fonds
« empruntés à meilleur compte ».

La circonstance qu'un fonds d'État dépasse sensiblement sa valeur au pair démontre que le revenu
nominal du titre est supérieur au rendement normal que le porteur est en droit d'attendre, et l'État
débiteur se trouve alors bien placé pour proposer
à son créancier une diminution de revenus. La
hausse des valeurs mobilières, la baisse du loyer
de l'argent permettent, facilitent les conversions.

« L'ascension indéfinie des fonds publics est la
« planche de salut pour les pays dont les finances
« sont embarrassées, malgré leur apparence de
« prospérité. Autrefois, il n'y avait que les États
« riches, prospères, aux budgets bien équilibrés,
« qui fissent des conversions de rentes... ; mais
« depuis, comme on s'est appliqué à rattraper le
« temps perdu, on ne parle plus que de conversions,
« c'est la terreur des rentiers, car, il faut bien le
« dire, c'est leur misère ».

Dès qu'un fonds perpétuel a dépassé le pair, la
conversion est suspendue, comme l'épée de Damo-
clès, sur la tête du rentier ; celui-ci est exposé,
dans un temps plus ou moins éloigné, à voir
réduire son revenu. Un délai est quelquefois fixé
par les conditions de l'emprunt ou d'une précédente
conversion, pendant lequel l'État débiteur s'interdit d'imposer à ses créanciers une nouvelle réduction d'arrérages. Par exemple, en 1825, le 5 %
Français pouvait être converti, soit en 3 % au taux
de 75 fr., soit en 4 1/2 % au pair, avec garantie de
non remboursement pendant dix ans. Notre 3 %
actuel était, en vertu d'une clause de la conversion
de 1902, inconvertible avant l'année 1911. Le der-

nier emprunt du Crédit Foncier (obligations communales 3 °/₀ 1912) ne peut être, en vertu des conditions de l'émission, remboursé ni, par suite, converti, avant dix ans, à moins de payement aux porteurs d'une prime de 10 fr. par titre.

En dehors de ces cas spéciaux, déterminés par des stipulations expresses, l'élévation des cours d'un emprunt au-dessus du pair appelle infailliblement sa conversion à bref délai, et la menace de cette opération arrête le mouvement de hausse dans son élan. Quand un titre convertible a dépassé le pair de quelques points, il ne s'élève plus guère au delà. Aussi le capitaliste soucieux de ses intérêts et désireux d'acquérir un titre susceptible de plus value doit-il s'abstenir de placements de cette nature.

En achetant, au contraire, un fonds au-dessous du pair, le rentier ne s'expose pas à une conversion prochaine ; il a la perspective d'une élévation de la valeur de son titre jusqu'au pair ; il s'assure ce que l'on appelle une marge à la hausse.

Lorsque, sur la côte, figurent deux ou plusieurs emprunts d'un même État, présentant des garanties identiques, mais d'un type d'intérêt différent, ce sont les émissions dont le taux nominal d'intérêt est le plus faible qui sont les plus avantageuses à acquérir, parce que le porteur aura une plus grande marge de hausse, une chance plus grande de plus-value de son capital. Il ne faudra pas hésiter à s'assurer cette probabilité d'augmentation de capital, en sacrifiant, au besoin, une parcelle de revenu.

La somme remboursée au porteur d'une action de capital, amortie par tirage au sort, correspond à la valeur nominale du titre. Si la différence entre le cours de l'action de capital et celui de l'action de jouissance était précisément égale ou inférieure à la valeur nominale de l'action de capital, le remboursement ne ferait subir aucune perte à l'actionnaire, et même lui procurerait un bénéfice ; mais il arrive que cette différence soit plus grande, c'est-à-dire qu'en encaissant une somme de 500 fr., montant nominal de l'action de capital, l'actionnaire reçoive une action de jouissance qui vaudra 510 fr., 515 fr. de moins que son premier titre. En ce cas il éprouve un préjudice, absolument comme le porteur d'une obligation cotée au-dessus du pair et remboursable par tirage au sort.

L'hypothèse où le porteur d'une action de capital amortie, subit une perte, se réalise notamment, si la portion de revenu affectée statutairement aux actions de capital et dont il est dorénavant privé, est calculée à un taux d'intérêt sensiblement plus élevé que le taux courant de capitalisation des dividendes.

Prenons un exemple : les actions de capital du Midi rapportent 50 fr. et les actions de jouissance de la même compagnie rapportent 25 fr. ; la différence entre le revenu des actions de capital et celui des actions de jouissance est donc de 25 fr. brut, c'est-à-dire que l'intérêt statutaire sur le montant de 500 fr. des actions de capital est calculé à 5 % l'an. La diminution de revenu subie par le porteur d'actions de capital remboursées, représente, par conséquent, aux taux actuels de capitalisation, une somme supérieure à 500 fr. C'est ce qui explique que l'action de capital du Midi soit cotée, par exemple, 1,300 fr., et l'action de jouissance 570 fr., soit 560 fr. d'écart entre les deux titres. Le porteur d'une action du Midi amortie perdra environ 60 fr.

Au contraire, pour les actions de l'Ouest, la diminution de revenu n'est que de 17 fr. 50 et l'écart de cours de 400 fr. seulement ; pour les actions de l'Orléans, la diminution de revenu est de 15 fr. et l'écart de cours de 400 fr. Le porteur d'une action amortie de ces deux compagnies réalisera un bénéfice.

Lorsqu'on acquiert une action de capital remboursable éventuellement par tirage au sort et échangeable contre une action de jouissance, il convient donc de comparer la valeur des deux titres en Bourse et de se rendre compte si la moins-value subie, au cas d'amortissement, est compensée ou non par le remboursement de la valeur nominale de l'action de capital.

Il est prudent, quand on achète un titre au-dessus du pair, de contracter une assurance contre le remboursement.

C'est ce que les grands établissements de crédit pratiquent sous le nom de *garantie contre les risques du remboursement au pair*. Moyennant le paiement d'une prime dont l'importance varie selon les probabilités de remboursement et la différence entre la valeur en Bourse du titre amorti et sa valeur au pair, l'établissement de crédit joue, vis-à-vis du porteur, le rôle d'assureur ; il lui garantit, au choix de l'assuré, ou bien l'échange des titres amortis contre des titres de même nature, ou bien leur remboursement au cours moyen de la cote officielle du jour du tirage. Toutefois, les établissements de crédit se réservent le droit, pour quelques valeurs dont le marché est très restreint, de ne pas faire l'échange, mais de rembourser au dernier cours coté antérieurement au jour du tirage.

Voici, d'après les tarifs en vigueur, et qui sont très sensiblement les mêmes chez tous les établissements qui pratiquent ce genre spécial d'assurance, un aperçu des primes perçues pour indemniser le porteur du titre remboursé au pair.

Sur les obligations de la Ville de Paris qui sont cotées au-dessus du pair, la prime est de 2 fr. 50 par an sur les obligations de 1865 ; de 0 fr. 40 à 0 fr. 50 sur les obligations de 1871 ; de 1 fr. sur celles de 1875 et 1876.

Les actionnaires des compagnies du Nord, du Midi, de l'Orléans payeront 1 fr. par an pour échapper au préjudice que leur ferait subir l'amortissement de leurs actions de capital.

On voit que, sauf dans quelques exceptionnels, le payement des primes d'assurance contre le remboursement au pair ne diminue pas le revenu des titres de façon très sensible. C'est cependant un élément qu'il convient de ne pas négliger lorsqu'on compare le rendement de valeurs cotées au-dessus du pair avec celui de valeurs cotées au-dessous.

Si l'assurance des titres contre le remboursement au pair est une mesure de prudence et de bonne administration, il y a deux précautions que les porteurs de titres ne doivent pas oublier :

1° Ne pas s'adresser à d'autres maisons qu'aux grands et anciens établissements de crédit ;

2° Ne pas se défaire de ses titres. L'envoi des numéros suffit.

Comment se négocient les fonds d'État.

Les fonds d'État se cotent de deux façons différentes : soit en *obligations*, soit en *rentes*. Les premiers se négocient en obligations de 500 fr., et les multiples pour certains fonds ; les seconds, par coupures de rente ou de capital.

.Les fonds d'État qui se négocient en rentes comprennent des coupures de différentes importances, et toutes ces coupures ne se négocient pas au même cours. Les petites coupures sont cotées généralement plus cher que les grosses et l'on comprend l'intérêt que l'acheteur a de spécifier dans son ordre les coupures qu'il désire acquérir. Cependant, les petites coupures ont un avantage sur les grosses : elles ont un marché plus large, c'est-à-dire qu'elles donnent lieu à des négociations plus nombreuses et plus suivies.

Afin de libeller correctement un ordre, et au mieux de ses intérêts, il convient donc de se rendre compte, au moyen de la cote, de quelle façon se négocie la rente que l'on veut acheter et de l'importance et du prix de ses diverses coupures.

Par la modicité de certaines de leurs coupures, la plupart des fonds d'Etat se trouvent placés à la portée de toutes les bourses, mais cela ne veut pas dire qu'ils soient tous bons à acheter. On ne doit choisir que les rentes les mieux consolidées, celles qui présentent les garanties les plus sérieuses ; et il ne faut confier son argent qu'aux pays qui n'ont jamais failli à leur signature, qui ont toujours ponctuellement payé leurs rentes et effectué leurs amortissements. Rappelons enfin que les fonds d'Etat ne doivent entrer dans un portefeuille que pour un dixième environ de sa valeur totale.

*
* *

La négociation des fonds d'Etat cotés en *obligations* n'offre aucune difficulté puisque le cours inscrit à la cote représente le prix d'une obligation. Il n'en est pas de même pour les fonds d'Etat cotés en *rentes* : ils exigent, pour obtenir le prix de leurs différentes coupures, certains calculs sur lesquels nous allons donner quelques renseignements.

1° Pour les fonds d'Etat divisés en coupures de

francs, de *pesetas* ou de *lire*, une simple règle de trois amène à trouver le *prix d'une coupure de rente en multipliant le cours par le montant de la coupure et en divisant le produit par le taux d'intérêt*. S'il s'agit, par exemple, de savoir ce que coûtera une coupure de 15 fr. de rente française 3 % au cours de 95 fr., on aura :

$$\frac{95 \times 15}{3} = 475 \text{ fr.}$$

S'il s'agit d'une coupure de 2,500 fr. de capital d'Égypte 4 % unifiée, elle reviendra au cours de 102 fr. 50 à :

$$\frac{102\ 50 \times 2.500}{100} = 2,562 \text{ fr. } 50$$

c'est-à-dire au produit du cours multiplié par la coupure de capital, divisé par l'intérêt de la coupure.

Les autres fonds d'État, composés selon les pays de coupures de *livres sterling*, de *florins*, de *couronnes*, de *roubles* ou de *dollars*, demandent des calculs un peu plus compliqués.

Contrairement aux opérations de change, chacune de ses monnaies a reçu, pour les opérations de Bourse, une valeur invariable, qu'il faut d'abord connaître, et appelée, comme nous l'avons vu, *change fixe*.

C'est ainsi que : l'Argentin 4 % 1896 se négocie au change fixe de 25 fr. la livre sterling ;

les fonds Anglais, Brésiliens, le Hongrois 3 % 1895, les Norvégiens 3 % 1886 et 1888, 3 1/2 % 1894, le Russe 5 % 1822, les fonds Suédois 3 1/2 % 1895, 1899, 4 % 1900, Ottomans 4 % 1891, 3 1/2 % 1894, au change de 25 fr. 20 la livre sterling.

l'Égypte, domaniales 1878, Japon 5 % 1907, Portugal 3 % 1re série, Uruguay 3 1/2 % 1891, au change de 25 fr. 25 la livre sterling ;

l'Autrichien 4 % florins or, le Hongrois 4 % or, au change de 2 fr. 50 le florin ;

l'Autrichien 4 % couronnes, au change de 1 fr. 05 la couronne ;

les fonds Danois, au change de 1 fr. 40 la couronne ;

les fonds Hollandais au change de 2 fr. 10 le florin ;

le Mexique 4 % 1904, au change de 5 fr. 18 le dollar ;

le Russe intérieur 4 % 1894, au change de 2 fr. 6667 le rouble.

Les calculs à faire pour trouver ce que coûtent les différentes coupures de ces divers fonds d'État sont alors les suivants :

2° *Pour avoir le prix d'une coupure de livres sterling ou de florins de capital, il faut multiplier le cours par le montant de la coupure, diviser le produit par 100 et multiplier le reste par le change fixe.*

Soit à trouver le prix d'une coupure de 200 livres sterling de Consolidés anglais au cours de 87 fr. 50. (On sait que ces rentes se négocient au change fixe de 25 fr. 20 la livre sterling). On aura :

$$\frac{87,50 \times 200}{100} \times 25,20 = 4,410 \text{ fr.}$$

Plus simplement, on cherche d'abord le prix de la coupure de 100 livres sterling en multipliant le cours par le change fixe, et l'on multiplie le produit par 2, par 5 ou par 10, selon que l'on recherche le coût d'une coupure de 200, 500 ou 1000 livres sterling.

S'il s'agit d'une coupure de 1,000 florins de Hollandais 3 % au cours de 92 francs (change fixe de 2 fr. 10 le florin), on aura :

$$\frac{92 \times 1,000}{100} \times 2,10 = 1,932 \text{ fr.}$$

3° *Pour avoir le prix d'une coupure de couronnes, florins, roubles ou dollars de rente, on multiplie le cours par le montant de la coupure, on divise le produit par le taux, et on multiplie le reste par le change.*

Recherchons par exemple le prix d'une coupure de 80 couronnes de rente Autrichienne 4 °/₀ unifiée (change fixe de 1 fr. 05 la couronne) au cours de 99 fr., on aura :

$$\frac{99 \times 80}{4} \times 1,05 = 2,079 \text{ fr.}$$

2ᵉ Exemple : Le prix d'une coupure de 40 florins de rente Hongroise 4 °/₀ (change fixe de 2 fr. 50 le florin) au cours de 98 fr. ressort à :

$$\frac{98 \times 40}{4} \times 2,50 = 2,450 \text{ fr.}$$

3ᵉ Exemple : Prix d'une coupure de 35 couronnes de rente Danoise 3 1/2 °/₀ 1901 (change fixe de 1 fr. 40 la couronne) au cours de 87 francs :

$$\frac{87 \times 35}{3,5} \times 1,40 = 1,218 \text{ fr.}$$

4° Exemple : Prix d'une coupure de 20 roubles de rente Russe intérieur 4 °/₀ 1894 change fixe de 2 fr. 6667 le rouble au cours de 78 francs :

$$\frac{78 \times 20}{4} \times 2,6667 = 1,040 \text{ fr. } 013$$

5ᵉ Exemple : Prix d'une coupure de 20 dollars de rente du Mexique 4 °/₀ 1904 (change fixe 5 fr. 18 le dollar) au cours de 97 fr. 50 :

$$\frac{97.50 \times 20}{4} \times 5,18 = 2,525 \text{ fr. } 25$$

Il ne reste plus qu'à indiquer comment se calculent les titres de la rente hollandaise 2 1/2 °/₀. Cette rente comprend des *certificats français* et des *certificats hollandais*. Les premiers sont au capital

de 1,900 florins soit 4,000 fr. et rapportent 100 fr. ;
les calculs se font comme pour la rente française.
Les *certificats hollandais* sont divisés en toutes
sortes de coupures et pour en trouver les produits
il faut calculer sur la base de 100 florins de capital. On cherche donc le prix de la coupure de
100 florins, *en multipliant le cours par le change
fixe* (2 fr. 10 le florin), et il est alors facile de trouver le prix des coupures multiples ou sous-mul-
tiples.

CHAPITRE III

COMMENT GARDER SES TITRES ?

*Pièces à vérifier et à conserver. — La comptabilité
et les archives du rentier.*

Le métier de rentier, avons-nous dit, n'est pas
une sinécure. Sous cette forme, en apparence paradoxale, se cache cependant cette vérité que le rentier, le capitaliste soucieux de la conservation de
leur patrimoine doivent s'occuper de leurs intérêts
aussi attentivement qu'un négociant surveille la
marche de son commerce.

Le rentier doit se préoccuper de choisir ses valeurs,
d'en suivre les cours, de se tenir au courant de la
situation du marché, des événements d'ordre politique, intérieurs et extérieurs. Il doit aussi connaître
la situation des sociétés dont il possède des titres,
lire les comptes rendus de leurs assemblées, se renseigner sur les personnes qui les administrent et les
dirigent.

Il faut encore que le rentier vérifie soigneusement
les documents ayant trait aux opérations d'achat
et de vente effectuées pour son compte par son agent
de change, par son banquier.

La première chose à faire quand on reçoit le bordereau d'une opération, c'est de comparer les prix
inscrits sur ce bordereau à ceux de la lettre d'avis
qu'on a reçue. Il va sans dire que, dès la réception
de la lettre d'avis, il faut avoir soin, dans le cas

où une erreur aurait été commise dans le prix porté
pour l'achat ou la vente, de signaler cette erreur à
son agent, établissement de crédit, banquier.

La vérification du bordereau doit donc porter, d'une
part, sur le prix des titres achetés et vendus, prix
qui doit concorder avec la lettre d'avis, et, d'autre
part, sur les *frais* de l'opération.

Si deux opérations en sens contraire (c'est-à-dire
un achat et une vente) sont exécutées en vertu
d'un même ordre et dans une même Bourse, le courtage n'est perçu que sur l'une des deux opérations,
celle dont le chiffre est plus élevé. Il est, en effet,
raisonnable qu'une personne qui opère un simple
échange de valeur, qui vend en remployant immédiatement, ne paye qu'un seul courtage. C'est ce
que l'on appelle couramment le « *franco* ». Mais le
droit au franco est, en quelque sorte, personnel ;
aux termes du règlement, en bénéficie seulement le
capitaliste lui-même qui vend et fait un remploi
immédiat. L'intermédiaire, visé par l'article 14 de la
loi du 13 avril 1898, c'est-à-dire celui qui fait
commerce habituel de recueillir des offres et des
demandes de valeurs de Bourse, n'en profite pas.
Un banquier qui vend des titres pour un client et
en rachète, à la même Bourse, pour un autre client,
payera le courtage sur chacune des deux opérations.
Si un banquier achète et vend des titres pour le
compte d'un même client, il a droit au franco ; mais,
pour l'obtenir, il doit déclarer à l'agent de change
le nom du client pour le compte de qui il vend et
rachète ; le bordereau, tout en étant établi par l'agent
de change au nom du banquier intermédiaire, fera
mention du nom du client. En adoptant cette mesure,
la chambre syndicale a manifesté sa volonté de
réserver le franco au remploi immédiat de titres
vendus. Il arrive quelquefois qu'un ordre d'achat

et un ordre de vente soient donnés simultanément
à un agent de change, mais que les circonstances,
le défaut de contre-partie notamment ou l'impossibilité d'atteindre la limite fixée, empêchent l'un
des deux ordres d'être exécuté à la même Bourse
que l'autre ; en ce cas, l'intéressé perdra le bénéfice du franco.

*

Le rentier doit tenir la comptabilité de ses opérations, avoir une liste de ses titres toujours à jour ;
cette liste doit, bien entendu, indiquer les numéros
des titres et être conservée dans un local différent
de celui où sont déposées les valeurs, afin que l'on
puisse s'y référer immédiatement, en cas de vol ou
de perte de titres. Il est bon que le rentier, s'il possède un portefeuille important, ait encore une liste
de titres établie par échéances de coupons, afin de
vérifier la régularité des encaissements. Il devra aussi
procéder une fois tous les ans à la confection d'un
inventaire, c'est-à-dire d'un relevé estimatif de ses
titres au cours du jour, pour se rendre compte de la
plus-value ou de la moins-value subie par son portefeuille et des causes de cette majoration, ou, au contraire, de cette dépréciation.

A l'instar du commerçant, le rentier conservera
ses archives, consistant dans les lettres reçues des
intermédiaires qui opèrent pour lui en Bourse, dans
les bordereaux d'achats et de ventes, comptes de
liquidation, extraits de comptes envoyés périodiquement par les banquiers, etc.

Ces mesures d'ordre et de précaution sont indispensables pour assurer la gestion régulière d'une
fortune. Il est nécessaire d'avoir des comptes régulièrement tenus afin de pouvoir s'y référer et, au

besoin, de pouvoir les produire en cas de contestation, de malentendu quelconque ; puis, afin
de permettre la surveillance, la vérification des
opérations que le rentier confie à des tiers, la rectification des erreurs qui pourraient être commises
dans la confection d'un bordereau ou d'un compte.

Enfin, et ce point est encore plus important, les
archives du rentier lui permettront de prouver, si
besoin est, la propriété des titres dont il est porteur.
La propriété des titres au porteur se transmet bien,
comme l'expression l'indique, de la main à la main
et, sauf certaines restrictions, cette vieille règle de
notre droit leur est bien applicable, qu'en fait de
meubles, la possession vaut titre. Malgré cela, si
on peut, en théorie, vendre sans justifier de sa propriété, des valeurs de Bourse au porteur, sur lesquelles il n'a pas été fait d'opposition, en fait, on
n'empêchera pas un banquier circonspect de demander à une personne inconnue qui se présentera à ses
guichets pour réaliser des titres qu'elle établisse
sa propriété, qu'elle fasse preuve de ses droits sur
les valeurs qu'elle détient.

Le titre qu'on possède peut aussi être frappé
d'opposition à la requête d'un tiers, soit de mauvaise foi, soit par suite d'une erreur matérielle. A
l'aide du bordereau d'achat émanant d'un agent de
change ou à l'aide d'un compte établi par une maison de banque digne de foi, on fera immédiatement
la preuve de sa probité et on obtiendra facilement,
avec le minimum de délais, la mainlevée de l'opposition.

Les mêmes justifications seront exigées également et plus rigoureusement encore par les banquiers pour consentir une avance sur titres ; ils
tiendront, en effet, à s'assurer que les titres remis
en gage appartiennent légitimement à leur emprun-

teur, que celui-ci a le droit de conférer sur ces valeurs un droit de nantissement régulier et dûment valable.

En cas de perte des titres, les mêmes pièces seront utiles pour faciliter la délivrance d'un duplicata, après accomplissement des formalités prévues par la loi.

Pour toutes ces raisons, il faut conserver soigneusement ses bordereaux d'agent de change et notamment les bordereaux d'achat, les lettres d'avis des agents de change et banquiers, les comptes de liquidation et extraits de compte courant. Il faut aussi garder les reçus d'espèces ou de titres, les récépissés de souscriptions qui doivent être échangés dans la suite contre des certificats provisoires ou contre des titres définitifs.

Il ne suffit pas de recevoir ces documents et de les classer, il faut aussi prendre la précaution de les lire et de les vérifier, de comparer les sommes portées sur les bordereaux à celles annoncées sur les lettres d'avis, de pointer les sommes portées sur les extraits de compte avec le compte que l'on a tenu soi-même, ou, à défaut, avec les reçus qui vous ont été délivrés, avec les souches des chèques que l'on a fournis. Si le compte comporte des encaissements de coupons, il faut vérifier, à l'aide du carnet d'échéances dont nous avons parlé, si aucune omission n'a été commise. Il n'est pas ici question de méfiance vis-à-vis des banquiers ou intermédiaires avec qui on se trouve en rapport, mais simplement de contrôle justifié par les erreurs involontaires qui se commettent journellement : chiffre mal lu, report erroné, calcul inexact d'intérêts ou de commission, etc.

Quand un acheteur de titres est en rapport direct avec un agent de change, celui-ci lui délivre des

bordereaux d'achat qui constituent une preuve officielle de la propriété. Quand l'acheteur traite par
l'intermédiaire d'un banquier, il ne possède qu'un
compte d'achat qui n'offre pas le même caractère
d'authenticité, car il n'est pas établi par un officier
ministériel. A ce propos, une question accessoire se
pose : quand on a fait exécuter par une banque un
ordre d'achat ou de vente, peut-on exiger qu'elle
vous remette, à l'appui de son propre décompte,
le bordereau de l'agent de change à qui elle a dû
elle-même s'adresser pour faire exécuter l'ordre en
Bourse ?

En fait, les banquiers ne remettent pas ces bordereaux à leurs clients et il y a à cela plusieurs raisons : le bordereau d'agent de change est conservé
par le banquier à l'appui de sa propre comptabilité ;
c'est, pour lui, une pièce d'archives dont il tient à
ne pas se dessaisir. Puis, un banquier peut grouper
les ordres de sa clientèle pour les transmettre à son
agent de change ; s'il fait, par exemple, acheter le
même jour quinze obligations Ville de Paris 1871
pour une dizaine de clients différents, les quinze
obligations seront portées par l'agent sur un
seul bordereau. Si les bordereaux devaient être
remis aux dix clients, il faudrait en établir un séparé
pour chacun d'eux, ce qui compliquerait singulièrement la besogne et du banquier et de l'agent.
De plus, l'exigence du bordereau constituerait, de
la part du client, une mesure de méfiance à l'égard
du banquier et on comprend que celui-ci, ne serait-
ce que par dignité professionnelle, ne s'y prête pas
facilement. Si on s'adresse à un établissement de
banque sérieux, cette communication du bordereau est parfaitement superflue.

Au point de vue strict et quand il y a litige, la
production du bordereau pourrait être exigée ; du

moins, c'est en ce sens que la jurisprudence paraît s'être établie, contrairement à l'opinion de jurisconsultes éminents. Les tribunaux ont décidé, en effet, que l'intermédiaire devait rendre ses comptes, prouver qu'il avait accompli son mandat conformément à la loi et, dans ce but, produire un bordereau d'agent de change ou une pièce équivalente. La production du bordereau est la réponse immédiate à l'exception dite *de coulisse* opposée par un client de mauvaise foi au banquier qui lui réclame une différence ; elle prouve que l'opération a été régulièrement traitée par l'intermédiaire d'un agent de change et que le mandat a été fidèlement accompli.

.·.

Nous venons de montrer l'utilité indispensable pour un porteur de titres, quelle que soit l'importance de sa fortune, petite, moyenne ou grosse, de tenir des archives, d'avoir une comptabilité, de conserver la copie des lettres qu'il envoie à son agent de change, à son banquier, de conserver celles qu'il en reçoit, d'avoir toujours à sa disposition les lettres d'avis d'achats ou de ventes des valeurs qu'il a acquises ou vendues, les bordereaux ou les comptes constatant ces opérations. *Il doit toujours être en mesure de prouver la possession des valeurs qu'il possède.* Il peut se trouver en présence d'une opposition mise sur le payement des coupons ou la négociation de ses titres ; il doit être en mesure de prouver immédiatement que le titre frappé d'opposition, l'a été indûment car il vous appartient depuis telle date, a été acquis par vous par l'intermédiaire de tel ou tel agent de change, établissement de crédit, banquier et que vous en avez réglé le montant, etc. Sans ces justifications, la procédure pour obtenir du tribunal la mainlevée peut être longue, coûteuse et ennuyeuse.

C'est surtout quand il s'agit de valeurs à lots qu'on achète ou qu'on possède, qu'il convient de ne pas oublier ces recommandations si simples et que nous résumons en quelques mots : « *Conserver les lettres d'avis, bordereaux d'achats, numéros des titres qu'on achète ou possède.* »

Il existe, en effet, des agences louches dont le métier consiste, en employant la plupart du temps un nom d'emprunt, à mettre opposition sur une valeur sortie remboursable ou avec un gros lot. Vous vous présentez, vous, détenteur régulier et de bonne foi, avec votre obligation sortie avec un lot important, au guichet de l'établissement chargé de vous rembourser. Immédiatement, on vous objecte que votre titre est « frappé d'opposition » et on vous en refuse le payement. On vous donne le nom et l'adresse de l'opposant ; le nom de l'huissier qui a signifié l'opposition; la plupart du temps, quand vous vous rendez à l'adresse de l'opposant indiquée sur la signification de l'huissier, vous vous trouvez en présence d'un domicile « inconnu » ou inexactement ou faussement désigné. Ou bien encore, vous vous trouvez en présence d'un individu faisant partie de ces agences interlopes, qui, au lieu de répondre à vos questions, le prend de très haut avec vous, prétend que le titre dont vous croyez être le légitime possesseur ne vous appartient pas, qu'il saura bien prouver que c'est à lui et non à vous que le gros lot appartient et sera payé, etc. Si vous semblez hésitant, si vous manifestez un doute sur votre bon droit, si vous menacez de faire un procès, l'individu cherche à vous faire entendre raison et vous propose de s'entendre avec vous et de donner « mainlevée » de l'opposition moyennant tel ou tel prix.

Pour avoir la paix et la tranquillité, et surtout pour recevoir le gros lot le plus tôt possible, sans bruit ni procès, il arrive souvent que le détenteur régulier du titre « s'entendra » avec ces flibustiers et... le tour est joué.

Il arrive quelquefois aussi que lors de la souscription à tel ou tel emprunt, on ne reçoive pas de « bordereau ». Une émission d'un emprunt d'Etat, d'actions ou d'obligations d'une société quelconque est annoncée : vous vous rendez au guichet de la société qui fait l'émission ou de la banque qui se charge de transmettre votre souscription. Vous payez le montant du versement appelé. On vous remet un reçu ou récépissé échangeable contre la remise du titre. Le jour où ce titre vous est délivré, vous n'avez ni bordereau, ni papier quelconque constatant votre droit de propriété. Quand, au contraire, vous souscrivez par l'intermédiaire d'une société de crédit, d'un agent de change, d'un banquier, vous pouvez, à un moment donné, invoquer leur témoignage, demander un duplicata du reçu des sommes reçues pour votre compte et qui ont été employées pour votre souscription ; mais, quand vous souscrivez directement il ne vous reste plus aucune pièce en mains aussitôt que le titre souscrit est remis au porteur du reçu constatant le ou les versements effectués. Il y a certainement là une lacune.

Tel ou tel souscripteur possédant des obligations de la ville de Paris ou du Crédit Foncier, par exemple, se rappellera et dira bien qu'il a souscrit les titres qu'il a en portefeuille tel jour, telle année, à tel guichet de la ville de Paris ou du Crédit Foncier : mais si un de ses titres est frappé d'opposition, si, pour une cause ou pour une autre, il doit en justifier la légitime possession, le souscripteur qui n'a absolument aucun papier d'achat ou de souscription entre les mains, se trouvera fort embarrassé.

*
* *

Il ne suffit pas encore à un rentier, à un porteur de titres d'avoir bien vérifié, ainsi que nous l'avons indiqué, les bordereaux des opérations qu'il a effectuées, les comptes qu'il a reçus, mais il doit pour compléter sa comptabilité tenir un livre dans lequel se trouveront inscrits :

1° La nature et la quantité des valeurs qu'il possède ;

2° Les prix auxquels il a acheté ses valeurs ;

3° L'époque à laquelle il a effectué ses achats ;

4° Le nom de la banque, de l'établissement de crédit qui a effectué ses opérations ;

5° Les dates d'échéance des coupons d'intérêt ou de dividende ;

6° Le montant des revenus qu'il a à recevoir, semestriellement ou annuellement ;

7° Un tableau récapitulatif doit indiquer, d'une part, le montant et le revenu des fonds et titres à revenu fixe, et, d'autre part, le montant et le revenu des fonds et titres à revenu variable qu'il a en portefeuille ;

8° Au fur et à mesure qu'il vend, échange, tel ou tel de ses titres, effectue une modification aussi légère qu'elle soit, il doit porter ces indications sur son livre de valeurs ;

9° Il convient aussi de noter les dates auxquelles ont lieu les assemblées des sociétés dont il est actionnaire ; celles auxquelles s'effectuent les tirages des valeurs remboursables.

Pour compléter ces observations pratiques, voici un modèle de livre de comptabilité que tout porteur de titres peut établir lui-même.

OBSERVATIONS	
REVENU ANNUEL	
CAPITAL TOTAL	
TITRES VENDUS ou remboursés	
PRIX D'ACHAT des TITRES	
TOTAUX	
MONTANT DU COUPON — NET	
MONTANT DU COUPON — BRUT	
ÉCHÉANCES des coupons ou intérêts	
NUMÉROS	
DÉSIGNATION des TITRES	
NOMBRE de titres	
DATES	

Comment un rentier doit établir son bilan.

Nous avons dit que tout rentier, tout porteur de titres, devait, tous les ans et mieux encore tous les six mois, établir son bilan, se rendre compte du capital et du revenu que représentent les valeurs qu'il possède en portefeuille, suivre ainsi régulièrement sa situation active et passive. Il doit exiger de lui-même ce qu'il a bien souvent, trop souvent même, le tort de ne pas exiger des sociétés dont il est actionnaire ou obligataire. Il n'admettrait pas, par exemple, qu'une société ne publiât pas de rapport annuel sur la marche de ses affaires et sa situation ; il doit avoir, envers lui-même, les mêmes exigences. Quand arrive la fin de l'année et dans le cours de l'année, il doit, pour les siens et pour lui-même, connaître sa propre situation.

Continuons cette comparaison entre le bilan que doit établir toute société et celui que tout rentier doit établir pour lui-même.

Dresser le bilan d'une entreprise quelconque, c'est évaluer les divers éléments de son actif, d'une part, de son passif, de l'autre, et faire la différence entre les deux ; de cette différence ressort un solde, soit actif, soit passif, suivant le cas. Ce solde indique, par conséquent, la situation générale de la maison de commerce, de la société qui a procédé à la confection de son bilan. Il est indispensable que le bilan d'une affaire commerciale ou industrielle soit établi au moins une fois tous les ans : pour satisfaire aux prescriptions de la loi d'abord, pour permettre aussi aux intéressés, chefs de maison, associés, actionnaires, de se rendre compte si l'entreprise a prospéré d'une année à l'autre, si elle a laissé des bénéfices ou des pertes, si elle a des ressources disponibles suffisantes pour faire face aux dettes.

Le capitaliste, le rentier, eux, ne sont pas obligés par la loi à tenir des livres ni à dresser annuellement leur bilan ; mais il ne leur est pas moins nécessaire qu'à un commerçant d'être exactement renseignés sur leur situation, sur l'importance de leur fortune, les plus-values ou les moins-values qu'elle a pu subir, et pour atteindre ce but, ils devront, tout comme un commerçant, tout comme s'ils y étaient légalement obligés, procéder, une fois par an, à la confection d'un bilan.

Le bilan du rentier a donc pour objet d'établir la situation de sa fortune, d'indiquer le montant de son avoir, déduction faite du passif, s'il y en a. Cette dernière éventualité sera plutôt exceptionnelle, car il n'est pas courant que des rentiers contractent des engagements vis-à-vis de tiers, qu'ils deviennent débiteurs de sommes quelque peu importantes. Ce serait, en effet, un mauvais calcul de la part d'un rentier, que d'emprunter d'un côté, pour placer de l'autre, ses fonds en valeurs mobilières ; le revenu qu'il obtiendrait de ses placements serait la plupart du temps bien inférieur à l'intérêt qu'il serait obligé de servir à ses créanciers. Il arrivera cependant parfois que le capitaliste ait contracté un emprunt sur titres, auprès d'un établissement de crédit, en vue d'une opération passagère pour laquelle il aura jugé inutile de réaliser une partie de son portefeuille. Dans cette éventualité, le montant de la dette du rentier vis-à-vis de l'établissement prêteur devra être déduit, de l'évaluation de son actif, pour donner la situation nette.

En dehors de ce cas plutôt exceptionnel, le bilan du rentier doit consister dans la liste récapitulative et l'évaluation des divers éléments de son actif et notamment de ses valeurs mobilières, les seules sur lesquelles nous ayons à donner quelques détails.

* *

Comment le rentier devra-t-il faire l'*évaluation de ses valeurs* ? C'est ici que se pose la question de savoir si le prix d'estimation devra être le prix coûtant du titre ou sa valeur en Bourse. Trois cas peuvent se présenter : depuis le moment où le titre a été acheté, il n'a pas changé de cours, ou bien, il a bénéficié d'une plus-value, ou bien, au contraire, il a subi une moins-value. Si le titre est toujours coté aux environs de son prix coûtant, l'évaluation est toute faite. Si le titre a baissé, il faut lui faire subir une dépréciation correspondante, afin de ne pas le faire ressortir à l'inventaire pour un chiffre supérieur à sa valeur réelle. Reste maintenant l'hypothèse d'une hausse du titre. Cette hausse doit-elle figurer au bilan ? Il convient de remarquer qu'un bénéfice ne peut être considéré comme définitivement acquis qu'une fois le titre réalisé, sorti du portefeuille. Tant qu'on le possède, la plus-value qui s'est produite peut s'atténuer, disparaître, se changer en perte. Par conséquent, pour éviter tout mécompte dans la suite, il faudra porter au bilan pour son prix coûtant un titre dont la cote est supérieure.

Cette règle ne doit pas cependant être appliquée d'une façon absolument rigoureuse, sans exception aucune. Le simple bon sens indique qu'il conviendra d'y déroger dans certains cas. Ainsi, un titre a été acheté dans un moment de panique, à un cours très inférieur ; puis, il a repris sa valeur normale et l'a conservée pendant un laps de temps assez long ; il n'y aura pas lieu, dans ce cas, de s'attacher exclusivement pour l'estimation, au prix coûtant qui est, cette fois, un prix exceptionnel, anormalement bas. Un rentier qui aurait acheté des rentes françaises au moment de la guerre franco-allemande ou de l'Extérieure espagnole au moment de la campagne hispano-américaine, pourra, de toute évidence, majorer son prix de revient. De même, les actions d'une société achetées à bas prix au moment où l'affaire subissait les conséquences d'une crise, pourront être évaluées à un cours supérieur, si l'entreprise s'est relevée, si elle a repris, pendant plusieurs années, des distributions régulières de dividendes. On ne peut donc donner de règle absolument fixe en cette matière. Il y a des plus-values suffisamment consolidées pour qu'on puisse en faire état dans un inventaire ; mais pour peu qu'il s'agisse d'une hausse factice, due aux efforts de la spéculation (à un engouement passager), il faut se garder de la considérer comme acquise et d'en tenir compte dans un bilan.

**

Le rentier divisera son bilan en plusieurs catégories, suivant la nature des valeurs ; fonds d'État français et étrangers, valeurs diverses à revenu fixe, valeurs à revenu variable, multipliant les subdivisions si cela est nécessaire, de manière à pouvoir faire d'une année à l'autre des comparaisons utiles, à se rendre compte si la règle de la répartition des risques se trouve suffisamment observée, s'il existe entre les diverses catégories des valeurs composant le portefeuille une proportion convenable.

Pas plus qu'un commerçant, en procédant à la confection de son bilan, le rentier ne doit oublier qu'il convient de pratiquer des *amortissements* et des *réserves*.

L'amortissement consistera à défalquer l'actif du

bilan, le montant des valeurs mauvaises ou douteuses, soit que le rentier se contente d'enregistrer la baisse subie par le titre en Bourse, soit que, par mesure de précaution, il évalue certains titres, plus que d'autres susceptibles de dépréciation, à un taux inférieur à leur cote en Bourse ou à leur prix coûtant.

L'amortissement intéresse le capital, la réserve a trait aux revenus ; le rentier la constituera pour parer aux mauvaises années éventuelles, c'est-à-dire à des diminutions possibles de revenus, à des conversions de valeurs, à des réductions de dividendes, généralement à des pertes quelconques qui viendraient diminuer ses ressources.

Dans une société, la réserve s'opère en prélevant sur les bénéfices de l'exercice une certaine somme qui ne sera pas distribuée aux actionnaires. Le rentier la constituera en mettant de côté sur son revenu annuel une certaine somme qu'il ne dépensera pas, mais qu'il emploiera à nouveau en valeurs, de manière à augmenter le revenu des années futures. C'est le seul moyen d'éviter des mécomptes pour l'avenir et d'assurer l'intégrité de ses ressources. Tous les autres moyens sont insuffisants ; quelque soin que l'on apporte à la composition de son portefeuille, on est exposé à subir, à un moment donné, des pertes, des réductions de revenu. Il n'y a pas de valeurs de tout repos, de valeurs sans risques et les meilleurs titres peuvent, au moment où l'on sera obligé de les vendre, subir une dépréciation. La réserve permet d'obvier à ce risque.

La quotité de la réserve que devra opérer le rentier variera suivant l'importance de ses revenus, suivant son genre de vie, ses dépenses, et aussi suivant la nature des titres qui composent son portefeuille. Plus le revenu moyen du portefeuille est

élevé, plus forte devra être la proportion de la
réserve ; cela d'une part, parce que des titres à
gros revenu sont d'ordinaire plus que d'autres,
exposés aux risques de dépréciation ; d'autre part,
parce que le capitaliste qui obtient de ses fonds un
rendement plus rémunérateur sera, mieux qu'un
autre, à même de réserver sur leur produit annuel
une part importante.

Comment on garde ses titres.

Il ne suffit pas d'avoir choisi parmi les nombreuses valeurs qui figurent à la cote ou plutôt aux
cotes, officielles et non officielles, de Paris et de la
province, ce que nous avons appelé de *bonnes valeurs*, c'est-à-dire des valeurs appropriées par la
sécurité, par les garanties qu'elles offrent, à la
situation de fortune du possesseur. Il faut aussi
savoir les garder et par là nous entendons, d'une
part, les garder contre soi-même, à l'abri d'une
réalisation irréfléchie, dans un moment de réaction
passagère et, d'autre part, contre les risques de
vol, de perte, d'incendie, contre toute autre cause
de destruction.

Le rentier doit être judicieux quand il achète
une valeur ; il doit être réfléchi, faire preuve de
sang-froid pour ne pas la vendre dans des circonstances défavorables ; il doit aussi faire preuve
d'ordre et de soin pour la conservation matérielle
de ses titres.

Un des moyens les plus sûrs d'éviter les risques
qu'entraînerait la perte d'un titre, c'est de le faire
mettre sous la forme *nominative*. Le titulaire d'une
valeur nominative est inscrit sur les registres de la
compagnie, de l'État, de la municipalité qui l'a
émise et cette inscription suffit à établir sa pro-

priété. Il lui est délivré un certificat d'inscription
justificatif de cette propriété et qui permet l'encaisse-
sement facile des arrérages, mais au cas de perte
du certificat, le titulaire reste propriétaire du titre
et il lui suffit de prouver son identité pour obtenir,
après un délai relativement court, la délivrance
d'un nouveau certificat, en substitution de l'ancien.

C'est là, on le voit, un très sérieux avantage ;
le titre nominatif en présente un autre, c'est que
les coupons des actions et obligations mises sous
cette forme ne sont soumis qu'à l'impôt de 4 %
sur le revenu ; ils n'acquittent pas le droit annuel
de transmission auquel sont sujets les titres au
porteur. Par suite, une personne qui aura l'intention de conserver longtemps ses titres en portefeuille aura intérêt à les faire inscrire à son nom,
de manière à éviter le paiement annuel du droit de
transmission qui est actuellement de 0 fr. 25 par
100 fr. prélevés sur la valeur moyenne du titre
pendant l'année précédente, soit pour un titre coté
au pair de 500 fr. ou aux environs du pair, 1 fr. 25
de droit par an.

Nous avons vu le double avantage du titre
nominatif : sécurité absolue, économie sur les
droits, si le titre est conservé un certain temps. Le
titre nominatif offre-t-il, par contre, des inconvénients?

On peut lui reprocher les formalités qu'il est
nécessaire d'accomplir au moment de l'achat ou
de la vente. Mais ces formalités sont minimes,
puisqu'elles consistent simplement à signer une
feuille d'acceptation de transfert ou une feuille de
transfert. On ne saurait voir dans cette nécessité
un inconvénient sérieux. Au contraire, nous trou-
verons dans l'obligation d'accomplir les formalités
de transfert, un certain avantage, en ce sens qu'une

fois possesseur d'une bonne valeur, mise au nominatif, on hésitera à la réaliser pour en acquérir une autre, on la laissera à l'abri de toute spéculation ; on assurera ainsi à son portefeuille une plus grande stabilité.

Les inconvénients du titre nominatif sont-ils plus sérieux lorsqu'on envisage le cas du décès du titulaire et qu'il s'agit de transférer les valeurs aux noms de ses héritiers ? Dans cette hypothèse non plus, les formalités ne seront pas bien compliquées si les titres ont été régulièrement établis, c'est-à-dire si la mention portée sur le titre est bien conforme à l'état civil du titulaire. A ce propos, on ne saurait trop recommander aux personnes qui font immatriculer un titre à leur nom, de vérifier l'exactitude des mentions, et, au cas d'erreur, de demander une rectification immédiate, toujours facile à obtenir sur-le-champ, tandis que, plus tard, une irrégularité dans les mentions portées sur le titre peut être la source de difficultés et d'ennuis.

On a encore reproché au titre nominatif de rendre inévitable la perception des droits de succession. Mais il ne faut pas oublier que ces droits sont dus, aussi bien sur les titres au porteur que sur les titres nominatifs et que les précautions prises par la loi fiscale pour assurer la perception régulière des droits, rend à peu près impossible toute dissimulation frauduleuse de titres au porteur.

La loi de finances du 25 février 1901 dispose que « les sociétés ou compagnies, agents de change, changeurs, banquiers, escompteurs, officiers publics ou ministériels ou agents d'affaires qui seraient dépositaires, détenteurs ou débiteurs de titres, sommes ou valeurs dépendant d'une succession qu'ils sauraient ouverte, devront adresser, soit avant le paiement, la remise ou le transfert, soit dans la quinzaine qui suivra ces opérations, au directeur de l'enregistrement du département de leur résidence, la liste de ces titres, sommes ou valeurs, sous peine d'être personnellement tenus des droits et pénalités exigibles (sauf recours contre le redevable) et passibles, en outre, d'une amende de 500 francs en principal. »

La loi budgétaire du 31 mars 1903 prend des précautions encore plus rigoureuses pour assurer la perception des droits sur les valeurs, faisant l'objet de comptes joints (indivis ou collectifs avec solidarité), puisqu'elle oblige les dépositaires à faire connaître au directeur de l'enregistrement les noms et le domicile des déposants *dans les trois mois, au plus tard, de l'ouverture du compte,* sous peine d'une amende de 500 fr. à 5,000 fr.

Les notaires étant, de leur côté, obligés par leur devoir professionnel, de s'opposer à toute dissimulation de valeurs mobilières des successions dont la liquidation leur est confiée, même si ces valeurs ne sont pas déposées à leurs caisses, on voit que les droits de mutation par décès ne peuvent pas plus être évités pour les titres au porteur que pour les titres nominatifs et qu'on ne saurait tirer argument, en défaveur des titres nominatifs, de la perception plus rigoureuse de ces droits.

Nous nous prononcerons donc sans hésitation pour la supériorité du titre nominatif sur le titre au porteur.

Faut-il, cependant, mettre tout son avoir en titres nominatifs ? Non, il sera toujours bon de laisser au porteur une partie de ses valeurs, en prévision d'un besoin inopiné d'argent, obligeant à une réalisation immédiate.

En effet, la régularisation d'une vente de titres nominatifs demande quelques jours, et l'usage étant de ne régler le vendeur qu'après l'accomplissement du transfert, il convient de réserver une certaine quantité de valeurs au porteur, pour parer aux besoins les plus pressants.

On mettra de préférence au nominatif les titres qui forment la base d'un portefeuille, ceux dont la réalisation est moins probable, et aussi ceux qui sont sujets à l'impôt sur les coupons. On réservera au contraire, au porteur, plutôt les titres dont on envisage la vente éventuelle et ceux qui ne sont pas assujettis aux droits.

**

Voici quelques indications relatives soit à l'immatriculation, soit au transfert des titres nominatifs et aux formalités que nécessitent ces opérations.

Pour faire mettre au nominatif des titres au porteur, il faut avoir soin de bien indiquer à son agent, banquier, intermédiaire, chargé de ce soin, ses noms et prénoms, dans l'ordre inscrit sur l'acte de naissance. On signe une feuille de transfert; la signature doit être légalisée. La demande de conversion du titre au porteur en nominatif n'a pas besoin d'être signée par le titulaire désigné : le premier venu peut remplir cette formalité.

Pour mettre des titres nominatifs au porteur, le certificat doit être déchargé par le titulaire ; la demande de conversion signée doit comprendre la mention : *Bon pour conversion au porteur de..actions ou obligations* ; les signatures doivent être certifiées par un officier ministériel.

Les droits de conversion d'un titre nominatif au porteur sont à la charge du vendeur qui doit livrer des titres au porteur.

Les titres qui sont la propriété de plusieurs titulaires doivent mentionner l'indivision ou la part de chacun des co-propriétaires. Les termes de « conjointement et indivisément et chacun pour telle part » ne sont pas admissibles pour une valeur mobilière comme ils le seraient pour un immeuble. Cependant, quand il s'agit d'un titre à lots et que l'un de ces titres peut acquérir une valeur supérieure à celle des autres, par le remboursement ou l'attribution d'un lot, la mention de part et d'indivision peut être faite. Cette double énonciation ne peut être inscrite sur des titres de rentes, car le Trésor considère que cette énonciation est une contradiction.

Quand un titre appartenant à un héritier mineur sort au remboursement, les pièces à produire aux sociétés chargées d'effectuer le payement sont les suivantes : intitulé d'inventaire ou, à défaut, acte de notoriété ; le testament s'il y en a un et les pièces d'exécution ; signature de tous les ayants droit ; acceptation bénéficiaire de la succession au nom des mineurs, à moins que les mineurs ne viennent à la succession en concours avec d'autres héritiers majeurs.

Pour obtenir le remboursement de titres appartenant à un mineur devenu majeur, il faut produire l'acte de naissance ; le titre doit être signé par le titulaire.

En ce qui concerne les *femmes communes en biens*, le mari administre seul les biens qui composent la communauté ou même qui sont personnels à la femme. Mais le concours de la femme est nécessaire pour le transfert des rentes inscrites à son nom, à moins qu'un certificat de propriété ne justifie que l'inscription de rente au nom de la femme dépend de la communauté.

Pour les *femmes séparées de biens*, les rentes sur l'Etat étant meubles par la détermination de la loi, le Trésor ne demande ni le concours ni l'autorisation du mari pour l'aliénation de leurs rentes. Les agents de change, par mesure de précaution et de prudence, continuent à exiger l'autorisation du mari ou de la justice.

Pour les *femmes divorcées*, le Trésor reconnaît à la femme *seule* le droit d'aliéner les rentes qu'elle possède, à moins qu'elles ne fassent mention d'une clause frappant les inscriptions d'indisponibilité.

Pour les *femmes dotales*, le Trésor se désintéresse complètement de la question des remplois de rentes dotales et laisse aux agents de change, et sous leur responsabilité, le soin de les surveiller.

Quand l'immatriculation de titres doit être faite au nom d'une femme mariée ou veuve, il faut fournir à l'agent de change les noms et prénoms ainsi que ceux du mari ou du défunt. Si la femme est veuve ou mineure, énoncer la minorité. Si la femme est veuve en premières noces et remariée, indiquer les noms et prénoms du mari défunt et du mari actuel.

Pour les personnes interdites, aliénées, pourvues d'un conseil judiciaire, ou ayant un administrateur provisoire, il faut indiquer les noms et prénoms du tuteur, conseil ou administrateur, la date du jugement et le ressort dans lequel il a été rendu. Il faut aussi produire la délibération du conseil de famille qui nomme un tuteur à l'interdit.

Le titulaire d'une rente sur l'Etat qui ne peut pas signer lui-même le transfert est fondé à se faire représenter par un mandataire ; au-dessus de 50 francs de rente, la procuration doit être notariée en minute ; elle peut être en brevet et même sous seings privés pour les rentes de 50 fr. et au-dessous.

La certification des procurations sous seings privés doit être faite par le maire, avec légalisation de sa signature par le préfet ou le sous-préfet.

Les signatures des notaires sur les procurations en brevet doivent être légalisées, soit par le président du tribunal de première instance de l'arrondissement, soit par le juge de paix du canton dans lequel réside le notaire. Les procurations sous seings privés faites à l'étranger ou dans les colonies ne sont acceptées par le Trésor que jusqu'à concurrence d'une somme de 10 francs de rentes.

Il arrive souvent qu'un notaire ou un particulier trouve dans une succession l'intéressant, la trace de rentes possédées par le défunt et que les titres eux-mêmes ne sont pas représentés ; il arrive aussi qu'un propriétaire désire s'assurer de l'existence du titulaire de l'usufruit de sa rente.

Pour obtenir ces renseignements, qui ne sont donnés, du reste, et avec raison, qu'avec une grande circonspection, il faut s'adresser directement à la direction de la Dette inscrite, au ministère des finances ; elle seule peut suivre le sort des inscriptions de rente et indiquer aux ayants droit si les rentes existent encore ou à quelle date elles ont été aliénées. Les demandes doivent être rédigées sur papier timbré.

Quand on désire que les arrérages d'une rente soient payés dans un département, il faut le déclarer à l'agent chargé de la négociation. L'agent de change ne peut faire mentionner sur le titre de rente que le département où les arrérages seront payables ; mais le titulaire du titre pourra ensuite s'entendre avec le trésorier-payeur de son département ou le receveur des finances de son arrondissement pour faire déterminer le lieu spécial du département où il lui conviendra de recevoir ses coupons de rente.

Quand une personne possède un titre nominatif portant des noms ou prénoms inexacts, mal orthographiés, ou plusieurs titres inscrits avec des prénoms différents ou transposés, il faut immédiatement faire établir l'identité du titulaire du titre ; il est nécessaire pour cela de demander un acte de notoriété passé par-devant notaire ou devant un juge de paix qui, conformément aux articles 70 et 153 du Code civil, a qualité pour dresser cet acte.

Les inscriptions de rente française nominatives qui ont plus de dix ans de date, doivent être renouvelées à la prochaine échéance. Les porteurs doivent déposer leurs titres au Trésor, *au bureau des transferts*, et y joindre un certificat constatant l'existence et l'identité du titulaire.

Si le renouvellement se fait par voie de réunion, avec un ou plusieurs titres d'une date plus récente, l'intéressé peut être dispensé de la production de ce certificat, dans certains cas dont l'appréciation appartient au directeur de la dette inscrite.

Le certificat doit être délivré sur timbre, soit par un notaire, soit par le maire de la commune où réside le titulaire. Il doit être légalisé s'il a été délivré hors du département de la Seine.

Pour obtenir que des titres de rente française, démunis d'un ou plusieurs coupons échus, soient transférés, réunis ou divisés, il est nécessaire de déposer au Trésor une garantie s'élevant au montant des coupons non représentés. Cette garantie dure cinq ans et doit être effectuée en titres de rentes sur l'Etat.

Toute demande en renouvellement de certificats nominatifs d'obligations des emprunts de la Ville de Paris, après épuisement des coupons adhérents à ces certificats, doit en principe être faite et signée par le titulaire lui-même, dont la signature sera légalisée, soit par un agent de change, soit par un trésorier général ou un receveur particulier des finances, soit par le maire de sa résidence. La signature de ces fonctionnaires ou officiers ministériels doit être elle-même, s'il y a lieu, soumise à la légalisation, conformément aux lois et règlements en vigueur. Toutefois cette demande de renouvellement pourra également être faite par un tiers, à la condition par lui de justifier de l'existence du titulaire par la production d'un certificat de vie délivré sur timbre par un notaire ou par le maire de la commune où réside le titulaire.

Les certificats de vie établis par les maires, ou par les notaires, doivent être légalisés, s'ils sont délivrés hors du département de la Seine.

Les renouvellements sont opérés par voie de transfert d'ordre, sans payement de droits, au moyen de l'annulation du certificat dépourvu de coupons et de la délivrance de nouveaux certificats.

Pour convertir des titres de rentes françaises nominatives en titres de rentes mixtes, la déclaration du titulaire doit être certifiée par un agent de change ou un notaire. Cette déclaration est exempte des droits de timbre et d'enregistrement ; la signature de l'officier ministériel qui l'aura certifiée doit être légalisée, à moins que ce ne soit celle d'un notaire du département de la Seine, ou celle d'un agent de change de Paris.

Quand on possède plusieurs certificats nominatifs de rente ou de titres divers, on peut toujours les faire réunir en un seul certificat, ce qui est plus commode pour percevoir les arrérages. Il importe néanmoins de ne pas oublier que, si plus tard, on a besoin de vendre une partie de ces titres, l'opération à effectuer devient plus longue et plus coûteuse, car il faut demander l'immatriculation des titres restant sur un nouveau certificat.

Où faut-il conserver ses titres ?

Nous nous sommes précédemment occupé de la question de savoir s'il est préférable de conserver ses titres au porteur, ou bien de les faire inscrire à son nom ; nous avons conclu sur ce point en disant que la forme nominative présente sur celle au porteur des avantages considérables, au point de vue de la sécurité, d'une part, et, d'autre part, de l'économie réalisée sur les droits fiscaux ; nous avons ajouté, cependant, qu'il convient de conserver au porteur, une certaine quotité de ses titres, pour faire face éventuellement à des besoins immédiats.

Nous passons maintenant à l'examen d'un nouveau point : de quelle manière convient-il de garder ses titres : qu'ils soient nominatifs ou au porteur ? Peut-on les conserver à son domicile ? Est-il préférable de les déposer dans une banque contre récépissé ? Est-il avisé de les enfermer dans un coffre-fort loué, à cet effet, par un établissement de crédit ?

En ce qui concerne les titres nominatifs, la solution de la question est des plus simples : si ces titres sont volés ou perdus, le titulaire en obtient aisément un duplicata ; il n'est donc pas nécessaire de les déposer dans une banque ; on peut, sans courir de risque sérieux, les garder par devers soi, à la condition cependant de prendre note du numéro du certificat nominatif, de la date à laquelle il a été délivré et des numéros des titres qui s'y trouvent inscrits.

Lorsqu'il s'agit de titres au porteur, la question

change de face. Comme l'appellation l'indique, le titre au porteur appartient, sauf preuve du contraire, à celui qui le détient, qui en est possesseur, et le propriétaire véritable de titres de cette nature, qui s'en laisse déposséder, ne peut se les faire restituer ou en obtenir des duplicata qu'au moyen de démarches et de procédures longues et coûteuses.

Il est, par conséquent, nécessaire de prendre toutes les précautions possibles pour rester en possession de ces valeurs et des coupons, également payables au porteur, dont elles sont munies.

Il est évident qu'on ne saurait, sans imprudence grave, conserver chez soi des titres au porteur. Les coffres privés, scellés ou non scellés dans une armoire ou dans un mur, n'offrent qu'une garantie tout à fait insuffisante contre les risques de vol ou d'incendie.

Il faudra, par suite, que le propriétaire de titres au porteur trouve un tiers qui en prenne charge pour son compte. Ce tiers sera une des grandes sociétés de crédit qui sont spécialement organisées à cet effet et qui, aux autres services de tout ordre qu'elles rendent au public, joignent celui de garder ses titres en dépôt libre [1] moyennant une rémunération modérée, ou bien lui louent des coffres-forts ou des compartiments de coffres-forts, offrant des garanties de sécurité certainement bien supérieures à celles d'un coffre particulier.

Parmi les établissements qui conservent les titres contre récépissé, pour le compte du public, il faut citer tout d'abord la Banque de France et le Crédit Foncier de France, puis les grandes socié-

---

1. On entend par *dépôt libre* celui qui reste toujours à la disposition du titulaire, par opposition au dépôt de nantissement qui est affecté à la garantie d'une avance et ne peut être retiré que contre remboursement du prêt consenti par le dépositaire.

tés de crédit privées, Crédit Lyonnais, Comptoir
National d'Escompte de Paris, Société Générale,
Crédit Industriel et Commercial, Banque de l'Union
Parisienne et quelques autres encore.

La Banque de France perçoit un droit de garde
annuel de 0 fr. 20 par titre pour les emprunts d'État
remboursables par voie de tirage ou à époque
déterminée, ainsi que pour chaque action, obligation, bon ou autre titre d'une valeur nominale de
1.000 francs et au-dessous. Si la valeur nominale
dépasse 1.000 francs, le droit est augmenté, pour
chaque titre, de 0 fr. 10 par 1.000 francs ou fraction de 1.000 francs. Sur les rentes, le droit perçu
par la Banque de France est de 0 fr. 10 par 25
francs de rente perpétuelle ou par fraction de
25 francs [1].

Les droits prévus par les tarifs des établissements de crédit sont sensiblement inférieurs à ceux
que prélève la Banque de France. Pour les titres
du type le plus courant, c'est-à-dire de 500 francs
nominal, les grandes banques ne perçoivent habituellement que 0 fr. 05 par semestre, soit 0 fr. 10
par an, au lieu de 0 fr. 20 que compte la Banque
de France. Pour les rentes, le droit de garde est
aussi de 0 fr. 05 par semestre, pour 20 francs de
rente ou pour une fraction de 20 francs de rente.

Les établissements de crédit privés offrent donc
au public, avec des garanties excellentes, des conditions plus avantageuses que notre grande Banque
nationale. Il est vrai que la majoration de frais que
comporte un dépôt libre à la Banque de France

1. Le Crédit Foncier de France ne perçoit ni commission ni
droit de garde sur ses propres titres (actions du Crédit Foncier,
obligations foncières et communales). Pour les autres valeurs,
le droit de garde est calculé sur le montant des arrérages encaissés à raison de 0 fr. 25 % du revenu pour les titres nominatifs
et de 0 fr. 50 % du revenu sur les titres au porteur.

est compensée par des avantages d'un ordre particulier. Ainsi, au cas où, par suite d'un sinistre, d'une catastrophe, peu vraisemblables, dira-t-on, mais dont il convient, cependant, d'envisager l'éventualité, les titres déposés viendraient à disparaître, à être brûlés, anéantis, les récépissés de dépôt de la Banque de France, établissement officiel, présenteraient, pour la reconstitution des titres et la délivrance des duplicata, une supériorité certaine sur les récépissés des établissements privés, feraient foi, en quelque sorte, et faciliteraient les opérations et les formalités de délivrance des duplicata. Il en serait de même des certificats émanant du Crédit Foncier de France.

On ne procédera pas au hasard pour le dépôt de ses titres dans tel ou tel établissement. On aura avantage à répartir ses titres entre plusieurs d'entre eux et, pour les choisir, on pourra tenir compte des considérations suivantes :

On déposera ses titres de préférence chez l'établissement où on possède un compte de dépôt d'espèces, afin de pouvoir se faire créditer d'office des coupons au fur et à mesure des échéances.

On choisira aussi, pour le dépôt des titres, les établissements qui en ont fait l'émission publique ou le placement à leurs guichets, qui en assurent le service, certaines banques ne prélevant pas de droits de garde pour ces valeurs. C'est ainsi que les sociétés de crédit ne comptent ordinairement pas de frais à leurs actionnaires pour la garde de leurs propres actions. Le Crédit Foncier n'en perçoit pas sur ses titres, actions ou obligations. De même encore, la Banque de France, à la suite d'un accord avec le gouvernement russe, conserve gratuitement, à ses caisses, les titres au porteur de la Dette publique russe extérieure, revêtus du timbre français. Elle délivre, en échange, des certificats nominatifs, timbrés à 0 fr. 60, qui ont la même valeur que s'ils émanaient du gouvernement russe.

En procédant de la sorte avec quelque réflexion, on peut assurer, avec des garanties parfaites de sécurité, la conservation de ses titres au porteur, moyennant des frais modérés, en tout cas, hors de proportion avec l'importance du service rendu.

Entre le dépôt libre, contre récépissé, et le dépôt dans un coffre pris en location dans un établissement de crédit, nos préférences vont, sans hésitation, au premier mode de procéder. En effet, les garanties que présentent les coffres sont sérieuses, nous ne le contestons pas, et les sociétés qui les louent au public prennent les précautions les plus minutieuses pour les préserver de tout risque de vol ou d'incendie. Toutefois, au cas de sinistre et de disparition des titres par suite d'un cas de force majeure, il ne restera entre les mains du locataire, aucune trace de ses valeurs, tandis que le porteur d'un récépissé de dépôt sera encore muni d'une pièce qui pourra constituer un premier élément de preuve en faveur de son droit de propriété. De plus, le locataire d'un coffre-fort doit assurer lui-même son service de titres, détacher ses coupons, les encaisser, etc., tous soins qui incombent à l'établissement dépositaire contre récépissé.

Dépôts de titres. De la responsabilité des établissements de crédit.

Nous avons vu que le déposant d'espèces dans un établissement de crédit peut être considéré comme un prêteur de fonds, simple créancier sans aucun privilège [1].

1. Voir *suprà*, p. 212 et suiv.

Il en est autrement en matière de dépôt de titres contre récépissé ; ici, les droits du déposant et les obligations du dépositaire sont tout différents.

Les dépôts de valeurs de Bourse dans les banques peuvent être effectués de deux manières différentes ; ou bien contre un récépissé établi au nom du déposant, détaillant la nature des titres, indiquant leurs numéros, ou simplement dans un coffre-fort dont l'établissement de crédit loue des compartiments de dimensions diverses à sa clientèle qui en possède la clé.

Occupons-nous d'abord du dépôt contre récépissé.

A la différence du déposant d'espèces qui n'est qu'un simple créancier de l'établissement dépositaire et, en cas de liquidation forcée, viendrait au marc le franc pour le montant de sa créance, le déposant de titres reste, sauf stipulation contraire bien formelle, propriétaire des valeurs mêmes qu'il a confiées au banquier. Il n'y a pas là qu'une question de mots. Cela veut dire que l'établissement dépositaire n'a pas le droit de se servir des titres qui lui sont remis en garde ; s'il le faisait, il se rendrait coupable d'un abus de confiance bien caractérisé. Il ne s'agit plus là d'un prêt pouvant être restitué par équivalence, mais d'un dépôt proprement dit, devant rester en nature et à tout moment à la disposition de l'intéressé. Même avec la certitude la plus absolue de pouvoir rendre une quantité semblable de mêmes valeurs, une banque ne peut employer pour son propre compte les titres déposés chez elle ; elle n'aura pas le droit d'utiliser en garantie de reports les valeurs qui lui sont remises en garde par sa clientèle ; elle n'aura pas le droit de les donner en nantissement à des tiers pour se faire des fonds. Les titres devront être restitués numéro pour numéro, car, à la différence des espèces, on peut les individualiser et le possesseur peut avoir intérêt à conserver tel ou tel titre plutôt que tel autre, en raison, par exemple, des tirages dont les valeurs mobilières sont l'objet, qu'il s'agisse de tirages à lots ou de remboursement au pair. En cas de faillite ou de liquidation de l'établissement dépositaire, les titres déposés qui se recouvreront en nature dans les coffres de l'établissement pourront être revendiqués par le déposant à l'égard de tous créanciers ; le syndic de la faillite n'aura pas le droit de se les approprier au nom de la masse. Le déposant n'est pas simplement créancier de ses titres ; il en reste propriétaire et peut les réclamer par privilège.

Par suite, un porteur de titres qui les confie en garde à un établissement honnête a, sauf catastrophe imprévue, la certitude à peu près absolue de ne pas les perdre, puisque, même si par suite de circonstances quelconques la banque devenait insolvable, les titres seraient restitués au propriétaire.

*
* *

Mais il n'y a pas seulement à considérer l'hypothèse de la déconfiture du dépositaire ; il faut envisager le cas où l'établissement, parfaitement solvable du reste, ne serait pas en mesure de rendre les titres parce qu'ils auraient disparu de ses caisses, parce qu'ils auraient été volés, ou incendiés, ou détériorés par une inondation, par un éboulement, etc.

Le principe est que l'établissement qui a délivré un récépissé de dépôt est tenu de représenter les titres qui y sont énumérés et de les rendre au titulaire, à moins qu'il ne puisse prouver qu'il est hors d'état de le faire par suite d'un cas de force majeure, c'est-à-dire à moins qu'il n'établisse que les titres ont disparu par suite de circonstances qui lui étaient tout à fait étrangères, qu'il lui était impossible d'éviter. Et les tribunaux seront d'autant plus exigeants pour l'admission de cette preuve, que l'établissement dépositaire percevant un droit pour la garde des titres, est tenu par cela même, de prendre les précautions les plus minutieuses pour en assurer la conservation ; il doit prendre pour les valeurs appartenant à ses déposants des soins encore plus grands que pour les siennes propres et, en cas d'événement grave, s'efforcer de sauver les valeurs de ses déposants avant les siennes. L'établissement dépositaire est responsable vis-à-vis du déposant de toutes les conséquences dommageables qui pourraient résulter d'un manquement à cette obligation ; il est, par conséquent, responsable des détournements qui viendraient à être commis par ses propres agents, il l'est aussi des vols qui seraient pratiqués dans ses bureaux, même par des personnes étrangères à son personnel, par suite d'un défaut de surveillance ou de précautions. Il est également responsable de l'incendie qui a éclaté en raison d'un vice de construction, ou par la négligence d'un employé, ou encore qui n'a pas été enrayé à temps parce que les mesures de sauvegarde usitées n'avaient pas été prises ; par contre, il ne pourrait être responsable d'un incendie qui viendrait à se déclarer au cours d'un bombardement, par exemple, parce qu'on serait bien là en présence d'un cas de force majeure absolument impossible à éviter ; il ne serait pas responsable non plus d'un pillage à main armée, à la suite d'une émeute. Comme on le voit, toutes ces questions ne peuvent se résoudre d'une façon uniforme mais par des distinctions ; en cas d'inondation également, il y aurait bien des hypothèses à examiner pour savoir à qui en faire supporter les conséquences. Un établissement qui installerait des coffres à portée d'un cours d'eau à crues périodiques fréquentes, commettrait certainement une imprudence et ne pourrait invoquer avec succès le cas de force majeure. Par contre, il nous paraît bien difficile d'impliquer la responsabilité des établissements de crédit dont les caveaux auraient été inondés par les dernières crues de la Seine ; il s'agit là d'un phénomène si extraordinaire, si imprévu de tous, dont les causes même sont si difficiles à expliquer pour les hommes les plus compétents, qu'on ne saurait raisonnablement reprocher aux banques de ne pas avoir pris de précautions pour se protéger à l'avance contre la catastrophe. Dès qu'elle a éclaté, d'autre part, le devoir des banques était de prendre immédiatement les mesures nécessaires pour enrayer les conséquences de l'envahissement et de s'efforcer de mettre les titres déposés à l'abri de l'eau.

*
* *

Il convient d'étudier maintenant la question des responsabilités dans l'hypothèse où les titres et valeurs sont renfermés dans des compartiments de coffres-forts pris en location dans une banque.

La situation est ici bien différente pour les porteurs de titres, ceux-ci n'ayant en mains aucune pièce qui établisse quel est le contenu de leurs coffres. De la sorte, en admettant même le principe de la responsabilité de l'établissement de cré-

dit qui loue les compartiments (et cette responsabilité existe, comme nous allons le voir), le porteur
va se trouver en présence d'une grosse difficulté :
faire la preuve du contenu du coffre-fort, afin de
pouvoir établir le chiffre du dommage subi. Il sera
ordinairement malaisé d'apporter cette preuve ;
on peut, à la rigueur, alléguer qu'on est propriétaire d'un titre en démontrant qu'on en a touché
régulièrement les coupons, mais comment prouver
que le titre en question était bien déposé dans le
coffre-fort sinistré? Au lieu de cela, le déposant
d'un titre qui peut produire son récépissé a entre
les mains un document qui fait foi à l'égard de
l'établissement qui l'a délivré.

Le récépissé de dépôt a encore une autre utilité
qui est loin d'être négligeable. Si les titres ont
complètement disparu par cas de force majeure et
que le porteur soit obligé d'en réclamer des duplicata, il aura en sa possession une pièce qui pourra
servir de commencement de preuve à l'égard des
sociétés qui ont émis ces titres. Cela ne le dis-
pensera certes pas de remplir les formalités prescrites par la loi en matière de titres perdus ou
volés, et d'attendre l'expiration des délais réglementaires, mais la question se bornera pour lui à
l'accomplissement de la procédure nécessaire. Il
n'aura à craindre les revendications de qui que ce
soit et fera aisément justice des oppositions qui
viendraient à être pratiquées sur le titre par erreur
ou par malveillance, ainsi qu'il arrive trop souvent.
Le juge aura confiance dans un récépissé de dépôt
qu'il saura ne pas avoir été établi pour les besoins
de la cause. Cette confiance sera d'autant plus
grande que le récépissé aura été délivré par un
établissement plus honorable, mieux coté, présentant plus de garanties.

Si la preuve du dommage subi est difficile à faire au cas de dépôt de valeurs dans un coffre loué, la responsabilité de l'établissement bailleur n'en existe pas moins ; s'il ignore le contenu exact des coffres, il sait que ceux-ci sont destinés à renfermer des objets précieux ou des valeurs mobilières et il est tenu de prendre les plus grandes précautions pour mettre les coffres et leur contenu à l'abri de toute déprédation et de toute détérioration, absolument comme le dépositaire de titres contre récépissé.

Les obligations du bailleur sont bien différentes de celles du propriétaire qui loue un appartement ou une boutique. Le prix relativement élevé de la location d'un compartiment de coffre-fort ne correspond guère aux dimensions restreintes de l'emplacement loué. Il y a aussi, en la circonstance, louage de services, c'est-à-dire que le bailleur fait payer les soins qu'il doit prendre pour protéger le contenu des coffres, pour le mettre à l'abri d'un coup de main, d'une effraction, d'un incendie, d'une inondation, d'un accident ou d'une catastrophe quelconque. Ces obligations résultent implicitement du contrat de location ; le bailleur qui n'aurait pas pris des mesures suffisantes pour éviter tout préjudice à ses locataires, n'aurait pas rempli les conditions du contrat et serait responsable du dommage causé par son fait ou par sa négligence. La preuve de ce dommage et son importance peuvent être établies par tous les moyens possibles notamment en produisant des fragments de valeurs devenues inutilisables, les débris d'objets précieux calcinés par l'incendie, les titres détériorés par l'inondation et par l'humidité. Il faut donc se garder, en cas de sinistre, de se défaire de débris, de résidus en apparence sans utilité.

Selon la règle habituelle, le bailleur de coffres ne répondra pas des cas de force majeure et ici encore la question de responsabilité se résoudra par des distinctions. S'il s'agit d'un incendie, il faut examiner s'il est dû à un défaut de surveillance, à un vice de construction de l'immeuble ou, au contraire, à un événement qu'il était impossible d'éviter. Le vol a-t-il été commis par un agent de la banque ou par un vulgaire cambrioleur, ou, au contraire, par une bande armée, pendant une insurrection?

S'il y a eu envahissement des coffres par les eaux, l'inondation devait-elle être prévue, les sous-sols ont-ils été construits imprudemment, trop à proximité d'un fleuve, ou, au contraire, la catastrophe résulte-t-elle des circonstances si exceptionnelles qu'on ne pourrait faire grief à l'établissement de crédit de ne pas s'en être préoccupé? Suivant qu'il s'agira d'un cas ou d'un autre, le bailleur sera ou non responsable.

Celui-ci n'a d'ailleurs pas seulement le devoir de prendre les précautions les plus minutieuses pour mettre les coffres à l'abri du vol, de l'incendie, de l'inondation; il a aussi l'obligation impérieuse de prévenir les locataires du danger qui peut survenir, ou, si les circonstances ne le lui ont pas permis, de la catastrophe qui s'est produite, afin qu'ils prennent d'urgence les mesures nécessaires pour la sauvegarde de leurs intérêts. Le propriétaire de titres mobiliers mouillés et souillés par l'eau pourra ainsi en les retirant immédiatement, éviter leur détérioration complète; le propriétaire de titres que leur état ne permet plus de négocier mais dont l'identification est encore possible, sera à même d'en demander d'urgence le remplacement, afin de pouvoir les réaliser en

Bourse le jour où il le jugera convenable ; enfin le propriétaire de titres complètement détruits aura la faculté de commencer sans plus de délais la procédure nécessaire pour obtenir le payement des arrérages et la délivrance de duplicata.

A ce propos — et c'est un avis essentiel — rappelons que le *porteur de valeurs mobilières qui les dépose dans un coffre, devra conserver par devers lui la liste exacte des numéros de ses titres et garder également dans un endroit différent, tous les documents qui pourraient, le cas échéant, servir à établir ses droits de propriété afin qu'ils ne puissent disparaître en même temps que les valeurs.*

Certaines personnes préfèrent déposer leurs titres dans un coffre-fort parce qu'elles s'imaginent qu'ils y sont mieux à l'abri des investigations fiscales, l'établissement de crédit qui loue des coffres ne pouvant être en cas de décès du locataire, tenu d'en déclarer à l'administration, le contenu qu'il ignore. *Nous ne saurions approuver ce raisonnement qui repose sur l'arrière-pensée qu'on peut dissimuler des titres au porteur et tromper le fisc au moyen de fausses déclarations. Dura lex sed lex.* C'est avant qu'elle ne soit édictée qu'on doit combattre la loi et non après. On gagnera encore plus à l'observer qu'à encourir de grosses amendes ou à risquer la sécurité de son portefeuille pour frauder l'enregistrement.

* *

Voici quelques renseignements relatifs aux justifications à produire lors du dépôt de titres dans un établissement de crédit :

Femme mariée obligée à remploi : Le contrat

de mariage et tous actes énoncés dans la déclaration de dépôt ; les pièces justifiant de la séparation si elle est judiciaire ; la déclaration de dépôt indiquera que les titres ne pourront être retirés ou aliénés qu'en se conformant aux conditions d'emploi prescrites par le contrat de mariage.

Mineur interdit ou aliéné non interdit : Les tuteurs ou administrateurs provisoires doivent justifier de leur qualité et produire la délibération du conseil de famille ou du conseil de surveillance de l'administration de l'assistance publique, ou de la commission administrative les autorisant à conserver les titres sous la forme au porteur et à les déposer dans une société de crédit. La déclaration de dépôt indiquera que les titres au porteur sont déposés pour qu'ils ne puissent être retirés ou aliénés que suivant les prescriptions de la loi du 27 février 1880.

Mineur émancipé : Justifier de son émancipation et de la nomination de son curateur. La déclaration de dépôt mentionnera que l'aliénation des valeurs ne pourra avoir lieu que conformément à la loi du 27 février 1880.

Grevé de restitution : Justifier de la nomination du tuteur à la restitution.

* *
* *

Il arrive que des titres aient disparu complètement de la cote et qu'il soit absolument impossible de leur assigner un prix quelconque ; ce sont, par exemple, des actions de sociétés tombées en déconfiture, des titres d'entreprises qui n'ont jamais existé que de nom, qui n'ont jamais donné de résultats. Faut-il se débarrasser de ces valeurs si on en possède en portefeuille ? La solution de la question variera selon qu'il s'agit, d'une part, d'obligations ou d'actions intégralement libérées, ou, d'autre part, d'actions partiellement libérées.

Dans le premier cas, obligations, actions dont le montant a été entièrement versé, il conviendra de les garder, car leur possession ne cause aucun risque et permet, au contraire, de courir la chance d'une répartition éventuelle, d'une reconstitution ou d'une reprise de l'affaire, si invraisemblable que soit parfois cette hypothèse.

S'il s'agit d'actions non libérées nominatives, la destruction du certificat ne suffit pas pour dispenser le titulaire qui est inscrit sur les registres de la société, des appels éventuels de fonds. Il faut qu'il les vende, même à tout prix, pour se décharger sur son cessionnaire de sa responsabilité. Encore reste-t-il garant solidaire des versements non effectués pendant une période de deux ans à dater de la cession.

Depuis la loi du 1er août 1893, les actions non libérées doivent rester nominatives, mais cette disposition n'a pas eu d'effet rétroactif et ne s'applique pas aux sociétés qui existaient avant sa promulgation. Les actions de ces sociétés ont pu conserver la forme au porteur, même si elles ne sont libérées que de moitié. Au premier abord, on pourrait penser qu'il n'y a pas d'inconvénient à posséder des actions au porteur, non libérées, de sociétés tombées en déconfiture. C'est là une croyance erronée, car les créanciers de la société ou leur représentant, liquidateur ou syndic, peuvent avoir connaissance de l'existence des titres entre les mains du porteur, établir juridiquement son droit de propriété et l'obliger à compléter les versements. Il est donc préférable de détruire des titres de ce genre si on en possède. Il faut surtout ne pas les laisser dépo-

sés sous un dossier à son nom dans les caisses
mêmes de la société où, en cas de faillite ou de
liquidation judiciaire, ils seraient immédiatement
trouvés par le syndic ou le liquidateur et pourraient donner lieu à un recours contre le propriétaire.

En résumé, si on examine la question de la conservation matérielle des titres, on constate que le
dépôt dans une banque contre récépissé ou celui
dans un coffre-fort pris en location, ont chacun
leurs avantages et leurs inconvénients respectifs.
Il est certain cependant que, dans le cas d'une catastrophe ayant pour conséquence la perte ou la détérioration de titres au porteur, la situation du rentier
qui aura en mains le récépissé de dépôt émanant
d'une banque sera bien plus favorable : il n'aura
aucune peine à faire la preuve de la consistance
de son dépôt, puisqu'il possédera un titre faisant
foi à l'égard de l'établissement dépositaire. Si le
principe de la responsabilité de cet établissement
est admis, il suffira au déposant de produire son
récépissé pour faire valoir ses droits. Au contraire,
même si on suppose l'établissement de crédit responsable du préjudice encouru, le locataire d'un
compartiment de coffre-fort aura à faire la preuve
de la nature et de la quantité des titres qui s'y
trouvaient renfermés. Si la perte des titres n'est pas
imputable au banquier et qu'il appartienne au capitaliste de faire les démarches nécessaires pour
obtenir la délivrance de duplicata, les formalités
lui seront certainement facilitées dans une large
mesure par la possession d'un récépissé de dépôt
émanant d'un établissement entièrement digne de
foi.

Un capitaliste qui possède un portefeuille important agira prudemment en répartissant ses titres pour la garde entre plusieurs établissements de façon que si pour une raison quelconque l'accès des caveaux de l'un de ces établissements se trouvait momentanément interdit, il soit permis de pénétrer dans les autres.

Si on répartit les titres en dépôt contre récépissé entre plusieurs établissements, il ne faut pas procéder au hasard. Il convient de confier à chacun d'eux les titres des emprunts ou des entreprises dont il est chargé d'assurer le service financier. Cette précaution présente un avantage au point de vue de l'encaissement rapide des coupons et des titres amortis, de la surveillance des tirages. On pourra aussi diminuer de la sorte les frais de garde, certaines sociétés conservant dans leurs caisses, sans percevoir de droits, leurs propres actions.

On a pu voir aussi combien il est prudent de conserver toujours par devers soi une certaine somme d'argent, en rapport avec ses dépenses courantes, pour faire face aux besoins les plus pressants, afin de ne pas se trouver dans l'embarras si un événement quelconque rend disponible l'entrée dans les chambres fortes.

Il est du devoir de l'établissement de crédit qui reçoit des titres en dépôt contre récépissés ou qui loue des coffres-forts, de tenir les valeurs à l'abri de tout dommage. Si, malgré toutes les précautions prises, des titres ont été atteints par l'inondation, il doit, dans la mesure du possible, aider les titulaires des dépôts ou les locataires des compartiments à remédier aux pertes ou aux détériorations subies ; il doit notamment les prévenir d'urgence que des titres sont ou ont pu être endommagés afin qu'ils prennent sans retard les mesures que comporte la situation.

De son côté, le locataire averti doit faciliter à la banque la mise en état des coffres inondés, en permettre l'asséchage immédiat. Il doit aussi se préoccuper de vérifier le dommage qu'ont pu subir les titres enfermés, faire le nécessaire pour que ce dommage ne s'aggrave pas et remplir les formalités requises pour obtenir, s'il y a lieu, la délivrance de nouveaux titres. Ces démarches peuvent être longues ; il ne faut donc pas attendre pour les commencer qu'on ait besoin de réaliser ses valeurs ; autrement on se trouvera dans l'impossibilité de les livrer et, par suite, dans un grand embarras.

Des titres perdus, détruits ou volés.

Quelles mesures la loi a-t-elle prises pour protéger le propriétaire d'un titre au porteur qui, par suite de perte, de destruction ou de vol, n'est plus en possession de son titre ? La législation a plusieurs fois varié sur cette importante question.

Sous le régime du Code civil, la situation du propriétaire à qui des valeurs mobilières avaient été soustraites, était des plus précaires ; en effet, la revendication d'un titre perdu, détruit ou volé ne pouvait avoir lieu que pendant trois ans et, si le titre se trouvait entre les mains d'un porteur de bonne foi qui l'avait acheté en Bourse ou chez un changeur, le propriétaire dépossédé ne pouvait revendiquer ses valeurs qu'en remboursant au détenteur actuel le prix qu'il en avait payé, ce qui, on le voit, enlevait, le plus souvent, tout intérêt à la revendication.

On ne pouvait non plus obtenir de l'établissement émetteur du titre le payement des intérêts ni celui du capital, devenu remboursable, si on n'était en mesure de représenter le titre. Le propriétaire dépossédé n'avait qu'une seule ressource, c'était de demander la consignation à la caisse des dépôts et consignations des sommes exigibles, au fur et à mesure de leur échéance, en vue de se les faire attribuer au bout de cinq ans, ou au bout de trente ans, suivant qu'il s'agissait d'intérêts ou de capital. Pendant ces longs délais, le porteur dépossédé de valeurs mobilières était privé de ses fonds ; la perte de valeurs mobilières pouvait donc causer la ruine complète du porteur.

La loi du 15 juin 1872 chercha à donner une sécurité plus grande à la possession des titres au porteur. Ainsi que sa date l'indique, cette loi a été déterminée par des circonstances politiques ; elle a été adoptée à la suite d'événements désastreux qui avaient amené, sous la Commune de Paris, la dépossession d'un très grand nombre de porteurs de titres, en raison des détournements, des incendies qui avaient eu lieu pendant cette période troublée de notre histoire. La loi de 1872, ainsi qu'on l'a dit fort justement [1], était donc une loi d'actualité. Elle n'en constituait pas moins un progrès notable sur le régime antérieur du Code civil.

Le système de la loi de 1872 consistait principalement dans la signification, par le porteur dépossédé qui voulait sauvegarder ses droits, de deux oppositions par exploit d'huissier, l'une faite au syndicat des agents de change, l'autre à l'établissement débiteur ; la première avait pour objet d'empêcher la négociation du titre ; la seconde, de suspendre le service du payement des coupons et du remboursement du capital devenu exigible.

Par une heureuse et utile innovation, la loi de 1872 permettait à la personne qui avait subi la

---

1. M. Grivard, rapporteur au Sénat de la loi du 8 février 1902.

dépossession de toucher les intérêts échus et de se faire délivrer un duplicata de son titre à l'expiration de certains délais, sans attendre, comme précédemment, un terme de cinq ans ou de trente ans, suivant les cas.

Cette réforme, qui contenait des dispositions si intéressantes, offrait pourtant encore de sérieux inconvénients que l'on ne tarda pas à reconnaître à son application et auxquels il convenait d'apporter remède.

Les deux oppositions au syndicat des agents de change et à l'établissement débiteur, dont nous venons de parler, n'étaient pas liées l'une à l'autre, de sorte que l'opposition à l'établissement débiteur n'était pas nécessairement précédée ou accompagnée d'une opposition au syndicat des agents de change. On était donc exposé, sous l'empire de la loi de 1872, à acheter, sur le marché, des titres qui, à la suite d'une opposition faite à l'établissement débiteur, mais non signifiée au syndicat, étaient placés en interdit; le service du payement des coupons et de remboursement du capital était suspendu sur ces valeurs. Il n'y avait aucun moyen de se protéger contre cette situation désagréable.

De plus, de nombreuses oppositions étaient formées sans droit, les unes inconsidérées, d'autres calculées ou même frauduleuses, par pur chantage, pour spéculer sur l'intérêt du porteur à se débarrasser de l'opposition qui frappait son titre moyennant un sacrifice d'argent [1]. Il fallait s'efforcer de rendre plus facile et moins coûteuse la procédure ayant pour objet la mainlevée des oppositions.

C'est en vue de remédier, dans la mesure du

---

1. M. Grivard, rapport au Sénat.

possible, à ces divers inconvénients et à d'autres encore, relevés par la pratique, que fut proposée et adoptée la loi du 8 février 1902, dont les dispositions, modifiant celles de la loi du 15 juin 1872, constituent aujourd'hui le régime applicable aux titres perdus et volés.

Les modifications introduites par cette nouvelle loi portent principalement sur les points suivants :

1° Obligation imposée au propriétaire dépossédé de pratiquer une double opposition, l'une au syndicat des agents de change, l'autre à l'établissement débiteur ;

2° Détermination des conditions imposées aux porteurs dépossédés de titres ne produisant pas ou ayant cessé de produire des intérêts ou dividendes, pour être autorisés à exercer provisoirement les droits attachés aux titres ;

3° Déchéance de la double opposition dans le cas de non renouvellement de la publication au Bulletin du Syndicat des agents de change ;

4° Obligation, au cas de délivrance d'un duplicata, de garantir la publication des numéros des titres pour le nombre d'années représenté par la feuille des coupons attachés au titre ;

5° Organisation d'une procédure facile, rapide et peu coûteuse, en matière de mainlevée des oppositions et attribution d'une compétence particulière, en cette matière, à la juridiction des référés.

De plus, la loi de 1902 a précisé certains points qui avaient fait difficulté dans la jurisprudence, notamment quant à la contradiction des oppositions et quant à l'époque où la négociation des titres à la Bourse doit être considérée comme effective.

Ces diverses réformes apportées à la liquidation antérieure, et notamment la simplification de la procédure tendant à la mainlevée des oppositions, sont des plus intéressantes pour le porteur de titres mobiliers.

Les principales dispositions de la loi du 8 février 1902, modifiant celle du 15 juin 1872, qui intéressent les porteurs de titres sont les suivantes :

Le propriétaire dépossédé de titres au porteur, doit *immédiatement* faire notifier par un huissier, au syndicat des agents de change, à Paris, un acte d'opposition indiquant le nombre, la nature, la valeur nominale, les numéros et, s'il y a lieu, la série des titres. Cet acte contient réquisition de publier les numéros des titres dans le *Bulletin des oppositions* que fait paraître quotidiennement le syndicat des agents de change; il doit aussi énoncer, autant que possible, l'époque où le porteur dépossédé est devenu propriétaire, ainsi que le mode de son acquisition ; l'époque et le lieu où il a reçu les derniers intérêts et dividendes ; les circonstances qui ont accompagné sa dépossession.

Notification doit être également faite par huissier à l'établissement débiteur. L'acte signifié à cet établissement contient les mêmes indications que celles mentionnées dans l'exploit signifié au syndicat et, de plus, *à peine de nullité*, une copie certifiée par l'huissier, de la quittance délivrée par le syndicat des agents de change, du coût de la publication au bulletin quotidien des numéros des titres perdus ou volés.

Grâce à cette dernière disposition, introduite par la loi du 8 février 1902, il devient désormais impossible de faire opposition au siège de l'établissement débiteur, sans qu'il ait été fait opposition préalable au syndicat des agents de change de Paris ; on ne peut donc plus suspendre ou entraver le service d'un titre qui resterait néanmoins négociable, ainsi que cela se produisait précédemment.

Si le porteur a été dépossédé seulement de coupons détachés du titre, il n'est pas nécessaire de faire opposition au syndicat des agents de change, ni d'insérer les numéros au bulletin quotidien; il suffit de notifier la perte à l'établissement débiteur, afin d'éviter qu'il paye à un tiers le montant des coupons.

A l'expiration de quel délai et après avoir rempli quelles formalités, le porteur dépossédé pourra-t-il encaisser ses arrérages, se faire rembourser le capital du titre amorti ou même obtenir la délivrance d'un duplicata ? Ces divers points sont régis par les dispositions légales que nous résumons ci-après :

Lorsqu'il s'est écoulé une année depuis l'opposition, sans qu'elle ait été contredite formellement par un tiers se prétendant propriétaire du titre frappé d'opposition, et que, dans cet intervalle, deux termes au moins d'intérêt ou de dividende aient été mis en distribution, l'opposant peut se pourvoir auprès du président du tribunal civil du lieu de son domicile, afin d'obtenir l'autorisation de toucher les intérêts ou dividendes échus, ou même le capital du titre au cas où il deviendrait exigible.

S'il s'agit de titres qui ne donnent pas droit à des intérêts ou dividendes, ou à l'égard desquels il y a eu cessation des distributions périodiques, le même droit peut être exercé par le porteur dépossédé, lorsqu'il s'est écoulé un délai de trois ans depuis l'opposition, sans qu'elle ait été contredite.

Si le président du tribunal civil accorde l'autorisation qui lui est demandée, l'opposant doit encore, pour pouvoir toucher les intérêts ou dividendes échus, fournir une caution solvable. Ce n'est qu'après deux ans écoulés depuis l'autorisation, sans que l'opposition ait été contredite, que la caution est déchargée. La caution pourra être fournie en titres ou valeurs agréés par l'établissement débiteur.

L'opposant ne veut-il pas fournir la caution requise ou n'est-il pas en mesure de le faire, il peut, sur le vu de l'autorisation accordée par le président, exiger de la compagnie le dépôt à la caisse des dépôts et consignations des intérêts ou dividendes échus et de ceux à échoir au fur et à mesure de leur exigibilité. Après deux ans écoulés depuis l'autorisation, sans que l'opposition ait été contredite, l'opposant peut retirer de la caisse des dépôts et consignations les sommes déposées et percevoir librement les intérêts ou dividendes à échoir.

Si le capital des titres frappés d'opposition est devenu exigible, l'opposant qui a obtenu l'autorisation du président du tribunal civil peut également en toucher le montant à charge de fournir caution, ou bien, s'il le préfère, exiger le dépôt du capital à la caisse des dépôts et consignations. La caution est déchargée, ou le dépôt peut être retiré de la caisse des consignations, lorsqu'il s'est écoulé dix ans depuis l'époque de l'exigibilité et cinq ans au moins à partir de l'autorisation du président, toujours à la condition que l'opposition n'ait pas été contredite.

Quand il s'agit de coupons au porteur détachés du titre, l'opposant peut en réclamer le montant à l'établissement débiteur, après trois années à compter de l'échéance et de l'opposition, sans être tenu de se pourvoir d'autorisation.

Lorsqu'il s'est écoulé dix ans depuis l'autorisation obtenue par l'opposant et que, pendant le même laps de temps, l'opposition a été publiée régulièrement sans que personne se soit présenté pour recevoir les intérêts ou dividendes, l'opposant peut exiger de l'établissement débiteur qu'il lui soit remis un titre semblable et subrogé au premier. Ce titre portera le même numéro que le titre originaire, avec la mention qu'il est délivré *par duplicata*. Le titre délivré en duplicata confère les mêmes droits que le titre primitif ; il est négociable dans les mêmes conditions. Le titre primitif est frappé de déchéance ; le tiers porteur qui le représentera après la remise du nouveau titre à l'opposant, n'aura qu'une action personnelle contre celui-ci, au cas où l'opposition aurait été faite sans droit ; il n'aura aucune action vis-à-vis de l'établissement débiteur qui aura délivré le duplicata, après l'accomplissement des formalités requises par la loi.

L'opposant qui réclame de l'établissement un duplicata doit supporter les frais occasionnés par la confection de ce duplicata. Il doit, de plus, payer à l'avance la publication faite au bulletin, à la rubrique des titres frappés de déchéance, pour le nombre d'années représenté par la feuille des coupons attachés au titre, sans que cette publication puisse, en aucun cas, être limitée à une durée inférieure à dix ans.

Le syndicat des agents de change est tenu de publier, dans un bulletin quotidien, les numéros des titres dont la dépossession lui est notifiée. Un mois après l'échéance de la publication non renouvelée par l'opposant, le syndicat doit faire parvenir à l'établissement débiteur la liste des titres qui n'auront pas été maintenus au bulletin des oppositions ; cette notification opérée par le syndicat tient lieu de mainlevée de l'opposition.

Toute négociation postérieure au jour où le bulletin est parvenu ou aurait pu parvenir par la poste dans le lieu où elle a été faite, est sans effet vis-à-vis de l'opposant. La négociation qui rend sans effet toute publication postérieure de l'opposition, est réputée accomplie dès le moment où a été opérée sur les livres des agents de change l'inscription des numéros des titres vendus pour compte du donneur d'ordre et livrés par lui.

Le porteur d'un titre frappé d'opposition peut poursuivre la mainlevée de cette opposition de la manière suivante : il fera sommation à l'opposant d'introduire, dans le mois, une demande en revendication qui sera portée devant le tribunal civil. Cette sommation indiquera, autant que possible, l'origine et la cause de la détention du titre, ainsi que la date à partir de laquelle le porteur est à même d'en justifier. La sommation contient, en outre, assignation à comparaître, dans un délai qui ne peut être moins d'un mois, à l'audience des référés, devant le président du tribunal civil du porteur, pour y entendre, dans des cas déterminés, prononcer la mainlevée de l'opposition. La procédure des référés, introduite dans la matière dont nous nous occupons, par une heureuse innovation de la loi du 8 février 1902, permet d'obtenir, de manière rapide et peu coûteuse, la mainlevée d'oppositions pratiquées sans droit.

.·.

Les règles que nous venons d'indiquer s'appliquent à tous les titres au porteur, actions et obligations, émis par des sociétés, des départements, des communes ou des établissements publics ; par contre, il y a deux catégories très importantes de titres qui ne sont pas régis par les dispositions des lois de 1872 ou de 1902. Ce sont, en premier lieu, les rentes sur l'État qui ont été exclues du bénéfice de la loi du 15 juin 1872 parce qu'elles ne sont, en principe, passibles d'aucune opposition. Le Trésor prend seulement note des déclarations qui lui sont adressées par les porteurs dépossédés et leur délivre un duplicata, moyennant le dépôt de valeurs nominatives ou d'une somme égale au capital du titre augmenté de cinq années d'arrérages. Ce cautionnement est restitué si, dans les vingt ans, les tiers porteurs n'ont formé aucune demande, soit pour les arrérages, soit pour le capital. Le Trésor est alors définitivement libéré à l'égard des porteurs des titres originaires qui n'ont qu'une action contre celui qui a obtenu la délivrance du duplicata.

Les titres auxquels nous avons fait encore allusion et qui échappent malheureusement aux dispositions favorables de notre législation sur les valeurs au porteur perdues ou volées, ce sont les titres étrangers. La loi française ne peut, en effet, obliger une société étrangère à verser, dans certaines conditions, au porteur dépossédé, le montant de ses coupons ou de ses titres amortis, pas plus qu'à lui en délivrer un duplicata. La loi française ne peut non plus empêcher la négociation d'un titre international perdu ou volé en France d'être valablement faite sur une place étrangère. C'est là une lacune de la législation financière, d'autant plus grave que l'importance des valeurs étrangères circulant sur le marché français est plus grande de jour en jour. Il conviendrait d'assurer au Français qui prête ses capitaux à des entreprises étrangères une sécurité au moins équivalente à celle que possède le porteur de titres français. On n'obtiendra ce résultat si désirable qu'à la suite d'accords internationaux à la conclusion desquels sont intéressés tous les porteurs de titres des nations civilisées.

Quand un titre est frappé d'opposition au moment de l'achat, cet achat devient nul et l'agent de change ou le banquier vendeur de ce titre doit remettre au client acheteur une autre valeur régulière. Si l'opposition est postérieure à l'achat, la personne qui a fait cette opposition est responsable, vis-à-vis du détenteur de bonne foi, de tous les payements de coupons, tirages, etc., pouvant échoir au titre frappé d'opposition.

Voici quelques renseignements pratiques sur les mesures à prendre et les formalités à accomplir en cas de perte, de destruction ou de vol de titres.

En cas de perte, de destruction ou de vol d'inscriptions de *rentes françaises nominatives*, les titulaires de ces inscriptions ou leurs représentants autorisés doivent, sans retard, former opposition, par acte d'huissier ou par une pétition timbrée, entre les mains du ministre des finances, au transfert et au payement des arrérages.

Pour obtenir le remplacement des inscriptions de rentes perdues, les rentiers doivent produire, en outre, une déclaration de perte faite devant le maire de leur domicile. Cette déclaration doit être faite, en présence de deux témoins chargés de constater l'identité des demandeurs, dans la forme prescrite par le décret du 3 messidor an XII.

Les dispositions qui précèdent sont applicables aux titres mixtes, sauf en ce qui concerne l'oppo-

sition au payement, laquelle n'est pas admissible
pour les coupons au porteur.

En cas de perte d'un récépissé ou d'un bulletin
de dépôt délivré au porteur en représentation des
inscriptions de rentes dont ils ont opéré le dépôt
aux guichets du Trésor les justifications à produire
sont les suivantes :

1° Production d'une décharge notariée portant
déclaration de perte du récépissé ou bulletin de
dépôt ;

2° Intervention d'un agent de change certifiant
l'identité du déclarant.

Lorsque des coupons de rente française au porteur ou mixte ont été perdus, détruits ou volés, les
personnes à qui ces coupons appartiennent doivent
immédiatement en avertir le ministre des finances.
Au bout de cinq ans, le ministre autorise le payement du montant de ces coupons au profit de la
personne qui en a déclaré la disparition, mais à la
condition que, dans l'intervalle, aucun payement
n'ait été effectué entre les mains d'un tiers détenteur. Pour ne pas attendre l'expiration de la cinquième année, la personne qui a perdu ses coupons
peut en obtenir le remboursement immédiat en
déposant au Trésor un cautionnement ou une inscription de rente nominative de même valeur que
les coupons à recevoir. On évite ainsi une perte
d'intérêts.

En cas de perte d'un *bon du Trésor au porteur*,
aucune opposition n'est recevable (Loi du 15 juin
1872, art. 16), il n'est pas délivré de duplicata et
le remboursement n'est autorisé par le ministre
qu'après le dépôt d'un cautionnement d'une durée
de vingt ans.

Si le bon du Trésor est à ordre, il faut faire
opposition entre les mains du caissier-payeur cen-

tral. Moyennant le dépôt d'un cautionnement égal
à la valeur du bon, cautionnement que le Trésor
conservera pendant cinq ans, on peut obtenir le
remboursement du bon, perdu ou volé.

Un assez grand nombre de valeurs étrangères
sont munies d'une feuille de coupons qui n'est pas
attachée au titre même. En cas de perte de cette
feuille, il faut faire les mêmes démarches que s'il
s'agissait du titre : faire opposition entre les mains
de la compagnie; écrire au syndic des agents de
change si la valeur se négocie à Paris; faire inscrire le numéro de la feuille de coupons perdue
dans le *Bulletin des oppositions*.

La plupart des gouvernements étrangers n'acceptent aucune opposition sur leurs titres de rente,
en cas de perte, incendie, vol. Quand un capita-
taliste perd un de ses titres, les mesures qu'il peut
employer risquent de n'avoir aucune sanction. La
première chose à faire est de faire signifier par un
huissier la perte ou le vol de son titre au syndicat
des agents de change de la Bourse de Paris, et
d'user des mêmes mesures que s'il s'agissait de la
perte d'un titre français. Il faut ensuite écrire à
l'ambassadeur ou au représentant du pays étranger, domicilié à Paris, et lui signaler la perte ou le
vol dont on est la victime. On peut aussi signaler
le vol dans les principaux journaux des pays étrangers où la valeur perdue a pu être négociée.

Les requêtes adressées à la commission impériale
russe d'amortissement à l'égard des titres disparus doivent être libellées aussi clairement et lisi-
blement que possible, et elles doivent spécifier :

1° Le nom et le prénom du requérant;

2° Son adresse (pays, province ou département,
ville et localité et, le cas échéant, le numéro de la
rue);

3° La dénomination exacte de l'emprunt auquel appartiennent les titres (à défaut de la dénomination officielle, on pourra donner celle usitée pour désigner l'emprunt respectif à telle ou telle Bourse);

4° Le numéro d'ordre de l'émission ou de la série, par exemple : « emprunt russe 4 % or; 3ᵉ émission 1890, » ou « obligations consolidées russes 4 % des chemins de fer 1889; 2ᵉ série »;

5° Les numéros des titres disparus et le montant nominal de chaque coupure.

En cas de perte, de destruction ou de vol d'un récépissé de titres déposés à la Banque ou dans des sociétés de crédit, il faut prévenir immédiatement soit par dépêche, soit par lettre chargée, le gouverneur de la Banque ou le directeur de ces établissements, de la perte ou du vol dont on est victime; indiquer les numéros du récépissé, la nature des titres déposés, la date à laquelle ledit récépissé a été délivré, et recommander, en même temps, à ces établissements, de ne délivrer à personne les titres inscrits sur ces récépissés.

Ces précautions préliminaires remplies, il faut demander aux établissements financiers les formalités nécessaires pour obtenir la délivrance d'un nouveau récépissé de dépôt, formalités qui ne sont pas les mêmes dans toutes les sociétés.

De la vérification des tirages.

Le porteur de valeurs remboursables par voie de tirage au sort doit, lors de chaque échéance de coupons, s'assurer que ses titres ne sont pas amortis; en effet, du jour où une valeur devient remboursable, elle cesse de porter intérêts. Si le porteur omet de vérifier les listes de tirage et s'abstient de présenter son titre au remboursement à l'échéance fixée, il perd depuis cette date, son droit à la perception des arrérages.

Il arrivait fréquemment autrefois qu'un rentier continuât, lors des échéances des coupons, à présenter aux guichets de la société débitrice les coupons d'un titre amorti ; ces coupons lui étaient payés parfois pendant plusieurs années, bien qu'ils ne fussent pas dus ; puis, soit le porteur, soit l'établissement chargé du service de la valeur, s'apercevaient enfin que le titre était sorti à un tirage précédent ; le rentier présentait son obligation au remboursement ; on lui en versait le montant, mais en déduisant tous les coupons indûment payés. Si, par exemple, la date de remboursement remontait à deux ou trois années, on payait au porteur le capital de son titre, défalcation faite des coupons payés pendant cette période : il avait donc perdu deux ou trois ans d'intérêts.

Le législateur a trouvé trop lourde la punition ainsi infligée au rentier négligent et il a vu dans le fait, de la part d'un établissement débiteur, de continuer à payer des coupons sur un titre amorti, une faute professionnelle dont les conséquences ne doivent pas incomber au porteur. Aussi une disposition ayant pour but de remédier à l'état de choses antérieur fut-elle introduite dans la loi du 1ᵉʳ août 1893 qui a modifié la loi fondamentale sur les sociétés, du 24 juillet 1867. Il résulte de ce texte que « dans le cas où les sociétés ont continué à payer les intérêts ou dividendes des actions, obligations ou tous autres titres remboursables par suite d'un tirage au sort, elles ne peuvent répéter ces sommes lorsque le titre est présenté au remboursement. »

Le rentier, ainsi protégé contre sa propre négligence, est-il dès lors dispensé du soin de vérifier les listes de tirage et peut-il s'en reposer entièrement sur les sociétés ? Non, il a encore intérêt à le faire.

En premier lieu, s'il s'agit de valeurs étrangères auxquelles la loi française n'est pas applicable, la nécessité de vérifier les tirages reste la même.

Puis, même s'il s'agit de valeurs françaises, soumises à la disposition que nous venons d'indiquer, l'utilité de vérifier les listes de tirage subsiste encore dans une certaine mesure : en effet, prenons comme exemple une valeur remboursable tous les six mois, les 1er janvier et 1er juillet, dates qui sont aussi celles d'échéance du coupon, et supposons que les tirages aient lieu quinze jours avant les dates de remboursement, soit les 15 décembre et 15 juin. Un titre est sorti au tirage du 15 décembre, pour remboursement le 1er janvier suivant : le coupon du 1er janvier est encore bien dû ; la société débitrice ne commet donc aucune négligence en le payant sans avertir le porteur que son titre est amorti et remboursable. Ce n'est que le 1er juillet seulement, que le coupon échu ne sera pas dû ; la société en avertira le porteur à présentation du coupon et lui remboursera le capital du titre amorti, sans lui payer le coupon de juillet ; elle ne sera pas en faute et, pourtant, le rentier aura perdu six mois d'intérêt.

Il est encore très utile de vérifier les listes de tirage des titres que l'on possède, avant de les réaliser ; autrement, on peut vendre des titres sortis à un tirage récent, avec prime ou même avec un lot. Si l'intermédiaire ou l'acheteur négligent d'en prévenir le vendeur, celui-ci peut perdre le bénéfice de la prime ou du lot.

Enfin, la nécessité de suivre régulièrement les tirages de valeurs à lots s'impose surtout quand il s'agit de titres qui ne sont pas munis de coupons, tels que les bons de Panama, les bons de la Presse, les bons du Congo, etc. ; il n'y a personne, en ce cas, qui puisse prévenir le porteur puisqu'il n'y a pas de coupons à présenter ; on peut se trouver ainsi en possession d'une fortune, sans le savoir, et continuer à l'ignorer longtemps, jusqu'à ce qu'un hasard ou une circonstance exceptionnelle vienne le révéler au propriétaire du titre ou à ses ayants droit. La prime et le lot pourront même être entièrement perdus pour le porteur et aussi pour les héritiers, si un délai de trente ans s'est écoulé depuis la date de remboursement, sans que le payement ait été réclamé. Après ce laps de temps, le titre est prescrit et le capital remboursable est acquis soit à l'État, soit à la société débitrice.

Le délai de prescription pour un capital amorti, soit au pair soit avec prime, qui est de trente ans d'après la loi française, peut être différent et plus court s'il s'agit de titres étrangers soumis à des législations autres que la nôtre ; il importe donc que le porteur d'un titre étranger démuni de coupons ne néglige pas pendant une période trop longue, de s'assurer si le titre n'est pas remboursable ; autrement il risque de perdre entièrement le capital de cette valeur.

Quant aux coupons, ils se prescrivent, d'après la loi française, par un délai de cinq ans.

Les porteurs de valeurs mobilières qui les ont déposées en garde chez des établissements de crédit s'imaginent parfois être à l'abri de tous les risques que nous venons de signaler et pouvoir s'en remettre à l'établissement dépositaire pour la vérification d'∙∙ tirages. La plupart du temps il n'en est rien ; les établissements dépositaires de valeurs de Bourse ne se considèrent généralement pas tenus de véri-

fier les listes de tirage concernant ces titres. D'après
eux, le droit de garde perçu sert uniquement de
rémunération pour la conservation du titre et l'encaissement des coupons; le soin de vérifier les tirages
incombe toujours au porteur et un droit spécial est
prélevé pour se charger de cette vérification et assumer la responsabilité.

La commission comptée par les établissements
de crédit pour ce service est ordinairement égale à
la moitié des droits de garde. Nous n'avons pas à
apprécier si les banques ont raison ou tort de prélever, en dehors du droit de garde, une commission spéciale pour assurer la charge de la vérification des tirages. C'est à elles qu'il appartient de
décider si les frais supplémentaires occasionnés par
le pointage des listes de tirage comportent réellement une rémunération supplémentaire, grevant
les frais de garde de 50 %. C'est aux déposants
aussi à examiner s'ils veulent ou non se réserver
le soin de suivre eux-mêmes les tirages ou s'ils
préfèrent s'en remettre pour ce travail aux établissements dépositaires, en leur versant une rémunération à cet effet.

Mais ce qui est indispensable, c'est que le porteur de valeurs mobilières soit prévenu expressé-
ment lorsqu'il les dépose aux guichets d'une
banque, que celle-ci n'assume pas la charge de la
vérification des tirages. Mention de cette restriction devrait être faite sur le récépissé de dépôt, en
caractères bien apparents. Autrement, le public des
porteurs de titres peut être induit en erreur et
croire effectuée par l'établissement dépositaire une
vérification qui, en réalité, ne l'est par personne.

Quand on possède des obligations cotées au-dessus du pair, c'est-à-dire remboursables moins cher
qu'elles ne coûtent, il faut avoir soin de vérifier si

les tirages s'effectuent par séries, ou obligation par obligation. Si les tirages ont lieu par série, et que l'on possède des titres dont les numéros se suivent, il ne faut pas hésiter à les vendre et à les racheter ensuite le lendemain ou le surlendemain, de façon à obtenir des obligations à numéros espacés. On prolonge ainsi ses risques de remboursement.

La surveillance des tirages des emprunts étrangers est particulièrement délicate et difficile. Quand des valeurs portent plusieurs numéros, soit des inscriptions d'ordre, soit des indications de séries, soit enfin l'indication du véritable numéro du titre, il faut bien faire attention surtout à ce dernier numéro, qui, dans les tirages de remboursement, est le seul valable. Plusieurs emprunts étrangers ont des titres d'unités et des coupures de 5, 10, 25 titres. En général, les coupures de 5, 10, 25 sont libellées comme suit : nos 837.351 à 837.375 pour une coupure de vingt-cinq obligations : 1.010.041 à 1.010.050 pour une coupure de dix obligations : ce sont ces numéros qu'il faut consulter.

CONCLUSION

RÉSUMÉ DES CONSEILS PRATIQUES

Les conseils que nous avons donnés dans ce volume peuvent se résumer de la manière suivante :

I

Il faut placer son épargne : 1° pour qu'elle soit mieux en sûreté que si elle était gardée à domicile ; 2° pour qu'elle soit productive d'intérêts ; 3° dans un intérêt économique général, l'argent improductif étant perdu pour la circulation et pour les affaires.

II

Il ne faut pas placer toute son épargne ; il faut toujours conserver par-devers soi une certaine somme liquide pour parer aux éventualités les plus pressantes, en cas d'événements inattendus, de manière à pouvoir faire face à ses dépenses normales pendant deux ou trois mois.

Il convient aussi d'avoir en dépôt à la Banque de France, dans un établissement de crédit ou dans une banque de premier ordre que l'on connaît depuis longtemps, dont on a pu apprécier la marche prudente, une certaine somme, proportionnée à ses ressources, rapportant un petit intérêt et *pouvant être retirée d'une minute à l'autre*, sans formalité, au moyen d'un simple chèque ou reçu.

Les sommes ainsi disponibles ou réalisables d'une façon immédiate ne sont pas seulement utiles en cas d'événement grave ; elles peuvent aussi servir, le cas échéant, à profiter d'une occasion inopinée et passagère, de faire un placement avantageux ; mais la réserve ainsi employée devra être aussitôt reconstituée.

III

La plus grande prudence sera observée dans les placements ; on ne doit sacrifier jamais la sécurité à l'importance plus grande du revenu ou à l'accroissement du capital. Pour obtenir en plus quelques centimes pour cent de rente, il faut se garder de risquer la perte partielle ou totale de son capital. Conserver sa tranquillité d'esprit, ne pas s'inquiéter chaque jour si telle valeur que l'on possède hausse ou baisse, vaut bien un sacrifice de quelques centimes de revenu en plus ou d'une plus-value de capital de quelques francs. Ce conseil s'applique surtout aux petits épargnants, aux petits rentiers, aux personnes à qui l'âge ne permet plus de chercher des ressources dans le travail et qui ne peuvent compter pour vivre, sans être à la charge d'autrui, que sur leur modique capital ; mais les porteurs de titres de toutes catégories devront en faire leur profit ; tous devront se garder de placements aventureux et irréfléchis, effectués au hasard, sans être renseignés, sur la foi d'une indication non contrôlée, émanant d'une source plus ou moins douteuse.

IV

Les mêmes placements ne conviennent pas à toutes les fortunes, à toutes les situations. Il y a, à la Bourse, un nombre considérable de valeurs ; elles sont toutes différentes les unes des autres par un point ou par un autre ; il n'y a pas deux valeurs de Bourse absolument identiques : les rentes sont dissemblables des obligations et celles-ci des actions. Les emprunts d'un Etat ne valent pas ceux d'un autre Etat ; les obligations d'une ville celles d'une autre ville ; les actions d'une société celles d'une autre société. Deux emprunts d'un même Etat diffèrent par la durée de l'amortissement, par les garanties, par le type de l'intérêt, par la fréquence des tirages, par l'importance de la prime de remboursement, etc.

Toutes ces valeurs ne doivent pas être choisies indifféremment ; les unes conviendront à certains portefeuilles qui peuvent supporter quelques risques ; d'autres devront en être complètement exclues.

V

Le travailleur, le petit rentier, les personnes qui ne disposent que des fonds strictement nécessaires pour assurer leur existence, doivent se limiter exclusivement à des placements de tout repos : caisses d'épargne, caisse de retraites pour la vieillesse, fonds d'Etat français, obligations de la Ville de Paris, du Crédit Foncier, des grandes compagnies de chemins de fer français.

Ils ne feront pas fortune avec de tels placements, mais ils ne perdront pas le peu qu'ils possèdent, car si jamais de tels emplois de fonds étaient menacés, tous les autres placements, quels qu'ils soient, seraient grandement menacés ou compromis. Le capitaliste, le rentier français qui, avant et depuis la guerre de 1870, alors que le 3 % valait 75 fr. 10

au plus haut sous l'empire et tombait à 50 fr. 35 en 1871, a conservé bien tranquillement ses rentes en portefeuille et en a acheté d'autres, au lieu de courir après une quantité de titres qui lui étaient offerts, voit aujourd'hui son capital accru ; il a reçu régulièrement ses intérêts. D'autres capitalistes qui ont recherché des valeurs « qui peuvent monter » se sont ruinés.

VI

Les capitalistes qui sont au large dans leurs ressources peuvent élargir le cercle de leurs placements ; mais ils ne doivent pas oublier que les titres de premier ordre, ayant un large marché, bien connus, facilement négociables, doivent constituer le noyau de toute fortune.

VII

Il convient d'acheter, de préférence, les obligations et titres à revenu fixe qui sont cotés au-dessous du pair ; sinon, on s'expose à perdre, lors du remboursement, l'excédent du prix sur la valeur au pair. Si on achète ou possède des titres cotés au-dessus du pair, on s'assurera contre les risques de remboursement par voie de tirage au sort.

VIII

Entre deux emprunts offrant des garanties équivalentes, le capitaliste choisira de préférence celui du type d'intérêt le moins élevé, mais coté le plus loin du pair : il bénéficiera ainsi, en cas de remboursement par voie de tirage au sort, d'une prime plus importante ; son titre présentera plus de chances de plus-value et sera pour une plus longue période à l'abri d'une conversion.

IX

Le capitaliste, petit ou grand, raisonnera ses placements et les appréciera par lui-même. Il ne doit se renseigner qu'auprès des personnes qu'il connaît de longue date, près des vieilles maisons établies dans sa ville ou son département, près des grandes et anciennes banques et sociétés de crédit françaises. Il se méfiera des conseils intéressés et des renseignements puisés à source douteuse ou inconnue.

X

Le capitaliste se tiendra en défiance contre toutes les circulaires, prospectus, journaux, réclames, émanant de personnes qu'il ne connaît pas. Il évitera toutes les recommandations qui lui seront faites en faveur de valeurs de sociétés dont il ne connaît ni les statuts, ni le conseil d'administration, ni les banques ou les personnes qui les patronnent.

XI

Les arbitrages entre plusieurs places étrangères ne peuvent convenir qu'aux professionnels, aux personnes bien au courant de toutes les opérations de la Bourse et de ses rouages.

S'il pratique un arbitrage au comptant, entre deux valeurs, il se gardera de réaliser une valeur offrant une sécurité plus grande pour en acquérir une autre présentant des garanties moindres, ou bien encore un titre à revenu fixe contre un autre à revenu variable.

XII

Le petit ou moyen capitaliste ne spéculera pas, ne fera pas d'opérations à découvert ; il ne traitera pas non plus d'opérations de reports, de syndicats, de participations financières. Ce sont là des affaires qui ne conviennent pas aux petites bourses. Il arrive trop souvent qu'on se serve de ces mots ronflants dont le public ignore généralement le sens exact, pour attirer les économies des naïfs dans des affaires douteuses où le produit d'une vie de labeur se trouvera englouti. Le public doit se méfier des donneurs de conseils intéressés, des prometteurs qui font miroiter à ses yeux des bénéfices à acquérir rapidement, de gros intérêts à toucher, des participations dans des affaires lucratives ; il n'existe pas de moyen de s'enrichir rapidement et sans risques, pas plus à la Bourse qu'ailleurs. Le seul but que doivent se proposer les rentiers, les capitalistes, c'est de conserver intact leur avoir ou de le faire bénéficier d'une plus-value raisonnable, tout en lui faisant produire des intérêts dont le taux soit en rapport avec le prix du loyer de l'argent. Si le public arrivait à se convaincre qu'il ne doit pas chercher autre chose à la Bourse, il offrirait une proie moins facile à ceux qui l'exploitent.

XIII

Le capitaliste se gardera d'envoyer ses fonds à l'étranger et de s'y faire ouvrir des comptes-joints pour éviter de payer des droits au fisc français ; le fisc est de tous les pays ; en s'efforçant d'échapper à la loi française, le porteur de titres qui fait des placements à l'étranger tombe sous le coup d'une autre législation fiscale, qu'il ignore complètement, et dont les dispositions, plus douces peut-être aujourd'hui, pourront devenir demain onéreuses et tracassières, sans qu'il puisse s'y soustraire. *Il est très facile d'envoyer ses fonds et titres au dehors ; autre chose est de les faire revenir sans dommages.* Une contestation soulevée à l'étranger, un procès à y soutenir, pourraient devenir la source de difficultés inextricables et extrêmement coûteuses.

XIV

Il ne faut employer en valeurs étrangères qu'une portion modérée de son avoir et il faut se borner aux valeurs étrangères présentées au public par des maisons de banque et établissements financiers bien connus, qui sont cotées sur notre marché, qui sont connues de nos banquiers, dont on peut suivre les cours, sur lesquelles il est facile de se renseigner. Il faut se garder, au contraire, de tout placement *à l'étranger*, c'est-à-dire en valeurs qui ne se traitent pas dans une Bourse française et sur lesquelles on ne peut obtenir d'indications que par des organes ou des intermédiaires étrangers.

XV

Il se gardera des paniques irraisonnées et des engouements irréfléchis pour ne pas vendre des valeurs de premier ordre en baisse ou en acheter à des cours excessifs. Il doit se rappeler que la baisse d'une valeur pas plus que la hausse ne doivent pas être pris comme *critérium* de la bonne ou de la mauvaise situation de l'entreprise ou de la société auxquelles on s'est intéressé.

510

XVI

Si une crise inopinée, une catastrophe, une guerre surviennent et provoquent sur le marché une baisse subite, il faut, autant que possible, éviter de sacrifier les valeurs sérieuses, dont on est porteur. Les personnes prudentes auront toujours devant elles des ressources disponibles en quantité suffisante pour parer à de semblables éventualités. Celles qui seront obligées de se faire des fonds dans cette période de trouble, vendront la quantité de titres nécessaire pour s'assurer la somme dont elles prévoient qu'elles pourront avoir besoin, mais pas au delà. Les bonnes valeurs qui figurent dans le portefeuille devront être conservées en attendant des jours meilleurs. La bourrasque passée, les prix se relèveront et le capitaliste qui aurait cédé à la panique et vendu des titres sans nécessité, devrait les racheter à des cours supérieurs.

TABLE DES MATIÈRES

Introduction. — *L'éducation financière.*

PREMIÈRE PARTIE

DE L'ÉPARGNE
ET DES PLACEMENTS MOBILIERS

Chapitre Ier. — *Importance des valeurs mobilières* 37
    Nécessité de l'épargne ; son rôle social, 37.
— Caisse d'épargne, 42. — Caisse nationale des retraites pour la vieillesse, 51.

Chapitre II. — *Les sociétés par actions* 62
    Diverses catégories de sociétés, 62. — Fondateurs et statuts, 69. — Souscription et versement du capital, 73. — Réglementation des sociétés par actions, 77.

Chapitre III. — *Différentes catégories de valeurs mobilières* 82
    Obligation, rente, action, 82. — Actions d'apport, 90. — Actions de capital et actions de jouissance, 95. — Actions de priorité et actions ordinaires, 97. — Parts ou actions bénéficiaires ou parts de fondateur, 98.

Chapitre IV. — *Valeurs à lots* 100
    Impôts qui frappent les valeurs mobilières, 112.

Chapitre V. — *Opérations qui se traitent sur les valeurs mobilières* 122
    Opérations au comptant et à terme, 122. — Report, 128. — Déport, 135. — Opérations à

terme ferme et à prime, 139. — Arbitrages, 147.
— Arbitrages de change, 151. — Arbitrages sur
valeurs de bourse, 158. —Arbitrages par voie
d'échange, 159. — Arbitrages de coupons, 169.

CHAPITRE VI. — *Choix d'un intermédiaire*   172
     Agents de change, 176. — Coulissiers, 181.

CHAPITRE VII. — *La cote officielle et les cotes en
banque*   187

CHAPITRE VIII. — *Banques, banquiers et établis-
sements de crédit*   203

CHAPITRE IX. — *L'escompte*   206

CHAPITRE X. — *Les dépôts*   212
     Le chèque, 227. — Les avances sur titres,
233. — Ventes au guichet, 240.

CHAPITRE XI. — *Les émissions*   242
     Les syndicats, 248. — Souscription publique,
introduction, placement aux guichets, exposition, mise en vente, 253.

DEUXIÈME PARTIE

CONSEILS PRATIQUES
DU MÉTIER DE RENTIER

CHAPITRE Iᵉʳ. — *Précautions à prendre*   261
     Qualités que doit posséder le rentier, 261. —
Bonnes valeurs, 275. — Placements de « père
de famille », 284. — Comment apprécier une
valeur, 291. — Comment on lit un bilan, 311.

CHAPITRE II. — *De la division des placements et
des risques*   344
     Différentes classes de capitalistes et rentiers.
Placements qui leur conviennent, 360. —
Barèmes de placements, 364, 372, 377, 378. —
Valeurs étrangères et valeurs internationales,
383. — Placements étrangers et comptes-joints,
397.

CHAPITRE III. — *Comment on passe un ordre de
Bourse*   416

Titres cotés au-dessus et au-dessous du pair, 425. — Comment se négocient les fonds d'État, 435.

CHAPITRE IV. — *Comment garder ses titres?* 441
Pièces à vérifier et à conserver, 441. — Comptabilité et archives du rentier, 443. — Comment un rentier doit établir son bilan, 452. — Comment on garde ses titres, 457. — Où faut-il conserver ses titres? 467. — Dépôts de titres. De la responsabilité des établissements de crédit, 471. — Des titres perdus, détruits ou volés, 484. — De la vérification des tirages, 497.

CONCLUSION. — *Résumé des conseils pratiques...* 503

MACON, PROTAT FRÈRES, IMPRIMEURS.

CHEZ LES MÊMES ÉDITEURS

Le droit pour tous ou **Catéchisme juridique.** Notions générales de droit français par demandes et par réponses, suivi d'un Formulaire d'actes usuels et d'un Dictionnaire de termes juridiques. (*Ouvrage porté au catalogue officiel des Bibliothèques scolaires de la France*) ; par M. Albert CHAN MOLU. 6ᵉ édition. 1 vol. in-16. 1909. **4 fr.**

Codes et Lois pour la France, l'Algérie et les Colonies, ouvrage contenant, sous chaque article des Codes, de nombreuses références aux articles correspondants et aux lois d'intérêt général, les arrêts de principe les plus récents, la *législation algérienne et coloniale* et donnant en outre la concordance des lois et des décrets entre eux, et les principaux Traités internationaux relatifs au droit privé, avec droit au *Supplément annuel* pendant quatre ans ; par Adrien CARPENTIER, Professeur adjoint à la Faculté de droit de Paris, Avocat à la Cour d'appel. 17ᵉ édition, refondue et mise au courant, 2 très forts vol. in-8 jésus 1913.

Brochés, 30 fr. ; reliés, 36 fr.

Se vendent séparément ;

—**Codes et Traités.** 1 vol.   Broché, 16 fr. ;   relié, 19 fr.
—**Lois et Décrets.** 1 vol.   Broché, 16 fr. ;   relié, 19 fr.

Il parait une édition nouvelle tous les ans.

Petits Codes Carpentier.
    Code civil,
    Code de procédure civile.

Chaque Code in-16 relié, peau souple, 1913. Net   **4 fr. 50**

Constructions (Code Perrin ou Dictionnaire des) et de la Contiguïté, législation complète des servitudes et du voisinage, du sol bâti, cultivé ou planté ; de ses produits, des engrais, etc. ; des établissements classés, des usines, des cours d'eau, du drainage et des irrigations ; du bornage, de l'affouage, des clôtures urbaines et rurales ; des voies ferrées, routes, chemins, etc. 11ᵉ édition, revue et mise au courant de la législation et de la jurisprudence par M. G. BONNEFOY, Docteur en droit, greffier en chef du tribunal de simple police de Paris. 1 très fort vol. in-8. 1911. **10 fr.**

Propriétaires et locataires (Code des), Hôteliers, Aubergistes et Logeurs. Ouvrage dans lequel sont exposés méthodiquement leurs obligations et leurs droits respectifs, avec des modèles de tous les actes sous seing privé relatifs aux locations ; par M. Émile AGNEL, 10e édition, revue, augmentée et mise au courant par M. FORTIER, Avocat à la Cour d'appel, Juge de paix suppléant du Ve arrond. de Paris. 1 vol. in-8. 1908.

10 fr.

Propriétaires et Locataires (Manuel pratique des) de maisons ou appartements, des hôteliers, aubergistes et logeurs, avec les usages de Paris et des grandes villes, et les formules de tous actes nécessités par les locations ; par Louis PAHON, conseiller à la cour de Pau. Nouv. édition, mise au courant par un SUPPLÉMENT. 1 vol. in-16, cartonnage souple. 1909.

3 fr.

Actes usuels [sous seing privé] (Formulaire d') annoté d'observations pratiques pour économiser les droits d'enregistrement et contenant des modèles d'arbitrage, de rapports d'experts, cautionnements, baux et locations verbales, comptes de tutelle, cessions et transports, nantissements, obligations, partages, pouvoirs, procurations, quittances, réméré, rentes viagères, résiliations de toutes sortes, servitudes, successions, sociétés, testaments, transactions, ventes, etc. ; par LAINEY, avocat, ancien notaire. 5e édition, revue et mise au courant de la législation. 1 vol. in-8. 1911. 6 fr. 50

Usages de Paris (Code pratique des) ayant force obligatoire de loi dans les contestations les plus fréquentes entre les habitants de Paris. Avec les usages sur la durée des locations et sur les délais des congés dans les cantons ruraux du département de la Seine ; par E. LE PELLETIER, avocat à la Cour de Paris, juge de paix suppléant du VIIe arrondissement. 3e édition. 1 vol. in-18. 1901. 3 fr. 50

Droits d'enregistrement (Petit Dictionnaire des), de timbre, d'hypothèque, de greffe, des amendes de contravention et réclamations, annoté d'observations pratiques pour les économiser ; par M. LANSEL, ancien notaire. 13e édition mise au courant de la législation. Un volume in-32. 1911. 2 fr.

Procédure civile usuelle et pratique (Précis de) suivi de *Modèles d'états de frais usuels* ; par L. LEGRAND, avoué honoraire, président de la Conférence des Avoués de première instance des départements, ancien sénateur. 2e édition, mise au courant. 1 fort vol. in-16. 1901. 6 fr. 50

Délais (Manuel alphabétique des) en matière civile, de procédure, de commerce et autres ; par Ferdinand MARCHAL, licencié en droit. 3e édition, revue et augmentée. In-32. 1911.

1 fr.

Sociétés civiles et commerciales (Traité des), AVEC FORMULES. — Sociétés françaises et étrangères, — Assurances.

— Associations et Syndicats professionnels. — Taxes fiscales, par M. A. Vavasseur, ancien avocat à la Cour d'appel de Paris. 6ᵉ édition, revue, augmentée et mise au courant de la législation, de la doctrine et de la jurisprudence, par M. Jacques Vavasseur, docteur en droit, avocat à la Cour d'appel de Paris. 2 vol. in-8. 1910.   25 fr.

Administrateurs de Sociétés anonymes (Etude sur la Responsabilité des) en droit français et en droit comparé ; par G. Godor, avocat, Docteur en droit. 1 vol. gr. in-8. 1912.   6 fr.

Assurances (Manuel général des) ou Guide pratique des assureurs et des assurés, comprenant les assurances contre les accidents, les faillites, la gelée, la grêle, l'incendie, l'inondation, la mortalité des bestiaux, les procès, les assurances sur la vie ; par Émile Agnel. 3ᵉ édition, par M. Christian de Corny, Avocat à la Cour d'appel de Paris. 1 vol. in-8. 1913.   10 fr.

L'Alcoolisme, fléau social, mœurs, législation, droit comparé ; par Paul Guiveau, Avocat à la Cour d'appel, 1 vol. in-8. 1906.   6 fr.

Avortement (L'). Étude théorique, sociale, médico-légale et de droit comparé. Ses conséquences au point de vue de la dépopulation ; par S. du Moruz, avocat, Docteur en droit. Gr. in-8. 1912.   7 fr. 50

Repos hebdomadaire (Le). Étude historique et critique de la Loi du 13 juillet 1906, avec la jurisprudence la plus récente ; par Gaston Bonnefoy, Docteur en droit, greffier en chef du tribunal de simple police de la Seine. 1 vol. gr in-8. 1907.   5 fr.

Chasse (Manuel juridique et pratique de la). [Lois des 3 mai 1844 et 19 avril 1901], par MM. P. Colin, et H. Ribadeau-Dumas, Avocats à la Cour d'appel de Paris, 1 vol. in-16 cartonné. 1902.   4 fr. 50

Chasseur (Petit Guide Manuel du). Lois des 3 mai 1844, 19-21 avril 1901, suivies de commentaires, de décisions, de jurisprudence et d'un formulaire ; par L. Dupin de Beyssat, Président du tribunal civil de Châteauroux. In-16. 1909.   2 fr.

Chasseurs (Répertoire alphabétique des droits et obligations des) ; par G. Canème. 1 vol. gr. in-8. 1910. 9 fr.

Droit rural (Polices rurale et sanitaire. — Régime des eaux. — Voies rurales). Code-Manuel des propriétaires et Fermiers de Biens ruraux et d'Usines ; par E. Agnel. 2ᵉ édition, par M. d'Hoogne, juge de paix du canton ouest de Cambrai. 1 fort vol. in-16 cartonné. 1902.   6 fr.

Droit électoral (Traité de). Réclamation et recours devant les tribunaux administratifs. Législation, procédure, jurisprudence ; par E. Arnoux, Secrétaire de section au Conseil d'État. 1 vol. in-16. 1912. 5 fr.

Maires et conseillers municipaux (Manuel pratique des) ; par G. Bonneau, Docteur en droit. In-16. 1909. 6 fr.

Contribuable (Guide pratique et juridique du). (Contributions directes) ; par F. Mercier, Avoué honoraire. 9ᵉ édition. 1 vol. in-8. 1910. 2 fr.

Industrie électrique (Traité juridique de l'). Manuel pratique de législation, de réglementation et de jurisprudence en matière de production et de distribution d'énergie électrique ; par Istel et Lémonon, avocats à la Cour d'appel. 1 vol. in-8. 1911. 8 fr.

Traités internationaux (Recueil des), relatifs au droit privé, par A. Carpentier, chargé de cours à la Faculté de droit de Paris, avocat à la Cour d'appel. 15ᵉ édition, mise au courant. 1 vol. in-4°. 1913. Cartonné. 5 fr.

Intérêts, amortissements, usufruits et nues propriétés (Formules et tables pour les calculs relatifs aux) ; par Étienne Puisoye, ancien principal clerc de notaire à Paris. 1 vol. in-4° cartonné, 1908. 7 fr. 50

Recettes (200) sur la fabrication des boissons économiques, et l'amélioration et la conservation des vins, bières et cidres ; par M. C. Crépaux. In-18. 2 fr.

Recettes nouvelles, alimentaires, ménagères, médicales, agricoles, réunies par M. C. Crépaux. Gr. in-8. 3 fr. 50

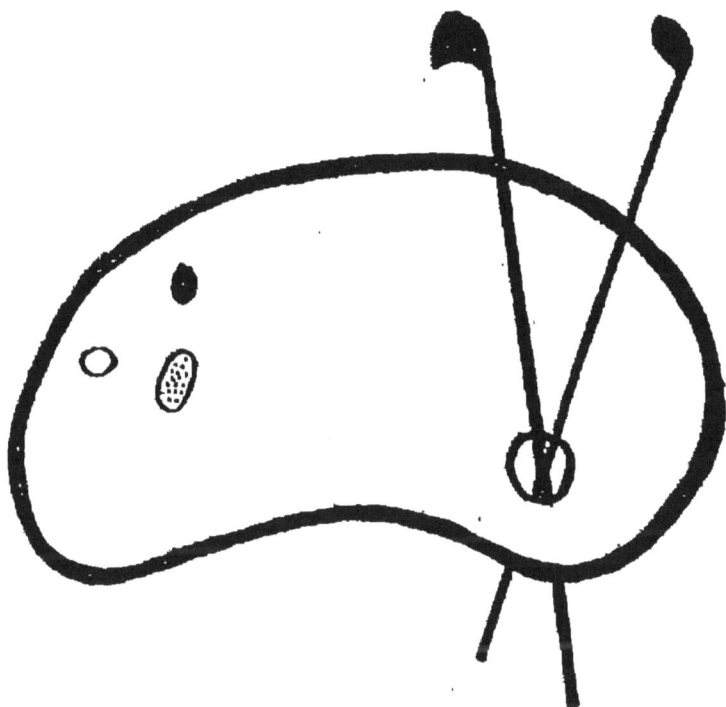

ORIGINAL EN COULEUR
NF Z 43-120-8